隧道施工质量控制要点简析

主　编　余　洋　徐秋达
副主编　马为民　杨慧勤

黄河水利出版社
·郑州·

内 容 提 要

本书主要阐述隧洞的施工管理和质量控制要点，全书共12章，主要内容包括隧洞施工组织设计、隧洞施工测量控制、隧洞施工测量控制、隧洞开挖技术的要求、隧洞衬砌与支护的质量控制、隧洞支护与衬砌的质量检验与竣工验收、隧洞主要工程地质问题、不良和特殊地质地段隧洞施工的质量控制、隧洞施工超前地质预报、隧洞施工中的动态管理、隧洞现场监控量测、工程地质测绘、隧洞施工的环境保护控制等。

本书可供从事隧洞设计、施工、管理、监理等工作的人员参考使用，也可供相关院校的师生参考使用。

图书在版编目(CIP)数据

隧道施工质量控制要点简析/余洋，徐秋达主编. —郑州：黄河水利出版社，2014.9

ISBN 978-7-5509-0920-5

Ⅰ.①隧…　Ⅱ.①余…　②徐…　Ⅲ.①隧道施工-质量控制　Ⅳ.①U455.1

中国版本图书馆 CIP 数据核字(2014)第216428号

出 版 社：黄河水利出版社

地址：河南省郑州市顺河路黄委会综合楼14层　　　邮政编码：450003

发行单位：黄河水利出版社

发行部电话：0371-66026940、66020550、66028024、66022620(传真)

E-mail：hhslcbs@126.com

承印单位：河南省承创印务有限公司

开本：787 mm×1 092 mm　1/16

印张：16.75

字数：408千字　　　印数：1—2 000

版次：2014年9月第1版　　　印次：2014年9月第1次印刷

定价：38.00元

前　言

随着我国建筑事业的快速发展，隧道（洞）（在本书中统一称为隧洞）工程的出现也急剧增多，使得隧洞工程的设计、施工、监理人员的需求量也迅速增加，对广大技术人员的要求也越来越高。为了帮助广大从事隧洞工程相关专业的工程技术人员能熟练地掌握隧道施工管理与质量控制技术，提高工程质量、加快工程建设，编者在总结了自己多年工程经验的基础上，结合具体的实例编写了本书。

本书主要阐述隧洞的施工管理和质量控制要点，全书共12章，主要内容包括隧洞施工组织设计、隧洞施工测量控制、隧洞施工测量控制、隧洞开挖技术的要求、隧洞衬砌与支护的质量控制、隧洞支护与衬砌的质量检验与竣工验收、隧洞主要工程地质问题、不良和特殊地质地段隧洞施工的质量控制、隧洞施工超前地质预报、隧洞施工中的动态管理、隧洞现场监控量测、工程地质测绘、隧洞施工的环境保护控制等。

本书可供从事隧洞设计、施工、管理、监理等工作的人员参考使用，也可供相关院校的师生参考使用。

本书编写任务及编写分工如下：河南省南水北调中线工程建设管理局余洋编写第一章和第四章，并编写相关附件；河南省水利第一工程局杨慧琴编写第二章和第九章；黄河建工集团有限公司李岩编写第三章和第八章第四节至第六节；河南省水利第一工程局马为民编写第五章和第十一章；河南省南水北调中线工程建设管理局徐秋达编写第六章和第七章；黄河建工集团有限公司苗培栋编写第八章第一节至第三节；黄河建工集团有限公司张文星编写第十章；黄河建工集团有限公司张存仲编写第十二章。全书由余洋、徐秋达担任主编，并由余洋负责全书的通稿工作，由马为民、杨慧琴担任副主编。

在本书的编写过程中得到了有关同仁的帮助，并参考了一些资料，在此向相关人员表示诚挚的谢意。

由于编者水平有限，书中难免有不妥之处，希望广大读者批评指正。

编　者
2014年9月

目　录

第一章 隧洞施工组织设计

编制隧洞施工组织设计的目的是，保证工程按设计要求的质量、计划规定的进度，合理地设计预算，安全、优质、高效地完成施工任务。因此，施工组织设计贯穿于隧洞从施工准备阶段到竣工验收阶段全过程。应遵循科学管理、管理出效益的原则，并结合隧洞的断面尺寸、工期要求、地质条件、当地自然条件等制定合理的施工方法和切合实际的施工进度计划。

第一节 编制施工组织设计前的准备工作

在编制施工组织设计之前，首先应做好现场踏勘、调查研究、核对设计文件等工作程序。

一、现场调查研究

施工单位应当深入工地现场，进行以下调查工作：

(1)施工场地布置与洞口相邻工程、弃渣利用、农田水利、征地等的关系。

(2)可利用的电源、动力、通信、机具车辆维修、物资、消防、劳动力、生活供应及医疗卫生条件。

(3)建筑物、道路工程、水利工程和通信、电力线等设施的拆迁情况和数量。

(4)调查施工运输便道，进行方案比较。

(5)调查地质、地层情况以及骨料的数量、质量鉴定及供应方案。

(6)当地气象、水文资料及居民点的社会状况和风俗习惯，自然环境、生活环境情况及需要采取的保护措施。

二、现场核对设计文件

施工单位施工前应全面熟悉设计文件，会同设计单位、监理单位进行现场核对，做好以下施工准备工作：

(1)重点复查对隧洞施工和环境保护影响较大的地形、地貌工程及地质、水文地质条件是否符合实际，保护措施是否适当。

(2)会同设计单位、监理单位现场交接和复查测量控制点、施工测量用的基准点及水准点，并定期进行复核和做好护桩工作。

(3)掌握工程的重点和难点，了解隧洞方案的选定及设计经过。

(4)核对隧洞平面、纵断面设计，了解隧洞与所在区段的总平面、纵断面设计的关系。

(5)核对洞门位置、式样、衬砌类型是否与周围环境相适应、相协调。

(6)核对洞内外排水系统和设施的布置是否与地形、地貌、水文、气象等条件相适应。

(7)核对隧洞设计文件中确定的施工方法、技术措施与施工实际条件是否相符合。

三、编制隧洞施工组织设计所需的资料

(一)隧洞设计方面的资料

(1)隧洞建设工程的初步设计、施工图和工程概(预)算资料。

(2)业主及有关部门对建设工程的要求(如工期、环保要求等)。

(3)隧洞工程地质及水文地质勘察资料。

(4)有关隧洞施工技术手册、隧洞设计与施工经验总结等。

(5)地形资料、地震资料、气象资料。

另外，还应结合工程规模、工期、地形特点、弃渣场地布置和水源等情况，本着因地制宜、充分利用地形、合理布置、统筹安排的原则，进行隧洞施工总体布置。

(二)技术经济方面的资料

(1)当地可供利用的运输道路及交通工具等(如汽车、船只等)。

(2)当地可供利用的建材及供应能力。

(3)工地附近可供利用的场地、可借用的民房，及需要拆迁的建筑物和需要处理的青苗。

(4)当地可利用的电源、水源、通信网等。

(5)消防设施、商品供应及其他服务机构。

第二节　编制施工组织设计

施工组织设计是组织施工的基本文件，应在确保安全、经济的前提下，确定合理的施工方法，对施工工艺、机械配备、质量控制、监控量测、工序安排、劳动组织、材料供应、工程投资、场地布置等做出合理的计划，并提出组织措施，确保隧洞施工有条不紊地顺利进行。

一、施工组织设计主要内容

编制隧洞施工组织设计应包括施工方法、工区划分、场地布置、进度计划、工程数量、人员配备、主要材料、机械设备、电力和运输以及安全、质量、环保、技术经济等主要措施内容，并结合施工单位的技术条件和施工经验，对隧洞设计中需要改进或变更设计的地方向建设单位和设计单位提出合理化建议,然后按规定通过协商及时进行修改。施工场地布置、绘制工地总体布置图应按照充分利用地形、合理布置、统筹安排的原则。

二、编制隧洞施工组织设计的依据和原则

(一)依据

(1)隧洞设计文件及变更设计文件等相关的资料。

(2)建设单位有关指标、合同、技术条款。

(3)工程建设单位指导性施工组织设计方案及要求。

(二)原则

在编制隧洞施工组织设计时，应根据工程的技术特性与经济特点，贯彻以下原则：

(1)遵守水工隧洞施工相关技术规范和操作规程，确保工程质量及施工安全。

(2)遵守签订的工程施工承包合同或上级下达的施工期限，保证按期或提前完成施工任务。

(3)认真统筹布置施工场地，确保施工安全及方便职工、民工的生产和生活。

(4)要贯彻就地取材的原则，尽量多利用当地资源。

(5)充分利用现有设施，尽量减少临时工程，降低工程造价，提高投资经济效益。

(6)尽量节约施工用地，少占或不占农田，注意水土保持和重视环境保护。

(7)采用新技术、新工艺、新方法，不断提高机械化施工及预制装配化施工程度，降低成本和提高劳动生产率，统筹安排施工，做到均衡生产。

(8)合理组织冬、雨季施工及建筑材料的运输和储备工作，力求降低冬、雨季施工的附加费用。

三、隧洞施工组织设计编制程序

编制隧洞施工组织设计时，应采用科学的方法，既要遵守一定的程序，还要按照施工的客观规律，协调和处理好各因素的关系。隧洞施工组织设计的程序(见图 1-1)如下：

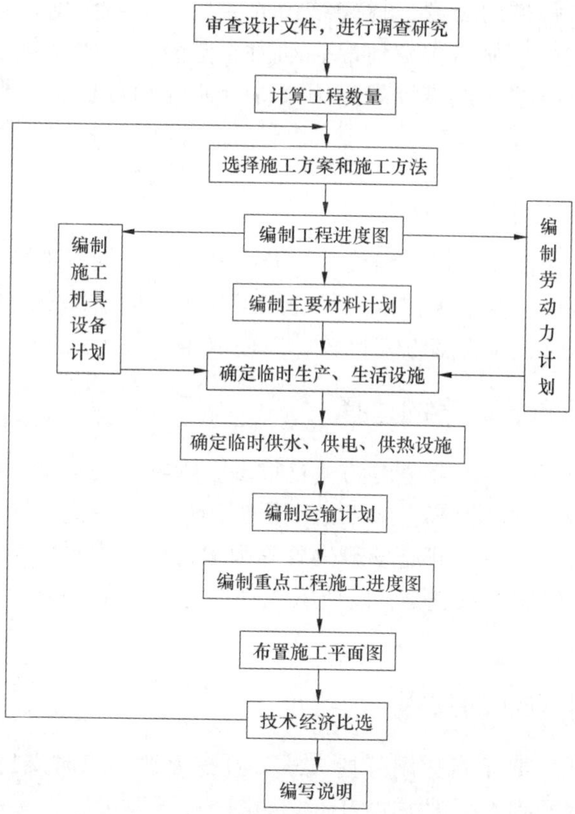

图 1-1　隧洞施工组织设计编制程序

(1)隧洞施工调查和技术交底。

(2)全面分析隧洞设计资料，拟订和选择施工方案及确定施工方法。

(3)编制工程施工进度图。

(4)按照施工定额计算劳动量(工日)、材料、机具的需要量，并制定供应计划。

(5)制定临时工程及供水、供电、供热计划。

(6)施工工地运输组织。

(7)编制技术措施、施工计划及计算技术经济指标。

(8)编制说明书。

第三节 隧洞施工方案、方法的选择

隧洞施工方案一般包括导坑辅助坑道方案，开挖方案，支撑与预加固方案，支护与衬砌方案，风、水、电作业方案，运输及场地布置方案，施工进度，劳动力安排，材料及机具设备计划等。施工方案是施工组织设计的重要环节，也是工程全局的关键，因此在选择施工方案、方法时，应全面了解设计文件，然后综合分析和合理确定。

选择施工方案的基本要求：优良、高速、安全、经济、均衡生产和文明施工。

选择施工方案的依据：根据工程所处的地理位置，工程地质和水文地质资料，坑道断面开挖的大小，隧道的长度，衬砌结构的类型，工期要求，施工技术力量，施工机械设备情况，施工中原材料供应情况，动力、电力、供水、排水情况，环境保护，工程投资，施工安全措施，地表沉降等因素综合研究和分析，并根据不同的施工类型进行选择。

一、辅助坑道方案的选择

辅助坑道方案的选择应根据隧洞长度、开挖断面、工期、地形、地质、水文、弃渣场地和机具设备等条件以及施工技术力量和施工通风等因素综合考虑研究确定。一般具体选择辅助坑道方案时，应作多方案比较，以便取得良好的效果。

二、施工场地布置方案的选择

隧洞施工场地布置时要综合考虑的项目很多，因隧洞内场地一般比较狭窄，而施工机械设备和出洞石渣及材料很多，施工前应根据洞口地形特点，结合劳动力安排、施工方法、工期要求、机械设备、弃渣场地位置等因素，统筹安排、全面规划、合理布置，避免相互干扰等。特别应注意安全，以使工地秩序井然，优质高效，并能充分发挥人力、物力和财力的最大效应。

三、隧洞施工方法的选择

隧洞的施工方法主要是指隧洞开挖方式、开挖方法、临时支护(支撑)方式和永久支护方式，一般可采用并列系列的方式表示，如图 1-2 所示。

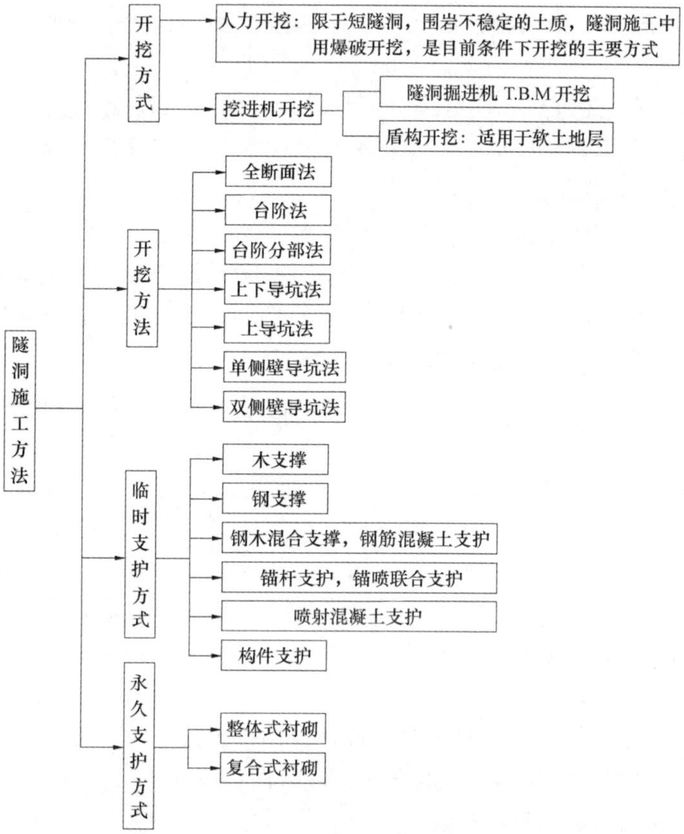

图 1-2　隧洞施工方法

应依据隧洞地形地貌条件、围岩条件、地质条件、工期要求、环保要求，结合施工单位的技术力量和机械设备等，合理选择山岭隧洞的施工方案。对于工程地质和水文地质条件变化较大的地区，应特别注意选用既具有较大适应性和安全性能又对进度影响小的施工方案。

总之，要结合现场情况合理、安全、有效变更施工方法，必须要适应隧洞地质条件的变化。

第四节　隧洞施工场地的布置

隧洞施工场地一般位于山区，大部分场地一般比较狭窄，因此施工前应绘制施工场地总体布置图，结合隧道工程规模大小、洞口地形特点、弃渣场位置和水源情况及工期要求，并结合劳动力安排、机械设备、材料用量、运输方式及能力、施工方法等因素，本着全面规划、统筹安排、合理布置、充分利用地形地貌、因地制宜的原则，编制施工场地布置图。

一、施工场地布置的一般要求

(1)合理布置大堆材料(砂、石料)、施工备品及回收材料堆放场地的位置。

(2)生活服务设施应集中布置，如宿舍、保健医疗及弃料废物场所等应分开，办公室场所要安静。

(3)运输的弃渣线、编组线和联络线，应形成有效的循环系统，方便运输和减少运距。

(4)机械设备、附属车间、加工场地应相对集中，仓库应靠近公路，并要设立专用线便道。并且要做到合理布局，形成网络。

(5)长隧洞外应有大型机械设备安装、维修和存放的场地。

(6)危险品仓库必须按照有关治安规定办理，一定要符合安全规定要求。

施工场地布置总的原则是，隧洞的场地布置要以洞口为中心，并应事先规划、分期安排，注意减少与现有道路的交叉和干扰。

二、施工场地布置的主要项目与技术要求

(一)弃渣场地与卸渣道路的布置

(1)场地容量应足够大，且出渣运输方便。应优先考虑弃渣作为洞外路基填方和桥头路堤填土，但其运距不应过远；顺沟弃渣而不致堵塞河道；防止抬高水位和恶化水流条件；填平山坡、荒地作施工场地而不致受山洪冲毁和危害下游农田或村庄。

(2)弃渣场上的卸渣线应不少于两条，应有前后两条以上的路线，以不影响弃渣车辆通行。

(3)不得占用其他工程场地和影响附近各种设施的安全，应注意保护环境。

(4)弃渣对不良地质和其他工程(如桥台、桥墩)不能有影响，不占或少占农田。

(二)大宗材料堆放地和料库的布置

大宗材料(如砂、石料、水泥、木材、钢材等)的存放地点及钢材、木材加工场地的布置应考虑运输方便、易于卸车、靠近使用地点，并做好防洪、防潮、防火等工作。

(三)施工生产房屋和生产设施的布置

(1)搅拌机应尽量靠近洞口，靠近砂、石料，便于装车运输等。

(2)施工机械场所的位置要求便道可直达，且用水、用电方便。

(3)通风机房和空压机房应靠近洞口，尽量缩短管道长度，以减少管道中能量损失，尤其要尽量避免出现过多的角度弯折。

(4)炸药和雷管要分别存放，其库房要选择离工地 300 ~ 400 m 以外的隐蔽地点，并安装避雷装置，周围要做好防护工作。

(5)工地项目部办公室可位于工地出入口附近，便于有效指挥隧道施工和管理。

(6)对于施工工地的临时道路，工地的主干道宜呈环状布置，次要道路可呈枝状布置，即有车辆调头场地。

(四)隧洞工地生活房屋的布置

生活用房的布置与洞口保持一定的距离，以保证工人和工作人员有一个较安静的休息环境；但又不宜太远，以保证工人上、下班行走方便。行政管理和生活福利设施，应方便生产和工人生活。整个生活区要适当集中，以便学习和管理，并考虑职工有室外、室内的体育和文娱活动场所。要注意防洪防水，做好环境保护和卫生工作。

隧洞工地生活房屋布置的总的原则是，要尽量做到“占山不占地，占地不占田，修

路又造田”。重要的是，施工单位要通过现场的详细踏勘，对投标文件认真分析，充分考虑各种因素，本着合理、安全、实用、经济的原则，来进行隧道施工及场地平面布置。

图 1-3 所示为隧道施工场地布置示例。

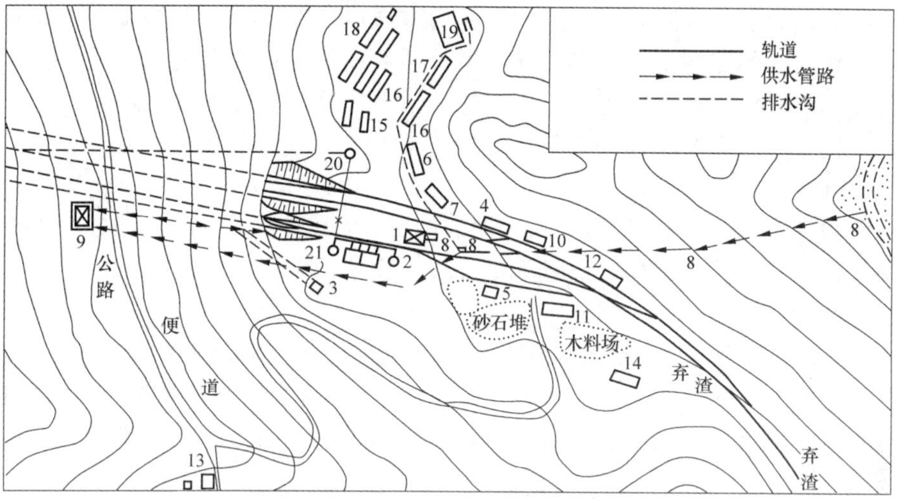

1,9—空压机房；2—锻钎机房；3—通风机房；4—充电房；5—搅拌机；6—修配车间；7—机房；8—抽水机棚；10—发电房；11—水泥库；12—材料库；13—炸药、雷管库；14—供应站；15—卫生所；16—办公室；17—招待所；18—宿舍；19—食堂；20—配电室；21—变电站

图 1-3　隧洞施工场地布置

第五节　隧洞施工进度计划的编制与控制

隧洞施工进度计划主要包括两个方面：一是科学研究组织施工，合理加快施工速度的基本途径；二是施工进度与计划的表现形式。其主要原则是按照流水作业原则编制。

施工进度计划编制的总体思路是，必须根据隧洞的断面尺寸、各工区的地质条件、工期要求、所选用的施工机械设备、施工方案，并参照由计划部门提出的月、旬作业计划和平衡劳动力计划，以及材料部门调配材料、构件和设备部门安排的施工机具的调度及财务部门的用款计划等编制；各项计划均需以施工进度计划为基础，并且反映预定的施工准备、开工计划、竣工计划的全部施工过程，以及各方面之间的配合关系及各分部、工序之间的关系；应抓住关键，统筹全局，合理布置人力、物力，正确指导生产。

一、隧洞施工流水作业的原则

施工过程的组织主要是解决“施工空间组织”和“施工时间组织”这两个方面的问题。

施工过程的空间组织主要是解决施工单位的机构组织和人员配备问题，以及具体工程项目的各种生产、生活、运输、行政管理及临时设施的空间分布问题。

施工过程的时间组织主要是解决工程项目的施工作业方式和施工作业工序的安排及衔接问题。

隧洞施工作业的方式主要有三种：平行作业、顺序作业、流水作业。

(一)平行作业

线型隧洞工程施工的作业面很长，因此根据各分项工程和施工技术的需要，分为几段或几个施工点同时按程序施工。这种作业的方式可缩短工期，但隧洞施工仅有两个工作面，对于大而长的隧洞、坑道等，施工条件恶劣。为了加快掘进，需设置辅助坑道如横洞、斜井、竖井、平行导坑等，可以增加坑道开挖施工作业面和采用平行作业方式组织生产，加快施工速度及改善施工条件。

(二)顺序作业

按施工程序安排作业和工艺流程，即按先后顺序组织施工操作，如分项工程的程序是：放样、钻眼、装药、引爆、通风除尘、寻帮找顶、装渣、出渣等。

(三)流水作业

将隧洞工程划分为若干个施工段或工区，以施工专业化为基础依次在各施工段完成一道工序，使前一个工序迅速为后一个工序让出工作面，从而加快工程进度。流水作业可以连续均衡施工，合理调配劳动力、机具、材料，从而提高劳动生产效率和保证工程质量。

二、隧洞施工进度计划编制的表现形式

隧洞施工进度计划的表现形式主要是施工进度图，其又可分为 3 种，即横道图法、网络图法和垂直图法等。

(一)横道图

常用的隧洞工程施工进展横道图格式如图 1-4 所示，它由两大部分所组成，一部分是以分项工程为主要内容的表格，包括工程项目内容、单位、数量、定额、劳动量(工日)、每班平均人数、实际计划的工作日等；另一部分是指示图表，它是根据表格中的相关数据经计算得到的。用横向线条形象地表示各部分项工程施工进度，所划横线表示隧洞施工期限和位置，横线上的数值表示劳动力的数量，不同的符号表示作业队或施工段，并综合反映各部分项工程相互间的关系，而进行资源综合平衡调整。此种方法适用于绘制集中性的工程进度图、材料供应计划图或作为辅助性的图示。

(二)网络图

隧洞施工一个作业循环的网络图如图 1-5 所示，从图中可看出在每一个循环中各项工作的平行作业，且图中工程主次清晰，可以一目了然地找出从交接准备到放炮与通风除尘的关键线路。而且利用网络图可以进行隧洞施工工序分析和反映施工进度及各工序与项目相互关系，能表示隧洞施工中集中性工程或线型工程的进度，并可通过计算机对施工计划进行优化。网络图法是比较先进的工程进度图的表示形式。

(三)垂直图

垂直图是一种用坐标图的形式绘制而成的进度图，以横坐标表示隧洞长度和以百米表示里程，以纵坐标表示施工年、月、日，用各种不同的线型表示各项不同工序，每条斜线都反映某一工序的计划进度情况，即开工计划日期和完工计划日期，各斜线的水平方向间隔表示工序的距离，其竖直方向间隔表示各工序拉开的时间，各工序均衡推进表示在进度图上为各斜线之间相互平行。垂直图可用于隧洞设计施工组织进度分析和控制，如图 1-6 所示。

序号	工程项目	单位	数量	定额	劳动量(工日)	工期 开始	工期 结束	每班平均人数	工作日(天)
1	准备工作	m^3			178			23	8
2	采砂石料	m^3	3 963	2.56	10 133			105	96
3	运输材料	m^3	595	0.12	2 490			24	104
4	洞外石方	m^3	1 638	0.49	803			50	16
5	下部导坑	m^3	2 640	1.61	4 259			40	108
6	上部导坑	m^3	1 553	1.59	2 474			24	106
7	扩　大	m^3	3 330	1.62	5 729			54	106
8	挖　底	m^3	3 804	1.61	6 138			58	106
9	浇边墙	m^3	847	3.17	2 681			25	106
10	浇拱圈	m^3	1 168	3.17	3 704			35	106
11	拱背填片石	m^3	338	1.31	112			5	96
12	压　浆	m^3	439	2.77	1 214			13	96
13	浇水沟混凝土盖板	m^3	19.4	6.94	204			9	24
14	整修路拱	m^3	1 486	0.26	393			25	16
15	浇路面	m^3	1486	0.28	414			25	16
16	砌洞门水沟	m^3	185	2.10	388			15	26
	总计				41 644				

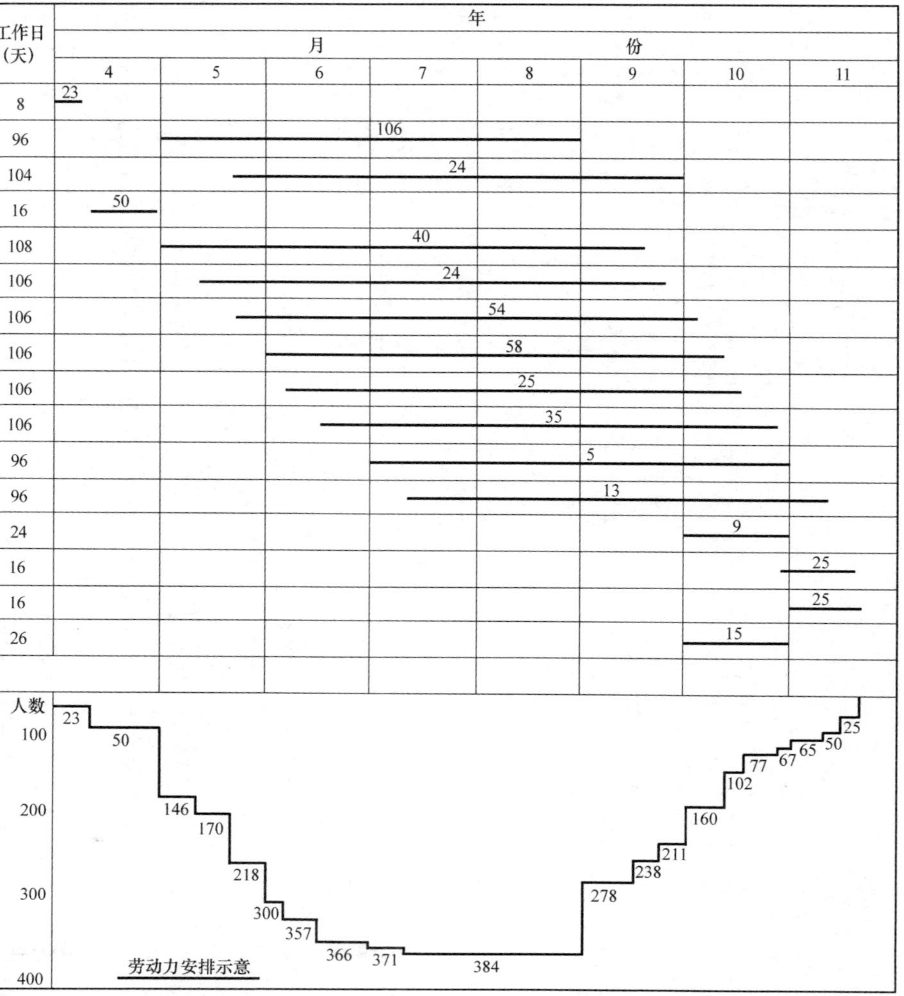

图 1-4　隧洞工程施工进度横道图

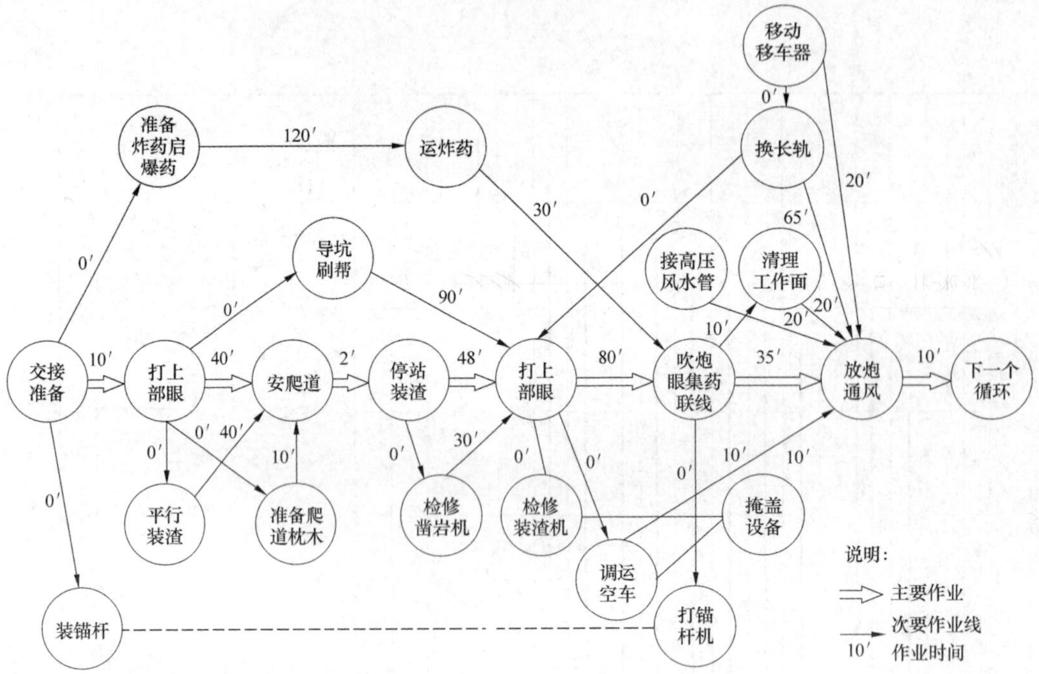

图 1-5　隧洞施工一个作业循环的网络图

三、隧洞施工进度计划编制的步骤

隧洞施工进度计划是在既定的施工方案基础上，按照流水作业原则编制，其具体步骤如下：

第一步　将隧洞工程分部项目的施工划分工序。

根据工程的特点，它一般可划分为如下工序：

(1)土石方工程：包括洞口排水系统，清除洞口上方有可能滑动的表土、灌木、山坡、危石等。

(2)洞口支挡工程：包括边坡、仰坡支挡。

(3)洞门工程：包括开挖进洞、基础开挖、墙端施工等。

(4)其他工程：包括绿化、洞门装饰施工等。

此项工序一般只包括现场施工工作，而不包括加工场的预制和运输工作。

第二步　计算各工序的工程量。

应根据隧洞施工图纸及有关工程数量的计算规则，按照施工顺序排列，分别计算各个施工过程的各项工程数量，并填入表格中。

第三步　计算各工序的劳动量和机械台班量。

第四步　计算各工序的生产周期。

因施工条件和要求的不同，其生产周期的具体计算方法有以下两种。

(1)根据工期要求来确定施工队(班组)人数或机械台数，一般按下式计算：

$$R=D/(t\cdot n) \tag{1-1}$$

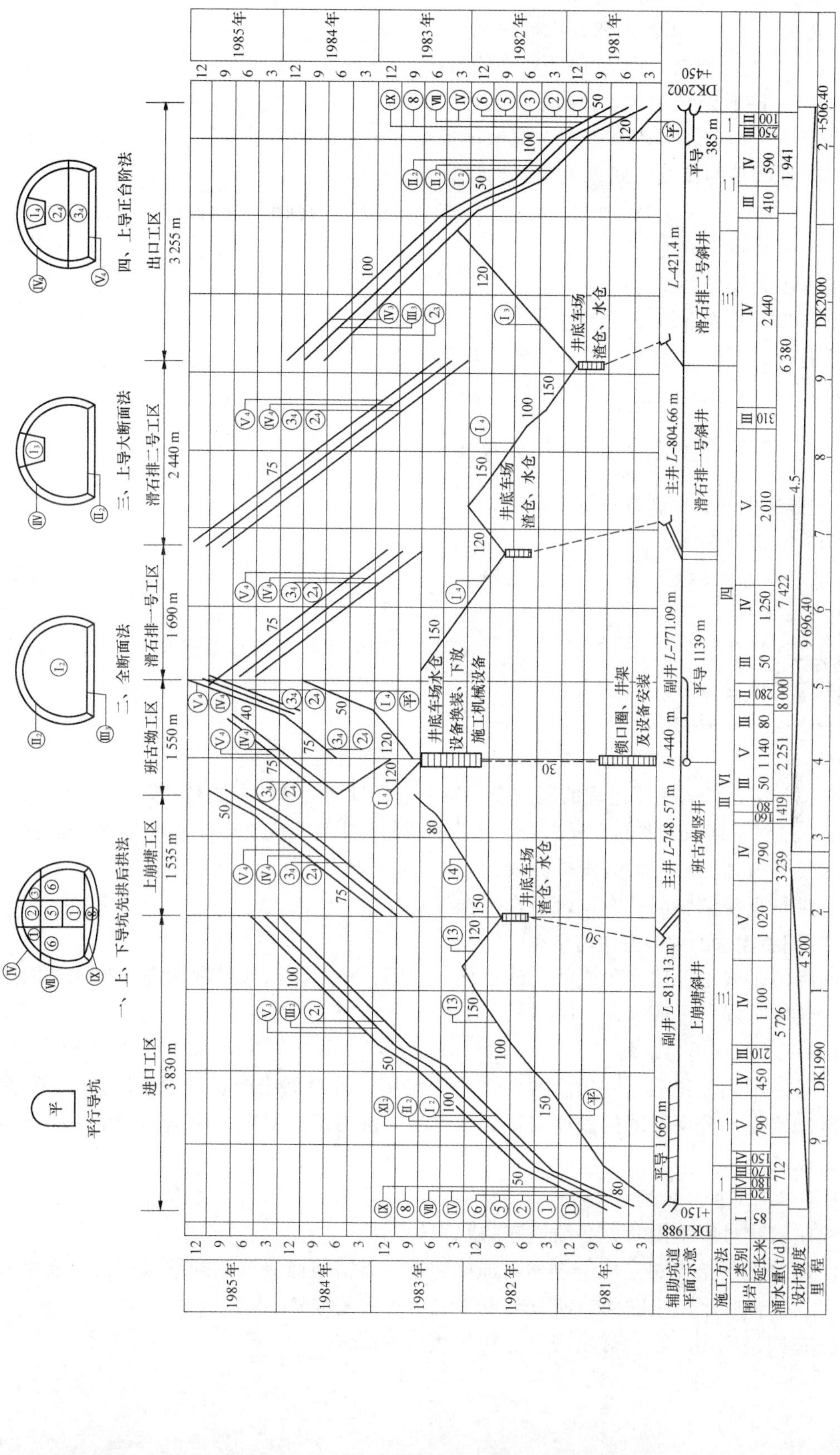

图 1-6　隧洞设计施工组织进度垂直图示意

式中　D——工程量(工日或台班)；

R——每一工作班人数或机械台数；

t——生产周期，即施工持续时间(日)；

n——隧洞施工生产工作班制数。

(2)以施工承包单位现有人力、机械设备的实际生产能力及施工工作面大小来确定完成该工程量所需的持续时间，可按下式计算：

$$t=D/(R\cdot n) \tag{1-2}$$

式中，各符号意义同前。

第五步　安排各工序的施工进度。

第六步　检查和调整施工进度计划。

第七步　隧洞施工资源需求计划及其他因素。

第八步　特殊地段的施工进度图绘制。

四、施工进度图的编制方法及步骤

(一)横道图法的编制方法与步骤

(1)绘制空白图表；

(2)根据设计图纸、施工方法、定额、工程概(预)算进行列项，并按施工顺序填入空白表中；

(3)逐项计算工程量；

(4)逐项选定定额；

(5)逐项计算劳动量；

(6)按施工承包单位的施工力量及工作台班计算所需工期；

(7)按计算出的各施工过程的周期安排施工进度日期，具体方法是从开工到竣工日期，将各施工进度日期填入图的日程栏内，再计算周期，用直线或绘有符号的直线绘制进度图；

(8)绘制所计算的劳动力安排曲线；

(9)进行反复调整与平衡，最后择优选择。

(二)网络图法的编制方法与步骤

网络图是表示一项工程或任务的工作流程图，可分为双代号网络图和单代号网络图两种。

1.双代号网络图的绘制

对于一项大型工程，一般要绘制三种网络图，即总网络图、分网络图(局部网络图)和基础网络图。分网络图的进度安排必须符合总网络图的要求，而基础网络图必须符合分网络图的要求。

1)绘制双代号网络图的原则

绘制双代号网络图时，必须遵守的原则如下：

(1)网络图的节点编号应遵循两条原则：①一条箭线箭头节点的编号应大于箭尾节点的编号；②在一个网络图中，所有节点不能出现重复编号。

(2)在网络图中，不允许出现节点代号相同的箭线。

(3)在一个网络图中只允许有一个起点节点，也只允许有一个终点节点。

(4)网络图中不允许出现循环回路。

(5)网络图中一条箭线必须连接两个节点。

(6)在网络图中，不允许出现双向箭头或无箭头的线段。

(7)网络图应当正确地表达工作之间的逻辑关系，同时尽量没有多余的虚工作。

2)绘制网络图的方法与步骤

(1)勾画网络草图，其任务就是根据给定的工作间的逻辑关系，将各项工作依次正确地连接起来。其方法有顺推法和逆推法两种：顺推法即从起点节点开始，首先确定由起点节点直接连出的工作；然后，根据工作间的逻辑关系，确定每项工作的紧后工作，这样把工作依次由前到后按网络逻辑连接起来，直到终点节点为止，即构成网络图。

(2)去掉多余虚工作，并调整箭线位置，尽量减少箭线交叉。

(3)检查编号。

另外，网络图的节点编号应注意各工作的开始节点号必须小于结束节点号，即工作 $i—j$ 的编号应符合 $i<j$。

2.单代号网络图的绘制

1)单代号网络图的绘制规则

绘制单代号网络图必须遵循一定的逻辑规则，这些基本规则如下：

(1)不允许出现循环回路；

(2)工作的编号不允许重复，任何一个编号只能表示唯一的工作；

(3)在网络图中不得出现双向箭线或无箭头的线段；

(4)单代号网络图在开始和结束时的一些工作缺少必要的逻辑联系时，必须在开始和结束处增加虚拟的起点节点或终点节点。其他所有节点，其前面必须至少有一个紧前工作节点，其后面必须至少有一个紧后工作节点，并以箭线相联系。

2)单代号网络图的绘制方法

单代号网络图的绘制方法十分简单，即根据工作逻辑关系由前向后逐一将工作画出。

3.单代号网络图与双网络图的比较

与双代号网络图相比较，单代号网络图有下列特点：

(1)单代号网络图的绘制比双代号网络图的绘制简便。

(2)一般情况下，单代号网络图的节点数和箭线数比双代号网络图多。

(3)单代号网络图在使用中不如双代号网络图直观、方便。

(4)根据单代号网络图的编号不能确定工作时间的逻辑关系，而双代号网络图可以通过节点编号明确工作间的逻辑关系。

(三)垂直图法的编制方法与步骤

(1)根据隧洞工程的开竣工日历，将进度日历绘于图表的纵坐标上。

(2)绘出图表轮廓及表头，将工程项目及工程量按相应的里程绘于图表上半部。

(3)进行列项，计算劳动量、生产周期、劳动力数、机械台班量等，可先列表计算，再结合绘图，并进行反复调整，平衡优化进度计划。

(4)按已计算的施工周期，分别用铅笔绘制不同符号的工程进度线，并按施工紧凑的原则，使各进度线相对移动至最佳的位置。

(5)按以下要求作最后调整：①力求各进度线靠近而不相交；②劳动力需要量力求均衡，避免出现高峰与低谷等不合理的情况；③检查总工期是否符合规定要求；④补充图例和文字说明；⑤以黑线加深各进度线条及总复核。

五、总说明书

总说明书的主要内容如下：描述隧洞概况、地质条件和采用的施工方法，各项编制依据，合同工期要求，施工中可能遇到的困难和采取的相应措施，以及其他需要说明的问题。

六、施工进度计划的控制、检查与调整

为保证全面均衡地完成隧洞的施工进度计划，避免施工过程中出现时松时紧而造成窝工现象或抢工现象，故对施工进度计划必须进行控制。

(一)基本要求

(1)加强生产调度工作、技术组织措施，开展劳动竞赛，进行经济核算，加强施工计划、工程质量和生产安全的检查工作，以保证隧洞施工计划的顺利完成。

(2)执行按劳分配和各种奖惩制度，使职工工资福利与完成计划情况挂钩，同时还要进行深入细致的思想政治工作，以充分调动职工的生产积极性，为完成施工计划而努力。

(二)隧洞施工计划的调度工作任务

(1)监督施工计划的执行，及时发现并解决执行过程中发生的问题，保证计划顺利实现。

(2)在隧洞施工进度计划执行过程中，经常出现新的不平衡，必须通过调度工作进行调整，使计划重新达到平衡，以达到施工单位的施工能力而使施工计划顺利进行下去。

(3)隧洞施工生产调度一般以短期作业计划为中心，围绕完成计划目标进行调度。

(4)施工调度机构是施工第一线的指挥中心，施工总指挥的各项指示及所发布的施工调度命令以保证隧洞施工按计划为中心，应围绕完成计划目标进行调度。

(三)隧洞施工的统计工作

统计资料是根据基层的施工原始记录，经计算、综合统计得来的，因此做好基层单位的原始记录是做好统计工作的根本保证。

施工统计资料是反映计划完成情况的系统资料。可以通过统计报表了解和检查计划执行情况，并从中发现问题，总结经验，据以决策和指导工作。

第六节　隧洞施工技术管理与质量管理

为了确保工程的优质和按所制定的计划完成任务，不仅要有良好的施工管理，还要有相应的技术管理保证措施，才能把工程质量创优目标落到实处。隧洞施工技术管理的主要任务与内容如下。

一、施工技术管理的任务

制定隧洞施工技术管理工作的保证措施如下：

(1)拟订科学的施工方案、施工工艺。

(2)选用先进的设备，提高施工装备水平，提高机械化施工技术水平。

(3)加强职工上岗技能培训，特殊岗位持证上岗。

(4)加强施工技术措施，推广使用新技术，充分发挥技术力量和装备的作用。

(5)坚持“三检制”，加强复核制度，确保技术指令及监控量测成果准确无误。

(6)对重点工序，施工前必须制定质量保证目标及技术保证措施，建立健全质量保证体系，保证工程质量，提高劳动生产率。

(7)科学地组织各项施工技术工作，建立规范的施工技术秩序。

(8)保证质量，按期完成任务，降低工程成本。

二、施工技术管理的内容

(1)编制阶段性施工组织设计，制定施工技术措施和操作规程。

(2)进行图纸会审、技术交底、变更设计、技术培训、质量检查、材料试验、技术革新和总结。

(3)保证工程质量，改进施工技术和操作施工方法及施工工艺。

(4)保管隧洞工程资料，建立技术责任制和工程技术档案。

(5)建立并严格执行施工的各种技术管理工作规章制度，例如：①施工技术责任制；②施工图纸会审制；③施工技术交底制；④施工测量复核制；⑤工程施工试验制；⑥工程质量检测制及现场监控量测制；⑦施工日志及资料整理建立档案等。

三、施工技术管理基础工作的内容

(1)认真执行国家颁布的技术标准和规程。

(2)制定各种技术管理工作制度。

(3)制定和贯彻隧洞施工技术标准和规程。

(4)执行施工单位有关施工方法和操作方法及工程质量要求等规定。

(5)开展施工技术科研工作，重视隧洞设计与施工总结工作。

(6)做好施工技术资料积累和管理工作。

四、施工技术责任制及技术管理

建立和健全隧道施工技术责任制，明确规定各级工程技术人员和施工人员对各项工作所负的职责，应明确分工，层层检查和监督到位，这是保证技术管理工作正常开展的关键。

(一)技术管理的工作内容

1.对施工图纸的会审和学习

凡是参加工程的施工人员和技术人员、有关职能部门，应通过图纸的会审和学习，充分了解和掌握其内容和技术要求及各项设计指标、规定，正确地进行施工，确保工程质量。

2.图纸会审的主要内容

隧洞的平面设计和结构设计是否合理，是否符合地质水文情况；结构设计是否有足够的稳定性，能否保证隧洞的施工安全；施工技术和工艺流程及设备条件能否满足设计规定的质量要求；是否需使用特殊材料和设备；其品种、规格及数量能否解决；隧洞施工图纸的尺寸、位置轴线和标高等有无错误以及矛盾；图纸及说明是否齐全，是否符合有关规定。

(二)技术交底的目的

设计单位必须向施工单位具体说明设计的意图、结构的特点和技术要求、质量标准。然后，施工单位对设计文件深入研究和会审后再进行逐级交底，确定施工方法，指出重点和关键点、难点及施工必需条件，明确各工序作业指导书、质量要求、操作规程、施工进度的安排等。

(三)建立技术档案制度

1.施工过程中的技术文件

施工过程中的技术文件包括原始资料，各种试验检测、测量的原始记录，各种技术总结及其他有关技术资料(如隐蔽工程原始记录，地质描述，照片或录像，各项工程质量情况，施工中遇到的特殊问题及其解决的情况等)。

2.施工过程中的技术资料

施工过程中的技术资料包括关于提交给建设单位的工程竣工图纸及工程项目一览表，竣工总结，设计变更审批文件，隐蔽工程验收单，各种材料和构件加工成品合格证及试验记录，工程事故或安全事故分析及补救措施记录，工程竣工决算等。

施工单位应保留的技术资料有施工图、竣工图、施工组织设计、施工计划、质量事故或安全事故分析及补救措施记录、工程照片和录像等。

五、施工质量的管理

施工质量的管理是在生产过程中对工作质量的管理，是通过管理好工作质量来保证工程质量。它是利用数理统计方法及充分发挥专业技术与人事组织的作用，建立起一整套全面质量管理保证体系。其特点是：具有广泛群众性、全面性、预防性和可控制性、服务性、科学性、工作质量与工程质量责任明确性等。

(一)确保工程质量和工期的保证措施

(1)首先提高全员的质量意识，按分项分工序实施专项质量意识教育，建立健全质量管理保证体系及奖惩的规章制度。

(2)公开招标，选择具有隧洞建设丰富施工经验的专业队伍。

(3)狠抓工序质量的自检、互检与专业检查，建立严格的“三检”制度，确保整个工程质量优良。

(4)成立施工工地中心实验室，加强对施工过程质量的检测和监控量测，严禁不合格材料进入任何工序，确保各工序一次合格。

(5)强化施工管理，组建精干的工程项目经理部，成立各种专业化队伍，建立健全各种管理体系。抓住时机，做好雨季、冬季施工和农忙季节的施工安排，减少施工干扰，使工程施工顺利进行。

(6)科学组织，精心施工，统筹运用网络技术、系统工程等新技术，编制切实可行的实施性施工组织设计，选择最优施工方案，确保工程质量按计划完成。

(二)加强施工质量检查与验收工作

(1)施工单位应建立自检自查验收制度，实行班组自检自查、工序互检的三检制。并设置专职质量检查小组，任务是对质量进行监督，监控量测、试验及做原始记录。实行交接检查施工质量的制度。

(2)监理工程师应按规定分期分批检测和检查工程质量，对重要部位、关键部分应在施工作业过程中进行质量检查或随时抽检，包括专业检查、群众自检和监理工程师监督检查，必须把工程事故消灭于萌芽时期。

(3)在施工中应严格执行设计标准、规范所规定的标准，按照《水工隧洞设计规范》(SL 279—2002)的技术质量要求，以确保工程质量。

第七节　隧洞工程施工经济与安全管理

一、经济管理

隧洞工程施工经济管理工作主要包括施工定额和控制工程项目的成本管理两大内容。

(一)工程建设标准定额的管理

工程建设标准定额是工程技术经济立法的重要组成部分，是搞好宏观控制的重要环节，是指在规定的一定时间内完成工程质量合格的单位工程数量所消耗的劳动力、材料和机械台班等数量的标准。工程建设标准定额是一项政策性、技术性、经济性很强的技术经济立法定额，它为隧洞工程设计、施工、监理、竣工验收提供科学的依据，为隧洞工程建设项目评估决策、控制投资、确定工程造价、检查监督和监理工程质量提供合理的标准，以便降低工程造价和提高投资效益。

(二)标准定额的作用

标准定额主要包括设计概算定额、施工定额等，其中施工定额包括劳动定额、材料消耗定额、机械台班定额、运输定额和工程造价定额等。标准定额也是施工管理的标准定额及编制工程造价定额的基础。定额使用的注意事项如下：

(1)在施工中，如果施工条件及地质条件变化较大，原定额已不适应时，应提出具体定额的修改意见，并报编制定额单位批准后执行。

(2)定额拟定中的施工条件应与当前隧洞工程施工条件尽量一致或较接近。

(3)计算单位要统一，可换算的项目要注意换算方法，并严格按照定额中的说明使用，同时应注意灵活使用各种定额。

二、工程成本管理

工程成本管理是施工企业为降低工程成本、完成任务而进行的各项经济管理的总称。其主要目的是以尽量少的劳动力、机械台班和材料消耗，优质高效地完成施工任务，并获得较好的效益。

隧洞工程成本一般可分为预算成本、实际成本和计划成本三类。

(1)预算成本：根据现行国家法定的预算定额和规定的取费标准进行计算的成本，这是计算隧洞工程结算利润的依据，它也是衡量隧洞工程实际成本与超支的尺度。

(2)实际成本：隧洞工程施工的实际生产费用所计算的成本，反映施工单位所承包隧洞工程施工成本的管理水平。

(3)计划成本：根据隧洞施工期平均先进的施工定额，并考虑降低成本和施工技术组织措施之后所确定的成本费，这也是施工计划期内成本管理努力的目标。

三、工程成本的计划控制与分析

(一)工程成本责任的控制

应按照经济责任制的岗位职责分工，逐级落实到各职能部门及分包专业队，根据汇总编制季节、年度工程成本计划，分解成各个计划成本指标，实行成本责任控制，建立责任成本中心。各责任成本中心是达到有效控制生产成本的重要机构。按照成本管理层次分解责任成本指标，进行归口管理，并对每个责任中心确定一个可以衡量的成本目标，正确划分成本责任，考核其经济效果。

(二)工程成本的核算与分析

工程成本核算是重要的基础工作，为了认识和掌握工程成本变化的经济规律性，实现降低工程成本的目标，必须建立财产和物资收发、领退、报废、盘点等各项制度，建立健全各种生产费用的原始记录和工程量统计制度，制定工时、材料费用等定额，完善各种工程成本核算记录和测检制度。使施工企业形成对生产成本的预测、计划、决策、控制、监督、核算及分析等各个环节的系统管理，并对完成施工生产任务的工程数量、质量、工期、生产费用与成本管理之间的因果关系进行科学分析。

四、施工安全管理

隧洞施工属地下作业，存在很多不安全因素。因此，施工、管理和技术人员要学习掌握好隧洞施工安全的规律，并必须建立和健全安全管理的规章制度，建立安全保证体系，使隧洞施工的伤亡事故减少到最低程度或避免事故发生。

(一)安全管理的内容

1.隧洞支撑的安全措施

(1)用于隧洞支撑的木材应是红松、黑松及其他富有韧性的、没有明显缺陷的原木，如有裂缝、虫蛀、疤节、纤维倾斜，不得使用。

(2)隧洞支撑结构必须采用与该隧洞围岩(地质、地层、含水、涌水、裂缝及浮石等)状况及开挖方法相适应的坚固的支撑结构，必须按标有支撑杆件配置尺寸及材质的设计图进行架设。

(3)装配隧洞支撑时构成主材的一组杆件要放在同一平面内，木支撑的各杆件紧压强度要均匀，脚部使用垫板防止其下沉，钢拱支撑要采取打入楔子等措施充分发挥拱作用，并用拉杆、系梁、斜撑等牢固连接各主材拱。

(4)拆除已受荷载的隧洞支撑杆件时，须采取措施将荷载转移到其他支撑、支护上，否则不得拆除该支撑杆件。

(5)每天及中等以上地震后检查支撑杆件的损坏、变位变形、腐蚀、紧压情况，检查杆件的连接、交叉和脚底部的状态，必要时立即采取加固、修补等措施。

2.脚手架的安全措施

(1)脚手架的钢管和紧固件的材质必须是轧制钢材、锻钢或铸钢品。钢管的张拉强度与伸长量应符合表1-1规定。

表1-1 钢管张拉强度与伸长量

张拉强度(MPa)	380～400	400～500	＞500
伸长量(%)	＞25	＞20	＞10

壁厚是外径的1/24以上，直角紧固钢管的紧固件在两倍最大荷载作业下，其滑动量为10 mm以下。

(2)脚手架必须按组装图进行组装，组装图必须表示出支柱、作业平台以及梁、横梁等杆件的配置及尺寸，形成的作业平台要求是没有明显扭曲、挠曲变形的结实结构，否则不能使用。

(3)根据脚手架的结构和材料，确定作业平台的最大荷载量，并让参加施工人员周知最大荷载量。

(4)在开始作业前，要检查支柱脚部的滑动及下沉状态，检查支柱、梁、斜撑、拉杆等紧固部、连接部及装配部的松动状态，检查作业平台的桥面和扶手架设状态。同时，要检查上述构件是否损坏、腐蚀、脱落，确认异常时必须立即修补。

(5)装有脚轮的移动式脚手架，为防止突然移动，要采用制动器、刹车等使脚轮固定在坚固的建筑物上，采用铁件底座、垫板、垫脚、扫地杆等防止脚手架滑动或下沉。

(6)在脚手架2 m以上的作业场所，必须设置作业平台。脚手架材料根据支点间隔和作业荷量计算确定，其弯曲应力值不超过表1-2所列的容许弯曲应力值。脚手架板要架设在3根以上的支撑物上，板的支点伸出长度要在10 cm以上、1/18板长以下。

表1-2 脚手架板材料的容许弯曲应力值

木材的种类	容许弯曲应力值(MPa)
红松、黑松、落叶松、罗汉柏、丝柏、美国黄松、美洲花柏	13.5
柳杉、枞树、针纵椴松、美国杉木、美国铁杉	10.5
橡树	19.5
栗木、柞树、山毛榉树	15
用酚醛树脂黏结羯布罗香木或卡泡尔的胶合板	16.5

3.模板支撑的安全措施

(1)用于隧洞模板支撑的材料不得有明显损坏、变形或腐蚀现象。

(2)模板支撑采用的结构必须是牢固的，适合对隧洞模板支撑施加的荷载，并顺应模板的形状。

4.爆破器材的安全管理

爆破器材在运输、使用、储存过程中，要严格执行有关火工品的安全管理规定，炸药库、雷管库房应远离住宅区，还应安排专人负责看守，并签订安全责任合同书。

另外，隧洞施工应重视火灾，消除一切可能造成火灾的事故根源，严格控制火源，易燃物或助燃物应装设灭火器材。

(二)建立健全隧洞施工各项安全管理制度

1.建立健全隧洞施工安全管理制度

隧洞施工安全管理制度包括安全生产责任制、安全生产教育制、施工安全措施计划、安全生产检查制度和相应的奖惩条例。

2.防止高空坠落伤人的安全制度

高空及吊装作业要严格按照操作规程标准化、正规化施工，设置防护安全网，所有进入隧洞工地的人员必须戴安全帽,高空作业施工人员必须佩戴安全带等劳动保护用品，遵章守纪，听从指挥，加强安全保卫工作。

3.严格执行安全检查制度

严格执行日常和定期安全检查制度，填报各种安全生产统计报表，分析安全动态，提高隧洞施工安全管理水平。

4.制定项目安全制度

施工人员进入现场后，应提高安全施工意识，根据不同的工种、施工机械、运输车辆等，制定分项目的切实可行及行之有效的安全制度，并编制成册，发给各类人员，要做到人手一册，以方便学习、确保安全生产。

5.实行交接班制度

隧洞施工各工班(组)间应实行规范的交接班制度，交接班负责人应将本班工作情况及有关安全问题向接班负责人详细交待。另外，应做好交接班记录，隧洞施工工地负责人和领工人员应认真检查交接班情况及交接班记录。

(三)各种安全措施

(1)加强教育，制定相应安全措施，做好隧洞技术交底，严格安全技术管理。进行各项试验和推广新工艺、新技术、新材料、新设备时，必须制定相应的安全措施，并经上级主管部门批准后实施。

(2)防触电及电器设备安全措施。机电设备的布置要合理，要有安全防护装置。操作者要遵守安全操作规程，操作前应对设备进行安全检查，定期检修电器设备，对电器外壳要进行防护接地、保护性接零或绝缘。在潮湿的洞内环境中，施工临时照明设备及手提工具，不得使用超过 360 V 的高电压作业。

(3)发现险情，必须设立警示标志。当班的领工人员在隧洞施工中发现有险情时应立即在危险地段设立明显的警示标志，或派专人看守，并且迅速报告现场施工领导人及时采取处理措施。若险情严重，应立即让施工人员全部撤离危险地段，以确保安全。

(4)领导干部必须经常深入现场，检查安全工作。对严重违反施工安全规则、危及安全的工点，应要求立即纠正，必要时停工整顿，直至复查合格后方可复工，绝不能姑息迁就，麻痹大意会造成大错。

(5)实行安全工作与经济挂钩。对安全工作好的单位或个人进行表扬或奖励，对安全工作差的单位或个人进行批评或惩罚甚至追究责任。在隧洞施工合同承包条件中要设立安全奖，要经常开展安全生产竞赛活动，树立安全生产先进单位和个人，并配足防水、火、毒安全器材以及支撑材料、各种备用工具等，以防不测。

(6)加强隧洞围岩的监测工作。随时对围岩的变化情况进行了解分析，以便及时采取相应措施，严防安全事故的发生。应设专职人员配置专用仪器，对围岩变形进行监控测量，指导现场施工；防止出现较大的坍塌方等工程事故，做好隧洞施工中地质预报工作，保证隧道施工安全。

(7)坚持“安全施工”的指导思想，实行“第一管理者亲自抓安全，全体参战职工共同保证安全”，认真落实各项安全技术措施。

第八节　隧洞施工组织设计示例

一、盘石头水库2号泄洪隧洞工程描述

盘石头水库位于河南省鹤壁市西南约15.0 km的卫河支流淇河中游盘石头村，控制流域面积1 915 km^2。水库主要是以防洪、工业及生活供水为主，兼顾灌溉、结合发电等综合利用。工程主要建筑物有混凝土面板堆石坝、泄洪洞、非常溢洪道、输水洞及电站。

盘石头水库2号泄洪洞(兼导流洞)位于大坝右岸的鸡冠山下，主要包括导流洞和龙抬头体型提高进口后的永久泄洪洞，0+195以前导流洞与龙抬头泄洪洞位于同一垂直面，0+195以后为共用永久泄洪洞。导流洞担负施工期导流任务，施工后期导流洞进行封堵。

二、隧洞的地质状况

导流洞工程涉及地层为寒武系下统$\in_1^{14}$层页岩、$\in_1^{12-3}$灰岩夹页岩、$\in_1^{13}$层灰岩、$\in_1^{12-2}$层页岩、$\in_1^{12-1}$层鲕状灰岩夹页岩、$\in_1^{11}$页岩、$\in_1^{10-2}$层灰岩夹页岩、$\in_1^{10-1}$层页岩，岩体多为薄层状结构，岩石产状进口为300°～320°、NE∠2°～6°，出口为50°～70°、SE∠3°～5°。洞室岩石基本为弱－微风化带岩石，洞身以Ⅰ、Ⅲ类围岩为主，其中Ⅱ类围岩占总长的3.09%，Ⅲ类围岩占总长的89.06%，Ⅳ、Ⅴ类围岩占总长的7.82%。Ⅱ、Ⅲ类围岩除施工期间顶部有小塌落及掉块现象外，围岩整体性尚好；Ⅳ、Ⅴ类围岩稳定性极差或不稳定，施工期顶拱塌方严重，主要断层有F_{12}、F_{149}、F_{13}、F_{157}、F_{14}、F_{15}，其主要性能见表1-3。

三、水文地质状况及气象条件

淇河是海河流域漳卫河水系卫河左侧主要山区支流，是卫河洪水的主要来源。

淇河地处温暖带，属典型的季风气候区。该区多年平均气温为13.5 ℃，极端最高气温41.7 ℃，极端最低气温－21.7 ℃；全年无霜期200天；最大风力7级；多年平均陆面蒸发量520 mm；多年平均降水量约720 mm，分布极不平均，年际变化大。该流域是暴雨多发地区，暴雨多发生在7～8月份。

表 1-3 导流洞洞身主要断层性能

名称	桩号	产状	破碎带宽度(cm)	地质特性
F_{12}	0+142 附近	12° SE∠80°	40 ~ 50	黏土及碎石充填，胶结差
F_{149}	0+163 附近	22° SW∠85°	30 ~ 100	黏土及碎石充填，胶结差
F_{13}	0+203 附近	12° SW∠80°	30 ~ 100	黏土及碎石充填，胶结差
F_{157}	0+332 附近	30° SW∠85°	40 ~ 100	黏土及碎石充填，胶结较好
F_{14}	0+510 附近	41° SW∠87°	200 ~ 300	断层泥及糜棱岩充填，厚 0.4 ~ 1.0m，胶结差，附近裂隙密集
F_{15}	0+560 附近	23° SW∠75°	100 ~ 200	断层泥及糜棱岩充填，且以糜棱岩为主，胶结较好，附近裂隙密集

盘石头水库上游，由于库区基岩裸露，第四系松散层较少，因此固体径流来源较少，属少沙河流。水库多年平均输沙量为 71.2 万 t。

四、隧洞施工条件

由于地质条件复杂，施工场所地面狭窄，围岩破碎，断层较多，易塌方，给隧洞掘进带来较大困难。针对这种情况，对隧洞工程施工应予以高度重视，加强施工的管理。

五、施工总布置情况

(一)施工道路布置

根据现场条件，导流洞施工充分利用鹤林公路，先在盘石头村东淇河修建临时交通桥连接左右岸，然后分支线分别布置两条临时施工道路，一条通往导流洞进口，一条通往导流洞出口。

导流洞进口公路：190.0 m 高程主干线路长 433.5 m，到 215.0 m 高程的上行公路长 830.0 m；到 187.1 m 高程的下行公路长 805.0 m。另根据进口明挖分层施工的需要，在上行和下行公路适当位置，按 12 ~ 15 m 高增设一条施工支线，共约长 500.0 m。以上进口道路共计 2 748.5 m。

导流洞出口公路：分为上行线和下行线，上行公路为自临时桥头沿大坝右岸鸡冠山脚下一定位置爬升到 226.0 m 高程，上行公路共约长 900 m；下行公路为从右桥头沿鸡冠山下 190.0 m 高程到导流洞出口尾渠，施工道路长约 1 065.0 m。在上、下行线的适当部位按 12 ~ 15 m 高设置至开挖面的施工支线，总长约 1 500.0 m。

干线公路路面宽 7 m+2 × 0.75 m，底层为 20 cm 厚石灰土稳定层，面层为 15 cm 厚的泥结碎石路面。支线公路路面宽 5 m+2 × 0.75 m，面层为泥结石简易路面。

(二)供风布置

导流洞进口及洞身开挖施工用风在进口处布置 3 台 20 m^3 固定式空压机及 1 台 20 m^3 移动式柴油空压机，出口边坡及出口洞身开挖用风采用布置 2 台 20 m^3 移动式电动空压机及 1 台 9 m^3 移动式柴油空压机。履带式钻机及洞内多臂钻机采用随机空压机。

(三)供水布置

导流洞进口及洞内施工期用水施工时在右岸山脊 265.0 m 高程修建容量为 400.0 t 高位水池，出口在右岸 245.0 m 高程平台修建容量为 50.0 t 水池。水池内的水直接从淇河岸边修建一个深 3.0 m、直径 5.0 m 的集水井利用 DA_1－125×5 型水泵(Q=108 m^3/h; h=100.0 m; 45 kW)提水。进口 265.0 m 及出口 245 m 高程以上施工用水采用加压泵自水池取水。供水管采用 D100 mm 干管接 D80 mm 支线至工作面。

(四)供电与照明布置

明挖照明在工作面上面高处每隔 50 m 设置 3.5 kW 镝钨灯照明，洞内沿洞臂每隔 30 m 安装一个 150 W 白炽灯，工作面采用 36 V 低压电源照明。

进口施工用电在导流洞进口右边河滩阶地安装一台 600 kVA 变压器，后期龙抬头施工时移至导流洞进口与泄洪洞右侧之间 215.0 m 高程平台。

出口施工在消力池右侧 210.0 m 高程安装一台容量为 200 kVA 的变压器，在大坝下游右岸 215.0 m 高程施工道路布置一台 200 kVA 的变压器，供 1 号、2 号消力池抽水、排水、照明混凝土浇筑用电。另直接从线路上接线安 300 kW 的开关，供 DMQ540/30 门机用电。

(五)拌和系统布置

导流洞工程主体混凝土由其他指定的承包商提供，前期喷锚料及其他临时工程所需的混凝土由自建拌和系统制备。

导流洞自建拌和系统布置在淇河右岸导流洞进口 300 m 处的河滩 195.0 m 高程台地上，由电子配料称量系统、皮带机输送系统和 2×0.5 m^3 强制拌和机组成，该混凝土系统生产能力为 2×50 m^3/h。拌和系统附近依地势修建集料仓，每个集料仓用浆砌石隔开，运来的骨料直接卸入集料仓，用 3 m^3 装载机将骨料分别装在拌和系统不同的储料仓中。水泥拟采用袋装水泥，根据拌和比例直接在拌和站旁的水泥库中人工拆包添加至拌和罐内。

(六)钢筋加工厂、木工厂、修理车间及试验站布置

导流洞(2 号泄洪洞)钢筋加工厂、木工厂布置在进口下行公路靠鸡冠山一侧 195.0 m 高程台地上。按原材料堆放场、半成品存放场、钢筋加工场三部分设计。堆放场、存放场按半露天的钢木屋架结构，油毛毡屋顶面，防日晒雨淋，钢筋堆放场、存放场面积各 100 m^2，木材堆放场、存放场面积各 40 m^2。加工场按钢木屋架结构，油毡屋顶，荆笆泥巴墙，钢筋加工场内设断筋机、弯筋机、焊机各一台，面积为 80 m^2；木加工厂内设置钻板机、平刨机、裁口机、锯木机等木工机具各一套，面积 60 m^2。

修理车间布置在进口左岸二级阶地生活区内，车间面积为 100.0 m^2，配备钻床、焊机、砂轮、切割等通用设备。门口布置停车场及金属结构存放场，面积为 1 000.0 m^2。

试验站布置在钢筋加工厂、木工厂后面的河滩二级阶地上，试验操作间 50.0 m^2，内有压力机、搅拌机、烘箱、板秤等试验设备，养护室 10.0 m^2，值班室 20.0 m^2，共计 80.0 m^2。

六、实际施工总进度

导流洞工程主要工程项目包括导流洞、2 号泄洪洞龙抬头进口及混凝土施工，洞身工程的石方开挖、一期支护、混凝土浇筑以及回填、固结灌浆，龙抬头泄洪洞闸室工程，出口的土石方开挖、混凝土浇筑，上下游围堰填筑、临时交通桥等其他临时工程。

招标文件拟订本工程于 2000 年 4 月初正式开工，2001 年 9 月底建成通水，总工期 18 个月，其中导流洞封堵工程安排在 2003 年 11 月 1 日 ~ 2004 年 3 月 31 日进行，由于现场征地、移民及现场地质差等原因，导流洞工程 2000 年 4 月 12 日举行开工典礼，4 月 15 日开始临时工程的施工。导流洞工程计划工期与实际工期对比见表 1-4。

表 1-4　导流洞工程计划工期与实际工期对比

序号	项　目	计划工期 (年-月-日)	实际工期 (年-月-日)
1	导流洞进口开挖	2000-04-15 ~ 2000-05-30	2000-05-15 ~ 2001-01-07
2	龙抬头进口开挖	2000-04-15 ~ 2000-10-30	2000-05-15 ~ 2001-05-09
3	龙抬头洞身开挖	2000-11-01 ~ 2000-12-15	2001-09-15 ~ 2002-02-15
4	进、出口围堰	2000-04-01 ~ 2000-06-30	进口围堰 2000-04-12 ~ 2000–09-11； 出口围堰 2000-04-12 ~ 2001-03-28
3	导流洞出口开挖	2000-04-01 ~ 2001-02-29	2000-05–05 ~ 2001-07-15
4	导流洞洞身开挖	2000-06-01 ~ 2000-12-15	2001-01–08 ~ 2001-06-15
5	导流洞洞身 混凝土浇筑	2000-12-15 ~ 2001-07-31	2001-06–04 ~ 2001-11-27
6	出口混凝土浇筑	2001-01-30 ~ 2001-05-30	2001-07–10 ~ 2001-10-25
7	导流洞进口 混凝土浇筑	2000-05-01 ~ 2000-12-30	2001-11-05 ~ 2001–11-27
8	龙抬头进口 混凝土浇筑	2001-01-01 ~ 2001-07-15	2002-02–25 ~ 2003–10-25
9	龙抬头洞身 混凝土浇筑	2001-04-01 ~ 2001-06-30	2002-02-25 ~ 2002–05-01
10	回填灌浆	2000-05-15 ~ 2000-09-30； 2001-01-01 ~ 2001-07-30	2001-07-15 ~ 2001-11-01
11	固结灌浆	2001-05-01 ~ 2001-05-30	2001-08-01 ~ 2004-05-10
12	金属结构安装	2001-03-01 ~ 2001-09-15	2001-10-01 ~ 2003-11-23
13	导流洞通水	2001-09-30	2001-11-24
14	导流洞封堵	2003-11-01 ~ 2004-03-31	待定

(一)导流工程、临时交通桥等其他临时工程

导流洞上游围堰施工时间为 2000 年 4 月 12 日 ~ 9 月 11 日，下游围堰于 2001 年 3 月 28 日完成。围堰于 2001 年 12 月 25 日开始拆除。

临时交通桥于2000年7月20日完成。

(二)导流洞、2号泄洪洞龙抬头进口及洞身开挖支护和混凝土施工

(1)导流洞进口边坡开挖、支护于2000年8月15日开始进行,2001年1月7日完成。2号泄洪洞龙抬头进口边坡开挖、支护在2001年8月9日前全部完成。

(2)洞身开挖、支护从2001年1月8日开始,至6月15日完成。

龙抬头洞身段施工时间为2001年9月15日~2002年2月15日。

(3)为确保泄洪洞进口开挖安全,2001年6月4日开始对平洞进口闸室段进行混凝土衬砌,于2001年11月27日完成了边顶拱混凝土衬砌施工。随即开始底板施工,于2001年11月27日全部完成。

龙抬头段洞身混凝土施工时间为2002年2月25日~8月1日。

(4)导流洞洞身回填、固结灌浆施工时间为2001年7月15日~12月。

(5)2001年11月底,完成导流洞193 m高程以下闸室混凝土及门槽埋件及二期混凝土施工,2002年9月完成导流洞闸室(包括门槽埋件及二期混凝土)全部施工。

泄洪洞进口闸室混凝土施工于2002年2月25日~2003年10月25日完成。

(三)导流洞出口工程

出口覆盖层开挖于2000年8月5日开始,2001年7月2日导流洞出口边坡开挖支护全部完成。

出口混凝土施工于2001年7月10日开始,2001年10月23日16时完成2号消力池右边墙及左边墙187.5 m以下混凝土施工,并在尾水渠修筑临时浆砌石挡水围堰,2号消力池具备过水要求。2001年12月25日~2002年9月完成导流洞出口全部工程。

(四)永久交通工程

大坝至2号泄洪洞闸室278 m永久交通公路,随导流洞开工,先进行开挖形成路基。至2005年2月3日,路基已完工。

七、施工导流及施工期水流控制

(一)施工导流建筑物布置及结构形式

导流建筑物级别按四级建筑标准,采用洞口处10年一遇的洪水标准设计。在导流洞施工期间,仍采用原河道行洪,在导流洞的进口和出口分别设置土石围堰,进口堰顶高程193.4 m,出口围堰高程182.6 m,围堰基础为河床砂卵石(深度约8.0 m),基础及堰体防渗均采用高喷防渗墙,防渗墙入岩0.5~1.0 m,墙顶高程为堰顶高程,两头与岩体相接,上游面采用铅丝笼防冲(102 cm × 102 cm × 200 cm)。为保证河床的行洪断面,在导流洞进口和出口部位进行左岸切滩施工。2001年11月,因消力池开挖推迟,造成消力池混凝土施工滞后,为保证导流洞按期通水,又在1号、2号消力池尾水渠轴线设置一个断面为直角梯形、高2.6 m、上宽1 m、下宽2.5 m的浆砌石围堰,与两消力池隔墙和下游临时围堰连接。

(二)围堰施工

导流洞围堰采用左岸切滩的河床砂砾石料进行填筑,填筑采用1.0 m^3挖掘机装15 t自卸车运至现场,T141推土机推平,铺筑厚度30~50 cm,BW202AD振动碾压实,压实后干容重为 2.0 t/m³。围堰防冲铅丝笼由人工编制，现场装块石，石笼间用 8 号铅丝捆绑连接，石笼堆砌与填筑同步。围堰高喷灌浆在围堰填筑完成后进行。

八、主体工程施工方法

(一)进出口土石方开挖

1.概述

进口开挖主要包括导流洞进口及 2 号泄洪洞进口的边坡开挖，出口开挖主要包括导流洞的出口及 1 号泄洪洞的出口斜坡段、消力池、尾水渠等几个部位的开挖。进口开挖最高点高程约 298 m，底部开挖高程为 186.7 m，最大开挖高度 111.3 m；出口开挖最高点高程约 256.5 m，底部开挖高程为 165.8 m，最大开挖高度 90.6 m。

进出口开挖边坡根据岩石风化程度确定坡度，一般弱风化灰岩按 1∶0.3 开挖，弱风化页岩夹灰岩边坡采用 1∶0.5，强风化岩石采用 1∶0.75，全风化边坡采用 1∶1，坡积物开挖边坡采用 1∶1.5。

2.土石方开挖程序及开挖分层

进出口明挖及支护由上而下进行，而后分层分块进行石方开挖。

进口开挖时先对 245 m 高程上部进行了分层开挖和支护，由于导流洞进口及 2 号泄洪洞进口的边坡在同一垂直面上，施工相互影响大，且导流洞进口开挖后边坡岩石不稳定，进口后移 3.5 m。为加快进口施工，先对 215 ~ 245 m 高程进行局部开挖，在 215 m 高程形成了 10 m 宽左右平台，平台外部设置挡墙，而后进行平洞进口开挖，在洞内施工的同时进行 2 号泄洪洞进口 245 m 高程以下边坡的开挖，平洞衬砌完成后，开始进行 2 号泄洪洞斜洞的开挖。进口边坡自上而下分层，每层厚度在 2.6 ~ 15.4 m 之间，进口边坡开挖顺序及分层见表 1-5。

表 1-5　进口边坡开挖顺序及分层

开挖顺序	层次	高程(m)	厚度(m)	备注
1	Ⅰ	298 ~ 288	10	
2	Ⅱ	288 ~ 278	10	
3	Ⅲ	278 ~ 269	9	
4	Ⅳ	269 ~ 257	12	
5	Ⅴ	252 ~ 245	7	
6	Ⅵ	257 ~ 245	15	
7	Ⅶ	245 ~ 230	15	
8	Ⅷ	230 ~ 214.6	15.4	
9	Ⅸ	214.6 ~ 200.6	14	
10	Ⅹ	200.6 ~ 186.6	14	导流洞闸室基础
11	Ⅺ	245.0 ~ 230.0	15	
12	Ⅻ	230.0 ~ 214.6	15.4	
13	Ⅷ	214.6 ~ 212	2.6	泄洪洞闸室基础

出口开挖以暴露导流洞出口为目标，以便形成导流洞出口第二洞挖工作面。出口边坡每一个马道分为一个开挖层，自上而下共分为 7 层，每层厚度在 8.7 ~ 15.3 m，出口开挖分层的详细情况见表 1-6。

表 1-6　出口开挖分层

开挖顺序	层次	高程(m)	厚度(m)
1	Ⅰ	256.5 ~ 245	11.5
2	Ⅱ	245 ~ 230	15.0
3	Ⅲ	230 ~ 215	15.0
4	Ⅳ	215 ~ 200	15.0
5	Ⅴ	200 ~ 184.7	15.3
6	Ⅵ	184.7 ~ 176	8.7
7	Ⅶ	176 ~ 165.9	10.1

3.土石方开挖施工

1)覆盖层开挖

进出口段覆盖层，主要是土夹石的坡积物、耕植土，采用 1 m^3的反铲扒渣，堆落在施工平台上，由 3 m^3装载机装渣、17.5 t 自卸汽车运至弃渣场。遇有大孤石，用手风钻打孔碎石，至装载机能装车为止。

2)石方开挖

进出口石方开挖采用 ECM－580 型履带式潜孔钻辅以 YQ－100 型潜孔钻钻孔，台阶式深孔爆破，建基面预留保护层，周边设计轮廓线上用预裂爆破保护边坡稳定的开挖方式。台阶高度与设计布置的马道高度一致，配置推土机集渣，装载机和挖掘机装渣，17.5 t 自卸汽车运至弃渣场或堆渣场并按要求分类堆放。

3)台阶深孔爆破

台阶深孔爆破是石方开挖的主要爆破方式，台阶深孔爆破采用斜孔。爆破参数选择：底盘抵抗线 $W_1=3.0$ m，孔距 $a=2.5$ m，排距 2.5 m，台阶高度 $H=7\sim15$ m，单耗药量 $q=0.45$ kg/m^3。钻孔超深 $h=0.8\sim1.0$ m，钻孔深度 $L=H+h$。布孔方式采用梅花形布孔，采用非电毫秒导爆管 V 形微差启爆，对于炮孔深度 $L\geqslant10$ m 的炮孔，炮孔中间间隔 1 m 左右装岩粉，分二段装药可降低一次启爆药量，达到工程减震目的，堵塞长度 2.5 ~ 3.0 m，堵塞物采用一定湿度的黏土，封填密实。控制最大一段启爆药量不得大于 100 kg，邻近设计建基面和设计边坡时不得大于 50 kg。

4)预裂爆破

预裂爆破先于主爆破 75 ~ 100 ms 启爆，钻机采用宣化 YQ–100B 型潜孔钻，钻孔直径 $D=100$ mm，孔距 90 ~ 100 cm，药卷直径ϕ32 mm，不耦合系数为 100/32＝3.125。由导爆索引爆全部药卷，为了保证不耦合效果，药卷尽量放置在炮孔中心位置，药卷间隔布置，线装药量一般为 0.28 ~ 0.43 kg/m，在预裂孔的顶部孔口留有 1.5 m 长度不装药，用一定湿度的黏土堵塞密实。在预裂孔的底部 1.0 m 范围，线装药量增加一倍，以克服孔底岩石的夹制力，确保预裂缝贯穿到底。

5)保护层开挖

保护层厚度按 1.5 m 左右预留，采用手风钻打孔，孔径 40 mm 左右，装药用直径 32 mm 的 2 号铵油炸药，采用单孔启爆方法分层开挖，最后 0.2 ~ 0.3 m 由人工撬挖。

(二)进出口边坡支护

1. 概述

导流洞进出口边坡根据地层岩性及风化程度分区支护，并根据部位不同增加了其他支护方式。导流洞进出口支护形式有以下几种：

(1)强风化带支护区：喷 120 mm 厚 250 号混凝土，钢筋网采用间排距 2.5 m、梅花形布置，$L=8.9$ m 水泥砂浆系统锚杆。

(2)一般边坡支护区：喷 120 mm 厚 250 号混凝土，钢筋网采用间排距 2.5 m、梅花形布置，$L=5$ m 水泥砂浆系统锚杆，在戗台顶底部锚杆长度采用 8.9 m。

(3)导流洞进口右岸不稳定楔形体分布区及洞脸加强支护区：采用间排距 2.5 m、梅花形布置，$L=5$ m 水泥砂浆系统锚杆，洞脸上方增加 11 根 600 ~ 800 kN 级预应力锚索。

(4)$\in_1^{13}$ 层灰岩边坡支护区：喷 120 mm 厚 250 号混凝土，局部设随机锚杆。

(5)进出口强风化及坡积物不稳定区：采用 30 cm 厚 80 号浆砌石护砌，局部采用菱形混凝土网格梁护坡，网格间距 2 m，菱形边尺寸为 0.2 m × 0.35 m，网格交叉点设 2 m 深 ϕ32 mm 锚杆，底部浇筑 1 m × 1.2 m 混凝土梁，梁内钢筋与两排 8.9 m 长 ϕ32 mm 锚杆相连。

2. 支护工艺流程

导流洞高边坡开挖施工工艺流程如图 1-7 所示。

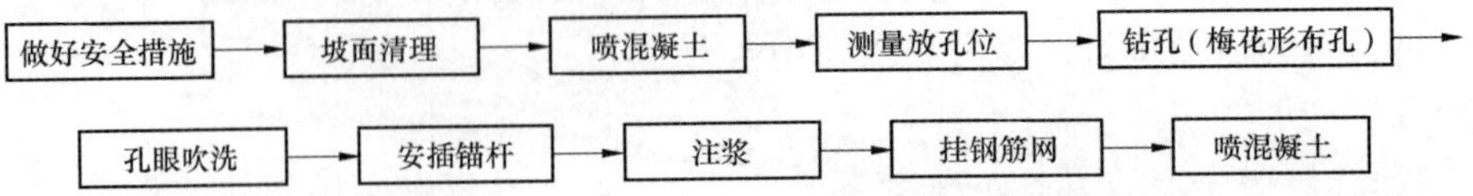

图 1-7　导流洞高边坡开挖施工工艺流程

3. 施工方法

边坡开挖完一个台阶后，及时进行坡面清理修整，由人工清除坡面上松动岩块，将坡面处理至符合设计要求，经验收合格后，搭设钢管脚手架、铺设架板、三面挂安全网，及时进行坡面的支护。

1)喷混凝土

边坡清洗干净后，素喷混凝土(5 ~ 6 cm)找平，使喷面平整度达到设计要求。

2)测量布孔及钻孔

第一层混凝土喷完后，测量人员放孔定位，并做明显标记；按图纸钻 8.9 m 和 5.0 m 深的孔，钻孔直径为 76.0 cm，梅花形布孔，垂直孔距为 2.5 m，排距为 2.5 m，倾角均按向下 35°控制。

3)孔眼吹洗

钻孔符合设计要求后，进行孔眼吹洗检查，采用循环水或高压气流冲洗残留在孔中的碎石、岩屑和积水。

4)锚杆安装

孔清洗干净后，利用搭设的钢管脚手架人工安插锚杆，锚杆外露 10 cm，焊接钢垫板。对于不稳定边坡，随边坡分阶段开挖安设锚杆。

5)注浆

锚杆安装完毕，采用 OKP–25N–2 型注浆泵立即进行注浆，砂浆标号为 250 号，水泥砂浆配合比按下列规定范围通过试验选定：水泥：砂子＝1：(1 ~ 2)(重量比)，水灰比为 0.38 ~ 0.45，砂子采用中细砂，料径不大于 2.5 mm。注浆开始或中途停止超过 30 min 时，及时用水或稀水泥浆润湿注浆罐及其管路，注浆管确保插至距孔底 50 ~ 100 mm。锚杆注浆后，不得敲击、碰撞和拉拔锚杆。

6)挂网固定

钢筋网焊接在锚杆钢板上，焊缝符合设计要求和有关规范。

7)喷混凝土

采用 GM–25 型喷混凝土机进行喷混凝土，混凝土标号为 250 号，喷混凝土配合比按下列规定范围通过试验确定：水泥：砂石＝1.0：(3.5 ~ 4.0)(重量比)，水灰比为 0.42 ~ 0.50，砂率为 50% ~ 60%。测量埋设控制喷射混凝土的厚度的标志。喷混凝土采用 0.5 m^3 强制拌和机搅拌混凝土，混凝土拌好后，喷射作业分段分片依次进行，喷射顺序应自下而上，开始喷射时，减小喷头与受喷面的距离，并调节喷射角度，以保证钢筋与壁面之间的密实性，喷射中如有脱落的混凝土被钢筋网架住，及时进行清除。

8)喷混凝土养护

喷混凝土终凝 2 h 后喷水养护，养护时间确保不得少于 14 个昼夜。

4. 锚索施工

由于导流洞洞口边坡卸荷裂隙发育，设计增加了 4 根 600 kN 级和 7 根 800 kN 级的锚索，其中洞口上方 202 m 高程布置 2 根，上倾 10°，深 20 m，设计拉力 600 kN；洞口上方 206 m 高程布置 2 根，深 22 m，设计拉力 600 kN；洞口上方 210 m 高程布置 3 根，深 25 m，设计拉力 800 kN。洞口左侧边坡 202 m 和 210 m 高程各布置 2 根，上倾 5°，深 25 m，设计拉力 800 kN。每根锚索锚固段长度均为 8 m，锚孔直径为 110 mm，端部采用 1.5 m × 1.5 m、厚 0.6 m 的 C30 混凝土垫墩。

导流洞进口锚索采用 100 型潜孔钻钻孔，人工安插锚索，JS500 型搅拌机拌浆，C232 型注浆机灌浆，灌浆时沿锚索内灌浆管自下而上灌浆，灌浆压力 0.5 ~ 0.8 MPa。垫墩混凝土采用 6 m^3 混凝土搅拌运输车水平运输，20 t 吊车垂直运输，采用钢模板辅以木模立模。600 kN 锚索采用 MJ12–4 型锚具，800 kN 锚索采用 MJ12–6 型锚具。YCW–150 千斤顶张拉，张拉时先按 20% ~ 30%设计荷载预张拉，而后分三级荷载张拉，600 kN 级锚索分 200、400、600 kN 三级，800 kN 级锚索分 200、500、800 kN 三级，并对锚索进行 10% ~ 15%的超张拉。

(三)进出口混凝土施工

1.主要施工机械布置

泄洪洞进口施工布置 1 台 QTZ31.5 型塔机，塔机最大臂长 38 m，最大起重量 3 t，布置在进口右翼墙 226 平台上，能辐射闸室及引渠全部混凝土。

导流洞出口施工共布置 3 台 DMQ540/30 型门机，门机最大臂长 41 m，最大起重量

30 t，其中2号消力池布置一台在混凝土底板上，2号泄洪洞轴线向左平移2 m为门机轴线，此门机能覆盖2号消力池两侧、尾水渠及斜坡段的一部分，其他不能覆盖的部分采用HBT60混凝土泵车、挖掘机及吊车入仓；另外两台布置1号消力池。1号消力池内1号门机沿1号泄洪洞轴线布置，门机轨道高程与尾水渠底板混凝土高程相同，消力池内采用宝鸡梁修设栈桥；2号门机布置在1号消力池斜坡段左侧台地上，1号、2号能够覆盖1号消力池全部混凝土部分。

2.施工分层

1号、2号泄洪洞出口混凝土按设计要求分块施工，根据边墙结构，按3.0 m左右进行分层，特殊部位适当调整分层厚度；导流洞闸室自下而上按2.5～3.0 m分层，共分11层，引渠翼墙按1.2～3.0 m分层，共分6层；泄洪洞闸室233.33 m高程以下按每3～4 m一仓，233.33 m高程以上采用滑模施工。

3.施工顺序

1)1号、2号泄洪洞出口混凝土施工

因出口开挖滞后，为确保导流洞按期通水，重点进行了2号洞出口混凝土施工，1号消力池根据施工情况作为辅助工作面施工。先施工底板混凝土，而后及时安装门机，开始进行两边挡土墙的施工，同时进行2号洞出口扩散段及尾水渠施工。导流洞通水前在两洞出口尾水共用段修砌临时围堰与原围堰相衔接，将两洞出口基坑分开，导流洞通水后1号出口混凝土继续施工。2号洞出口混凝土施工完成后，先在1号消力池底板安装1号门机，后进行1号消力池边墙混凝土浇筑，同时安装2号门机，2号门机安装完成后进行1号消力池扩散段混凝土浇筑。1号消力池内两侧墙浇筑完成后，将1号门机轨道延伸至尾水底板上，开始进行尾水混凝土的浇筑。

2)导流洞进口闸室施工

导流洞进口闸室施工工艺流程如图1-8所示。

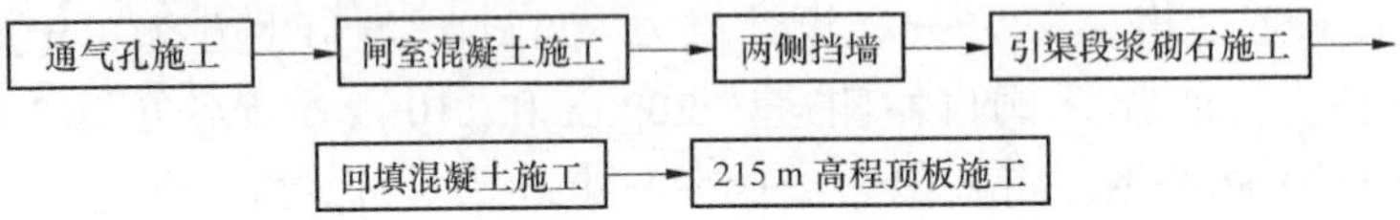

图1-8 导流洞进口闸室施工工艺流程

3)泄洪洞进口闸室施工

泄洪洞进口闸室施工工艺流程如图1-9所示。

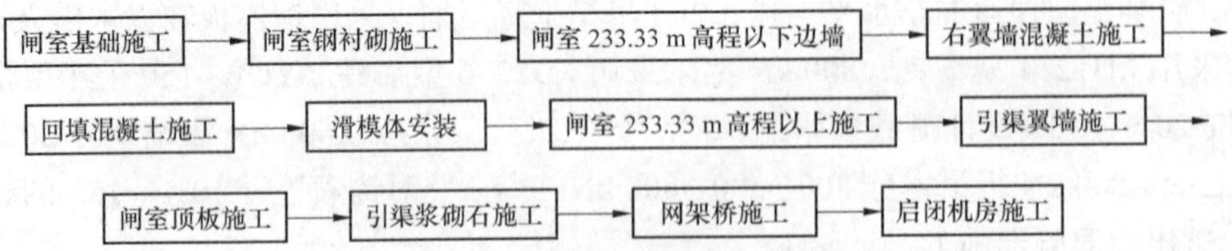

图1-9 泄洪洞进口闸室施工工艺流程

4.不同部位的施工

1)1号、2号泄洪洞出口混凝土施工

1号、2号泄洪洞出口混凝土主要包括斜坡段混凝土、消力池段混凝土、尾水渠段混凝土三部分，尾水渠为出口共用段。

(1)斜坡段混凝土施工。斜坡段边墙采用普通钢模板拼装，斜坡段底板采用滑模施工，混凝土由拌和楼拌料，混凝土搅拌运输车水平运输。门机控制范围内的混凝土采用门机吊 3 m^3混凝土卧罐入仓，门机控制范围之外采用混凝土泵泵送入内。人工平仓，分层浇筑，插入式振捣器分层振捣密实。

(2)消力池段混凝土施工。消力池段边墙、底板均采用普通钢模板拼装，混凝土由拌和楼拌料，自卸车或 6 m^3混凝土搅拌运输车从拌和楼运料至施工仓号旁，卸入 3 m^3混凝土卧罐门机吊混凝土罐卸料入仓。人工平仓，分层浇筑，插入式振捣器分层振捣密实。

(3)尾水渠段混凝土施工。尾水渠段边墙、底板均采用普通钢模板拼装，混凝土由拌和楼拌料，自卸车从拌和楼拉料至施工仓号，由反向挖掘机挖料入仓或自卸汽车直接卸料入仓。人工平仓，分层浇筑，插入式振捣器分层振捣密实。

2)导流洞闸室混凝土施工

导流洞闸室钢筋在钢筋场加工制作，并分类挂牌码放，根据现场施工需要，用 10 t 自卸汽车运至工地，汽车吊吊至施工仓位，人工绑扎焊接。

闸室模板采用普通散装钢模拼装，特殊部位制作异型木模板，一般模板采用内撑内拉法固定，闸室平洞进口顶板底部搭设满堂脚手架支撑，215 m 高程顶板在上一浇筑层间距 1 m 预埋工字钢，再搭设钢架作为支撑。

导流洞闸室混凝土由混凝土搅拌运输车从拌和楼运料至施工现场，190.1 m 高程以下采用 1 m^3挖掘机挖料入仓，190.1 ~ 210.6 m 高程采用 HBT60 混凝土泵车送入仓，210.6 m 高程以上采用汽车吊吊混凝土卧罐入仓。混凝土分层摊铺，辅以人工平仓，插入式振捣器分层振捣密实。

3)泄洪洞闸室混凝土施工

泄洪洞闸室 233.33 m 高程以下混凝土施工采用散装模板分层浇筑，233.33 m 高程以上混凝土采用滑模的方法施工，混凝土浇筑到 233.33 m 高程后开始拼装滑模及滑升系统。经检验合格便浇筑混凝土，混凝土浇筑 3 h 后进行初滑提升，试提 2 ~ 3 个行程，以免混凝土固化黏结模板。模板滑升时用手使劲按压出模混凝土，以不粘手但可在混凝土上留下痕迹为宜。如果混凝土强度上升较快，可每隔 30 min 提升一次，待滑升一定高度后，进入正常滑升，一般每小时控制在 20 ~ 25 cm。

闸室竖井变截面处，需对滑模进行改造，再继续滑升。

泄洪洞闸室 261.0 m 高程平台及 278.0 m 高程平台采用埋设埋件、焊接型钢、搭设脚手架、铺设模板的方法施工。

检修平板闸门槽模板根据设计插筋位置安装小模板，闸室混凝土滑升时，检修平板闸门槽采用翻模的方法施工，保证滑模施工的顺利进行。

闸室混凝土由混凝土运输车运至 215.0 m 及 245.0 m 平台，由混凝土泵泵送入仓。混凝土分层浇筑、插入式振捣器分层振捣密实，配合人工辅助平仓，每层浇筑厚度控制在 40 ~ 50 cm。

导流洞(兼泄洪洞)进出口混凝土由中水公司混凝土拌和系统拌制。进出口钢筋在钢筋场加工制作，并分类挂牌码放。加工好的钢筋用 10 t 汽车运至工地，门(塔)机或汽车吊吊至施工仓位，人工绑扎焊接。

混凝土浇筑完成后，及时采用覆盖草帘洒水或采用长流水的方法进行养护，养护时间为 28 天。

(四)洞身开挖和支护

1.开挖顺序

根据总进度安排，导流洞洞身开挖先从进口开挖，待出口洞脸暴露出来以后，进出口同时进行开挖。洞身先进行上层洞身开挖，待上层贯通后再进行下层保护层开挖。龙抬头段洞身开挖在 0+195 m 桩号以前混凝土衬砌完成后进行。洞身支护Ⅱ、Ⅲ类围岩迟后开挖面 20 ~ 30 m 进行，Ⅳ、Ⅴ类围岩边开挖边支护。

2.开挖方法

导流洞洞身开挖分两层进行，上层开挖高度为 10.3 m 左右，底板 2.5 m 为保护层，上层Ⅱ、Ⅲ类围岩一次开挖，Ⅳ、Ⅴ类围岩分两次开挖，先挖 6 m 宽导洞，支护后再进行扩挖，底板保护层一次开挖。龙抬头连接段只挖 6 m 宽导洞。

洞身采用中心位置掏槽孔，周边布置光爆孔。进口工作面采用自制台车做支架及保护棚，用 8 台 YT–23 型气腿式钻机人工造孔，人工装药放炮的方法进行爆破；出口工作面采用三臂钻机造孔，人工装药放炮的方法进行爆破。保护层采用边孔预裂爆破、中间梯段爆破的方法进行爆破。采用 966 F 侧翻式 3 m^3装载机装 17.5 t 自卸车出渣。

3. 施工工艺流程

洞身开挖施工工艺流程如图 1-10 所示。

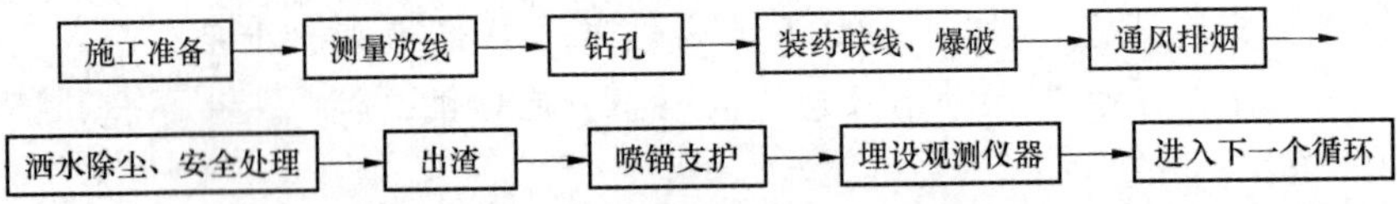

图 1-10　洞身开挖施工工艺流程

4. 爆破参数

1)上层开挖

掏槽孔采用菱形布置，共 6 个，2 个中空孔，直径ϕ100 mm ，不装药；左右两孔相距20 cm，上下两孔相距 30cm，孔深 3.50m，用ϕ32 mm 的 4 号抗水乳化炸药 11.5 节，堵塞长度 0.625 m，分两段启爆。辅助爆破孔，孔距按 1.0 m 左右，排距按 0.8 ~ 0.95 m 布置，孔深为 3.25 m，分 5 段雷管启爆，最大的一段有 30 个孔，炸药为 63 kg。光爆孔孔距为 50 cm 左右，最大抵抗线按 62 cm，孔深 3.25 m，光爆药卷每隔 10 cm 间隔装药，底部两个药卷用ϕ32 mm 药卷，其余采用ϕ25 mm 药卷。上半断面面积为 73.142 m^2，共打 146 个孔，一次爆破进尺 3.0 m。上半断面爆破参数见表 1-7。

2)保护层开挖

预裂孔的爆破参数：孔距 $q=40$ cm，用ϕ38 mm 的钻头钻孔，成孔孔径为ϕ40 ~ 42 mm，垂直向下。药卷选 4 号抗水炸药。每孔用 4 节，计炸药 380 kg。孔深按要求一次打到底。

梯段爆破参数：孔距 $a=1.26$ m，排距 b=1.0 m，孔径用ϕ38 mm 的钻头，成孔直径ϕ40 ~ 42 mm。孔深按保护层预留厚度一次打到建基面，与地面成 80°的斜角，孔深 2.54 m。药卷选用 4 号抗水炸药。每孔装药根据不同孔深分别为 1.2 kg 和 1.0 kg，底部留有 15 cm

的空气软垫层，以保护建基面。

表 1-7　上半断面爆破参数

位置	孔数	雷管段数	4号抗水炸药		4号抗水炸药		单孔药量(kg)	一段总药量(kg)
			节/孔	kg/孔	节/孔	kg/孔		
掏槽	2(ϕ100 mm)							
掏槽	2	M_{S1}	11.5	2.3			2.3	4.6
掏槽	2	M_{S3}	11.5	2.3			2.3	4.6
一圈	9	M_{S5}	10.5	2.1			2.1	18.9
二圈	16	M_{S7}	10.5	2.1			2.1	33.6
三圈	22	M_{S9}	10.5	2.1			2.1	46.2
四圈	32	M_{S11}	10.5	2.1			2.1	637.2
底角	15	M_{S13}	10.5	2.1			2.1	31.5
光爆孔	46	M_{S15}	2	0.4	6	0.75	1.15	52.9
合计	135							259.5

注：(1)中心掏槽孔先掏 6 孔，其中两个孔不装药，直径ϕ100 mm；其余 4 孔用ϕ38 mm 钻头钻孔，孔深 3.5 m。
(2)爆破孔、光爆孔用ϕ38 mm 的钻头钻孔，孔深 3.25 m。

5.洞身支护

1)概述

洞身设计的临时支护类型分为 3 种，见表 1-8。

表 1-8　洞身设计的临时支护类型

支护型式	支护方法	桩号
甲型	顶拱侧墙喷射 250 号混凝土，厚度 200 mm	0+27～0+047，0+137～0+210，0+328～0+342，0+094.55～0+195(龙抬头)，0+484～0+500，0+558～0+591
	洞周打ϕ25 mm 锚杆，锚杆长 5.2 m，孔距 1.2 m，排距 1.2 m，菱形布置	
	顶拱侧墙挂ϕ6mm 钢筋网，网距 200 mm	
乙型	顶拱侧墙喷射 250 号混凝土，厚度 100 mm	0+47～0+137
	洞周打ϕ22 mm 锚杆，锚杆长 3.7 m，孔距 1.2 m，排距 1.2 m，菱形布置，侧墙中设置 3 根长锚杆	
	顶拱挂ϕ6 mm 钢筋网，网距 200 mm	
丙型	顶拱侧墙喷射 250 号混凝土，厚度 100 mm	0+210～0+328，0+342～0+484，0+500～0+558
	洞周打ϕ22 mm 锚杆，锚杆长 3.7 m，孔距 1.2 m，排距 1.2 m，菱形布置，侧墙中部设 3 根长锚杆	

2)锚杆施工

采用 YQ–100C 型潜孔钻及三臂液压钻机钻锚杆孔，C232 100/15 型注浆机注浆(或人工安装药卷)，人工安插锚杆、垫板，人工安装钢筋网，钢筋与锚杆相接处焊接，其他部位绑扎。锚杆施工顺序如图 1-11 所示。

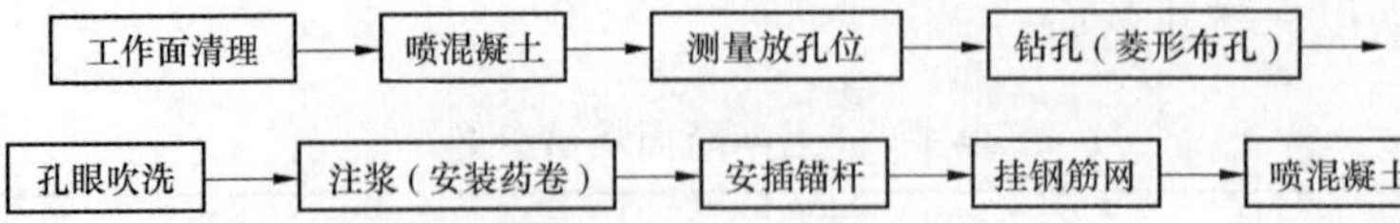

图 1-11　锚杆施工顺序

3)喷混凝土施工

喷混凝土施工采用 PZ–5 型喷混凝土机，所需砂石料场和混凝土拌和系统布置在进口下游 200 m 处。采用两台 JS500 型拌和机，砂石料外购分类存放在料场。

6.不良地质洞段施工

导流洞洞段的进出口断层破碎带有一部分为Ⅳ、Ⅴ类围岩。对Ⅳ、Ⅴ类围岩的开挖，采用浅孔、少药、多循环、加强一期支护、增加保护层厚度、必要时进行超前灌浆支护等施工措施。

对因受断层、雨水及裂隙水影响发生的塌方段，桩号 0+506 ~ 0+515，沿断层发育方向长 11 m，沿洞轴线方向长约 7 m，宽 3.5 ~ 4 m，塌方高 5 ~ 6 m，方量为 250 m^3，对塌方段采用管棚法及时进行支护。利用 966F 侧翻式 3 m^3 装载机装 17.5 t 自卸车出渣，搭设脚手架，对悬挂物体及碎石进行彻底清除。然后将左右边墙的钢支撑顶部清理出来，用槽钢在钢支撑上各架设一道横梁，在架好的横梁上架设钢拱架，搭设管棚，共架设钢拱架 8 榀。管棚搭设后及时进行喷护，钢管、钢板网处喷混凝土厚度为 10 cm，钢拱架处喷混凝土厚度以盖过拱架 2 cm 为准。

7.施工期监测

导流洞洞身周边围岩收敛变形每 50 m 长度布置一个断面，共布置 11 个段面，采用在洞身周边菱形布置。洞身位移采用任意三角形位移计算法计算，自施工开始至洞身二次衬砌时洞壁最大变形为 6.8 mm，变形量较小。

(五)洞身混凝土施工

1.导流洞平洞洞身混凝土衬砌

导流洞平洞边顶拱混凝土按 9.0 m 长分为一个浇筑仓次，平洞洞身混凝土衬砌先浇筑边顶拱(包括底角圆弧)，后浇筑底板，底板采用拉模一次成型。个别块号浇筑长度根据设计要求进行调整。除 0+049.05 ~ 0+058 进口渐变段，0+576 ~ 0+591 出口渐变段采用钢模板、异型模板配合木模板浇筑外，其他部位的边顶拱混凝土全部采用钢模台车浇筑。钢模台车布设在混凝土地梁上，台车轨距 420cm，满足车辆通行要求。

钢筋在钢筋场加工制作，用汽车运至施工现场，边顶拱采用自制钢筋台车，人工焊接、绑扎。为确保底板钢筋的安装进度，满足底板混凝土拉模要求，底板钢筋接头采用了冷挤压套筒连接新技术，加快了底板混凝土浇筑的进度，实现了导流洞按期通水的目标。

混凝土由中水公司的拌和系统按监理批准的配合比拌和，采用混凝土搅拌车水平运输至施工现场，再由混凝土泵送入仓，人工平仓，分层浇筑，并振捣密实。

2.龙抬头斜洞洞身混凝土衬砌

龙抬头斜洞洞身混凝土衬砌按设计要求分块，每块长度 12 m，采用拉模法浇筑底板混凝土，然后采用普通钢模板浇筑边墙混凝土，最后浇筑顶拱混凝土。底板混凝土由

0+153 向 0+094.55 依次施工。

斜洞洞身底板拉模轨道按设计曲线加工制作，安装时控制轨道顶面与底板混凝土表面齐平，模体两侧的圆弧段高出底角圆弧混凝土 20 cm。顶拱混凝土采用钢管搭设满堂脚手架，拼装钢模板配合木模板。0+094.55 ~ 0+105 渐变段，底角圆弧及顶拱安装异型模板。

混凝土拌和、运输、入仓、平仓、振捣与导流洞平洞洞身衬砌混凝土施工相同。

(六)洞身灌浆及排水孔施工

1.简述

2 号泄洪洞(兼导流洞)灌浆工程分为回填灌浆、固结灌浆、排水孔施工，回填灌浆全洞布置，固结灌浆在龙抬头进口 0+94.55 ~ 0+210、0+328 ~ 0+342、0+484 ~ 0+544、0+558 ~ 0+576 布置，排水孔在 0+210 ~ 0+591 布置。

2.灌浆管埋设

预埋钢管的长度长于双层钢筋的间距 10 ~ 20 cm，灌浆施工前固定焊接在钢筋上。严格按设计图要求测定孔位，与锚杆孔位冲突时，移动 30 cm 左右，并详细记录孔位移动的具体位置。遇到超挖、坍塌较大的部位，针对该部位增加灌浆管，灌浆管的长度距岩石面 5cm 左右。预埋管的下端口加工丝扣，在钢模上采用垫橡胶塞的办法保护下端口，为便于拆模后查找橡胶塞，在橡胶塞下涂油漆标识。预埋管的定向方法是：顶拱预埋管的中心延长线相交于顶拱圆心，侧墙底板的预埋管垂直于衬砌面。预埋管的上端口(接触围岩的一端)用牛皮纸封闭，严防混凝土进入管内。每个衬砌块号预埋导向管结束后，及时形成实际孔位竣工图，备案待查。

3.回填灌浆

(1)回填灌浆应在混凝土达到 70%的设计强度后进行。

(2)将每隔 30 ~ 50 m 设的一个灌浆区段进行预先封闭，即采用干硬砂浆将顶拱两端脱空缝隙人工封堵。

(3)钻孔：使用 7655 型自动推进凿岩机，采用 38 ~ 40 mm 合金钻头钻孔，孔深入围岩 5 ~ 10 cm。一个区段的回填灌浆孔，同序孔可一并钻出后灌浆，也可单孔钻灌。

(4)利用预埋管下端口的丝扣安装孔口灌浆管。

(5)灌浆：①使用 100/15 砂浆泵和 2 × 150 L 高速搅拌机。②回填灌浆沿洞轴线方向，从低端向高端推进，同一断面同序孔从低向高处灌浆。③使用 425 号普通硅酸盐水泥，掺加经人工过筛的细砂(细度模数不大于 2)。④ Ⅰ 序孔灌注水灰比为 0.6 : 1 纯水泥浆和 0.6 : 1 : 1 水泥砂浆，Ⅱ 序孔灌注水灰比为 1 : 1 和 0.6 : 1 纯水泥浆。⑤ Ⅰ 序孔灌浆压力 0.2 MPa，Ⅱ 序孔灌浆压力 0.3 MPa。⑥灌浆结束标准：在设计压力下，灌浆孔停止吸浆，并延续 5 ~ 10 min，即可结束。灌浆结束时必须先关闸门再停机。⑦特殊情况处理：若某一孔注灰量超过 10 t，且注浆率不明显减少时，停止灌注，待凝 3 天后再扫孔、补灌；灌浆开始不久，发现有漏浆部位，经人工封堵无效时，停止灌注，用清水冲洗，待处理后再灌；串稀浆暂关闭的孔，待凝后应重新扫孔、补灌。

4.固结灌浆

(1)固结灌浆应在该部位回填灌浆结束 7 天，且经检查合格后进行。

(2)施工顺序：按环间分序、环内加密的原则，即Ⅰ序孔→Ⅱ序孔→Ⅲ序孔，先边墙、后顶拱、再底板。

(3)灌浆方法：采用单孔一次灌浆法。

(4)钻孔：使用7 655型自动推进凿岩机，采用38～40 mm合金钻头钻进，钻孔深度满足设计要求。同环同序孔先钻出，再灌浆；不同环不同序孔不得同时钻出，防止串浆影响质量。

(5)冲孔：用清水将孔内岩粉冲洗干净。

(6)安装灌浆塞：采用孔内循环式灌浆塞，或将特制的孔内循环式孔口灌浆装置紧固在孔口管上，尾管距孔底0.5 m左右，压力表安装在回浆管上。

(7)裂缝冲洗：每孔要求进行裂隙冲洗，单孔采用脉动冲洗法，串通孔采用风水联合冲洗法，冲洗压力采用0.3 MPa。

(8)压水试验(简易压水)：选择5%有代表性的Ⅰ序孔进行灌前单点法压水试验，其他灌浆孔进行简易压水，压水压力0.3 MPa。

(9)灌浆：①使用200/40泥浆泵和XL－200灰浆搅拌机。②使用525号普通硅酸盐水泥，浆液配比采用5∶1、3∶1、2∶1、1∶1、0.6∶1五个比级，开灌水灰比5∶1。③当某一级浆液灌入300 L以上，且压力和注浆率无明显变化时加浓一级，若注浆率达30 L/min以上时，可越级用1∶1或0.6∶1浓浆灌注。④灌浆压力：Ⅰ序孔采用0.4 MPa，Ⅱ序孔采用0.45 MPa，Ⅲ序孔采用0.5 MPa，灌浆应尽快达到设计压力，但当注浆量较大时(水泥注入量超过1 t)，灌浆压力应逐渐升高。⑤结束标准：在设计压力下，灌浆孔段的注浆率不大于0.4 L/min，延续30 min即结束。注浆量大的仰孔，采取先闭浆后停机的措施。

(10)封孔：需要封孔的灌浆孔，采用置换浓浆、机械压浆封孔法，针对水平孔、仰孔可采用风压封孔器回填干硬砂浆封孔。

5.排水孔施工

回填灌浆、固结灌浆结束且经检查合格后即开始排水孔施工。排水孔钻孔使用7655型自动推进式凿岩机，ϕ38～40 mm合金钻头钻进，孔深应满足设计要求。水孔的孔口采取连接管接头和抹砂浆的措施，保持孔口平顺，排水畅通。

(七)网架桥施工

2号泄洪洞交通桥结构形式为螺栓球节点、正放四角锥网架结构，网架断面高1.65～2.20 m。

网架桥采用桁位移法安装，底部先搭设满堂脚手架，搭设施工平台，杆件运至278 m高程平台后，向前拼装散件；每榀安装完成后先进行预紧固，最后逐段紧固，并测量尺寸；紧固完成后，铺设面板，安装栏杆。

(八)启闭机房施工

启闭机房为框架式混凝土结构，框架混凝土分层施工，上部框架和屋顶面板一起浇筑，钢筋采用双面搭接焊，模板采用钢模，满堂脚手架支撑。混凝土采用强制式拌和机拌和，手推车水平运输，龙门架垂直运输，插入式振捣器振捣。

第二章　隧洞施工测量控制

隧洞的施工测量有地表控制测量和洞内控制测量两种。地表控制测量主要复核设计单位交付的洞外中线方向和长度以及水准点高程，洞内控制测量则将校核过的洞口投点引伸入洞。

隧洞施工测量是工程建设中不可缺少的一环,它的主要任务是保证隧洞开挖按规定的精度要求贯通，使衬砌结构符合设计要求，因此必须重视控制点、基准点、水准点的交接和复核工作，并规定通过三角网或精密导线网对各点进行校核，以确保隧洞施工精度。

第一节　控制测量的一般规定

一、一般规定

(1)对所设置的精度三角网或精密导线网，应定期对基准点和水准点进行校核。

(2)对洞外的水准点、中线点，应根据隧道平、纵面及长度等定期进行复测；洞内控制点应根据施工进度进行设定。

(3)隧洞测量一般要求精度较高，其桩点必须稳定可靠，所以在测量时必须以规定的精度认真慎重地进行。

(4)洞外控制测量应在每个洞口附近设不少于3个平面控制点和2个水准点作为洞内测量的起测依据。

(5)洞口投点应便于施工中线放样测量。

(6)各级导线测量的测角精度和测角回数及方向观测法的各项误差应符合测量规范要求。

(7)洞内水准点可与中线点同时埋设，并设在坚硬岩石上，铁芯可用螺栓或道钉。桩点必须稳定、可靠，且通视良好。水准点应设在不易损坏处。

(8)测量仪器、工具在使用前应作检校，保证仪器和工具的技术状态符合使用要求。用光电测距仪时，应按其使用规定要求进行。

(9)隧洞施工控制测量的精度应以中误差衡量，最大误差(极限误差)规定为中误差的两倍。

(10)隧洞平面控制测量精度要求如下：隧洞内两相向施工中线在贯通面上的极限误差，由洞外和洞内控制测量误差引起在贯通面产生的贯通误差影响值，洞内导线测角、测距的精度等均应符合测量规程的规定。

二、使用光电测距仪的注意事项

使用光电测距仪时，距离及竖直角应往返观测各2个测回，每测回读数3次，并注意以下几点：

(1)视线宜高出地面和离开障碍物 1.3 m 以上。

(2)视线应尽量避免反光物体，在反射光束范围内不得同时出现两个反射器。

(3)测距时应检查电池、电压是否符合要求。在低温条件下作业时应有一定的预热时间，使电子仪器各部件能达到正常稳定的工作状态。

(4)视线应尽量避免通过受电磁场干扰的地方以及靠近发热体，一般要求离开高压线 2 ~ 5 m。

(5)由洞外引伸入洞的测边应在洞内 15 ~ 20 m 处读记气温、气压，并进行气象校正。

(6)当洞内有瓦斯时，应采用防爆型测距仪。

(7)洞内潮湿及粉尘、烟雾的影响会使测距光信号能量衰减，影响光波的传播，为保证光电测距的精度，在施测时宜停止洞内施工作业，并增加通风和照明的强度。

第二节　隧洞外平面控制测量的要求

为保证隧洞工程在两个或多个开挖面的掘进中，施工中线在贯通面上的横向高程能满足贯通精度要求，符合纵横断面的技术条件，必须进行控制测量。洞外测量常用的三种平面控制方法，即敷设中线法、精密导线法和三角锁法。

一、敷设中线法必须遵守的规定

对地形、地质条件简单的中、短隧洞，可采用敷设中线法作洞外平面控制测量，其技术要求如下。

(1)对直线隧洞可直接在地表沿隧洞中线用经纬仪正倒镜延伸直线法进行敷设，每个转点间距视测量仪器及地形而定，一般宜在 200 ~ 1 000 m，且前后相邻导线长度之比不宜过大。以正镜法延伸直线钉转点桩时，应观测两次，两个分中点的误差在每 100 m 距离不超过 ± 5 mm 时，可用两个分中点的中点作前方导线点的位置。

(2)所用的经纬仪、红外仪应有良好的性能，使用 J_2 级经纬仪时，其两倍视准线差 2C 的绝对值不应大于 30″，使用 J_6 级经纬仪时不应大于 40″。

(3)水平距离测量，应优先考虑采用光电测距仪(如红外线测距仪、全站仪)，也可采用经过校正的钢尺或两米横基尺，但应满足测距精度要求。

(4)对曲线隧道可采用切线及虚交点法的基线组成控制测量的导线，以联系两端洞口投点。导线偏角亦采用两次正镜法敷设。

(5)采用敷设中线法作平面控制测量，可与隧洞顶轴线定测工作同时进行，须按规定布设各开挖洞口应敷设洞口的投点。

敷设中线法是在隧洞洞顶地面上用直接定线的方法，把隧洞的中线每隔一定距离用控制桩精确地标定在地面桩上，作为隧洞施工引测进洞的依据。

二、三角锁法

(一)三角锁法的要求

三角锁控制测量必须重视三角网点位置的选择，力求图形简单明确。布设时应结合地形及隧洞平面线型，以保证达到以下各项要求。

(1)三角锁的组成，应采用单三角形为主，以近似等边三角形为佳。在地形条件不许可时，也可采用任意三角形。其距角应尽量接近 60°，不宜小于 30°，特殊情况下不应小于 25°。为提高地形强度，结合地形也可部分采用大地四边形，对于曲线隧洞线型，个别图形也可采用中点多边形。

(2)三角锁一般宜在中部设置一条起始边(或基线扩大边)，必要时可在较远处另设一条起始边以资检核。起始边的长度不应小于三角网最大边长的 1/3。增列基线条件时，起始边应分设于锁的两端。

(3)三角锁宜沿两洞口沿线方向敷设，邻近隧洞中线一侧的三角锁各边应尽量垂直于贯通面，避免较大的曲折。当地形不许可时，可稍许离开隧洞方向布设。

(4)组成三角锁的三角形个数以少为好，起始边至最弱边的三角形个数不应超过 6 个，否则应增设起始边。

(5)三角点的位置，在确保精度的前提下稳固，且对邻近三角点有良好的通视条件，易于设立长期保存的标志。

(6)洞口投点如因地形不允许定为三角点时，可采用插点形式与三角锁联系，且以简单三角形联系为佳。

(二)三角锁法选点布网的具体方法

隧洞三角锁的图形取决于隧洞中线的几何形状，具体施工方法如下。

(1)直线隧洞以单锁为主，三角点应尽量靠近中线，条件许可时，可利用隧洞中线作为三角锁的一边，如图 2-1(a)所示。

(2)曲线隧洞的三角锁，以沿两端洞口的连线方向布设有利，较短的曲线隧洞可以布设成中点多边锁，如图 2-1(b)所示。

(3)对较长的曲线隧洞，可以布置为任意三角形，如图 2-1(c)所示。

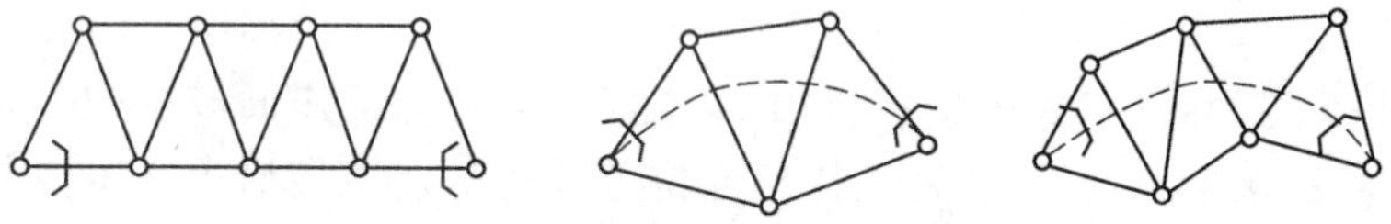

(a)　　(b)　　(c)

图 2-1　三角锁测量方法图形示意

(a)隧道中线为三角锁一边；(b)短曲线隧道三角锁布设；(c)长曲线隧道三角锁布设

三、精密导线法

精密导线法：一般是采用正副导线组成的若干个导线环组成控制网。主导线应沿两洞口连线方向敷设。每 1～3 个导线边应与副导线联系，主导线各边边长观测值，经各项改正后应归算到隧洞平均标高处。环形导线网用简单平差法进行平差。导线桩的位置以坐标法表示，导线起始坐标值及坐标方位角，一般与隧洞两端路线联系，并便利贯通误差计算。

在直线隧洞中导线应尽量沿两洞口连接的方向布置成直伸式，因为直伸式导线量距误差只影响隧洞的长度，而对横向贯通误差影响较小。

在曲线隧洞中，当两端洞口附近为曲线而中部为直线时，两端曲线部分可沿中线布设导线点，当整个隧洞都在曲线上时，宜沿两端洞口的连接线布设导线点。若条件限制，辅助坑道口的进洞点不便于直接联系主导线点时，可作支导线点(即副导线点)，这些点至少与两个主导线点联测，以确保精度。

为了提高导线测量的精度和增加校核条件，一般将导线布置成多边形闭合环。当丈量距离有困难时，可布设成主副导线闭合环，副导线只测其转折角而不量距离。如图 2–2 所示为一直线隧洞的主副导线闭合环，在地面沿定测中线布置导线 1、2、3、…、n，另布置副导线点 A、B 以形成主副导线闭合环。副导线不量边长，只量水平角，这种只有角度闭合的导线叫半闭合导线。导线的角度可采用 J_2 级经纬仪、红外仪或先进的全站仪进行测回法观测及计算。

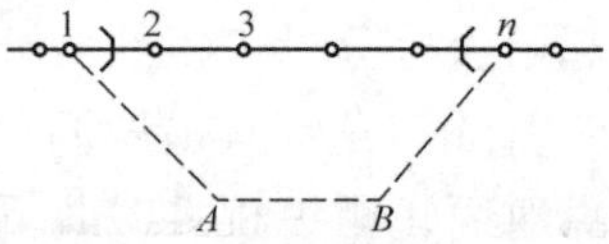

图 2-2　直线隧洞的主副导线闭合环

第三节　隧洞内施工测量的控制要求与贯通误差的调整

一、隧洞内施工测量的控制要求

洞内施工测量主要用来掌握开挖和衬砌的高程。当隧洞短于 5 km 时，施工水准测量还要保证隧道的贯通误差精度，大于 5 km 的隧洞需要按测量设计进行洞内水准控制测量。

隧洞内施工测量有关技术规定如下：

(1)洞内水准测量起算高程必须采用洞外水准测量的高程或洞外水准施工复核测量后的高程。

(2)洞内水准点间距一般在 200 ~ 500 m 之间，当衬砌工作面较多时，需事先将水准点加密，大约每 100 m 一点，使其在任何部位置镜时都能直接后视水准点传递高程。

(3)应结合施工特点和需要，在拱部边墙施工地段至少每 100 m 设一个临时水准点，临时水准点仅用水坑道掘进，不能作为衬砌工程的依据。各中线点的高程，则由水准基点引测，对加密的临时水准点应往返观测，也可用双转点法一次观测，但必须闭合在已知水准点上，水准点应用道钉或螺栓埋设在底部或边墙下部。

(4)短于 5 km 的隧洞应按五等水准测量标准进行控制，即每 1 000 m 水准测量高程差中的误差不超过 ± 7.5 mm。长于 5 km 的隧洞需作洞内水准测量设计。

(5)根据设计纵断面图，按里程算出隧洞底部的水平起拱线、扩大腰线、内拱顶水平等各部位每 10 m 的高程，供施测时使用。在起拱线上 1 m 处设前进方向伸延，用红漆画线标识作为立拱，掌握起拱线的高程，在边墙两侧标出底部水平，为铺底等施工之用。

二、隧洞内施工导线测量有关技术规定

(1)洞内导线应根据洞口投点向洞内作引伸测量，洞口投点应纳入控制网内，由洞口

投点传递进洞方向的连接角的测角中误差不应超过测量等级的要求，后视方向的长度不宜小于 300 m。导线点应尽量沿中线布设，导线边长在直线地段不宜短于 200 m，曲线地段不宜短于 70 m。无闭合条件的单导线，应进行两组独立观测，相互校核。

用中线法进行洞内测量的隧洞，中线点间距直线部分不宜短于 100 m，曲线部分不宜短于 50 m。当用正倒镜延长直线法或曲线偏角法检测延伸的中线点时，其点位横向偏差不得大于 5 mm。

(2)特长隧洞、长隧洞及采用大型掘进机械施工的隧洞宜用激光设备导向。

(3)开挖前应在开挖断面标出设计断面尺寸，开挖工作完成后，应及时测量并绘出断面图。对采用上下导坑法施工的隧洞，上部导坑的中线每引伸一定的距离后，应与下坑的中线联测一次，用以校核上部导坑的中线点或向上导坑引点。

(4)供导坑延伸和掘进用的临时点，可用串线法标定其延伸长度，在直线部分不应大于 30 m，曲线部分不宜大于 20 m。串线法的两吊线间距不宜小于 5 m，用串线法标定开挖面中线时，其距离可用皮尺丈量。

(5)衬砌立模前应复核中线和高程，标出拱顶架、边墙底和起拱线高程，用设计衬砌断面的支距控制架立拱模和墙模。立模后必须进行检查和校正，确保无误。

(6)供衬砌用的临时中线点必须用经纬仪测定，其间距可视放样需要适当加密，但不宜大于 10 m。

三、隧洞贯通误差调整的要求

(一)贯通误差的调整方法

直线隧洞和一般曲线隧洞宜采用按导线边长改正坐标增量的方法。回头曲线隧洞和转向角较大的曲线隧洞，可用改导线边长的方法进行调整。当实际贯通误差在贯通误差以内时，无须在整个洞内导线上调整，而只需在贯通点两端无衬砌地段的导线上调整。当导坑打通后，在实际贯通点中线附近埋设一桩作为测量的贯通点，将两端已有洞内导线的终点与该贯通点用导线连接起来，组成一条附合导线，按单导线一样测角和量边，两端分别计算贯通点的坐标。贯通点线路法线方向的坐标闭合差，即为实际横向贯通误差；贯通点线路切线方向的坐标闭合差，即为实际的纵向贯通误差。

(二)中线法贯通误差的调整

根据隧洞的长度或测量设计，洞内无须进行导线测量的隧洞，可以用中线测量并贯通，其贯通误差的调整方法如下：

(1)直线隧洞的贯通误差一般是在未衬砌地段用折线法调整，按其调线法范围长度和横向贯通误差的大小分为以下 3 种情况：转折角$\alpha<5'$时，可作为直线看待；$5'\leqslant\alpha\leqslant25'$时，按顶点内移量考虑衬砌位置和内移量；$\alpha>25'$时，按加设半径为 400 m 的圆曲线考虑。

(2)当贯通误差的调线地段全部在圆曲线地段时，可用与直线隧洞导线调整相类似的方法，即按边长成比例调整实际贯通误差。

(3)高程贯通误差调整的规定如下：实际高程误差一般在隧洞贯通点两端的未衬砌地段的水准路线上调整，调整地段应有足够的长度，以保证高程贯通误差的调整。

(4)当隧洞在曲线端部附近时，贯通调整方法应按两个步骤进行：首先，从曲线段测量的延伸直线与原有直线段的不平行关系进行调整；然后再调整曲线另一端点，使之重合。

(三)隧洞施工贯通误差的测定

为保证在隧洞施工掘进中在贯通面上的横向及高程能满足贯通精度要求，必须进行控制测量及贯通误差的测定。

隧洞两向施工中线，在贯通面上的极限误差：根据原水电部 1983 年颁布的《水工建筑物地下开挖工程施工技术规范》(SDJ 212—83)中规定的相向开挖隧洞贯通误差标准，对于长度小于 4 km 的隧洞，规定横向为 ± 100 mm，纵向为 200 mm，竖向为 ± 50 mm；对于长度大于 4 km 的隧洞，规定横向为 ± 150 mm，纵向为 ± 300 mm，竖向为 ± 75 mm。其施工贯通误差测定的要求如下：

(1)采用精密导线测量时，在贯通面附近一临时点，由进口侧的两方向，分别测量该点的坐标，所得的闭合差分别投影至贯通面及垂直的方向上，得出实际的横向和纵向贯通误差，再置镜于该临时点测求方位角贯通误差。

(2)采用中线法测量时，应由测量的相向两方向分别向贯通面延伸，并取一临时点，量出两点的横向和纵向距离，得出该隧道的实际贯通误差。

(3)水准路线由两端向洞内进口侧，分别测至贯通面附近的同一水准点或中线点上，所测得的高程差即为实际的高程贯通误差。

第四节　隧洞竖井高程传递施工测量要求

通过竖井传递高程，为尽量减少钢丝和钢卷尺的摆动，以提高联系测量的精度和效率，需停止送风，把井口全部盖严，只留穿过垂线的小孔。

高程传递测量的要求如下：高程传递应独立进行两次(两次置镜)，两次测量的较差(加各种改正数后)应不超过 ± 5 mm，井下应将高程传递到至少两个水准点上。如洞内水准点发生位移引起向开挖面传递高程产生误差时，则必须通过竖井向井下重新传递高程。

竖井传递高程的方法一般有钢丝导入法、长钢卷尺导入法、平面坐标及方位角传递法和光电测距仪导入法。

一、钢丝导入法的技术要点

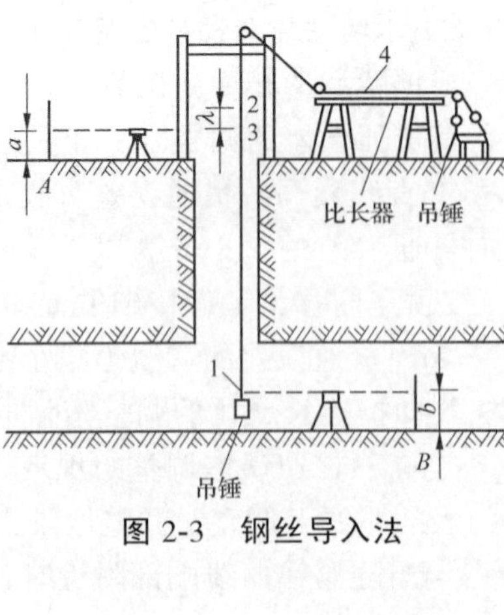

图 2-3　钢丝导入法

钢丝导入法如图 2-3 所示。钢丝通过安置在井口旁边地面上的比长器，钢丝的下端悬挂一个 15 ~ 20 kg 的吊锤，放到竖井中的一定深度，并在比长器上放一把钢尺，钢尺前端用钉子固定在比长器上，另一端则穿过比长器中间小孔与吊锤相连，然后在井底巷道内布置水准仪。在水准点 B 上立水准尺，将水准仪的水平线用夹子 1 标在钢丝上，同时读取数值 b；与此同时，用夹子 4 夹在位于比长器端点的钢丝上，并在夹子处从钢尺读得 n_1 值。然后开始用绞车升钢丝，当转动绞车时，夹子沿比长器的钢尺移动到尺端，此时暂停转动绞车，在夹子 4 的新位置上，从钢尺上读取数 n_1 值，然后继续提升钢丝，等夹子 4 又到尺端后重复上述操作，直到原在井底的夹子 1 提出地面至 2 处时，停止提升。并再进行以下几项工作：在夹子 4 位置上读取钢尺读数 n_2，从地面上井口旁水准仪读取水准点 A 上的水准读数 a 值，在与地面水准仪高程相同的钢丝上夹上夹子 3，用有刻画的小钢尺量夹子 2 和夹子 3 之间的距离 λ，最后井上水准点 A 与井下水准点的高程差 h_{AB} 可按下式计算，即

$$h_{AB}=\sum(n_2-n_1)+b-a\pm\lambda\pm\Delta L \tag{2-1}$$

式中　$\sum(n_2-n_1)$——比长器上丈量长度的总和；

n_2、n_1——每次提升钢丝夹子间的距离，夹子在比长器两端所对的钢尺读数；

a、b——井上和井下水准点的水准尺读数；

ΔL——改正数，由比长器上钢尺的尺长改正及温度改正和钢丝在井内与比长器上温度差的改正组成；

λ——井上水准仪视线与钢丝夹子间的距离，夹子在视线以上取“–”，否则取“+”。

井筒内和比长器上钢丝温度差的改正值 Δt_2 可按下式计算，即

$$\Delta t_2=(t_{井}-t_{比})a\cdot L \tag{2-2}$$

式中　L——需要施加改正的总长度；

$t_{井}$——钢丝在井内测量时的平均温度；

$t_{比}$——钢丝在比长时的平均温度。

井下水准点 B 的高程为

$$H_B=H_A-h_{AB} \tag{2-3}$$

二、长钢卷尺导入法的技术要点

采用长钢卷尺导入法时，钢尺 0 端垂直于井下，井下水准点与井上水准点的高差按下式计算：

$$h=(N_{上}+n_{上})-(N_{下}+n_{下})+a_{下}-a_{上}+\Delta L_1+\Delta L_2+\Delta t+\gamma \tag{2-4}$$

式中　$N_{上}$、$N_{下}$——在井上和井下直接取得的钢尺读数；

$n_{上}$、$n_{下}$——井上和井下水准照准在小钢尺上的读数(上、下电话联系同时读数)；

$a_{上}$、$a_{下}$——立于井上和井下水准点上的水准尺读数；

γ—— 垂度改正系数；

ΔL_1——钢卷尺自重伸长改正长度

$$\Delta L_1=\frac{WL}{EF} \tag{2-5}$$

ΔL_2——钢卷尺加重伸长改正长度

$$\Delta L_2=\frac{L(Q-Q_0)}{EF} \tag{2-6}$$

Δt——温度改正数

$$\Delta t=(t_{平}-t_0)a\cdot L \tag{2-7}$$

式中　L——应计算改正数的一段钢尺的长度，cm；

W——L 长的一段钢尺自重的一半，kg；

E——钢的弹性模量，采用 2×10^5 MPa；

F——钢卷尺横截面面积，cm^2；

Q——吊锤质量，kg；

Q_0——钢尺检定时所加的拉力，kg；

a——钢尺的线膨胀系数，采用 0.12×10^{-4}；

$t_{平}$——井筒内的平均温度；

t_0——钢卷尺检定的温度。

三、平面坐标及方位角传递的测量方法

通过竖井传递方向和坐标，常用的施工测量方法有中线法、联系三角形测量法和利用陀螺经纬仪传递方向及坐标法 3 种。

(一)中线法

中线法一般适用于井下短距离的开挖定向，如图 2-4 所示，在地面标定的中线上，垂直放下两根钢丝于竖井内，钢丝下端吊一重锤，并放于水桶中，以稳定垂线。然后在坑道内用瞄直法在两根钢丝延长线的方向上，埋设一临时桩 B，在其上安放经纬仪，左右移动仪器，将视准轴同时对准两根钢丝，使视准轴与钢丝位于同一竖直面上，旋紧仪器中心固定螺旋，倒镜在坑底板或顶棚上设定两个或两个以上的中线点，即得井下短距离坑道施工中线。这时仪器中心 B 点即在隧洞的中心线上。

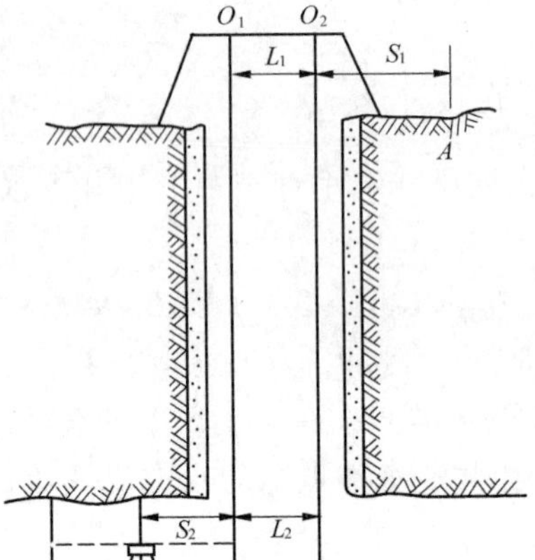

图 2-4　中线法

为了传递坐标值，可用钢尺量出地面隧洞中心线位置上 A 点至钢丝的距离 S_1 及两钢丝间的距离 L_1；同时在井下量出 B 点到钢丝的距离 S_2 及两钢丝间的距离 L_2(L_1 与 L_2 之差不应大于 2 mm)，则 B 点的坐标值即可求得。

(二)联系三角测量法

如图 2-5 所示，在地面井口附近，根据三角锁或精密导线测定一个基点 $A(x、y)$和一

方位角基边。在联系三角形 ABC 中量出角度 α 和边长 a、b、c，观测由 A 点到一个吊锤的连线和 A 点到地面上另一个控制点的连线 AT 边之间的夹角 ω。角度 β 可由地面上联系三角形 ABC 按正弦定律计算。由角度 α、β 和 ω，可以求出吊锤连线 BC 的坐标方位角。联系三角形边长已量出，可求出吊锤的坐标。所求的地上吊锤连线的坐标方位角与一个吊锤的坐标，即作为地下坑道的起始数据。在求得联系三角形角度以后，通过角 ω_1 可以从吊锤连线 B_1O_2 传递坐标方位角到地下导线的 A_1M 边上。若以吊锤的坐标为起始数据，经过井下联系三角形的边长则可以计算 A_1 点的坐标值。

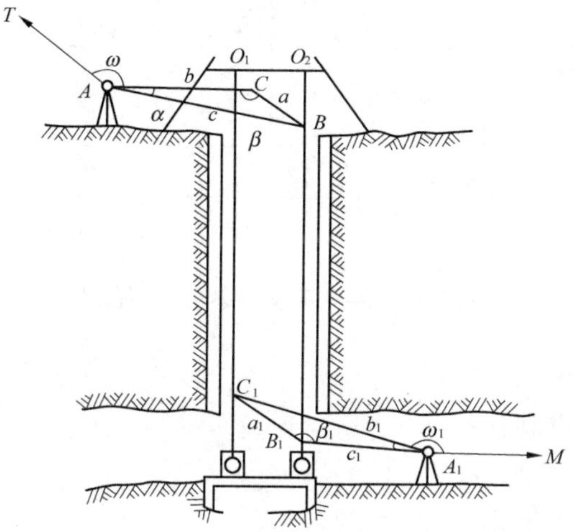

图 2-5　联系三角形法

为了提高测量精度，要将两吊锤改变悬挂位置 3 次进行观测，取 A_1M 边的 3 个坐标方位角的平均值，作为最后的测量结果。

(三)利用陀螺经纬仪传递方向及坐标法

陀螺经纬仪可独立测求正北方向，通过竖井用陀螺经纬仪传递方向及坐标较为简便、快速。如图 2-5 所示，在井下已知坐标的 A 点设置陀螺经纬仪，可以求得 AB 线的真方位角，量取距离 C 后，即可计算 B 点的坐标并算出 A_1 点坐标，但应注意地表控制网的方位角，并考虑收敛角的影响；或在竖井处求得真方位角与控制网坐标方位角的传递值，将测得的方位角改算后再推求井下导线坐标。

四、光电测距仪导入法的技术要求

采用光电测距仪作竖井的高程导入，其具体要求如下：

在井口搭设一支架，其可根据光电测距仪主机及配套的经纬仪的外部轮廓加工制作，并在光电测距仪头上安装专备的直角棱镜，将测距仪安置于支架上，安置中心与井下反射镜的安置中心均应在原投点位置。观测时使用测距头通过直角棱镜瞄准井底的反射棱镜测距，一般应观测 3～4 测回，每测回读数 3 次，限差应符合相关规范的要求，距离应加气象常数改正，改正后的距离即为测距仪中心至井底反射棱镜的高差 D_h，再用一台水准仪分别测出井上基点到测距仪中心的高差及井下基点至井下反射棱镜的高差。按下式计算井上基点的高程传递至井下基点，如图 2-6 所示。

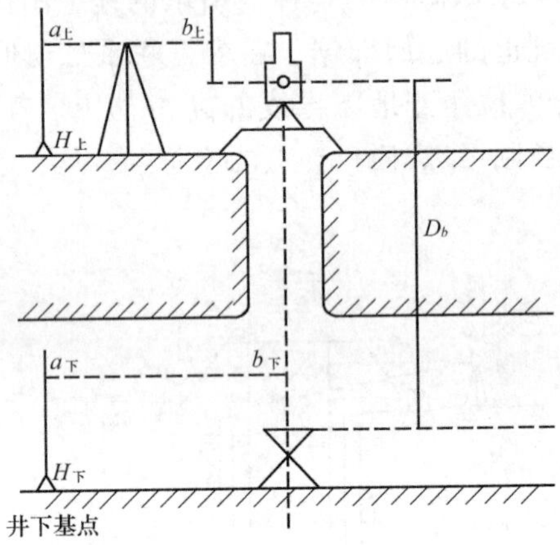

图 2-6　竖井高程传递至井下基点

$$H_下=H_上+a_上-b_上-D_b+b_下-a_下 \tag{2-8}$$

式中　$H_下$——井下基点高程；

$H_上$——已知井上基点高程；

$a_上$——井上用水准仪测量的后视读数；

$b_上$——井上用水准仪测量的前视读数；

$a_下$——井下用水准仪测量的后视读数；

$b_下$——井下用水准仪测量的前视读数；

D_b——测距仪中心至井底棱镜的距离。

第五节　隧洞掘进中的断面测量要求

一、隧洞开挖断面放样

隧洞开挖之前，应在开挖断面标出断面设计尺寸线。在施工钻爆作业前，可采用串线法，即在两个临时中心线上吊垂线，用眼睛或以仪器瞄准的方法，在开挖断面上，自上而下绘出路线中线的位置 AB 竖向中轴线，如图 2-7 所示，并以白灰水或红油漆将其标绘出来，再用水准仪放出拱顶 A 点的设计高程。按设计断面尺寸从中线及拱顶外线高程，由上至下每隔 0.5 m 或 1 m 向中线左右测量：l_1、l_2、l_3…并在岩石上标出 1、2 3…及 1′、2′、3′…点。连接这些点便成开挖断面的轮

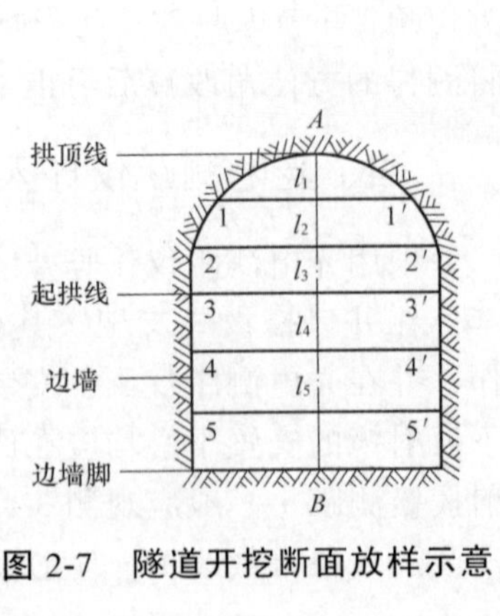

图 2-7　隧道开挖断面放样示意

廓线。然后，再根据轮廓线和开挖断面的中线布置炮眼。隧洞衬砌前还应进行断面测量，检查是否符合净空要求以及超、欠挖的情况，以便随机处理和调整。

在拱部扩大和对口开挖工作完成后，应采用断面支距法测出断面，即根据中线及拱顶外线高程，从上而下在拱部和曲线地段每 0.5 m 以及直线地段每隔 1 m 的距离向中线两边测量支距，以指导开挖及检查断面，并作为立拱架的依据。遇有仰拱的隧洞，其断面应由中线起分别向左右每隔 0.5 m 量出底部高程。

二、上、下导坑法施工测量

用上、下导坑法施工的隧洞，上部导坑的中线每引伸一定的距离都要和下部导坑的中线联测一次，用以改正上部导坑的中线点或向上部导坑引点。联测一般是通过靠近上部导坑掘进面的漏斗口进行的，用长线垂球垂直对点器，将下导坑的中线点引到上导坑的顶板。移设 3 个测点以后，应复核其准确性，测量一段距离后及筑拱前，应再引下至下导坑核对，并尽早与洞口上导坑自洞外引入的中线闭合(见图 2-8)。

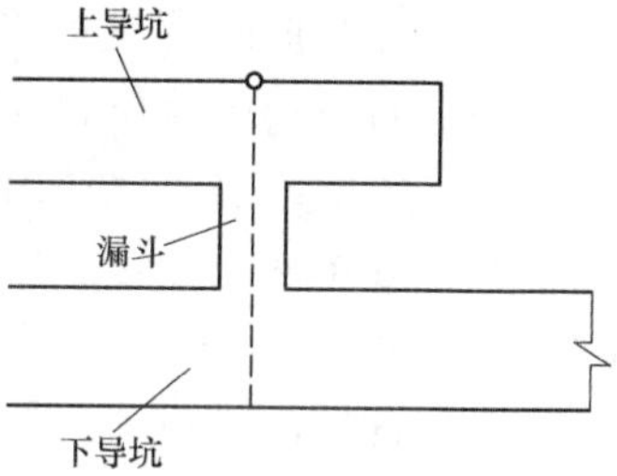

图 2-8　从下导坑中线点引至上导坑

采用下导坑开挖法施工的隧洞，中层及弧形扩大部分分 3 层，依次挖除弧形部分的顶部，设置方法如下：

(1)弧形顶部的中线点，每 50 ~ 60 m 设置一个测设利用弧形爆破的石渣，将中线点测至石渣上，然后用垂球引到球形顶部预埋好的桩顶上，钉以小钉。置镜时可将中线点引到小钉上，用以置中或直接用吊垂球于上部置中。中线点宜在距弧形开挖面 15 ~ 25m 处设置。

(2)临时点在弧形部分的顶部每隔 5 m 设置一个，然后将这些临时点依次用红油漆线连接起来，并画成曲弧线。这些点的前方两点可用弦偏距法指导开挖，后面各点可用于衬砌。如果弧形面部分的开挖不整齐，无法采用曲形弧线法时，可在弧形顶部每隔 5 ~ 10 m 用水泥砂浆粘贴成圆形锥，用以设置临时点，指导开挖和衬砌工作。

如果隧洞开挖的后部工序跟得较紧，中层开挖较快，可不通过漏斗而直接由下导坑向上部导坑引点，其距离的传递可用钢尺拉斜链或用 2 m 铟钢横基尺丈量，如图 2-9 所示，直线时置镜 *A* 点，正倒镜测定 *B* 点，量 *AB* 斜距，则测得 *A*、*B* 点高程，按 *A*、*B* 高程差计算 *AB* 水平距离，即得 *B* 点里程。在曲线上时，先概估上导坑中线位置 *B′*点，量 *AB′* 的距离和测 *A*、*B′*两点高差，计算 *AB′*的水平距；然后置镜 *A* 点，后视以后按 *AB′*水平距拨偏角定 *B* 点，并复测一次 *B* 点方向和 *AB* 水平距，无误后即可移镜至 *B* 点，后视 *A* 点，向前测进。

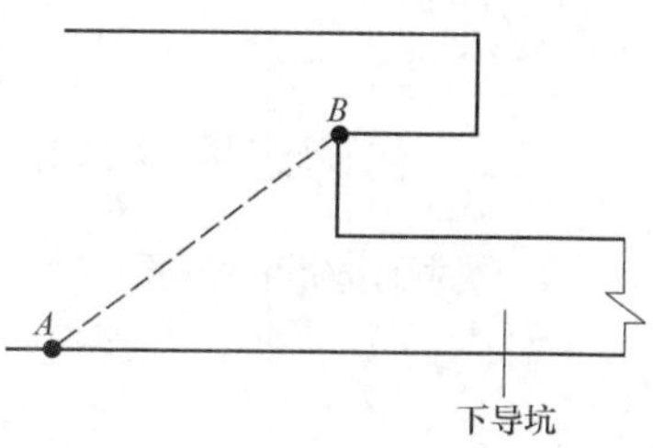

图 2-9　直接由下导坑中线点引至导坑

第六节　隧洞衬砌施工测量放样的控制

隧洞衬砌的各个部位放样都必须在隧洞中线、水平测量正确的基础上认真做好，其位置要与设计一致，尺寸和标高均应符合设计要求。

一、拱部衬砌放样的技术要求

拱架制作是根据设计的拱架图在放样台上按 1∶1 的比例尺放出大样，并按大样制件构件装拼而成的。立架的间距应由地质情况、衬砌厚度、拱架质量、模板厚度等因素决定，一般为 0.6～1.5 m。拱架在受力后可能发生下沉及向内挤压的现象，影响隧洞净空。因此，立架之前应详细检查拱架是否变形，必要时应事先在大样台上校正。采用先拱后墙法施工时，其拱架架立方法步骤如下：

(1)丈量开挖面，欠挖部分应清除。

(2)架的拼装应就位，并按照规定间距用横撑固定。

(3)复核中线水平，放出垂直中线的十字线，标出拱架顶及起拱线的标高。

(4)将首尾两排架按中线位置定位。在直线段时，将架拱上的中点与线路中线重合；在曲线段时，按不同半径的隧洞中线进行校核，使拱架中点与隧洞中线重合。

(5)在首尾两排拱架的拱脚处设立双木楔，调整高度使拱架顶部与抄平标出的拱顶标高一致。

(6)重复检查和调整首尾拱架左右两侧位置及拱架顶高度，使之按中线水平正确定位。

(7)首尾两排拱架定位后，把拱顶及拱脚左右处用麻线拉紧，中间各排拱架以此麻绳线为准，按上述(4)、(5)两步骤，直到拱架达到要求为止，用木撑抵紧于岩壁上，确保稳当固定。

如采用先墙后拱法施工时，拱架架立的方法相同，其不同之处是架立拱架承台时要有边墙、预留丁石、边墙留孔、立柱支撑。

在拱圈衬砌之前还必须检查拱架和模板的安装质量及净空尺寸、中线水平是否都符合要求。在衬砌中应随时检查模板及拱架的状态，发现其变形和移动时立即纠正，以保净空要求。

二、衬砌边墙放样的质量控制

(一)衬砌边墙的形式

衬砌边墙的形式有混凝土浇筑和料石及预制块砌筑 3 种，边墙形式有直线型和曲线型两种。

(1)用混凝土浇筑时，直线型边墙的模板系根据支撑立柱间距、边墙高度分块制成；曲线型边墙模板，则需要预先按 1∶1 的比例画出衬砌模型大样图，按图形制作模型板和模型架。立模之前，必须检查隧洞中线、墙基标高、断面净空，符合设计要求后才能进行安装；中线到边墙模板各点的宽度，也就是设计净空预留宽度，可以用坐标法测定。

(2)用预制块或料石砌筑边墙时，在起拱线外，根据隧洞净空宽度及施工误差的加宽值，架立稳定的垂直方木，以掌握砌筑边墙的垂直坡度，基础四角按坐标法测定基准面，而后挂线控制填腹砌筑。当砌筑曲线边墙上时，需将料块根据大样图编号，严格按照编号规定砌筑，曲线弧形用模型控制。

(二)铺底及仰拱施工放样的技术要求

仰拱断面系与隧洞拱圈成相反方向的弧形，应检查断面开挖是否准确，安装仰拱模板仍使用样板法，如图 2–10 所示。样板是在大样台上制成，以隧洞底面高程为依据，按仰拱面计算的坐标值放样，用 5 cm × 5 cm 方木钉成。检查开挖后的断面时，将样板横木上口与边墙上路面线比平，样板上面的中线与地面中线桩对准，此时量取弧形木下口至开挖面的距离，即可算出其开挖数值。安装仰拱模型板时，应注意将样板平行提高一个模型板厚度，使模板背紧贴样板弧形木，这时模板面就会符合设计高程。检查时可将样板上面的横木下口比平边墙上的路面线，这时样板弧形木下口距离衬砌面应该是 5 cm，检查数量便知拱面准确程度。

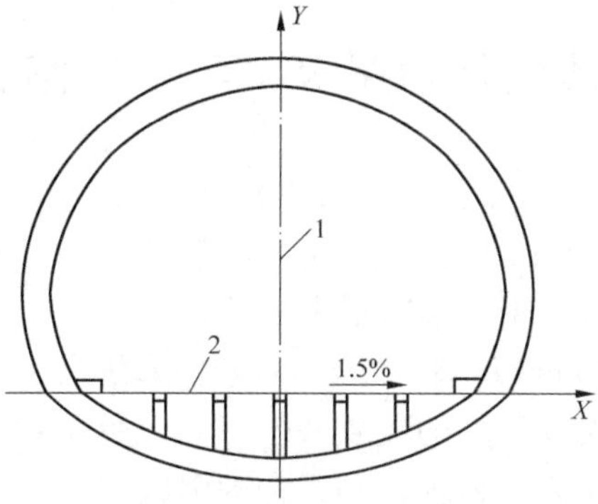

图 2-10　仰拱模板安装

1—线路中心；2—路面线

(三)洞门砌筑放样的要求

为了防止洞门顶坍塌，洞门在砌筑之前应作结构放样，如端墙垂直时，其位置与洞门设计里程一样，可根据洞门里程的中线桩，用经纬仪做隧道中线的垂直线(曲线上做该点中线的切线垂直线)，标出端墙在平面上的位置。若端墙有坡度时，按设计坡度求出端墙基底里程，按下式计算：

$$端墙基底里程=洞门里程 \pm H \cdot m \tag{2-9}$$

式中　H——洞门高度；

m——边坡系数。

端墙洞门砌筑放样如图 2-11 所示，根据端墙基底里程设中线桩，做中线的垂直线，定出端墙建筑物的位置。

端墙若有扩大基础，则襟边部分尺寸需同时放线，在平面上根据经纬仪放出的纵横十字线量出襟边尺寸加以控制；或者下部以基底里程，在此里程上放出十字线与端墙顶标高相交于两边边坡上，用麻线将这两点绷紧即可得端墙的坡度。采用先拱后墙法砌筑时，应注意端墙坡度，求出起拱线和拱顶的里程。同样，用上述方法放样，使洞门外露面的坡度与洞门端墙坡度衔接。

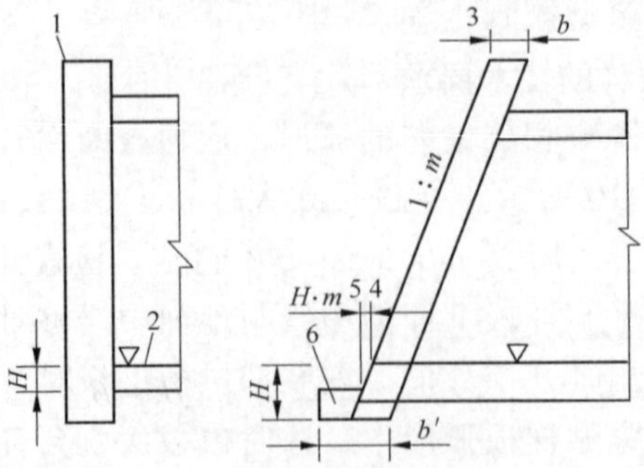

图 2-11　端墙洞门砌筑放样

1—洞门里程；2—路面线；3—端墙顶里程；4—里程；5—端墙基底里程；6—扩大基础

第七节　隧洞中的变形及沉陷观测要点

水工隧洞在竣工后，应用混凝土在中心点包埋金属标志。直线段的永久中线点 200 ~ 250 m 设置一个，曲线上应在缓和曲线的起终点各设一个，曲线中部可根据通视条件适当增加。永久中线点设立后，应在边墙画出标志。

隧洞中的水准点每 1 000 m 埋设一个，也应在边墙上画出标志。

在隧洞竣工后，由于周围所处的地质条件不同，所受外力的影响也不同，加上隧洞各部分开挖及施工顺序有先后，各种衬砌结构的强度与自重不同等原因，均可使隧洞产生变形。因此，隧洞在施工时必须进行沉陷及变形观测。

一、隧洞施工中的变形观测

在对洞内所设的三角点、导线点、中线点及水准点的复测工作中，可以及时观测到变形大小及方向。在开挖、扩大开挖、支撑和衬砌施工过程中，因地质条件不良可能产生较大的沉陷及变形，两侧岩壁内挤，底部隆起甚至产生土石坍塌、衬砌断裂、局部地段被推移的现象，故应用观察或检验的方法，从开挖后表面的变形、支撑受力后的情况，可大致判断变形原因。并应设置观测标志进行观测，取得变形的大小、方向和速度的定量量测数据资料，以便决定采取相应的工程措施和防护措施。

隧洞衬砌完成后，在不良地质地段，衬砌结构物可能发生变形、沉陷及位移，应在此变形区设置变形观测点，进行周期性观测。变形观测标志点可设置在隧洞的顶部、侧壁和底板部位。一般每 10 ~ 15 m 在上下左右各设置一个测标点。测标点应统一编号，同时应在变形区 50 m 外设立稳固的观测控制点。

二、检测标高变形及水平位移方法

检测标高变形可采用水准测量的方法进行观测计算。检测水平位移可采用准直法和测角法进行观测。

(1)准直法：即将一排测标都设在一条直线上，根据测标偏离这条直线的垂直距离的大小，可求出测标的横向位移；根据测标至直线上某控制点水平距离，可以求出测标的纵向位移。这条准直线可以用经纬仪或激光准直仪设出，或在某固定两端点间设置细弦线标志。若某些测标不能严格在直线上，可用小测微尺量出测标到弦线的垂直距离。观察该垂距的变化即可判断位移的变化。

(2)测角法：即采用在固定测站上，观测固定的控制点与测标之间水平角的一种方法。第一次观测某测标的角值是β_1，第二次观测的角值是β_2，则按二角的差值($\beta_2-\beta_1$)的符号，即可判断该测标水平位移的左右方向。位移值为$\frac{\beta_2-\beta_1}{p}\times L$，其中$L$为测站到测标的水平距离，$p$为弧度转换系数。每一次置镜可以观测一排点的水平角。

总之，为了掌握隧洞变形的规律，应按周期进行观测记录和计算。变形观测后应将观测数据整理列入记录表内，并传入计算机，以便于进行分析研究变形规律，指导工程措施及防护工作。

第三章　隧洞开挖的技术要求

隧洞的开挖要充分考虑到地层条件、隧洞的规模，隧洞地区的条件要从施工性、经济性方面进行考虑，选择安全的方式。而且，要考虑到地质条件可能出现的漏水、隧洞的深度，注意使地层不产生有害松弛。因此，对隧洞开挖的方式方法应进行比较、优选。

一、开挖方式的比较

(1)爆破开挖：由于存在有较严重的振动和噪声问题，多用于埋深较大的山区岩石隧洞施工，该开挖方式具有费用低、施工效率高的特点，须采用尽可能减少围岩松弛和超挖的爆破方法。

(2)机械开挖：比爆破开挖的振动和噪声小得多，适用于环保条件要求高、地表沉降限制严的区间开挖。要以施工长度、断面形状、机械进出通道、岩石强度、涌水等各种条件为基础充分研究机械开挖的可能性和经济性。

(3)人力开挖：因有施工效率低的缺点，所以限于不能使用机械开挖或爆破开挖的场所，多用于地层稳定性差、必须小断面分部开挖的未固结地层。

二、开挖方法的选择和比较

隧洞开挖方法主要根据工程地质条件、水文地质条件、埋深大小、隧洞断面情况(形状、尺寸、长度)、衬砌类型、隧洞的功能、施工技术条件和施工水平及工期要求等因素来综合考虑确定。隧洞施工方法一般有矿山法(又称钻爆法)和掘进法，矿山法又可分为传统矿山法及新奥法两种。

(1)矿山法：传统的矿山法是以木或钢构件作为临时支撑，待隧洞开挖成型后，再将临时支撑撤换下来而代之整体式厚衬砌作为永久性支撑的方法。它作为一种维持通道稳定的措施是很有效的，容易掌握。它适用于不便采用锚喷支护的隧洞中或处理坍方等。

(2)新奥法：是将锚杆和喷射混凝土组合在一起作为主要支护手段，通过监测控制围岩的变形，便于充分发挥围岩的自承能力的施工方法。新奥法是在软弱的破碎围岩地段修建隧道的一种基本方法。

第一节　隧洞开挖的基本方法及要求

采用钻爆方法开挖和钢木构件支撑的施工方法称为矿山法。

一、矿山法施工的基本原则和工序

(一)原则

矿山法施工应遵守“少扰动、早支撑、慎撤换、快衬砌”的 12 字原则。

(1)少扰动：就是指在进行隧洞开挖时，要尽量减少对围岩的扰动次数、强度以及扰动范围和持续时间。采用钢支撑可以增大一次开挖断面的跨度，减少部分开挖次数，从而达到减少对围岩的扰动次数。

(2)早支撑：是指在开挖坑道后应及时施作临时构件加以支撑，使围岩不致因变形松弛过度而产生坍塌失稳，并能承受围岩松弛变形产生的压力——早期松弛荷载。进行定期支撑的工作情况，若发现变形严重或出现损坏征兆应及时增设支撑予以加固和加强。

(3)慎撤换：是指在拆除临时支撑代之以永久性模筑混凝土衬砌时应慎重，要防止在撤换过程中围岩失稳。在每次撤换的范围内，其顺序及时间要视围岩稳定性及支撑受力状况而定。

(4)快衬砌：在拆除临时支撑后要及时修筑永久性混凝土衬砌，并使其尽早承载参与工作，减轻围岩对隧洞的压力。

(二)施工程序和方法

1. 施工程序

传统的矿山法施工程序可用图 3-1 表示。

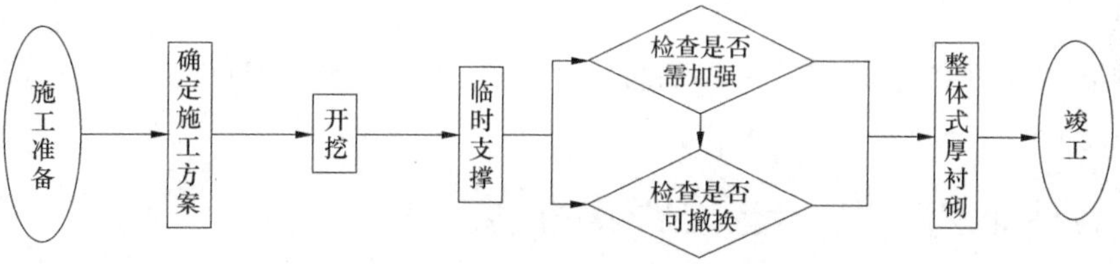

图 3-1　传统的矿山法施工程序

2. 施工方法

按衬砌的施作方法不同可分为先墙后拱法和先拱后墙法、全断面施工法、上半断面超前施工法、导坑超前施工法、隔墙分割施工法等。

二、采用矿山法施工的基本要求

(1)隧洞开挖后，其各工序相互联系应紧密，互相的干扰不要太大，因此要注意统一组织和协调，重视处理好开挖与开挖、开挖与支撑、支撑与衬砌等之间的相互关系。若围岩较稳定或支撑条件较好，则应尽量将各工序沿隧洞纵向展开，以减少相互干扰，保证施工安全和施工质量等。

(2)考虑隧洞开挖后围岩的松弛变形、衬砌的承载变形、立模时放线和就位的误差存在，为了保证衬砌厚度及净空不侵入建筑物领界，在隧洞开挖及衬砌立模时应留有预留沉落量。

(3)临时支撑容易受爆破的影响，因此在采用爆破方法施工时，除应注意严格控制爆破对围岩的扰动外，还应尽量减少爆破对支撑的冲击破坏。

(4)隧洞开挖时应采用对围岩扰动小的开挖方法，当采用钻爆法开挖时，应采用光面爆破或预裂爆破技术。在较弱围岩、涌水地段及浅埋等不易自稳的地段施工时，应有辅助施工措施或进行加固处理。

(5)在隧洞施工中必须注意安全生产，在保证工程质量的前提下，搞好围岩稳定。采用大爆破，石质陡坡应先加固再进洞，尽量保持原有的坡度；松软缓坡开挖边坡时，要先放出开挖线由上而下进行随机支护。

(6)采用先拱后墙法施工时，边墙部位的开挖应在左右边墙马口交错开挖，不得对开。同一侧的马口宜跳段开挖，不宜顺开。先开马口，应开在边墙围岩较破碎的区段，且长度不能太长，一般不超过 2 ~ 4 m，并及时施作边墙衬砌；后开的马口应待相邻边墙刹肩混凝土达到一定强度后方可开挖。马口开挖顺序还应与拱部衬砌施工缝、变形缝的位置统一考虑、合理确定。并要严格控制，以防止炸裂拱圈。

(7)隧洞开挖断面不应欠挖，当石质坚硬完整时，拱部允许有个别凸出处(每平方米不大于 0.1 m^2)，拱脚和墙脚以上 1 m 内严禁欠挖。

(8)必须先探明隧洞工程水文地质和工程地质情况，才可以进行隧洞开挖。

(9)隧洞洞身开挖，必须清除浮石。除完整坚硬岩层外，均应做好支撑，不良地质地段应结合地形开挖侧向安全洞。

(10)断面开挖轮廓要预留支撑沉落量和变形量，以防止出现净空不够的情况。

(11)开挖断面尺寸应符合设计要求，开挖作业中不得损坏支护、衬砌和设备，并应保护好测点。

(12)隧洞双向开挖接近贯通时，两端施工方应加强联系，统一指挥并采取浅眼低药量控制爆破。

三、各种开挖方法、开挖支护顺序的要求

(一)全断面法

全断面开挖—锚喷支护—灌注衬砌。

(二)台阶法

上半部开挖—拱部锚喷支护—拱部衬砌—中央部及下半部开挖—边墙部开挖—边墙锚喷支护及衬砌。

(三)台阶分部法

上弧形导洞开挖—拱部锚喷支护—拱部衬砌—中部开挖—下部开挖—边墙锚喷支护及衬砌—灌注仰拱。

(四)上、下导坑法

下导坑开挖—上弧形导坑开挖—拱部锚喷支护—拱部衬砌—设漏斗，随着推进开挖中部—下半部开挖—边墙部开挖—边墙锚喷支护衬砌。

(五)上导坑法

上导坑开挖—上半部其他部位开挖—拱部锚喷支护—拱部衬砌—下半部中部开挖—边墙开挖—边墙锚喷支护及衬砌。

(六)单侧壁导坑法

先行导坑上部开挖—先行导坑下部开挖—先行导坑锚喷支护、钢架支撑等，设置中壁墙临时支撑(含锚喷钢架)—后行洞上部开挖—后行洞下部开挖—后行洞锚喷支护、钢架支撑—灌注仰拱混凝土—拆除中壁墙—灌注全周衬砌。

(七)双侧壁导坑法

先行导坑上部开挖—先行导坑下部开挖—先行导坑锚喷支护、钢架支撑等—后行导

坑上部开挖—后行导坑下部开挖—后行导坑锚喷支护、钢架支护等—中央部拱顶开挖—中央部拱顶锚喷支护、钢架支撑等—中央部其余部开挖—灌注仰拱混凝土—拆除临时壁墙—灌注全周衬砌。

四、新奥法的基本要求

新奥法不单纯是一种施工方法，也不能认为锚喷支护就是新奥法。新奥法实质是一种现代先进设计与施工一体化的方法。将锚喷结构按照规定的方法程序进行设计与施工一体化，才是符合新奥法施工的要求。

(一)新奥法施工的基本原则

新奥法施工的基本原则是“少扰动、早锚喷、勤量测、紧封闭”。

“少扰动”是指在隧洞开挖时，必须严格控制，尽量减少对围岩的扰动次数和强度、扰动时间和扰动范围，以使开挖出的隧洞符合成型的要求。因此，能采用机械开挖的就不用钻爆方法开挖。采用钻爆法开挖时，应选择合理的循环掘进进尺，自稳性差的围岩循环掘进进尺宜用短进尺，支护应紧跟开挖面，以缩短围岩应力松弛时间及开挖的裸露风化时间等。

“早锚喷”是指对开挖暴露面应及时地进行地质描述和及时施作初期锚喷支护，使围岩得到有效控制而不发生变形，充分发挥围岩的自承能力。

“勤量测”是指在隧洞施工的全过程中，应对围岩周边位移进行现场监控量测，并及时反馈修正设计参数，指导施工。

“紧封闭”是指对易风化、自稳性较差的软弱围岩地段，进行开挖断面及早作封闭式支护，以避免围岩暴露时间过长产生风化而降低强度及稳定性。

(二)新奥法施工的特点

(1)所选用的施工方法应变性和适用性强。

(2)在长隧洞施工中可增设辅助坑道，增开工作面，加快掘进速度。

(3)隧洞是一种浅埋工程，其作业种类基本上是固定的，有利于组织专业化的队伍施工。

(4)隧洞施工中的机电设备较多，所以其施工顺序安排要统一组织而减少干扰。

第二节 隧洞开挖掘进方式的选择原则

开挖方法和掘进方式关系到施工安全性和经济性，须充分考虑到隧洞断面大小与形状、地质地层条件，选用能最大限度地利用围岩本来具有的承载能力、不使围岩出现有害松弛、开挖断面尽可能大的开挖方法，并应能容易适应所预料到的地质变化、涌水等现象。

一、具有代表性的开挖方法

(一)全断面开挖法

全断面开挖法就是将全部设计断面一次开挖成型，再修筑衬砌，其优点如下：

(1)开挖工作面较大，钻爆施工效率高，可采用深眼爆破法，加快掘进速度。施工工序较少，互相干扰较少，便于施工组织与管理。

(2)道坑空间较大，便于采用大型先进的施工设备，实现综合化机械施工，从而提高劳动生产率，减轻工人劳动强度，加快施工进度，确保工程质量。

(二)台阶开挖法

台阶开挖法即是将设计断面分为上半部断面和下半部断面两次开挖成型，或采用上弧形导坑超前开挖和中部开挖及下部开挖。其优点如下：

(1)具有较大的工作空间和较快的施工速度，但上下部作业有相互干扰影响。

(2)有利于开挖面的稳定，尤其是上部开挖支护后，下部断面作业较为安全。但台阶开挖增加了对围岩的扰动次数。

(三)上、下导坑先拱后墙法

上、下导坑先拱后墙法的基本要求是先将上部断面开挖成型，随即浇筑拱圈衬砌混凝土，并待拱圈混凝土达到设计强度20%之后，就进行下部断面开挖。

(四)隔墙分割施工法(CD施工法)

隔墙分割施工法是将隧洞断面分为左右两半进行开挖的方法，这种施工方法用在砂土、软岩掌子面自稳性很差的地层，用在大的偏平断面的隧洞和浅埋土的地方必须抑制地表下沉。其特点是：在后进断面开挖时要慎重地进行顶部支撑的结合，要确认荷载从隔墙移到外侧的支撑上之后，方可依次拆除隔墙。

二、隧洞施工掘进方式的选择原则

在隧洞施工中，掘进方式是影响围岩稳定的重要因素之一。因此，应根据隧洞的地质条件、岩体的坚硬程度、围岩的稳定性、不同的掘进方式，对围岩的扰动程度和支护条件、机械设备能力、经济性等相关因素进行综合性分析，选用较为适当的掘进方式。

三、隧洞掘进方式的选择

隧洞掘进方式是指对坑道设计断面内岩土体的破碎及挖除方式方法。常用的掘进方法有钻眼爆破法掘进、单臂掘进机掘进和人工开挖掘进及钻眼爆破并配合人工掘进四种。

(一)钻眼爆破法掘进

它是用钻眼装炸药爆破隧洞范围内的岩体。钻眼爆破前首先应进行钻眼爆破设计、掘进循环进尺、钻眼机具爆破材料和出渣能力等因素综合考虑。其适用于石质隧洞。

(二)单臂掘进机掘进和人工开挖掘进

单臂掘进机掘进采用装在可移动式机械臂上的切削头来破碎岩体，并挖除坑道范围内的岩体，可连续掘进，但只适用于软岩及土质隧洞。

人工掘进是用十字镐、风镐等简易工具来挖除岩体。人工掘进施工应做好安全防护措施，并应安排人员负责工作面的安全观察。

第三节　爆破设计原则及注意事项

一、爆破设计原则

爆破设计应根据隧洞工程地质条件、开挖断面、开挖方法、掘进循环进尺、钻眼机具爆破材料和出渣能力等综合考虑。

二、爆破设计的内容

爆破设计的内容有炮眼的布置、数目、深度和角度、装药量和启爆方法以及爆破程序、爆破设计图等。

三、编制爆破计划的要求

(1)充分考虑围岩条件、隧洞断面尺寸及形状、开挖方法等，使爆破对围岩扰动尽量小，且能炸出超挖量小的平滑开挖面，一般尽量用光面爆破。必须做好设计，使在爆破时不让飞散的岩石等对已施工部分和洞内临时设施造成损坏。

(2)仔细研究炮眼长度和直径、掏槽方式、炮眼布置炸药种类及使用量、雷管的种类、爆破顺序等爆破参数与爆破效果之间的关系，必要时要进行爆破试验，在综合判断的基础上制定爆破计划。

(3)要考虑爆破造成的振动和噪声给地面及地下构造物、民宅、其他设施造成的恶劣影响。

(4)熟知有关爆破作业和火药类管理的规定，编制详细正确的爆破作业规程。

四、爆破钻孔的要求

(1)钻孔前要对掌子面进行检查，清除危石，确认残留炸药回收干净，以防止钻眼时发生掌子面落石钻入残留炸药而引爆等事故。

(2)须十分注意炮眼的位置和方向是否符合爆破计划要求，炮眼的布置是否适应地层条件，炮眼深度是否一致等。

(3)钻孔作业中，要充分注意异常的钻孔速度、钻孔排水的颜色和水量凿出的岩屑，因在大多数场合中都能据此查知到一定程度的异常涌水、瓦斯喷出和地质变化等。

(4)不准在前一轮残眼中继续钻眼，以防止发生引爆事故。

(5)禁止无关人员进入清除危石及钻孔作业的地方。

(6)选择钻眼机械器具时，必须要考虑岩质、隧洞断面尺寸和形状、隧洞长度、开挖方法、掏槽方式、爆破进尺、装渣及运输方法、锚杆施工方法、工期等条件。

五、爆破作业的注意事项

(1)在隧洞掌子面两端接近贯通时，要密切注意联系，而且爆破时要通知对方避退及对退避安全加以确认。

(2)使用电雷管时，要做到对连接网路无异常的确认检查。爆破母线应使用绝缘的专用线，与启爆器连接的两个线头在非点火场合应使其短路。启爆器的开关，都应将开关上锁或将启爆器领走。启爆器与母线的连接应在点火前进行。

(3)爆破时应防止抛出的岩块等损伤已施工部分及洞内临时设置物。

(4)在进行爆破时，要让预先规定的爆破危险区域内的人员退离，看管人员负责禁止人员进入爆破区域内，在接通知后方可进行点火爆破。

(5)有可燃气体涌出的掌子面，规定气体浓度在爆炸下限值30%以下就要停止爆破作业，但实际上当甲烷气体在0.5%左右的浓度时，多数场合都中止爆破作业。

(6)在处理瞎炮时，必须采用下面的几种方法之一：距瞎炮孔0.6 m以上打平行炮眼，进行装药爆破，回收未爆炸药，用橡胶管等向瞎炮孔内注水，将炮泥或炸药冲出，或一点一点地慢慢把靠近雷管的大部分填塞物掏出后，重新加工装有雷管的药包进行再爆。

(7)爆破后的掌子面，必须由指定的检查人员对掌子面周围进行充分的检查，清除全部危石，对不爆孔和残留炸药采取相应处理措施。检查作业过程中，禁止其他人员进入掌子面，检查完后确认安全方可进行继续作业。

(8)爆破效果与计划不符时，要研究分析其原因并在随后的爆破计划中加以反映。

(9)爆破后，应在放炮后过5 min(电力启爆)，导火线启爆在1 ~ 5 min后才能接近掌子面，以防止意外事故发生。

六、装炸药的技术要点

(1)在搬运电雷管时，不能将其脚线露出；电雷管的脚线连线时，应经常处于短路状态；铺设爆破母线时，要远离电灯线、动力线及其他有漏电危险的带电线路；在连接电雷管脚线前必须检查母线，不应出现断线、漏接线、错误连线等现象，不要使母线接触管子或有漏电可能的地方。母线连接后要在安全地点进行导电通电试验，在人员未避到安全区之前，不要把母线连接在启爆器或电源开关上。

(2)装药前应检查钻孔有无塌孔，孔深是否一致，检查掌子面有无浮石，特别是有涌水的掌子面，更容易产生浮石及孔壁粗糙现象，故应引起作业人员的重视。

(3)装药作业时，不要在掌子面进行钻孔及其他作业。因为掌子面的落石和机械的冲击会影响爆炸。

(4)在使用电雷管时，要采用规定的报警器和仪器，确认场地的杂散电流、漏电等强度都在安全范围内。作业人员禁止穿化纤等衣物，以防发生静电放电。在有杂散电流的场合和有可能发生雷击时，必须中断装药作业，或采用非电启爆方式。

(5)选择与掌子面条件相适应的炸药，如有涌水的掌子面必须用防水炸药，地温高的掌子面必须用耐热的炸药，有可燃瓦斯涌出的掌子面，则必须用消焰防爆炸药。

(6)装药前要进行清孔，孔内要干净，不能有小石子等。

(7)间隔药包及填满料应使用规定的材料，必须使用规定的捣棒，按正确顺序谨慎进行，防止发生误爆或不爆现象。

(8)装药工作完成后，剩余的炸药要清点其数量，立即将剩余的强力炸药交回，以防丢失。

七、直眼与斜眼掏槽的特点

(一)直眼掏槽

直眼掏槽就是垂直掌子面钻孔，留空眼作为被爆体内新增的临空面，一次启爆或由中心向外分段启爆各装药孔，最终在掌子面内爆出一个足够大的临空面。其特点如下：

(1)适用于坚硬完整的岩层。

(2)打眼深度不受断面限制。

(3)循环尺寸变更时，只需增减炮眼深度，容易掌握。

(4)打大直径空眼需用重型凿岩机。

(5)要求雷管段数多，最好用毫秒雷管并按正确启爆顺序启爆。

(6)不用大直径空眼时，掏槽眼数目较多。

(7)打眼干扰小，可以多机作业，但在掏槽部位炮眼集中，应控制打眼时间。

(8)炮眼间距近，容易发生殉爆和拒爆。

(二)斜眼掏槽

斜眼掏槽，即钻孔与掌子面成一定角度，一次启爆各装药孔，在掌子面内爆出一个梯形的临空面。其特点如下：

(1)适用于均质完整的岩层或有近似垂直、水平的层理、节理裂隙和夹层的岩层。

(2)循环进尺变更时，炮眼角度变得更复杂。

(3)打眼深度受断面宽度或角度限制。

(4)水平楔形掏槽打眼困难。

第四节　隧洞工程施工爆破的技术要点

在石质隧洞中，采用最多的是钻眼爆破法，故爆破作业必须按照钻爆设计要求进行钻眼、装药、接线和引爆。同时，应满足钻眼爆破施工开挖的质量要求。因此，应对岩石的抗爆性和抗钻性、炸药品种及用药量计算，炮眼的布置形式、数量、直径、深度，装药结构与启爆顺序和启爆网络等进行研究和控制。

一、岩石的抗爆破性和分级

岩石的抗爆破性是指岩石抵抗爆炸冲击破坏的能力，受到岩体结构特征和地下水等因素的影响。采用岩石爆破性指数 N 作为分级指标，可将岩石分为极易爆、易爆、中等、难爆和极难爆共五级。

(1)1 级：极易爆岩石爆破性指数为 29.001 ~ 38。

(2)2 级：易爆岩石爆破性指数为 38.001 ~ 53。

(3)3 级：中等岩石爆破性指数为 53.001 ~ 68。

(4)4 级：难爆岩石爆破性指数为 68.001 ~ 81。

(5)5 级：极难爆岩石爆破性指数为 81.001 ~ 86。

二、岩石爆破参数的确定

(一)炸药用量的计算

爆破岩石用药量是计算炮眼数目的重要参数，其应通过现场试验资料或计算确定。隧洞爆破中，每一循环爆破的总装药量 Q 值通常按下式计算：

$$Q=q\times S\times L \tag{3-1}$$

式中　Q——每一循环爆破的用药量，kg；

q——单位炸药消耗量，kg/m^3；

S——隧道开挖断面面积，m^2；

L——炮眼深度，m。

(二)炮眼数量及比钻眼数的计算

1. 炮眼数量

应根据各炮眼平均分配炸药量的原则计算炮眼数量，按下式计算：

$$N=Q/q=K\cdot S/(a\cdot \beta) \tag{3-2}$$

式中 a——各炮眼的装药系数，指药卷总长度与炮眼长度比；

β——药卷单位长度质量，kg/m；

S——开挖断面面积，m^2；

q——单孔平均装药量，$q=a\cdot \beta\cdot L$；

K 值意义同前。

比钻眼数 n 是指单位开挖断面的平均钻眼数，可按下式计算：

$$n=N/S \tag{3-3}$$

比钻眼数是评价在同等条件下钻眼工作量的一个指标。

2. 非标准直径的炮眼数目

(1)采用胶质炸药时：

$$N_{胶}=0.000\ 75\frac{qS}{ad^2} \tag{3-4}$$

(2)采用硝铵炸药时：

$$N_{硝}=0.001\ 2\frac{qS}{ad^2} \tag{3-5}$$

式中 d——药包直径，m；

a——炮眼装填系数，一般为 0.65 ~ 0.75；

q——单位炸药消耗量，kg/m^3；

S——开挖断面面积，m^2。

3. 炮眼深度的计算

(1)按导坑断面宽度决定炮眼深度，计算公式如下：

$$L=(0.5\sim 0.7)B \tag{3-6}$$

式中 L——炮眼深度，m；

B——坑道断面宽度，m。

(2)按掘进循环时间决定炮眼深度，计算公式如下：

$$L=\frac{T-\left(\dfrac{Nt'}{n}+t_3+t_4\right)}{\dfrac{N}{mV_{cp}\sigma}+\dfrac{S\sin\alpha\eta\varphi}{P}}\sin\alpha \tag{3-7}$$

式中 L——炮眼深度，m；

T——掘进循环总时间，min；

t'——每个炮眼装药时间，min；

N——开挖面炮眼总数，个；

n——同时装药的人数；

t_3——爆破通风时间，min，一般为 15 ~ 30 min；

t_4——从一个循环转入下一循环作业过程所耗的时间，min；

m——同时作业的凿岩机台数；

V_{cp}——平均凿岩速度，m/min；

σ——凿岩机利用率，取 0.7 ~ 0.8；

S——开挖断面的面积，m^2；

α——炮眼的角度(°)；

η——炮眼利用率，一般为 0.7 ~ 0.85；

φ——凿岩与装渣平行作业系数，一般为 0.4 ~ 0.6；

P——装渣机实际生产率，m^3/min。

4. 掏槽炮眼深度计算

$$L=(0.25B-0.2)3.14\alpha \tag{3-8}$$

式中　L——掏槽眼深度，m；

B——坑道断面宽度，m；

0.2——掏槽眼底距离，m；

α——掏槽眼与开挖面夹角(°)。

三、光面爆破和预裂爆破的技术要求

(一)光面爆破的启爆顺序和技术要求

1. 启爆顺序

光面爆破的启爆顺序为：掏槽眼—辅助眼—周边眼—底板眼。

其中辅助眼应由里向外逐层启爆。

2. 技术要求

(1)严格掌握钻眼作业，使 3 种炮眼的位置及方向准确无误，否则光面爆破的效果会明显降低，达不到光面爆破的目的。

(2)根据围岩特点，合理选择周边眼间距和最小抵抗线。光面爆破法的要点是，周边眼的间距比一般爆破间距小，周边眼的最小抵抗线也相应减小，即适当加密周边眼，调整间距与抵抗线比值 E/V。周边眼的间距具体偏小多少，要视岩石的抗爆性、炸药性能、炮眼直径和装药量而定，一般可取 E 为 9~18，D 为 40~70 cm。为了保证周边眼之间贯通裂缝优先形成，须使用周边眼的最小抵抗线大于炮眼间距，通常取 E/V=0.8 为宜，即 V=50 ~ 90 cm。

(3)各光面爆破参数如周边眼间距 E、最小抵抗线 V、相对距 E/V 和装药集中度 q 等，应采用工程类比法或根据爆破漏斗及成缝试验确定，爆破成缝试验可按规定进行。

(4)严格控制周边眼的装药量：使药量沿炮眼全长合理分布，合理选择炸药品种和装药结构，周边眼的装药量应具有破岩所需的应力能量，又不至于造成对围岩的严重破坏，施工中应根据炮眼孔距、光面层厚度、石质及炸药种类等因素综合考虑选择和调整。

(5)采用周边眼同时启爆，要求采用毫秒雷管微差顺序启爆，应使周边爆破时产生临空面；同段的周边眼雷管启爆时差应尽可能小，一般使用导爆索或高精度系列迟发电雷管启爆效果最好。

(二)预裂爆破的启爆顺序和技术要求

1. *启爆顺序*

预裂爆破法的分区启爆顺序为：周边眼—掏槽眼—辅助眼—底板眼。

2. *技术要求*

(1)预裂爆破法是以预先爆破周边炮的办法，沿设计轮廓线炸出一贯通预裂缝，即预留光面层，从而把开挖部分的主体岩石与其外部分割开，使紧随其后爆破的掏槽炮和辅助炮爆炸时，其主体爆破产生的冲击波的破坏作用被预裂面所割断而受到大量衰减，因而更有效地减小了对围岩的扰动。所以，预列爆破更适合于稳定性较差的软岩或破碎岩层中。

(2)预裂爆破的周边眼间距 E 值、预留内围岩层厚度和装药量及最小抵抗线 V 值均比光面爆破法一般要小 1/4 ~ 1/2；唯有周边眼数量和钻眼工作量要相应增加。

四、毫秒爆破法的技术要点和优点

(一)毫秒爆破法的技术要点

毫秒爆破法是隧道施工开挖的一项现代爆破新技术。其实质是以毫秒雷管严格按一定顺序启爆炸药包组，使爆破前后阶段的时间间隔极其短促，以毫秒计算。爆破产生的岩石破坏作用力可以叠加，促使岩石易于被炸碎；同时前后阶段爆破传递到围岩内部的冲击波又相互干扰和相互抵消，使冲击波对围岩的震动破坏大为减弱。

(二)毫秒爆破法的优点

毫秒爆破法具有如下优点：

(1)毫秒爆破对围岩的震动破坏最小，同时可以减少滞炮及滞炮带来的麻烦。

(2)把毫秒爆破一次爆破的总延长时间控制在 130 ms 内，即使有瓦斯的岩层，瓦斯也来不及泄出就爆破完毕，可提高掘进速度。

(3)满足光面爆破的技术要求，可以获得好的爆破效果。

实现毫秒爆破的方法：一是用毫秒雷管和毫秒启爆器，二是使用毫秒雷管启爆。

五、装药结构的技术要求

装药结构是指爆炸药药卷和启爆药药卷在炮眼中的布置形式。其可分为正向装药和反向装药两种。

(一)正向装药的要求

将启爆药卷放在炮眼口第二个药卷位置上，雷管就能朝向眼底，并用炮泥堵塞眼口，即每一个炮眼内从眼底向眼口装药的顺序是：先装普通药卷，再装引爆药卷，最后用炮眼泥堵塞眼口。

(二)反向装药的要求

将启爆药卷放在眼底第二个药卷位置上，雷管聚能穴朝向眼口，即每一个炮眼内从眼底向眼口的装药顺序是：先装引爆药卷，再装普通药卷。

六、启爆顺序及时差的要求

(1)试验和研究表明，各层(卷)炮之间的启爆时差越小，则爆破效果越好。常采用的时差为 40～200 ms。

(2)在内外圈中的同圈炮必须同时启爆，尤其是掏槽眼和周边眼，以保证同圈炮的共同作用的爆破效果。

(3)除预裂爆破的周边眼是最先启爆外，在同一个开挖断面上启爆顺序是由内向外逐层启爆。这个顺序启爆可以用迟发雷管的不同延发时间来实现。

(4)内圈炮眼先启爆而外圈炮眼后启爆，这个顺序不能出错，否则爆破效果不佳甚至失败。因此，实际常用毫秒雷管。在深孔爆破时，要注意将掏槽炮与辅助炮之间的时差稍加大，以保证掏槽炮在此时差内将石渣抛出槽口，防止槽口堵塞，为后爆辅助炮提供有效的临空面。

(5)延时可由孔内控制或孔外控制。孔内控制是将迟发雷管装入孔内的药卷中来实施微差爆破。孔外控制是将迟发雷管装在孔外来实施微差爆破。若一次爆破孔眼药量较多雷管段数不够用时，可采用孔内、孔外混合及串联、并联混合网络实现其微差爆破。

第五节　出渣与运输的要求

隧洞施工的洞内运输(出渣与进料)，重点要抓好两项作业，它包括在开挖面上装渣并运出洞外弃土场卸掉；另外，还要从洞外运进混凝土拌和料、支撑、拱架、模板等材料。

首先，出渣是隧洞施工的基本作业之一。出渣作业能力的强弱在很大程度上影响工程的进度，故应引起重视，出渣的处理可分为装渣、运渣、弃渣三部分，所以必须做好以下工作。

一、编制石渣处理计划的原则

(1)根据隧洞周围环境、弃渣场的位置及运输路线、隧洞的断面尺寸、长度及坡度来决定运输方式，即采用轮胎式或轨道式运输，确定装渣机械、运输机械、弃渣设备等。同时，还应考虑石渣状态等，对各种因素加以研究比较，从而确定高效的石渣处理计划。

(2)考虑围岩的地质条件、掌子面的涌水现象、隧洞开挖的方法和开挖方式。

(3)研究爆破后石渣尺寸、硬度以及吸水后的变化和体积增加率等，因为石渣的尺寸及其级配、硬度及吸水后的变化关系由装渣机、运输设备、二次破碎设备等决定。

二、装渣作业的基本要求和注意事项

(1)要观察爆破后所出现的新掌子面的围岩状态、裂隙和涌水状况是否有变化，若有崩塌危险，在出渣之前必须采取应急处理措施。

(2)机械装渣作业应严格按操作规程进行，并不得损坏已有支撑或支护及临时设备。

(3)在装渣作业中要注意爆后残留在掌子面上和埋在爆渣之中的拒爆残药，即使在弃渣场地也需要对拒爆残药进行检查。

(4)采用有轨式装渣机械时，轨道应紧跟开挖面，调整设备应及时向前移动，或采用梭式矿车、转载机等设备进行连续装渣。

(5)在掌子面附近，每次爆破作业均要拆去电线和照明，使装渣作业照明常常不足，故要求装渣机自身照明设备完善，保持足够亮度。

(6)漏斗装渣时，漏斗处应有防护设备和联络信号，装渣结束后漏斗处应安全。

(7)装渣作业是在狭窄的隧洞断面内作业，必须挂牌，严禁与装渣作业无关的人员进入，并配置监视员。当不得已因其他作业面进入掌子面时，必须彻底暂时中断装渣作业。

(8)在台阶或栅架上向下扒渣时，渣堆应稳定，防止滑塌伤人。

(9)在掌子面使用的装渣机，要备有坚固的顶板。作业人员必须戴防尘罩等保护器具，根据需要采取洒水等使粉尘降低的措施。

(10)装渣作业时，注意不要损坏钢支撑、喷混凝土锚杆等支护和高压风管、通风管、电线等临时设备等。向运渣车辆中装渣时，必须避免偏载、超载、运输途中掉渣等。

三、渣量的计算方法

出渣量应为开挖后的松散渣体积，装渣数量可按以下公式计算：

$$Z=R\cdot\varDelta\cdot L\cdot S \tag{3-9}$$

式中 Z——单循环爆破后石渣数量，m^3；

L——设计循环进尺，m；

R——岩体松胀系数，见表3-1；

$\varDelta$——超挖系数，一般采用1.15～1.25；

S——开挖断面面积，m^2。

表3-1　岩体松胀系数 R 值

岩体类别	Ⅰ		Ⅱ		Ⅲ	Ⅳ	Ⅴ	Ⅵ
土石名称	砂、砾	黏性土	砂夹卵石	硬黏土	石质	石质	石质	石质
松胀系数	1.15	1.25	1.30	1.35	1.6	1.7	1.8	1.85

四、洞内运输对道路的要求

(一)用轮胎车辆运输时对道路的要求

(1)从隧洞的开挖面到弃渣场地，通过狭窄的道路，必须按需要设置退避和转向场所。同时，还必须设置行人的安全通路。对于在洞内转向的方法，可分为由操作运输车的方向盘来进行的和转车盘方式或横坑道掘进方式，这就要斟酌隧洞内的状况和采用机种后，再决定采用哪一种。对于台阶式掘进施工法的上下半断面的联络坡道，在没有充分宽度时必须采取防止车辆掉下等措施。

(2)在洞内有衬砌拱架和电气机械及通风、给水管道等重要临时设置物，如被运输车等碰撞，就有可能造成灾害。因此，在洞口和拱架重要临时设置物的附近，必须用夜光涂料及红灯等易见标志标示，也可采用光电转向开关的方法对危险地段进行警示。

(3)注意排水，不使隧洞底损坏，保持隧洞底的纵横坡及排水沟完整。根据地质及涌水情况，必要时采用水泵排水或考虑用砂砾、碎石、衬板铺底或铺设临时路面。

(二)用轨道车辆运输时对轨道的要求

(1)根据运输车辆质量选择钢轨、枕木等，按车辆设计图进行轨道铺设，注意确保线型和轨距。

(2)在围岩基上铺设时，要进行充分排水，随时补给砂砾、碎石保护路基；在混凝土路基上铺设时，要经常保持好枕木的磨合，要常用木制路拱等作调整。

(3)轨道曲线部分半径要尽量大，不得已时要在30 m以上，并设置适当的超高与加宽。

(4)重视钢轨质量、轨距、坡度、曲线半径、车辆质量、制动距离等，规定出适合作业的限制速度。

五、洞内运输作业的要求

洞内的运输作业主要根据使用车辆的种类、台数、搬迁量、工作时间等来制定安全而全面合理的计划，其具体要点如下：

(1)洞内的速度限制可根据隧洞的延长、洞内运输路况而制定。

(2)在隧洞内使用的车辆，倒退运行时原则上要按照导向员的联络信号进行。装载要遵守车辆限制规定，不要发生超载、垮塌、掉渣等现象。

(3)定出巡道保线员，随时检查路面情况和进行维修管理。

(4)在装渣场、弃土场、崖边、倾斜地等运输机械有倾倒或掉下的危险时，必须安排引导员和设立安全标志，视线不好的场所，为确保安全采用信号和转弯反光镜等防止事故的措施。

(5)在安全通道、作业地点、限速区间和暂时停车地点、避车地点、转车盘设置和转向场所等危险场所，要设置使司机明确识别的标识或标灯。

(6)机车要设警笛和警报器等报警装置、前照灯和驾驶座的照明灯。

(7)对于运输车辆的各种状况，要求司机或检查负责人在开始作业前进行停车检查。对检查结果确认有异常时，要马上修理或采取其他必要的措施。

六、卸渣作业的要求

卸渣工序的安排与卸渣场地的设置有关，要能适应每个洞口出渣高峰期的需要并尽量减少调车时间，做到安全、有效、快速卸渣，其基本要求如下：

(1)应根据弃渣场的地形条件、弃渣利用情况、车辆类型，妥善布置卸渣路线，并依次进行。

(2)卸渣场地应修筑永久排水设施和其他防护工程，确保地表径流不致冲蚀弃渣堆，重视环境保护。

(3)卸渣宜采用自动卸渣或机械卸渣设备，卸渣时应有专人指挥卸渣、平整。

(4)卸渣场应牢固，端边部应设置可靠的挡车装置，以保证车辆的安全。

第六节　隧洞支撑的技术要求

隧洞开挖后，为防止开挖后因围岩松动而引起的坍塌，往往需要及时架设临时支护以保护开挖后洞室安全。

一、支撑的基本要求

对支撑的基本要求如下：能及时架设，适用可靠，构造简单，便于拆装，运输方便；能防止突然失效，便于修筑永久支护，经济安全可靠，能多次周转使用等。

二、支撑的材料、类型、方式和结构特点

(一)支撑材料

支撑材料一般有木材、钢材、锚杆、混凝土、钢筋混凝土等。

(二)支撑类型

支撑类型有木支撑、钢支撑、钢筋混凝土支撑、锚杆支撑、喷射混凝土支撑等。

(三)支撑方式

支撑方式有先挖后支、随挖随支两种。

(四)不同支撑的结构特点

(1)木支撑：优点是便于加工，结构简单，便于装拆，破坏前有声音预兆；缺点是木料耗损较多，受力变形较大，承载力较小等。

(2)钢支撑：坚固耐用，构造简单，占空间小，适用于机械化施工。

(3)钢筋混凝土支撑：其因不易腐蚀和锈蚀而较优越，也可以作为永久支撑来考虑。

(4)喷射混凝土及锚杆支撑：能及时支护隧洞开挖面，并能控制围岩体在开挖后的初期变形，能提高围岩的稳定性。

三、隧洞支撑的技术要求

(一)隧洞支撑必须考虑的荷载

作用在临时支撑上的荷载可分为早期松弛荷载和折算荷载两种。

早期松弛荷载，其大小根据围岩稳定性好坏，按全部松弛荷载部分或全部来确定。

折算荷载为作用在临时支撑上的早期松弛荷载，即将全部松弛荷载进行折减。

早期松弛荷载可按下式计算：

$$q'=\mu \cdot q \tag{3-10}$$

式中　q'——钢拱架承受的早期松弛荷载；

q——围岩松弛荷载系数；

μ——钢拱架的荷载系数，一般取 0.1 ~ 0.4。

(二)支撑结构的技术要求

1. 木支撑

木支撑可构成扇形或矩形支撑。

2. 钢支撑

钢支撑主要是用型钢或钢筋加工成拱形支撑。钢支撑的规格及架设间距，应根据坑道断面尺寸、早期松弛荷载大小、支撑构件的承载能力，并结合掘进循环进尺来确定。

钢支撑的构造要求如下：

(1)接头：钢筋支撑每榀分为 2 ~ 6 节，并与开挖分部方法相适应，为保证接头的刚度，常用钢板栓接或夹板栓接。

(2)楔块：为阻止围岩松弛变形和承受早期松弛荷载，要求支撑及时有效地参与工作，应在支撑与围岩之间尽快多打入楔块，以增加钢支撑与围岩的接触点，即传力点。

(3)垫板：钢支撑构件下端断面面积较小，应设垫板，以增加支撑面积。当围岩转弱、承载能力不足时，为防止支撑下沉，应在其下加设钢板、方木石块铺垫，必要时设混凝土基座或纵向托梁。

(4)背板：对于软弱、破碎围岩，为阻止各榀支撑之间围岩的掉块、坍塌，可以适当减小支撑间距或在支撑之间加设纵向背板。

(5)纵向联系：为保持支撑的纵向稳定性，各榀支撑之间应设足够的纵向联系。当有纵向荷载时，则应设置纵向斜撑，加强纵横向稳定。

总之，应严格按照临时支撑的设计进行架设。开挖坑道轮廓线要尽量平顺，开挖后要及时架设支撑。架设支撑前应清除周边危石，防止落石伤人。每榀支撑应按要求的中线、高程和断面尺寸架设在隧洞横断面内。支撑构件的接头应连接牢固，基脚铺垫应坚实稳固。各榀支撑之间应加设足够的联系使之构成整体，支撑与围岩之间的楔块应打设紧密，并应对称打设。

对所架设的临时支撑应设专人经常检查，发现支撑变形、严重倾斜、沉降及楔块松脱时，必须及时加强或顶替。支撑构件的顶替应先顶后拆，以免引起围岩进一步松弛甚至坍塌。

第四章　隧洞衬砌与支护的质量控制

隧洞工程的衬砌是洞身稳定的重要环节，施工质量优劣直接关系到工程的正常运行性能和寿命。隧洞在开挖进行临时支撑后，为了防止围岩不因暴露时间过长而引起风化、松动和塌落的发展而降低围岩的稳定性，需要修筑衬砌。

衬砌又称永久支撑，按其材料分类有石砌衬砌、模筑混凝土衬砌、喷射混凝土衬砌和锚喷衬砌等；按隧洞断面形状分类有直墙式衬砌、曲墙式衬砌和带仰拱封闭的曲墙衬砌。

第一节　隧洞衬砌施工的一般规定

水工隧洞一般应衬砌，衬砌可采用整体式衬砌和复合式衬砌。在Ⅳ类及以上围岩的隧洞中，除洞口外，可采用锚喷衬砌；Ⅵ类围岩也可采用喷浆防护。为此，隧洞衬砌施工应符合下列规定：

(1)隧洞衬砌施工时，其中线、标高、断面尺寸和净空的大小须符合设计要求。

(2)整体式衬砌施工中，发现围岩对衬砌有不良影响，硬软岩分界处应设置沉降缝：对Ⅱ～Ⅰ类围岩，在距洞口 50 m 范围内，必要时可每隔 6～12 m 设置一个沉降缝。在严寒地区，整体式衬砌、锚喷衬砌、复合衬砌均应在洞口和宜受冻害地段设置伸缩缝。在有地下水的隧洞中，所有施工缝、沉降缝和伸缩缝均应进行防水处理。

(3)凡属隐蔽工程，经质量检查验收合格后，方可进行隐蔽工程施工。

(4)模筑衬砌的模板放样时，允许将设计的衬砌轮廓线扩大 5 cm，确保衬砌不侵入隧洞建筑界限。

(5)在施工中发现工程地质及水文地质情况与设计文件不符时，需进行变更设计，应履行正式变更设计手续。

(6)通过对原材料的质量检查与控制、混凝土配合比的确定与控制、混凝土生产施工过程各工序的质量检验与控制，以及合格性检验控制，使混凝土质量符合规定要求。

(7)在生产和施工中进行质量检测，计算统计参数，应用各种质量管理图表，掌握动态信息，控制生产和施工期间整个混凝土质量，并遵循升级循环的方式，制定改进与提高质量的措施，完善质量控制过程，使混凝土质量稳定提高。

(8)必须配备相应的技术人员和必要的检验及试验设备，建立健全必要的技术管理与质量控制制度。

第二节　模筑混凝土衬砌施工的质量控制

模筑混凝土施工的主要工序有模筑前的准备工作、拱(墙)架与模板混凝土的制备与运输、混凝土灌注工艺、混凝土养护与拆模等。

一、对衬砌模板的技术要求

模筑衬砌施工中，根据不同的施工方法，可以使用钢模台车或移动式整体模架及拱架、墙架和模板，宜采用金属或其他新型模板结构，应式样简单、装拆方便、表面光滑、接缝严密、有足够的刚度和稳定性，并要满足如下要求：

(1)衬砌模板的构造，要适合施工条件。用于隧洞衬砌的模板，可分为移动式和组合式模板。移动式模板，也称钢模台车，是被制作成集行走台架和拱架、钢模板为一体的可移动的通用性模板。组装模板有衬砌拱架、墙架，以及每次浇筑都需要组装、解体的灵活性模板，主要用于移动式模板受到限制的小半径曲线和扩宽部及须较早浅筑衬砌的洞口部和围岩不稳定地段。移动式模板，多为全隧洞断面的形状，用于全断面衬砌，采用移动性好而坚固的门架式结构，以利于运输车辆通过。组装式模板要求采用容易组装、拆卸、搬运等结构，根据需要可设计成拱部形状、边墙形状或全断面形状，以适应不同的开挖方法。

(2)衬砌模板的结构要能充分承受浇筑混凝土的压力。模板结构要在浇筑混凝土过程中不发生偏位、应变、膨胀等，其强度高、能反复使用且具有耐久性。作用于模板的荷载，是根据每次的浇筑量、浇筑长度、灌注速度等得出的未硬化混凝土的质量，以及用压力输送方式灌注时增加的压力等。衬砌厚度特别薄时，要增加横撑或控制混凝土的灌注速度，防止因侧压变大出现跑模现象，围墙式整体衬砌模板要有一定的质量，以抵抗混凝土最初灌注时所产生的上浮力。另外，移动式模板应能抵抗混凝土移动时可能发生的扭转等变形。

(3)拱架、围墙架，使用前应先在样台上试拼装，重复使用时应注意检查。如有变形超限应及时修理调整。在拱架外围沿径向用支撑与围岩顶紧，以防止浇筑过程中拱架变形。

(4)架设前应按隧洞中线、标高及浇筑施工误差和预备沉落量对开挖断面进行复核，围岩突出部位应清除、修整。

(5)确定移动式模板的长度，即一次浇筑段的长度，要考虑工程进度、混凝土灌注能力、曲线段的曲率等。若一次灌注段过长，混凝土容易因温度收缩和干燥收缩而开裂，一般适用的长度为 6 ~ 12 m。使用组装式模板时，应注意钢模板的强度及拱架的间距，使在灌注混凝土的压力下不致产生大挠曲。拱架间距通常为 1.2 ~ 1.5 m，钢、木模板架设时最好每端至少有 3.5 ~ 5 cm 搁放在拱架上。模板的材料，不要使用明显损坏、变形、腐朽等材料。

(6)模板接头应整体平顺：挡头板应按衬砌断面制作，与围岩壁间隙应塞堵紧密。拱架应在垂直于隧洞中线方向架设。架设的夹板螺栓、拉杆等应安装安全，拱架的标高应预备沉落量，施工中应随时观测、调整，使其符合要求。

(7)模板还要考虑容易进行清扫、浇筑、振捣检查等作业。为供检测、振捣、清扫等作业，在模板上适当的位置要设置足够数量的作业窗，其布置应使混凝土能均匀地散布。采用压力输送灌注混凝土(泵送)，灌口的设置应考虑不致因空气停滞而在混凝土中残留空隙，最好设置有备用的灌注口，风管固定方式应使其阻力达到最小。特别是在衬砌厚度小的场合，由于作业进行困难，必须使作业口的尺寸能使人钻进，并尽量多设一些。

(8)模板必须充分考虑升降设备、扶手等结构，防止坠落危险。所使用的千斤顶之类机具必须构造坚固，不致因松弛而振动和漏油。用点灭灯等显示净空断面，防止因重机、车辆等通过而造成的腐蚀。

二、采用钢模台车的技术要求

(1)安装模板时，应进行严格测量，以安装在正确位置上。

(2)所使用轨道结构应使模板移动顺畅，灌注混凝土时不产生下沉。钢轨要选用能承受拱架模板质量及混凝土荷重的型号，并尽量采用长轨。铺轨时地基要充分整平，在承载力不够的地基上，必须来用缩小轨枕间距的措施。铺设台车轨道的要求如表 4-1 所示。

表 4-1　铺设台车轨道的要求

项目	要求	项目	要求
钢轨类型	≥24 kg/m	轨道允许高差	±3cm
轨距	390 cm	同一横断面上左右轨的高差	<3cm
轨距允许误差	±3 cm	轨道纵坡	与隧洞纵坡一致
轨距中心与隧洞中心允许偏差	≤3 cm	枕木规格(长×宽×高)	60 cm × 22 cm × 16 cm
台车轨道顶标高	46 cm	枕木间距	≤60cm

(3)模板就位时，必须确认地基的支撑力充分，并预留一定的沉落量，且必须对模板进行全面的表面处理、除油等作业。立模就位调整时，模板后端应以已灌注的衬砌内轮廓线为准，前端以隧洞开挖的拱顶和基底中心点及两侧的隧洞边墙基础顶面标高为准。

(4)在立模拆模时，除应事先检查电机、油泵状况是否良好，电源连接是否正确，其他电源(如振捣器、照明电缆等)都应拆除，在检查确定一切正常后，才能启动电机和油泵。

(5)台车移动时，钢模必须完全脱离衬砌，要收扰到穿行要求位置，并关闭所有作业口，要有专人掌握刹车器，防止台车溜放和冲撞。要确认轨道的高度、宽度及模板内部和附近无作业人员，还必须做到模板移动时对风管、送水管、排水管、电线等无妨碍。

(6)利用作业口采用插入式振捣器进行边墙和拱脚的混凝土振捣作业。拱顶利用混凝土搅拌车入送器的喷射作用，使混凝土密实，同时用插入式振捣器振打模板内表面或使用附着式振捣器进行拱顶混凝土的振捣。

(7)灌注衬砌混凝土中，遇有大小避车洞时，应先将避车洞的模板全部安装完毕，然后进行模板台车的立模作业。

(8)拆模时要考虑到混凝土的质量，规定养护和脱模时间一般要有 12 ~ 15 h，或混凝土强度达到 40% ~ 50%时。模板大多数要在已达到不因衬砌的自重而发生崩塌破坏强度时拆。而达到该强度时间，又因水泥种类、混凝土的配合比、养护时温度和隧洞的断面形状、衬砌厚度等而不同，因此必须根据强度试验来予以确认。

(9)超挖回填一般是通过作业窗口用人工回填。在拱顶 2 ~ 3 m 范围内超挖不大时，一并以混凝土灌注；超挖较大时，也可用人工回填或用搅拌车入送机(泵送)喷送干砂或碎石回填。但是遇到局部变形超挖过大时，在不可能填实而留有一定空隙时，应待衬砌完成后，以压浆方法加以处理。

(10)钢模宜与相邻仓、段老混凝土面平顺连接，同时兼顾建筑物的体型。浇筑混凝土时，两侧应均衡上升。

三、衬砌所用钢筋的技术要求

隧洞衬砌结构所用的钢筋，其种类、钢号、直径等均应符合有关设计文件的规定。热轧钢筋的性能必须符合国家标准《钢筋混凝土结构用热轧钢筋》(GB 1499—79)的要求。

(一)对原材料的要求

钢筋必须按不同等级、牌号、规格及生产厂家分批验收，分别堆存，不得混杂，且应立牌以便识别。在运输、储存过程中避免腐蚀和污染。钢筋宜堆置在仓库(棚)内，露天堆置时，应垫高并加遮盖。

钢筋应有出厂证明书或试验报告单。使用前应做拉力、冷弯试验。需要焊接钢筋尚应做好焊接工艺试验。钢号不明的钢筋，经试验合格后方可使用，但不能在承重结构的重要部位上应用。

钢筋的机械性能试验应遵守下列规定：

(1)钢筋应分批试验，以同一炉(批)号、同一截面尺寸的钢筋为一批，重量不大于 60 t。

(2)根据原附钢筋质量证明书或试验报告单检查每批钢筋的外观质量(如裂缝、结疤、麻坑、气泡、碰伤痕及锈蚀程度等)，并测量每批钢筋的代表直径。

(3)在每批钢筋中，选取经表面检查和尺寸测量合格的两根钢筋，各取一个拉力试件和一个冷弯试件，按《金属拉力试验法》(GB 228—76)和《金属冷、热弯曲试验法》(GB 232—63)规定进行试验。

(二)钢筋加工的要求

(1)钢筋的弯制和末端的弯钩应符合设计要求。

(2)弯起钢筋弯折处的圆弧内半径应大于 12.5 倍钢筋直径。

(3)加工后钢筋的允许偏差不得超过表 4-2 规定。

表 4-2 加工后钢筋的允许偏差

项次	偏差名称		允许偏差(mm)
1	受力钢筋全长净尺寸的偏差		± 10
2	箍筋各部分长度的偏差		± 5
3	钢筋弯起点位置的偏差	厂房构件	± 20
		大体积混凝土	± 30
4	钢筋转角的偏差		3

(4)搭接焊接头的两根钢筋的轴线，应位于同一直线上。

(5)绑条焊的总截面面积应符合下列要求：当主筋为Ⅰ级钢筋时，不应小于主筋截面面积的 1.5 倍；当主筋为Ⅱ、Ⅲ级钢筋和 5 号钢筋时，不应小于主筋截面面积的 1.5 倍。为了便于施焊和使绑条与主筋的中心线在同一平面上，绑条宜采用与主筋同钢号、同直径的钢筋制成。

(6)采用钢筋绑扎接头时，应遵守下列规定：①绑扎接头的最小搭接长度不得小于表 4-3 的规定；②受拉区域内的光面圆钢筋绑扎接头的末端应做弯钩，螺纹钢的绑扎接头末端可不做弯钩。

表 4-3 绑扎接头的最小搭接长度

钢筋级别	受拉区	受压区
Ⅰ级钢筋	30*d*	20*d*
Ⅱ级钢筋	35*d*	25*d*
Ⅲ级钢筋	40*d*	30*d*
5 号钢筋	30*d*	20*d*

注：*d* 为钢筋直径。

(7)钢筋接头应分散布置。配置在同一截面内的下述受力钢筋，其接头的截面面积与受力钢筋总截面面积的百分率应符合下列规定：①闪光对焊、熔槽焊、接触电渣焊接头，在受弯构件的受拉区，不超过 50%，在受压区不受限制；②绑扎接头，在构件的受拉区中不超过 25%，在受压区中不超过 50%；③焊接与绑扎接头距钢筋弯起点不小于 10 倍钢筋直径，也不应位于最大弯距处。

(三)安装的技术要求

(1)钢筋的安装位置、间距、保护层及各部分钢筋尺寸均应符合设计图纸的规定。钢筋安装的允许偏差不得超过表 4-4 规定。

表 4-4 钢筋安装的允许偏差

项次	偏差名称	允许偏差
1	钢筋长度方向的偏差	± 1/2 净保护层厚
2	同一排受力钢筋间距的局部偏差： 柱及梁中 板、墙中	 ± 0.5*d* ± 0.1 间距
3	同一排中分布钢筋间距的偏差	± 0.1 间距
4	双排钢筋，其排与排的间距局部偏差	± 0.1 间距
5	梁与柱中间钢箍间距的偏差	0.1 钢筋间距
6	保护层厚度的局部偏差	± 1/4 净保护层厚

(2)现场焊接或绑扎的钢筋网，其钢筋交叉的连接应按设计文件的规定进行。

(3)钢筋安装中交叉点的绑扎，对于Ⅰ、Ⅱ级钢筋，直径在 16 mm 以上且不损伤钢筋截面时，可采用手工电弧进行点焊来代替。但必须采用细焊条、小电流进行焊接，并必须严格进行外观检查，钢筋不应有明显的咬边和裂纹出现。

(4)为了保证混凝土保护层的必要厚度，应在钢筋与模板之间设置强度不低于设计强度的混凝土垫块。在多排钢筋之间，应用短钢筋支撑以保证位置准确。

(5)安装后的钢筋应有足够的刚性和稳定性。预制的绑扎和焊接钢筋网及钢筋骨架，在运输和安装过程中应采取措施，避免变形、断焊及松脱。

(6)在钢筋架设完、未浇混凝土之前，须按照设计图纸和规范的标准进行详细检查，并作出检查记录。检查合格的钢筋，如长期暴露，应在混凝土浇筑之前按上述规定重新检查，合格后方能浇筑混凝土。

(7)在钢筋架设安装后，应及时妥加保护，避免发生错动和变形。

(8)在混凝土灌注施工中，应安排值班人员经常检查钢筋架设位置，如发现变动应及时矫正。严禁为方便灌注擅自移动或割除钢筋。

四、衬砌混凝土的质量要求

(一)对原材料的质量控制要点

(1)配制混凝土用的水泥，应符合现行国家标准(硅酸盐水泥；普通硅酸盐水泥；矿碴硅酸盐水泥；粉煤灰硅酸盐水泥；硬硅酸盐水泥)的规定。

(2)对所用水泥应检验其安定性和强度，有要求时尚应检验其他性能。其检验方法应符合国家标准《水泥胶砂强度检验方法》(GB/T 177—1985)、《水泥细度检验方法》(GB/T 1345—2005)、《水泥比表面积测定方法》(GB 207—63)、《水泥标准调度用水量、凝结时间、安定性检验方法》(GB/T 1346—2001)和《水泥化学分析法》(GB 176—96)的规定。

(3)应根据工程特点、所处的环境以及设计施工的要求，选用适当品种和标号的水泥。

(4)水泥应按不同品种、标号及牌号按批分别存储在专用的仓罐或水泥库内。如储存不当，引起质量明显降低或水泥出厂超过 3 个月时，应在使用前对其进行复检，并按复检结果使用。

(二)对骨料的质量要求

1.骨料的选用

普通混凝土所用的骨料应符合国家现行标准的规定。

骨料的选用应符合下列规定：

(1)粗骨料最大粒径应符合下列要求：①不得大于混凝土结构截面最小尺寸的 1/4，并不得大于钢筋最小净距的 3/4。对于混凝土实心板，其最大粒径不宜大于板厚的 1/2，并不得超过 50 mm。②泵送混凝土用的碎石不应大于输送管内径的 1/3，卵石不应大于输送管内径的 2/5。

(2)泵送混凝土所用的细骨料，对 0.315 mm 筛孔的通过量不应少于 15%，对 0.16 mm 筛孔的通过量不应少于 5%。

(3)泵送混凝土所用的骨料还应符合泵车技术条件的要求。

2.骨料的质量检验

(1)来自采集场(生产厂)的骨料应附有资料证明书，根据需要按批检查其颗粒级配、含泥量及粗骨料的针片状颗粒含量。

(2)对于无质量证明书或其他来源的骨料，应按批检验其颗粒级配、含泥量及粗骨料的针片状颗粒含量。必要时还应检验其他质量指标。

(3)对海砂，还应按批检验其氯盐含量，其检验结果应符合有关标准的规定。

(4)对含有活性二氧化碳和其他活性成分的骨料应进行试验。待试验确认对混凝土质量无有害影响时，方可使用。

(5)骨料在生产、采集、运输与存放过程中，严禁混入影响混凝土性能的有害物质。

骨料应按品种、规格分别堆放，不得混放。在其装卸及存储时，应采取措施使骨料颗粒级配均匀，保持洁净。

(三)水的要求

(1)拌制各种混凝土的用水应符合国家现行标准《混凝土拌和用水标准》(JGJ 63—1989)的规定。

(2)不得使用海水拌制钢筋混凝土和预应力混凝土，不宜使用海水拌制有饰面要求的素混凝土。

(四)掺合料的要求

(1)用于混凝土的掺合料，应符合现行国家标准《用于水泥和混凝土中的粉煤灰》(GB 1596—91)、《用于水泥中的火山灰质混合料》(GB/T 2847)和《用于水泥中的粒化高炉矿渣》(GB/T 203)的规定。

当采用其他品种的掺合料时，其烧失量及有害物质含量等质量指标应通过试验，确认符合混凝土质量要求时，方可使用。

(2)选用的掺合料，应使混凝土达到预定改善性能的要求或在满足性能要求的前提下取代水泥。其掺量通过试验确定，取代水泥的最大取代量符合有关标准的规定。

(3)掺合料在运输与存储中应有明显标志，严禁与水泥等其他粉状材料混淆。

(五)外加剂的要求

(1)用于混凝土的外加剂质量应符合现行国家标准《混凝土外加剂》(GB 8076—1997)的规定。

(2)在选用外加剂时，根据混凝土的性能要求、施工工期等条件，结合混凝土的原材料性能、配合比以及对水泥的适应性等因素，通过试验确定其品种和掺量。

(3)选用的外加剂应具有质量证明书，需要时还应检验其氧化物、硫酸盐等有害物质的含量，经验证确认对混凝土无有害影响时方可使用。

(4)不同品种外加剂应分别存储，做好标记，在运输与存储时不得混入杂物和遭受污染。

(六)混凝土配合比的确定与控制

(1)混凝土配合比应按国家现行标准《普通混凝土配合比设计技术规定》(JGJ/T 55—96)和《混凝土强度检验评定标准》(GBJ 107—87)的规定，通过设计计算和试验确定。当配合比的确定采用早期推定混凝土强度时，其试验方法应按国家现行标准规定进行。在施工过程中不得随意改变配合比。

(2)对泵送混凝土的配合比，考虑到泵送的垂直和水平距离、弯头设置、泵送设备的技术条件等因素，按有关规定进行设计，并应符合现行国家标准《混凝土结构工程施工及验收规范》(GBJ 204)的规定。

(3)混凝土配合比使用过程中，应根据混凝土质量的动态信息及时进行调整。

五、衬砌混凝土质量的生产控制

衬砌混凝土生产质量控制包括混凝土组成材料的计量、混凝土拌和物的搅拌、运输和养护等工序的控制，故施工单位应根据设计要求，提出混凝土质量控制目标，建立混凝土质量保证体系，制定必要的混凝土生产质量管理制度。并在生产过程中对各工序中取得的质量数据，定期(每月、季、年)进行统计分析，同时建立各种质量统计管理图表，根据生产过程中的质量动态，及时采取措施和对策。施工单位必须积累完整的混凝土生产过程的技术资料和质量检测资料，并分类整理档案。

(一)计量的要求

(1)在计量工序中，整个生产期间每盘混凝土组成材料计量结果的允许偏差应符合表 4-5 的规定。

表 4-5　混凝土组成材料计量结果的允许偏差

组成材料	允许偏差(%)
水泥掺合料	± 2
粗、细骨料	± 3
水、外加剂	± 2

(2)每一班工作正式称量前，应对计量设备进行零点校核。

(3)生产过程中应测定骨料的含水率，每一工作班不少于一次，当含水率有变化时，应增加次数，依据检测结果及时调整用水量和骨料用量。

(4)计量器要定期检定，经中、大修或移至新的地点后也应进行检定。

(二)搅拌的生产控制

(1)在搅拌工序中，拌制的混凝土拌和物的均匀性应符合规范规定。

(2)混凝土搅拌的最短时间应符合现行国家标准《混凝土结构工程施工及验收规范》(GB 50204—92)的规定。混凝土的搅拌时间，每一工作班至少应抽查两次。

(3)混凝土搅拌完毕后，应按下列要求检测混凝土拌和物的各项性能：①混凝土拌和物的强度应在拌和地点和浇筑地点分别取样检测。每一工作环节应不少于一次。鉴定时应以浇筑地点的测值为准。在检测塌落度时，还应观察混凝土拌和物的黏聚性和保水性。②根据需要，尚应检测混凝土拌和物的其他质量指标，检测结果应符合规范要求。

(三)运输的要求

(1)在运输工序中，应控制混凝土运输至浇筑地点后不离析、不分层，组成成分不发生变化，并能保证施工所必需的稠度。

(2)运送混凝土的容器和管道应不吸水、不漏浆，并保证卸料及输送顺畅。容器和管道在冬期应有保温措施，夏季最高气温超过 40 ℃时应有隔热措施。

(3)混凝土从搅拌机卸出后到浇筑完毕的延续时间不宜超过表 4-6 的规定。

表 4-6　混凝土从搅拌机卸出到浇筑完毕的延续时间

气温	延续时间(min)			
	采用搅拌车		采用其他运输设备	
	≤C30	＞C30	≤C30	＞C30
≤25 ℃	120	90	90	75
＞25 ℃	90	60	60	45

(4)混凝土运送到浇筑地点，如混凝土拌和物出现离析或分层现象，应对混凝土拌和

物进行二次搅拌。

(5)混凝土运送到指定卸料地点时应检测其细度，所测细度值应符合实际合施工要求。

(6)混凝土拌和物运到浇筑地点时的温度，最高不宜超过 35 ℃，最低不宜低于 5 ℃。

(7)采用泵送混凝土时，应保证混凝土泵的连续工作料斗内有足够的混凝土，泵送间隙时间不宜超过 15 min。

(四)浇筑前的检查

浇筑混凝土前，应检查和控制模板、钢筋保护层和预埋等的尺寸、规格、数量和位置，其偏差应符合现行国家标准《混凝土结构工程施工及验收规范》的规定，并同时检查模板支撑的稳定性及接缝的密合情况。

模板和隐蔽项目应分别进行预检和隐检验收，符合要求时方可进行浇筑工作。

(五)浇筑的质量控制

(1)在浇筑工序中，应控制混凝土的均匀性和密实性。

(2)混凝土拌和物运至浇筑地点应立即浇筑入仓，在浇筑过程中，如混凝土拌和物的均匀性和稠度性较大的变化，应及时处理。

(3)柱、墙等结构竖向浇筑高度超过 3 m 时，应采用串筒溜管或振动溜管浇筑混凝土。

(4)混凝土振捣成型，应根据施工对象及混凝土拌和物的性质选择适当的振捣器，并确定振捣时间。

(5)混凝土在浇筑及静置中，应采取措施防止产生裂缝。由于混凝土的沉降及干缩产生的非结构性表面裂缝，应在混凝土终凝前予以修整。

(6)在浇筑混凝土时，应制作供结构、拆模、吊装、张拉、放张和强度合格评定用的试件。需要时，还应制作抗冻、抗渗或其他性能试验用的试件。

(六)养护的要求

(1)在养护工序中，应控制混凝土处在有利于硬化及强度增长的温度和湿度环境中，使硬化的混凝土具有必要的强度和耐久性。

(2)施工单位应根据施工对象、环境、水泥品种、外加剂以及对混凝土性能的要求，提出具体的养护方案，并应严格执行规定的养护制度。

(3)自然养护混凝土时，应每天记录大气气温的最高和最低温度以及天气的变化情况，并记录养护制度。对采用薄膜或养护剂养护的混凝土，应经常检查薄膜或养护剂的完整情况和混凝土的保湿效果。

(4)大体积混凝土的养护，应进行热工计算确定其保温、保湿或降温措施，并应设置测温孔或埋设热电偶等测定混凝土内部和表面的温度，使温度差控制在设计要求的范围以内；当无设计要求时，温差不宜超过 25 ℃。

(5)冬季浇筑的混凝土，应养护到具有抗冻能力的临界强度后，方可撤除养护措施。

(6)冬季施工时，模板和保温层应在混凝土冷却到 50 ℃后方可拆除。当混凝土温度与外界温差大于 20 ℃时，拆模后的混凝土应临时覆盖，使其缓慢冷却。

六、衬砌背后空洞及回填的要求

不管是新建隧洞还是营运中的隧洞，隧洞衬砌背后和围岩之间存在空洞时，都会促进围岩的松弛，使衬砌产生弯曲应力而损伤衬砌的功能，降低其承载力，这已得到理论和实践的证实。切实地回填背后的空洞是有效的施工办法。从施工的可靠性看，切实地回填空洞应注意采用具有自稳性和充填性并且有一定流动性的回填新材料，其特征是：①遇水离析和稀释小；②比重小，对衬砌的荷载小；③现场易于处理；④施工和材料成本低。

采用充填混凝土有以下优点：黏性高，不易产生离析，可获得稳定温度的衬砌，新鲜时流动性大，能够确实充填凸凹不平的混凝土，几乎不产生泌浆，拱部的混凝土品质得到保证。因粉体量大，脱膜后混凝土品质表面美观。但与普通混凝土比，模板受到的压力比普通混凝土大，因此要加强模板。

不同充填混凝土的材料与配比如下：

(1)气泡砂浆：其配比见表 4-7。

表 4-7　气泡砂浆的配比

砂浆(1 000 L)						可塑剂(40 L)	
空气量(%)	水泥(kg)	水(kg)	砂(kg)	特殊气泡剂(kg)		AP−2(kg)	稀释水(kg)
				AP−1	稀释水		
43	300	214	600	1.3	21.5	23.5	28.2

(2)吸水性材料：其配比见表 4-8。

表 4-8　吸水性材料的配比　(单位：kg/m³)

水泥	膨润土	吸水性混合剂	水
336	250	8.5	793

(3)JETMS 材料：其配比见表 4-9。

表 4-9　JETMS 材料的配比　(单位：kg/m³)

A 液			B 液	
A 材(固化剂)	水	气泡(L)	B 材(可塑剂)	水
300	150	155	80	565

第三节　喷射混凝土作业的质量控制

根据混凝土搅拌方式及压送方式不同，喷射混凝土的施工方式大体可分为干式和湿式两种。在施工时，要斟酌地层条件、有无涌水、喷射量等其他施工条件，来选定最合理的喷射方式，且要认真研究所选定的方式的优缺点，必须注意用正确的施工方法进行施工。

作为隧洞支护构件的喷射混凝土的支护作用有以下几点：

(1)首先要认识到喷射混凝土是惟一能够与围岩大面积牢固接触的一种支护方式，是其他方式所不能代替的。从力学意义上说，它既能传递径向应力也能够传递切向应力。

(2)喷射混凝土与岩层的附着力可以把作用在喷混凝土上的外力分散到围岩上，同时也提供了隧洞周边的裂缝和节理等以剪切阻力保持块体的平衡，防止局部掉块，在隧洞周边壁面附近形成一承载环。在裂缝多的硬岩中这种效果是比较显著的。

(3)具有能够将土压传递到钢支撑和锚杆上的作用。

(4)开挖后，因立即喷射壁面形成保护层，具有防止围岩风化、微颗粒流出和止水等的效果。

(5)比较厚的喷射混凝土是作为一个连续构件支护围岩的，给予约束围岩变形的支护力，使围岩保持近于三维的应力状态，控制了围岩的应力释放。同时，因早期铺设仰拱使断面临时封闭，更好地发挥了支护效果。这种效果在软岩和土砂、围岩中是显著的。

(6)填平围岩的凹面、覆盖弱层防止了应力集中，而加强了软弱层。

一、喷射方式的特征

(一)干式喷射的特征

(1)干式压送材料的距离比湿式要长，可长距离压送。

(2)一般干式喷射比湿式喷射单位时间的吐出量少。

(3)根据喷射面涌水状况，可调节拌和水的添加率，提高混凝土的黏附性。

(4)由于可把速凝剂投放到喷射机的前段进行添加，所以除了拌和性好、具有预期的提高速凝剂效果之外，也可使用液体速凝剂。

(5)一般情况下反弹大、粉尘多，但熟练的作业操作可使其反弹率和粉尘量做到与湿式无较大差别。

(二)湿式喷射的特征

湿式喷射是用压缩空气或泵压力压送搅拌混凝土，在喷嘴附近或之前添加速凝剂进行喷射的方式。用泵压力压送时，在喷嘴前必须添加增压器产生的压缩空气，湿式喷射的特征如下：

(1)吐出量比干式大，但能得到良好的吐出量的混凝土坍落度范围窄。

(2)反弹粉尘比干式少，但泵压送式的湿式方式，因其速凝剂的拌和不甚充分，故有变成粉尘飞溅的倾向。

(3)可用 W/C 所定的计量管理，混凝土质量容易保证。

(4)压送距离受限制，不适于长距离压送。

二、喷射作业前的技术要求

(1)检验水泥、砂、石、速凝剂、水的质量。砂、石均应过筛，并事前冲洗干净。砂、石含水率应符合要求，为控制砂、石含水率，一般应设置雨篷，干燥的砂、石应适当洒水。

(2)备好脚手架或喷射台车，以便于喷射边墙上部或拱部。埋设测量喷混凝土厚度的标志，如利用锚杆预留一定长度作标记时，应将多余的长度锯掉。

(3)喷射机、混凝土搅拌机、皮带、运输机等使用前进行检修均应完好，就位前要进行试运转。管路及接头要保持良好，要求风管不漏风、水管不漏水。沿风、水管路每隔 40 ~ 50 m 装一阀接头，以便当喷射机移动时连接风、水管。

(4)做好回弹物的回收和使用的准备，喷射前先在喷射混凝土地段铺设薄铁板或其他用于回收弹物的设备。

三、喷射面的质量控制

(1)检查开挖断面，欠挖处要补够。敲帮找顶，清除浮石，用高压水或高压气消除附着岩面的泥污、灰尘和细岩渣及飞溅的喷射材料，每次处理 10 ~ 20 m 为宜。

(2)装有金属网、钢筋、排水设施、量测元件等的喷射面，应将其固定牢靠，因钢筋和金属网固定不牢时，在喷射过程中会移动和振动，将增大回弹量。因此，应使用锚固栓等将其完全固定。

(3)喷混凝土和围岩之间的水膜，既会妨碍黏附力，同时又会使强度出现推迟。改善方法是用凿岩机钻孔作掌子面前方及周边围岩的排水。

四、喷射作业的施工控制

(一)喷射混凝土的配比设计

(1)在配比设计中，一定要分清喷射配比——从喷射口出来的混凝土配比和附着配比——附着在围岩表面上的配比的区别。一般来说，为了满足附着配比的要求，就不得不改变现场配比的参数。也就是附着配比适当提高混凝土的强度等级，以确保附着在围岩表面的喷射混凝土的设计强度。

(2)喷混凝土的配比强度与通常的灌注混凝土不同，受到施工条件的影响极大，离散性也大。为此，确定喷混凝土的配比强度时，应满足施工要求的初期强度和结构物要求的设计基准强度，根据经验和试验求出合适的值。

(3)喷混凝土的设计基准强度应与通常混凝土的强度相同，28 d 龄期强度为 18 MPa 左右。设计基准强度采用 18 MPa 时，试件的抗压强度一般在 24 ~ 36 MPa。

(4)喷混凝土的配比和厚度，因喷射面的状态和喷射工的熟练程度不同而有很大的变动，为此决定干喷混凝土的配比时，应根据附着的混凝土品质、经济性、作业性等决定。即压送中不产生闭塞和脉动；回弹及粉尘少；喷射混凝土不产生剥离、离析及流淌。

(5)湿喷混凝土的配比除与干喷混凝土的情况同样考虑外，还要根据粗骨料的最大尺寸、塌落度及配比强度决定。但在泵送的场合要根据压送性能决定混凝土的塌落度，塌落度小，压送性能差，闭塞的可能性大。因此，塌落度多取 8 cm 以上。

(二)其他注意事项

(1)干喷作业时，要求风压稳定，压力大小调整适当。水压一般要比风压高 50 ~ 100 kPa，要求在喷头水环处形成水雾，使干拌和料充分湿润。

(2)干喷水灰比的控制：目前只能凭借喷射手的经验目测掌握。如喷射的混凝土易黏着、回弹小、表面湿润光泽，说明含水量合适，此时的水灰比一般在 0.4 ~ 0.5 之间；如果表面无光泽或出现干斑、回弹物增加、灰尘飞扬、混凝土不密实，则说明水量小；如果表面塑性大或出现流淌、滑动现象，说明水量大。喷射手应根据这些现象及时调整水量。

(3)适宜的一次喷射厚度就是混凝土层在不错裂、不脱落的情况下达到的最大厚度。分层喷射厚度一般为粗骨料最大粒径的 2 倍，如一次喷射厚度小于 5 cm，使用石子的最大粒径也要相应减小。分层喷射的厚度主要与喷射部位有关(见表 4-10)。

表 4-10 喷射厚度与喷射部位

项目	一次喷射厚度(cm)	
	掺速凝剂	不掺速凝剂
拱部	5 ~ 6	3 ~ 4
边墙	7 ~ 10	5 ~ 7

(4)喷射应使围岩的凹凸面完全被覆盖，有钢支撑时应注意使喷混凝土与钢支撑结成一体，要注意钢支撑背面不留空隙。为了防止后续的防水卷材破损，喷层表面应进行平滑加工，特别是在上半断面和下半断面连接处施工时容易发生凹凸不平现象，必须加以注意。另外，也应注意不要在回弹材料上继续喷射。

(5)喷嘴与岩面的角度，一般应垂直于岩面。但在边墙时，宜将喷嘴略向下倾斜 10°左右，使混凝土束喷射在较厚的混凝土顶端。喷射距离是以喷混凝土最小回弹和最高强度来确定的，原则上以能看清喷射情况、料束集中、回弹量小为宜，一般以 0.6 ~ 1.2 较好。喷射应视具体情况，选用适当喷射距离。

(6)喷射的顺序应先墙后拱，自下而上，如岩面凹凸不平时，应先喷凹处找平，然后向上喷射。喷射时喷嘴料束应呈旋转轨迹运动，一圈压半圈，纵向按蛇行进行。转动半径一般在 15 cm 左右，每次蛇行长度 3 ~ 4 m 或根据速凝效果而定。喷射纵向第二行时，要依顺序从第一行的起点处开始行与行之间搭接 2 ~ 3 cm。料束旋转速度原则上要均匀，不宜太慢或太快。如因工程需要适当考虑美观时，可在喷混凝土表面上再喷一层同强度水泥砂浆，此时喷射顺序应自上而下，喷头料束呈横扫方式运动，不能旋转或停留，以使表面平整光滑。

(7)分层喷射合理的间隔时间不仅与水泥品种、速凝剂掺量有关，而且与施工温度、速凝剂种类和水灰比大小有关。分层喷射间隔时间不宜过短。当掺入速凝剂 2.5% ~ 4%时，分层喷射的间隔时间一般为 15 ~ 20 min。

第四节 锚杆、钢支撑作业的质量控制

锚杆是隧洞施工过程中维护围岩稳定，保证施工安全的重要支护手段之一。施工完成后，在一定程度上，它还可以作为永久支护结构的一部分发挥作用。因此，在施工中如何保证和检查锚杆的施工质量是极为重要的。锚杆的作用效果有如下几点：

(1)锚杆限制约束围岩变形，并向围岩施加压力，从而使处于二维应力状态的洞室内表面附近的围岩保持三维应力状态，因而能制止围岩强度的恶化。

(2)加固围岩：由于系统锚杆的加固作用，使围岩中，尤其是松动区的节理、裂隙、破裂面等联系起来，因而增大了锚固区围岩的强度(即 C_ϕ值)。锚杆对加固节理发育的岩石体和围岩松动区是十分有效的，有助于裂隙岩体和松动区形成整体，成为“加固带”。

(3)提高层间摩阻力，形成“组合梁”：对于水平或缓倾斜的层状围岩，用锚杆群能把数层岩层连在一起，增大层间摩阻力，从结构力学观点来看，就形成了“组合梁”。

(4)“悬吊”作用：所谓“悬吊”作用是指为防止个别危岩的掉落或滑落，用锚杆将其同稳定围岩联结起来，这种作用主要表现在加固局部失稳的岩体。

一、锚杆施工中应注意的问题和对锚杆质量的要求

(一)注意的问题

(1)建立有效的锚杆质量检测方法，及时检测。

(2)不能忽视锚杆拉拔试验的作用。

(3)合理确定锚杆的参数，充分发挥群锚的作用。

(4)进一步认识锚杆与围岩之间的关系。

(5)大力提高锚杆的商品化程度等。

(二)对锚杆质量的要求

(1)杆身必须检查无缺损。

(2)锚杆长度应大于孔深 6～10 cm，每根加工长度误差不宜大于 1 cm，并应除去杆上油污、铁锈、杂质。

(3)楔缝锚杆的楔缝必须垂直、平整，位置应在锚杆中心截面，缝宽误差不大于 0.5 mm，缝长误差不超过 ± 5 mm。

二、锚杆类型选用的依据

锚杆类型的选定，要根据围岩条件和目的，选定出能快速施工、保证锚固质量、确保安全的锚杆。

按锚杆打设目的不同分类，有圆周方向打设的承载锚杆，斜前方打设的超前支护锚杆和对开挖面防护打设的开挖面锚杆。根据锚杆打设目的和锚杆的特性，应考虑的依据有以下几方面：

(1)承载锚杆数量大，锚杆的单价对工程造价影响较大，锚杆的安装难易、安装质量等直接影响工程进度和工程质量。一般优先采用标准的砂浆锚杆。对于局部加强的承载锚杆，视情况可采用预加应力锚杆和预应力锚杆。

(2)开挖面锚杆是临时锚杆，需要挖除的，可用塑料纤维锚杆和涨壳式锚杆。

(3)超前支护锚杆主要为防止掌子面上塌方、掉块，因而使其能够快速承载是很重要的。可用最强的药包锚杆或楔缝式锚杆。

由于围岩条件差致使孔壁的自稳性不好，孔壁粗糙造成锚杆安装困难，施工时间延长或不能施工。另外，围岩自稳性差要求尽早体现锚固效果或因涌水导致锚固材料因材料流出或因形成水脱而不能锚固等，对这种情况应考虑的内容如下：

(1)孔壁粗糙和易塌孔而阻碍锚杆插入，使用自钻孔中空注浆式锚杆可解决锚杆安装的困难。

(2)必须早期锚定的场合，可使用速凝型锚固材料的药包式锚杆或机械式前端锚固型、周面摩擦型的锚杆，但作为永久锚杆还需孔内注水泥、砂浆。

(3)因涌水而妨碍锚固的情况，使用机械式前端锚固型或摩阻型的锚杆、灌注式锚杆。

三、锚杆施工的基本要点

(1)开工前通过所规定的拉拔试验来确认锚杆的锚固力，施工期间用拉拔试验抽检已

安装锚杆，如发现有锚固力不足的，除必须对其周围的锚杆实施拉拔试验外，还必须检查是否施工不良。

(2)施工中，每个断面上要按所定的布设打设锚杆，要将钻孔内的石屑、积水清除；锚杆要充分紧固，以免通过垫板而松弛等，预防锚固材料的喷出、锚杆掉下、从作业脚手架滚落及材料的落下等灾害。

(3)采用专用的测定锚杆进行轴力测定，以确认锚杆的应力安全性和锚固效果。锚杆轴力测定要根据围岩条件而定，在比较坚硬的岩质中轴力测定就不太重要，但在松弛区域发达的山体中，轴力测定在支撑是否适当和安全的确认这点上就很重要了。

(4)作业前，必须进行浮石等的检查、清除，做打设位置标记，检查锚杆体的弯曲程度及有无锈蚀，冲洗锚杆、注浆孔等。

(5)施工后，必须检查螺帽的松动情况和采取再紧固等措施。还必须努力做好脚手架的日常检查等安全管理。施工不良的锚杆一般无法纠正，只能是重新施工，故必须加以注意。

四、锚杆施工的安全技术措施

(1)在锚杆作业中，发生的事故多因围岩或喷射混凝土剥落坍塌所造成。而围岩、喷射混凝土剥落或坍塌，则是由于清除浮石不彻底、凿眼机械的振动、喷射混凝土与喷射面黏结不良等原因造成。为了锚杆施工的安全，应加强观察及早发现危险征兆，及时采取相应的安全技术措施。

(2)在注浆作业开始前和结束后应认真检查、清洗机械管道和接头。检查后，还应经过监理单位正式检查认可，以防止发生剧烈振动、管道堵塞等现象。当发生注浆管路或接头堵塞时需在清除压力之后，方可进行拆卸和维修。各种机械电力设备、安全防护装置与用品，应按规定进行定期检验、试验与日常检查，不符合安全技术要求者严禁使用。

(3)指定专人按规定定期进行锚杆抗拔力试验，防止因锚杆滑脱而造成安全事故。由于锚杆的种类很多，锚固方式也有多种，若选择不当，就因地下水的影响使锚固用的砂浆流失，造成锚固力不足，从而导致因锚杆滑脱造成的人身安全事故。为此，应指定专人定期检查锚杆的抗拔力。

(4)注浆人员及进入隧洞施工工地的人员，必须按规定佩戴防护用品，穿戴防护用具。必须遵守规章制度，听从统一指挥，增加安全设施。

五、钢拱架的购制安装施工控制

(一)钢拱架的构造制作要求

钢拱架一般在现场制造，采用冷弯或热弯加工焊接而成。钢筋格栅拱架的腹部八字单元可以在工厂压制，装运到隧洞施工现场按比例 1∶1 的胎模热弯加工及焊接或铆接而成。钢拱架加工后要进行试拼，拼装允许误差为：沿隧洞周边轮廓线的误差不应超过 ± 3 cm，平面(翘曲)不应超过 ± 2 cm，接头连接要求每榀之间可以互换。即采用冷弯、冷压、热弯、热压、电焊加工制作钢拱架附件时，要求尺寸准确、弧形圆顺、结构安全可靠，钢拱架的截面尺寸应满足强度、刚度稳定性的要求。因此，应按设计要求进行选材加工制作及验收等工作。

(二)钢拱架安设与施工质量控制

1.钢拱架安设的要点

(1)为方便安装每榀钢支架一般分为2~6节，并保证接头的刚度。节数应与断面大小及开挖方法相适应。每榀钢支架之间应在纵向设置不小于ϕ22 mm的钢拉杆连接。

(2)钢支架应按设计位置安设，钢架之间必须用钢筋纵向联系，拱脚必须放在特制的基础上或原状土上。钢拱架与围岩之间应尽量接近，留2~3 cm间隙作为保护层，在安设过程中，当钢拱架与围岩之间有较大的间隙时，应设垫块楔块垫紧。

(3)钢拱架应垂直于隧洞中线，上下左右偏差不应超过±5 cm，钢拱架倾斜度不应超过±2°，当拱脚标高不准确时，不得用土回填，而应用钢板调整，使拱脚位于设计标高位置，钢拱架的安装设在开挖后2 h内完成，拱脚高度应设在低于上半断面底线以下15~20 cm，当承载不足时，可以使钢拱架向围岩方向加大接触面积。

2.钢拱架的施工质量控制

(1)钢拱架的拱脚应有一定的埋置深度，并必须落到原状土上，才能保证拱脚的稳定。一般可以采用垫石、垫钢板纵向加托梁或锁脚锚杆等措施。

(2)可缩性钢架的可缩性节点不宜过早喷射混凝土，正确时间是待其收缩合拢后，再进行补喷混凝土。

(3)喷射混凝土应分层次分段喷射完成，初喷混凝土应尽早进行“早喷锚”；复喷混凝土应在量测指导下进行，即遵循“勤测量”的基本原则，以保证喷射混凝土的复喷适时有效等。

(4)钢拱架应安置在隧洞横向竖直平面内，其垂直度误差为±2°。

(5)喷射混凝土时，注意将钢拱架与岩面之间的空隙喷射饱满和达到密实。

(6)钢拱架的截面高度，应与喷射混凝土厚度相适应，一般为10~20 cm且要有保护层，应在初喷混凝土后安装钢拱架，初喷混凝土厚度为4 cm。钢拱架应尽可能多地与锚杆露头及钢筋网焊接，以增强其联合支护的功能。

第五节　钢纤维及钢筋网喷射混凝土施工的质量控制

一、钢纤维喷射混凝土的施工质量控制

(1)首先选用经过实践检验过的喷射机械，应特别注意防止钢纤维结团堵管。一般可采用水溶性黏结剂将钢纤维黏结成片状，在搅拌过程中可以容易分离成单一纤维，避免结团堵管。

(2)钢纤维喷射混凝土施作方法同普通混凝土喷射，但钢纤维对斜输管的磨耗大，一般要比普通混凝土高30%~40%，尤其是输料拐弯处。可在每台班将胶管转换一至两次，能延长输料管的使用时间。

(3)钢纤维和基本材料应拌和均匀，避免喷射机结成团块状堵管或堵塞拨料盘。实践证明，行之有效的方法是先将水泥、砂子、碎石拌和均匀，再掺入钢纤维和速凝剂，拌

和均匀后装入运输车或输料管。

(4)其风压要比普通喷射混凝土高 0.02 ~ 0.05 MPa；当输送距离小于 40 m 时，风压可为 0.05 ~ 0.18 MPa。

二、钢筋网喷射混凝土的施工质量控制

(1)钢筋网是喷射混凝土挂设在围岩面上的，然后再喷射混凝土。目前，在我国各类隧洞工程中应用钢筋网做支护的较多，主要用于软弱围岩破碎带，更多的是与锚杆或钢拱架联成联合支护结构。

(2)钢筋网应根据被支护围岩面上的起伏形状铺设，应在初喷一层混凝土后再铺设，钢筋网与岩石或与初喷混凝土面的间隙应不小于 3 ~ 5 cm，钢筋网保护层厚度不小于 3 cm，有水部位不小于 4 cm，钢筋用前应清除污锈。

(3)钢筋网应与锚杆或锚钉头连接牢固，并应尽可能多点连接，以减少喷射混凝土使钢筋网发生“强振”现象，锚钉的锚固深度不得小于 20 cm，以确保连接牢固、安全可靠。

(4)在砂层地段，应注意紧贴砂层铺挂细钢筋网，并用ϕ22 mm 环向钢筋压紧，再喷射混凝土达到密实。对于干燥土质隧洞，第一次喷射一定不要太厚，否则会鼓起及剥落等。

(5)钢筋网通常环向和纵向布置，环向筋一般为受力筋，由设计计算确定钢筋直径ϕ12 mm；纵向筋一般为构造筋，直径ϕ6 ~ 10 mm，网格尺寸一般为 20 cm × 20 cm、20 cm × 25 cm、25 cm × 30 cm、30 cm × 30 cm。围岩松散破碎较严重时或土质及砂质隧洞，可采用直径小于ϕ6 mm 网格尺寸，一般为 10 cm × 10 cm、10 cm × 15 cm、15 cm × 15 cm、15cm × 20 cm、20 cm × 20 cm。

(6)为便于挂网安装，常将钢筋网先加工成网片，长度尺寸可以为 100 ~ 200 cm。

(7)在开始喷射时，应适当缩短喷头至受喷面的距离，并适当调整喷射角度，使钢筋网筋背面混凝土达到密实。对于干燥土质隧洞，第一次喷射一定不能太厚，否则会鼓起及剥落等。

(8)在有水地段，应改变配合比，增加水泥用量，先喷干混合料，待其与涌水融合后，再逐渐加水喷射。喷射时由远而近，逐渐向涌水点逼近，然后在涌水点安设导管将水引出，再在导管附近喷射。当涌水范围较大时，可设树枝状排水盲沟后再喷射；当涌水严重时，可设置泄水孔，边排水边喷射；当涌水点不多时，可用开缝摩擦锚杆进行导水处理后再喷射。

三、减少粉尘和回弹量的措施

(1)严格控制喷射机的风压，采用特殊制作的喷头。

(2)合理选择喷射混凝土配合比，适当减小最大粒径的骨料，使砂石料具有一定的含水率，呈潮湿状。有条件时，宜掺加粉尘抑制剂，并采用湿喷工艺施工。

(3)掌握好喷头处的用水量，提高喷射作业施作熟练水平和喷射施工的技术。

四、喷射混凝土中钢筋网的施工要点

(1)钢筋使用前应清除污锈。钢筋网宜在施工现场预制点焊成网片，也可就地绑扎相

结合。

(2)钢筋网应与锚杆、钢拱或其他锚定装置联结牢固，喷射时钢筋网不得晃动。

(3)成品钢筋网安设时，其搭接长度不小于200 mm，钢筋网宜在岩面喷一层混凝土后铺设，采用双层钢筋网时，第二层钢筋网应在第一层钢筋网被混凝土覆盖后铺设。

第六节　防水隔离层及二次衬砌施工的主要技术要求

隧洞在开挖时或在喷射混凝土施工后有渗漏水现象出现，以及在隧洞开挖时或喷射混凝土时未发生渗漏水现象但为防止此现象，因此应根据围岩的状况，在有可能出现渗漏水地段应设置相应的衬砌防水工程。衬砌污水工程可采取工程或采取浇筑抗渗混凝土与辅助防水层相结合的办法进行处理。

由于地质条件复杂多变，尤其在稳定性很差的Ⅱ～Ⅰ类围岩中，单靠工程类比法进行设计去施工，不能保证衬砌结构的可靠性和合理性。按照现代支护理论施工的原则，作为安全储备的二次支护是在围岩或围岩加固初期支护稳定后及时施作，此时隧洞已成型，因此二次支护多采用顺作法，即由下到上、先墙后拱顺序连续浇筑。二次衬砌多采用模筑混凝土作为内层衬砌结构。因时间关系的影响较大，二次衬砌和仰拱的施作直接关系到衬砌结果的安全。

一、防水隔水层铺设的技术要求

(1)检查塑料板有无断裂、变形、穿孔等缺陷，保证材料符合设计质量的要求，所开挖的隧洞断面、所喷混凝土表面平顺。

(2)检查施工机械设备、工具是否完好无损，并检查施工组织计划是否合理科学。

(3)塑料防水层制作，应在初期支护变形基本稳定和在二次衬砌灌注前进行。开挖和衬砌作业不得损坏已铺设的防水层。因此，防水层铺设施作点距爆破面应大于150 m，距灌注二次衬砌处应大于20 m。当发现层面有损坏时应及时修补，当喷层表面漏水时，应及时引排。

(4)防水层接头处应擦干净，塑料防水板应用材质相同的焊条焊接，两块塑料板之间接缝宜采用热楔焊接法，其最佳焊接温度和速度应根据材料试验确定。

防水层接头处不得有气泡、褶皱及空隙；接头处应牢固，强度应不小于同一种材料。

(5)防水层纵横向一次铺设长度，应根据开挖方法和设计断面确定。铺设前宜先行试铺，并加以调整。防水层的连接部分，在下一阶段施工前应保护好，不得弄脏和损破。

(6)防水层可在拱部和边墙按环状铺设，并视材质采取相应结合方法。塑料板之间宜用焊接，搭接宽度为10 cm，两侧焊缝宽应不小于2.5 cm，橡胶防水板黏结时，其搭接宽度为10 cm，粘缝宽不小于5 cm。

(7)采用无纺布作为滤层时，防水板与无纺布应密切叠合，整体铺挂。

(8)防水层用垫圈和绳扣吊挂在固定点上，其固定点的间距，拱部应为0.5～0.7 m，侧墙为1.0～1.2 m，在凹凸处应适当增加固定点；固定点之间防水层不得绷紧，以保证灌注混凝土时板面与混凝土面能密贴。

(9)防水层属隐蔽工程，灌注混凝土前应检查防水层质量，做好接头记录和质量检查记录。

二、二次衬砌混凝土施工要点

二次衬砌混凝土施工除应遵守《隧洞施工技术规范》(SL 279—202)有关规定外，还应符合下列要求：

(1)混凝土混合料必须同时输入搅拌机。

(2)初期支护基本稳定后，应及时修筑二次衬砌，当混凝土强度达到 2.5 MPa 时，即可脱模。

(3)采用混凝土拌和机、搅拌车及泵输送混凝土时，要求搅拌车在输送混凝土时不得停拌，自进入拌和机至卸出的时间，不得超出混凝土初凝时间的一半。

(4)二次衬砌施作时间确定，应根据国家标准《锚杆喷射混凝土支护技术规定》(GBJ 86—85)，即位移速度有明显减缓的趋势；拱脚附近水平收敛小于 0.2 mm/d；已产生位移量占总位移量的 80%以上。

(5)泵送混凝土施工的坍落度：振动时通常应为 8 ~ 12 cm；不振动时通常为 15 ~ 21 cm。其水泥用量当管径分别为 100、125 mm 和 150 mm 时，其最小水泥用量分别为 280、290 kg/m^3 和 300 kg/m^3；管径分别为 100、125 mm 和 150 mm 时，石子粒径分别为小于或等于 20、25 mm 和 40 mm。含气量以 5%左右为宜。

第五章　隧洞支护的质量检验和竣工验收

隧洞工程的质量检查是施工管理的重要内容之一。在一些规范和规定中，对隧洞支护的质量检查有明确的要求。隧洞支护质量检查的内容有喷射混凝土施工质量检查和混凝土衬砌的质量检查。

第一节　喷射混凝土的质量检查和控制

隧洞中喷射混凝土，对调动围岩本身积极的支护作用是很重要的。为此，须从用料、配比、尺寸、强度等方面进行管理，管理的方法是以抽查、试验为主。

一、材料的质量要求

对喷混凝土使用材料一般质量管理的项目和方法，可按有关混凝土标准规范进行，喷混凝土骨料检查试验见表 5-1，其用料质量试验项目见表 5-2，其中特别是骨料粒度分布等对喷混凝土的附着性、质量有很大影响，对其进行检查很重要。

表 5-1　喷混凝土骨料的检查试验

检查类别	试验内容		试验频率
日常检查	砂的表面水量试验：集料入库时粒度状态、含泥量及垃圾等有害物的状态		必要时进行
定期检查	细骨料	筛分试验，比重试验，吸水量试验，冲洗试验	必要时或变更采料地点时进行
	粗骨料	筛分试验，比重试验，吸水量试验	

二、材料的储藏管理

喷混凝土材料储藏的管理检测要求就是要使其质量不降低、储量与施工进度相匹配。喷混凝土材料储量不足时，施工进度受阻；而储量过多时，会导致多余材料变质，成为质量下降的原因。储藏时应以适当设施保管，不能使异物混入，或受潮生锈、吸湿结块。如水泥应特别注意，使其不受雨水等侵害，按入库顺序取出使用；粉末速凝剂的保管，直到掺入前都应特别注意不使用其吸湿；液体速凝剂需注意受振动及寒冷低温带来的恶化；金属网和钢纤维的保管场所，尽量做好防雨水、防潮，避免因水分及湿气作用而生锈。

表 5-2　喷混凝土用料质量试验项目

用料	试验项目	试验频率	规　　定
水泥	质量试验		
水	水质试验	取水地点或水质有变化时进行一次(饮用水除外)	对混凝土质量有影响的油、酸、盐类、有机质等物质的含量应小于有害物容许含量；用所检查的水搅拌的砂浆，龄期 7 d 及 28 d 的抗压强度应达到用标准水情形的 90%以上；不准用海水
速凝剂	质量试验		比重、抗压强度比、凝固时间(制造工厂的规格证明书)
细骨料	粒度	取料地点或质量有变时进行一次，但与衬砌混凝土用同样材料时则可省略	
	比重(表面干燥)		2.50 以上
	吸水率		3.0%以下
	容重		
	筛余量		
	用冲洗试验冲掉的物质		5.0%以下(7%以下)
	有机不纯物质		比标准色较淡
	耐久性		10%以下
粗骨料	粒度	取料地点或质量有变时进行一次	
	比重(表面干燥)		2.50 以上
	吸水率		3.0%以下
	容重		
	筛余量		
	粒形判断筛余量		55%以下(仅指碎石)
	黏土块		0.25%以下
	用冲洗试验冲掉的物质		10%以下(1.5%以下)
	耐久性		12%以下
金属网、钢纤维	材质、形状、尺寸	进料时进行一次	

三、湿度、温度的影响

骨料的表面湿度、温度等对喷混凝土的质量影响很大，应加以适当保管。用受冻的及混有冰雪的骨料，对喷混凝土初期强度的出现有不利影响。储藏时，应有防止冰雪混入或防冻的适当设施。天热时为了防止骨料干燥及温度过分升高，必须避免日光直射，还要采取洒水等措施。

四、配比管理

从材料的计量及搅拌机的性能进行混凝土配比管理。定期检查材料计量器的精度，以及确认容量与质量的对照。材料计量的误差有计量器本身的误差和计量装置机械动作及供料工作中产生的误差，为达到质量稳定，应定期举行静荷载检查及动荷载检查。因搅拌叶片的磨耗，搅拌机拌和性能逐渐变化，为了保持其拌和性能，要定期地对搅拌叶片进行检查、更换、修理，并有必要按规定的数量、时间进行拌和性能试验。湿喷用的喷射机上罐兼有搅拌机性能，对此种喷射机械应确认其在连续供料的时间范围内能将材料充分拌和均匀。

五、厚度要求

确认喷混凝土已达到所要求的厚度。喷射厚度测定方法有预埋钢筋测控法及喷射后在任意地点进行钻取样芯法。测定时，应定出测点的位置和间距。对喷射厚度进行管理时，还必须注意喷层表面是否平滑，由于金属网的松弛、钢支撑的架设误差、超挖等原因，会在围岩和喷混凝土之间产生空隙，有必要对喷混凝土的密贴性加以检查。

六、强度要求

确认所喷混凝土已达到所要求的强度。喷混凝土的强度一般是以 28 d 强度作为基本数据，如有必要还应确认初期强度。喷混凝土的强度试验方法有下列几种：

(1)从喷射在隧洞壁上的喷混凝土上直接采取芯样进行抗压试验。

(2)用喷射在梁形模型盒中的试件进行抗压试验。

(3)拉拔预埋在喷混凝土中的锚杆以进行试验。

(4)从靠边墙竖立的模板盒中喷射的试件中取芯样进行抗压试验。

(5)用施密特锤的试验方法检查。

七、批次的确定

喷射混凝土抗压强度检验批次的确定方法如下：原材料和配合比基本相同的喷射混凝土才能组成同一检查验收批次，同批喷射混凝土的抗压强度应与同批内标准试块的强度代表值作比较来评定支护质量。

八、每组强度代表值的确定

每组试块的强度代表值为 3 个试块试验结果的平均值，具体计算，一般是四舍五入取整数，精确到 0.1 MPa。同组试块应在同一大块上制取，有明显缺陷者应予舍弃。3 个试块中过大或过小的强度值与中间值相比超过 15%时，以中间值代表该组试块的抗压强度。

九、喷射混凝土抗压强度合格条件

喷射混凝土抗压强度的合格条件为

$$\begin{cases} \overline{R}_n - KS_n \geqslant 0.85R \\ R_{\min} \geqslant 0.85R \end{cases} \tag{5-1}$$

式中 n——同批喷射混凝土试块组数；

$\overline{R}_n$——同批 n 组试块抗压强度的平均值(精确至 0.1 MPa)；

S_n——同批 n 组试块抗压强度的标准差(精确至 0.1 MPa)；

R——相当于喷射混凝土标号的极限抗压强度；

$R_{\min}$——同批 n 组试块抗压强度中最低一组的值(精确至 0.1 MPa)；

K——合格判定系数，按表 5-3 取值。

表 5-3 合格判定系数 K 值

n	10 ~ 14	15 ~ 24	≥25
K	1.70	1.65	1.60

当同批试块组数 R_n<10 时，按以下条件验收检查：

$$\overline{R}_n \geqslant 1.05R；\ R_{\min} \geqslant 0.9R \tag{5-2}$$

十、喷射混凝土抗压强度的确定

喷射混凝土抗压强度满足以下条件者为合格，否则为不合格。

(1)同批(指同一配合比)试块的抗压强度平均值不低于设计强度或 C20。

(2)任意一组试块抗压强度平均值不得低于设计强度的 80%。

(3)同批试块为 3 ~ 5 组时，低于设计强度的试块组数不得多于 1 组；试块为 6 ~ 16 组时，不得多于 2 组；17 组以上，不得低于总组数的 15%。

检查不合格时，应查明原因并采取措施，可用加厚喷层或根据实际情况增设锚杆的办法予以补强，喷射混凝土抗压强度的合格条件($\overline{R}_n - KS_n \geqslant 0.85R$)是主要指标，其计算强度的保证率为 95%，考虑主要因素如下：

(1)采用计量抽样检验方法，使之能以较少的检验数量得到有关质量状况较多的信息。

(2)采用标准差未知的公式，这对于隧洞工程建筑生产水平不够稳定、喷射混凝土强度易于受多种因素影响而波动的情况较为适宜。

(3)兼顾隧洞使用方和施工方的利益，有限制漏判概率的同时也适当限制错判概率。检查验收函数中 $\overline{R}_n - KS_n$ 中的 K 值遵从非中心分布，当试块组数一定时，合格判定系数 K 值愈大，则错判概率愈大，而漏判概率愈小，检验标准愈严，可能造成工程费用浪费；反之，K 值愈小，检验标准愈宽，即可能造成对支护结构安全的不良影响。为保证判率不随试块组数而变，K 的取值必将随试块组数增多而减少。表 5-3 即为漏判概率限制在 20%左右所取的 K 值，为简便计算，分为 3 档，$R_{\min} \geqslant 0.85R$ 为必须保证的喷射混凝土设计强度。$R_{min} \geqslant 0.85R$ 是前述条件的补充，主要作用是控制分布曲线中低强度一侧可能出现长尾的情况，以弥补其不足。

当统计数据同时满足合格条件的两项要求时，则可以认为该批喷射混凝土强度合格。

十一、喷射混凝土强度控制图表

喷射混凝土强度控制图表的格式与绘制方法见表 5-4。

表 5-4　喷射混凝土强度控制图表的格式与绘制方法

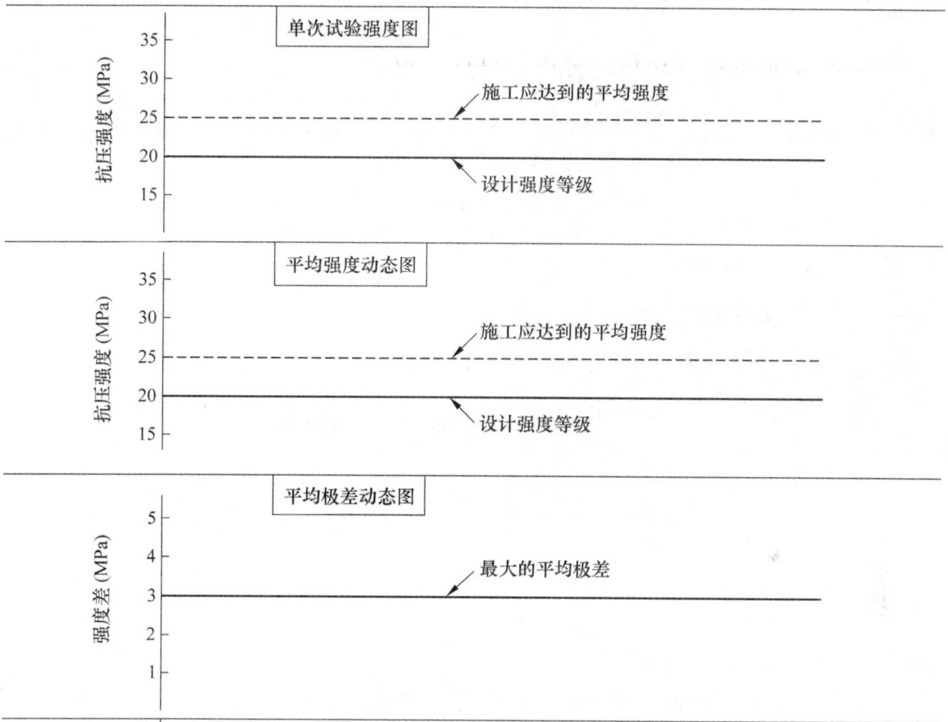

试块组序号	1 2 3 4 5 6 7 8 9 10 11 12 13 14 15 16 17 18 19 20 21 22 23 24 25
制作日期	年
	月

(一)单次试验强度图

将全部强度试验结构按制取的先后顺序标点绘制。图上设有强度等级线，施工应达到的平均强度线作为控制线。

(二)平均强度动态图

每个点所标绘的是本组和前 9 组共 10 组的平均极差值，以最大的平均极差值作为上限。

评价喷射混凝土的施工控制水平，主要参数是其抗压强度的标准差 S_n 和变异系数 V_n，根据国内隧洞喷射混凝土施工的实际状况，并参考国外用于现浇混凝土的强度参数，喷射混凝土强度的匀质性可按表 5-5 的控制水平表示。

表 5-5　喷射混凝土的匀质性指标

项目	施工控制水平	优	良	及格	差
标准差 S_n (MPa)	母体的离散	＜4.5	4.5 ~ 5.5	5.5 ~ 6.5	＞6.5
	一次试验的离散	＜2.2	2.2 ~ 2.7	2.7 ~ 3.2	＞3.2
变异系数 V_n (%)	母体的离散	＜15	15 ~ 20	20 ~ 25	＞25
	一次试验的离散	＜7	7 ~ 9	9 ~ 11	＞11

十二、喷射混凝土强度匀质性

根据现场同批 n 组试块 28 d 龄期抗压强度按式(5-3)求得标准差 S_n 和变异系数 V_n。

$$S_n = \sqrt{\frac{1}{n-1} \cdot \sum_{i=1}^{n} (R_i + \overline{R}_n)^2} \tag{5-3}$$

式中　n——同批试块的组数；

R_i——第 i 组试块的强度代表值，MPa；

$\overline{R}_n$——同批 n 组试块强度的平均值，MPa。

$$\overline{R}_n = \frac{1}{n}\sum_{i=1}^{n} R_i \quad (\text{精确到 } 0.1\ \text{MPa}) \tag{5-4}$$

$$V_n = \frac{S_n}{\overline{R}_n} \times 100\% \tag{5-5}$$

十三、喷射混凝土的平均强度

喷射混凝土施工的平均强度

$$\overline{R} = R + 1.04\ S \quad (\text{精确到 } 0.1\ \text{MPa}) \tag{5-6}$$

式中　R——相当于喷射混凝土标号的抗压极限强度；

S——标准差，其系数取 1.04 时，低于 R 的概率为 15%。

喷射混凝土的抗压强度亦可用回弹仪测试，通过对比试验进行强度控制。

十四、喷层厚度的检查

喷层厚度可分喷射过程和支护完成两个阶段检查。

(1)喷射时可插入长度比设计厚度长 5 cm 的铁丝，纵横向 1 ~ 2 m 设一根，做施工控制用。

(2)支护完成后，每至 10　延米至少检查一个断面，再从拱顶中线起，每隔 2 m 凿孔检查一个点，每个断面拱墙分别统计，全部检查孔处的喷层厚度，应有 60%以上不小于设计厚度，平均厚度不得小于设计厚度，最小厚度不得小于设计厚度的 1/2。

(一)初期支护厚度检验方法与步骤

凡采用凿孔或电测法等方法对初期支护进行检查，检查断面数量为每 10 m 检查一个断面，每个断面从拱顶中线起每隔 2 m 设一个检查点。

喷射混凝土厚度的检查常用钻眼法，钻眼检查宜在喷好混凝土 8 h 后进行，用短钢杆将孔凿出。此时，混凝土强度还较低，易于钻孔。若发现厚度不够，可以及时补喷加厚，其施工管理较方便。采用钻凿机钻眼，若喷射的混凝土强度还较低，易于钻孔；若发现厚度不够，可及时补喷加厚，其施工管理亦较方便。采用凿眼机钻眼，若因喷射的混凝土与围岩黏结紧密，颜色相近较难辨认喷层厚度时，可采用酚酞试液涂抹孔壁，碱性混凝土即呈现红色而易于辨认。

(二)检查断面的间距

规定的检查断面间距，当设计喷层厚度为 10 cm 时，与留取强度检查试块的相应工程量接近。检查断面间距，单孔隧洞每 20 延米、双隧洞每 10 延米检查一个断面，每个断面从拱顶中线起，每隔 2 m 布设一个检查点。若隧洞工程对喷层厚度有特别严格要求时，检查断面及钻眼的量可以适当增加，以确保特殊功能和相应高质量的要求。

(三)喷层厚度合格条件

考虑岩面的起伏不平，喷层是紧贴岩面的，而且还要求做到喷层表面圆顺整齐，因此喷层厚度相差的幅度比较大，要求喷层厚度 60%以上达到设计厚度，其余均不小于设计厚度的 50%。一个断面检查点处的厚度平均值达到设计厚度，为保证达到这个厚度要求，需要配合采用岩面爆破，并必须加强施工管理。

在软弱围岩地段设计中可规定喷层最小厚度值的控制。

十五、初期支护外观与隧洞断面尺寸检验

(1)隧洞断面尺寸应符合设计和使用要求。

(2)应无漏喷、离鼓现象。混凝土表面密实，蜂窝、麻面面积不超过 0.5%，深度不超过 10 mm，结构轮廓线条直顺美观，墙面平整。

(3)应没有尚在扩展中或危及使用安全的裂缝。

(4)喷层与围岩黏结情况的检查可采用小锤敲击，如有空响应凿除喷层洗净重喷，必要时应进行黏结力测试或增设锚杆支护。

(5)当发现喷层表面有裂缝、脱落、漏筋、渗漏水等情况，应予修补凿除喷层重喷或进行整治。

(6)设塑料板防水层的复合式衬砌，锚杆尾端及钢筋等不得外露。

第二节　混凝土衬砌施工的质量控制与检查

混凝土的质量检查包括表面状态的检查、形状尺寸的检查、强度检查等。

一、混凝土衬砌施工的质量控制

(一)材料、配比和强度的检查

确认衬砌混凝土所用的材料、配比和强度与设计符合。灌注混凝土时，必须考虑拱圈、仰拱等施工地点、气温、湿度等环境条件和现场运输距离、灌注机械的种类等

进行质量控制。在涌水场所，须检查并确认水中不含对混凝土和钢筋有害的盐类等成分。如将开挖出的岩石破碎后作骨料时，要注意其质量，必须进行比一般情况更严格的控制管理。

(二)拱架模板的检查

检查组装好的拱架模板，确认其中心线和水准线安装正确，确保衬砌的形状和尺寸所需的空间，还应确认拱架模板能充分抵抗混凝土的荷载，足以保证在灌注中不致产生扭转、倾倒、移动等情况。检测衬砌设计厚度，每断面要测 10 处左右。

灌注混凝土后拱架模板如有移动或下沉，或者因灌注不饱满而在混凝土中留有空隙，有必要时检查衬砌的形状、尺寸、厚度等。检查衬砌厚度一般采用钻孔检查，钻孔眼应钻到能确认衬砌设计厚度所需深度即停钻，应注意不要损伤衬砌背后的防水层。

(三)表面状态的检查

表面状态的检查应对漏出面状态、开裂的有无、施工缝的状态等用目视及器具进行。基于目视检查结果必要时应进行打击声检查。

(四)形状、尺寸的检查

衬砌完成后，要确保规定的净空尺寸、厚度，并检查背后有无有害的空洞。衬砌厚度的检查，基本上用检测钉进行。检测钉应考虑隧洞坡度、灌注方法等，在施工上可能残留空隙的位置处设置。

用检测钉检测的方法如下，检测钉在混凝土灌注时安设在模板规定的位置，混凝土灌注完成后 4 ~ 5 h，解除附着，混凝土硬化后取出检测。厚度不足时，应另外用孔径 32 mm 的钻孔确认厚度不足的范围，检测钉与钻孔的遗迹原则上应处理。

形状、尺寸的判定基准因隧洞的使用目的而不同，需个别规定。检查结果确认不能确保厚度的场合判定为不合格，应采取适当措施。

在矿山法中，一般拱顶部分的混凝土背后留有空隙，产生空隙的场合应采用各种方法(电磁波、超声波等)调查空隙的范围和大小，必要时要进行回填压注等对策。

(五)混凝土强度的检查

(1)原材料和配合比基本一致的混凝土，才能组成同一检查验收批。同一验收批混凝土的抗压强度，应以同批内标准试块抗压强度代表值来评定混凝土质量。

(2)每组 3 个试块，应在同一盘混凝土中取样制作，试验结果的平均值为该组试块的抗压强度代表值，当 3 个试块中过大或过小的强度值与中间值相比超过 15%时，以中间值代表该组试块的抗压强度。

(3)混凝土抗压强度的合格条件为

$$\overline{R}_n - KS_n \geqslant 0.85R，R_{\min} \geqslant 0.85R \tag{5-7}$$

式中　$\overline{R}_n$——同批 n 组试块强度的平均值，MPa；

K——合格判定系数；

S_n——同批 n 组试块抗压强度的标准差；

$R_{\min}$——同批 n 组试块抗压强度最小一组的数值，MPa；

R——相当于混凝土标号的极限抗压强度。

(4)当混凝土试块抗压强度不符合设计要求时，可以从衬砌中钻取混凝土试样或用非破损检测法进行检查。如仍不符合要求时，应对已完成的混凝土衬砌，按实际条件验算衬砌结构的安全度或采取必要的补强措施。

第三节　锚杆施工的质量控制与检查

隧洞锚杆施工质量需从锚杆材料、锚杆安装方面进行质量控制。控制的方法是定期检查和试验相结合。

(1)锚杆、垫板等的材料要进行试验和检查，在确认其材质、形状、尺寸、加工方法等都与设计符合的基础上使用。锚杆的保管到安装完成应使其不附着妨害与锚固材料黏结的各种有害物，如锈蚀、垃圾和油等，也不能挠曲和损伤螺纹等，应事先研究正确的储藏方法和设置，以防止产生不合格产品。

(2)锚固材料应进行规定的试验和检查，在确保其质量基础上使用。保管中还必须注意按制品的特性尽力防止其恶化，在有疑问时必须用检查来确认。

(3)锚杆原则上应按设计图所示布置方式布设，锚杆孔应确认所规定的孔数、位置、长度、方向及孔径。施工时在现场遇到局部节理、裂缝等情况可加以变更。长锚杆在靠近掌子面处无法垂直于隧洞壁设置而变更布置方式，应确认其与原定布置的作用相同。

(4)为使锚杆具有足够的锚固力，应进行钻孔、锚固材料配合、填充等的管理。钻孔管理需事前确认孔眼已确实可用。然后将孔内残留的岩粉清除，使其能保证锚杆充分锚固。为此，施工前要选择相同的地质条件地点进行拉拔试验，根据研究确定适当的锚固方法，施工中锚固材料及锚固后也应进行拉拔试验，从而确认可以获得足够的锚固力。施工中的锚固材料计量、混合等要认真进行控制，并检查确认锚固材料沿锚杆全长填充饱满。砂浆的混合计量等要以规范为基准，但在向上的孔眼及有涌水的孔眼中要注意使用稠砂浆。使用树脂及其他锚杆材料时应按混合比混合，且应对混合后至使用所经过时间及成品的特性等加强管理。用机械式锚固方式时，要注意钻孔的精度和锚固力，因爆破振动会导致锚固松弛，在掌子面一定距离处要进行检查，必要时采取紧固等措施。

(5)垫板应完全密贴在混凝土表面或开挖表面。一般是以目测或用小锤轻敲等方法检查，也有用扭矩扳手确认紧固力的。

第四节　锚喷支护的试验和测定方法

一、喷大板切割法

在施工的同时，将混凝土喷射在 45 cm × 35 cm × 12 cm(可制成 6 块)或 45 cm × 20 cm × 12 cm(或制成 3 块)的模型内，在混凝土达到一定强度后，加工成 10 cm × 10 cm × 10 cm

的立方体试块，在标准条件下养护至 28 d 进行试验。

二、凿方切割法

在具有一定强度的支护上，用凿岩机打密排钻孔，取出长约 35 cm、宽约 15 cm 的混凝土块，加工成 10 cm × 10 cm × 10 cm 的立方体试块，在标准条件下养护至 28 d 进行试验。

三、喷混凝土与岩石黏结力试验方法

(一)成型试验法

在横型内放置面积为 10 cm × 10 cm、厚为 5 cm 且表面粗糙度近似于实际情况的岩块，用喷射混凝土掩埋，在混凝土达到一定强度后，加工成 10 cm × 10 cm × 10 cm 的立方体试块，在标准条件下养护至 28 d 进行劈裂法试验。

(二)直接拉拔法

在围岩表面，预先设置带有丝扣和加力板的拉杆，用喷射混凝土将加力板埋入，喷层厚度约 10 cm，试件面积约 30 cm × 30 cm(周围多余的部分应予清除)，经 28 d 养护进行拉拔试验。

四、喷射混凝土实际配合比、水灰比测定方法

(1)从受喷面上采取一块刚喷好的混凝土，迅速称出质量各为 300 g 的两份。

(2)将第一份混凝土放在瓷盘里，放烘箱内以 105 ~ 110℃烘至恒重，由烘干前后的质量算出喷射混凝土中可烘干水的质量。

(3)在取样的同时，用 400 g 水泥及与施工相同掺量的速凝剂加 160 g 水(水灰比为 0.4)，迅速拌制一份净浆，与第一份混凝土在相同条件下烘至恒重，由烘干前后的质量算出不可烘干水的质量与水泥质量的比率(即不可烘干水率)。

(4)将第二份混凝土放入盛有 6 ~ 8 kg 水的桶中立即搅散开，使水泥、速凝剂、砂、石分离，仔细淘洗清除水泥、速凝剂和粒径小于 0.15 mm 的细粉，将砂、石在烘箱中以 105 ~ 110℃烘至恒重，筛分并称出质量。

(5)根据下式算出水泥质量，即可求出喷射混凝土的实际配合比和水灰比：

$$\text{水泥质量} = \frac{3\,000 - (\text{砂质量} + \text{石质量} + \text{可烘干水质量})}{1 + \text{速凝剂掺量} + \text{不可烘干水率}} \tag{5-8}$$

其中，各项材料质量以 g 计，要求精确到 0.1 g；速凝剂掺量和不可烘干水率，均以水泥质量的百分比表示；水质量为可烘干水质量与不可烘干水质量之和。

五、测定注意事项

(1)采取试样、称取质量、拌制砂浆，以及第二份试样在水中搅散开，均应在尽可能短的时间内完成，最迟不得超过 5 min。

(2)第二份试样在淘洗时，每次倒污水都要经过 0.15 mm 孔径的筛。

(3)计算时，砂、石中粒径小于 0.15 mm 的细粉，应按原材料中的比例记入砂、石质量中，水泥速凝剂中大于 0.15 mm 的颗粒，也应按原材料的比例记入水泥速凝剂质量中。

第五节　锚杆灌浆密实度的检测方法

锚杆灌浆密实度的检测是个技术难题，过去采用锤击的方法进行检测，现在有一种较先进的非破坏试验仪器。即 Boltometer 011 砂浆锚杆原位非破坏试验仪器，其结构形式是采用特定设计的传感器，包含有压电晶体，压电晶体被安装在靠近锚杆的自由外端部位。该晶体作为激发点，将弹性波传入锚杆，弹性波在锚杆中传播的时候，部分能量将转移至水泥浆直至岩石中，因此将减小弹性波的增幅。在锚杆的内部端点上，弹性波会被反射，反射波可以在锚杆的外部端点上用该压电晶体作为接收器加以监测。如果锚杆周围的水泥浆质量良好，并且覆盖了锚杆的全长，那么反射波的振幅将比水泥浆多孔或缺失时的振幅小得多。由 Boltometer 传感器记录到的高幅的反射波，表明水泥浆性能较差，通过对参数锚杆振动试验记录到的弹性波的振幅进行分析，可以对水泥浆的性能和现场锚杆的性能进行分级。另外，激发时刻和接收反射波时刻之间时间间隔可以用于计算到反射点之间的距离。

Boltometer 只是设计用来测试砂浆锚杆的，它已被成功地应用于许多钢筋和管式锚杆的测试中，并且在下列条件下使用可以确保实现其最佳功能：①钻孔直径为 25 ~ 40 mm；②锚杆直径为 20 ~ 30 mm；③锚杆长度应大于 0.8 m；④水泥筑浆长度小于 4.0 m；⑤锚杆外端部必须平滑以保证传感器接触良好。

Boltometer 测试仪的量测步骤如下：

第一步　将锚杆外端部处理平滑、干净。

第二步　在锚杆的端部薄薄地涂一层接触涂料(或油脂)。

第三步　使传感器紧紧地靠在锚杆的端部(注意：撞击或将传感器置于其他的机械振动状态下，将可能对压电元件产生永久损坏)。

第四步　测量工作完成以后，部分记录到的信号将在显示屏上显示。分级工作完成后，结果也将在显示屏上显示。Boltometer 的分级体系自动显示出相关的锚杆等级，如表 5-6 所示。

表 5-6　Boltometer 分级体系

等级	Boltometer 信号	估计的锚杆性能
A	无反射波	最适宜
B	较小弯曲波反射	有所消弱
C	较大弯曲波反射	不足
D	有压缩波或很大弯曲波反射	非常弱或不存在

注：锚杆可以通过液压、千斤顶的方法拔出，有时大锤的撞击或振动也可能使锚杆松动。

由表 5-6 可见：

(1)锚杆等级 A，是具有优良质量的连续水泥浆和沿杆体方向无损坏或裂缝，是最适宜功能的锚杆。

(2)锚杆等级 B，是水泥砂浆没有能够覆盖住锚杆的全长或者强度有所降低。

(3)锚杆等级 C，是水泥砂浆数量和质量的重大削弱或锚杆的重大损坏。

(4)锚杆等级 D，是水泥筑浆的全长小于 0.6 m 或锚杆存在至少一处的重大损坏。

(5)显示的内容可以打印出来，Boltometer 由电池供电，要对电池进行充电，只需将电池充电器连接到 Boltometer 的右边接合器上。在充电过程中，电池充电器上的发光二极管会发光，如果电池液完全耗尽，则需 14 h 才能充满。

在检测中应该注意以下几个问题：①要在最容易发生问题的部位进行检测。如果采用打击声方法要特别明确重点检查部位，并要求按 50 cm 间隔进行检查。②对检测结果要及时整理并绘制展开图，观察衬砌表面出现的开裂、剥落或漏水的状况以及开裂位置、长度、密度、错台等。

第六节　衬砌厚度及背后空洞状态的检测方法

隧洞内部和背后空洞状态是隐藏的，从表面上看不出来，为此开发出许多具有实用价值的检测方法。其中最常用的方法有打击声法和电磁波法、超声波方法、弹性波法、红外线法等。

一、打击法

该法采用打击衬砌表面，通过打击衬砌时，在有空洞与无空洞、有剥离与无剥离时声音的不同来判定有无空洞或剥离，凭感觉在大范围进行简便的检查。打击声法检查的同时也可把剥离部分敲落，因此在以下的调查项目中应用得较多：①有无剥离；②有无压溃；③衬砌含水状态；④衬砌表面的劣化状态；⑤衬砌内部的缺陷；⑥极端厚度不足或背后有无空洞。

健全的衬砌打击声是清音，有变异的衬砌打击声是浊音。

打击法的具体方法如下：

(1)为了判定内部状态用锤子在 1 个地点锤击 3 次以上。

(2)锤击间隔一般在 50 cm 左右。

(3)在开裂 0.2 m 以内范围内进行。

(4)记录变异展开图。

打击声检查也存在以下问题：①很难掌握衬砌内部的状态；②记录检查结果的作业需要时间；③易产生人为的误差；④衬砌拱顶的检查非常困难。

二、电磁波法

电磁波法又称为地质雷达法，在国内外隧洞衬砌厚度和背后空洞状态的检测中应用较多，是一个比较成熟的检测方法。

电磁波法是在衬砌表面设置电磁波，利用无线断续地发射 100 MHz ~ 1 GHz 的高电磁波，而后用接收天线接收从衬砌表面及衬砌背后围岩表面的反射波，根据其达到的时间，求出衬砌厚度、衬砌背后空洞位置及规范，它是衬砌厚度、背后空洞检测的常用方法。电磁波法的系统是由雷达量测和数据处理装置构成的，雷达量测系统的主要规格见表 5-7。

表 5-7　雷达量测系统的主要规格

项目	主要规格	
系统	量测速度	最高 2 km/s
	量测范围	衬砌厚度：0 ~ 80 cm，最大 1.5 m；空洞深度 0 ~ 150 cm
	量测量程与质量	深度：1.5 m，天线部分 8 kg，操作部分 60 kg
雷达量测部分	送传波	频率：80 MHz
	量测速度	PRF：1 MHz，最高 4 km/s
数据解析	解析	详细解析：测线长短 1 m；一般解析：测线长 2 ~ 5 m
	输出	隧洞纵向断面图和隧洞横断面图每 1 m 的衬砌厚度、空洞深度、体积

三、超声波方法

这是利用发振子和受振子从超声波的速度和波形测检混凝土强度、开裂深度、剥离的方法而确定。

(1)固定好振子，向某方向移动受振子，求出超声波的初动达到时间，根据得到的时态曲线求出开裂处的不连续时间，再测定有开裂的传播时间，即算出开裂深度。

(2)求出健全地段混凝土中的超声波传播速度，然后根据测定的有开裂缝地段的传播时间求出开裂深度。

(3)根据超声波的反射走时，求衬砌厚度。

四、弹性波法

该法在原理上与电磁波法类似,但是它是用锤击衬砌表面输入弹性波来代替电磁波，利用物质的弹性波传播速度的差异，求出衬砌内部缺陷。

五、红外线法

红外线法是采用红外线相机对壁面温度分布进行摄影和图像处理，检测有无剥离、地下水的方法。结构内部有剥落时，将与健全部分产温差，因此可以根据结构物表面的温度分布的热图像判断剥落地点，实现对判断剥离的评价。

六、衬砌内部及衬砌背后调查方法(非破坏检查)的评价

衬砌内部及衬砌背后调查方法(非破坏检查)的评价见表 5-8。

表 5-8　衬砌内部及衬砌背后调查方法(非破坏调查)的评价

方法	表层	内部	背后	检查范围	备注
打击声	○	Δ	Δ	点	厚度薄，一定场合有效，检查深度大时要进行研究
超声波	○	○	Δ	点	能够测出衬砌背后有无空洞，可移动
电磁波	Δ	Δ	○	线	可多测线同时测定，检查速度 2 ~ 3 km/s
冲击弹性波	Δ	○	Δ	点	正实用化，可移动型
音响弹性波	Δ	○	Δ	点	开发中
热红外线	○	Δ	Δ	面	车载系统
中性子	Δ	Δ	—	点	正在研究阶段

第七节　隧洞支护衬砌工程的竣工验收

隧洞施工初期支护和二次支护衬砌完成后，应按设计要求和质量合格条件进行竣工验收，是为了确保隧道工程投入使用后能满足长期营运的安全要求。

一、隧洞支护衬砌施工验收的基本要求

(1)所用材料必须满足《水工隧洞设计规范》(SL 279—2002)及有关支护与衬砌结构的施工技术要求。

(2)支护和衬砌施工，应做好排水、防水措施，对个别漏水空洞的缝隙应采取堵水措施，保证支护和衬砌质量。

(3)仅使用喷锚杆混凝土支护时，不允许钢筋与锚杆外露，不允许混凝土开裂脱落。

(4)外观鉴定，混凝土表面密实，蜂窝、麻面面积不超过 0.5%，深度不超过 10 mm，混凝土衬砌结构轮廓线条直顺美观。

(5)支护和衬砌应与围岩结合牢固，回填密实。

(6)采用先拱后墙程序施工时，拱脚应有支撑，防止开挖边墙时拱脚下沉而引起拱圈开裂。

二、支护衬砌竣工后应提供的验收资料

隧洞初期支护和二次衬砌验收时，应提供下列验收资料，并列入隧洞工程的技术档案。

(1)原材料出厂合格证，工程试验报告单(包括水泥、速凝剂、砂、石、水、钢筋、锚杆等)。

(2)按表 5-9 的格式与内容提供支护衬砌施工记录。

表 5-9　原材料配合比

材料名称	型号、产地(厂家)	试验报告编号、品质
砂		
石		
水泥		
速凝剂		
水		
钢筋		

支护衬砌施工记录

锚喷支护施工记录

工程名称__________围岩类别__________

里程______至_____记录时间____年___月___日___时

工程部位___________记录者____________

喷射混凝土配合比(水泥：砂：石)_________

速凝剂掺量____

锚杆灌浆配合比(水泥：砂)_______水灰比_________

(3)施工时间。

施工时间格式如下：

锚喷部位开挖(放炮)___月____日___时。

喷射混凝土施作____月____日____时起至____月____日____时止。

锚杆施作____月____日____时起至____月____日____时止。

(4)喷射混凝土的强度、厚度、外观尺寸、锚杆拉拔力等检查和试验报告。

(5)实测检查项目表：锚杆支护实测项目见表 5-10，衬砌实测项目见表 5-11。

表 5-10　锚杆支护实测项目

项次	检查项目	规定值或允许偏差	检查方法和数量	规定分
1	混凝土强度(MPa)	在合格标准内	按规定方法和频率	35
2	锚杆拔力	拔力平均值大于设计值，最小拔力不小于 0.9 设计值	按锚杆数 1%做，且不小于 3 根	35
3	喷层厚度(mm)	检查点的 60%＜设计厚度，其余＜0.5 设计厚度，且厚度＜60	每 10 cm 检查 1 个断面，从拱部中线起每 3 cm 检查 1 点，用凿孔或激光法	30

表 5-11　衬砌实测项目

项次	检查项目		规定值或允许值	检查方法和频率
1	混凝土或砂浆强度(MPa)		在合格标准内	按规范方法检查
2	衬砌厚度		不小于设计值	每 40 m 检查 1 个断面，每断面量地面处起拱线各 1 处、高 3 处
3	断面尺寸(mm)	宽	每侧+50，0	每 40 m 检查 1 个断面，每断面起拱线宽各 1 处，最高度 3 处
		高	不小于设计值	
4	墙面平整度(mm)		20	每 40 m 用 2 m 尺检 3 处

(6)水工隧洞工程施工期间的地质素描图。

(7)隐蔽工程检查验收记录。

(8)变更设计报告及批复文件。

(9)工程重大问题处理文件。

(10)初期支护和二次支护施工时，一般应提供的几项施工记录和衬砌结构竣工图表等。

第六章　隧洞主要工程地质问题

第一节　概　述

随着我国水利、水电、交通、铁路工程的发展,长大深埋隧洞单洞长度已由 20 世纪 80 年代的 10 km 左右发展到现在的 80 km 以上,隧洞最大埋深已接近 3 000 m。隧洞工程地质条件日趋复杂,不良工程地质问题已成为工程的重要制约因素。因此,工程勘测、研究、认识和评价这些问题及正确的工程对策已十分重要。

长大深埋隧洞可能存在的工程地质问题主要有:围岩大变形、塌方、岩爆、高外水压力、突水、突泥和涌水、高地温、岩溶、膨胀岩、有害气体、有害水质、放射性危害等。

突水、涌水、高地应力条件下的岩爆与软弱破碎围岩大变形和高地温问题是最为常见的地质灾害,对工程影响较大。如 20 世纪 70 年代修建的瑞士圣戈达铁路隧道,施工期间曾遭遇到多次大涌水、塌方灾害,地温也高达 30.7 ℃,施工期间致死 310 人,致残 877 人,工程承包商因此工程而破产。值得注意的是,在高地应力条件下,甚至某些中硬岩也存在发生严重塑性变形的可能。

在煤系地层中穿越的隧洞有害气体和大变形问题最为突出,如南昆铁路家竹箐隧道实测瓦斯压力最大达到 1.585 MPa,高压力瓦斯、大变形和大涌水给该隧洞施工造成了很大困难。而广渝高速公路华蓥山隧道不仅有煤层瓦斯,还遇到了天然气和硫化氢等有害气体,问题更为复杂。

受到放射性严重危害的工程实例虽较少见,但线路上如存在大范围放射性矿物,危害大,难处理,应首先考虑绕避。

断层破碎带是诸多问题的关键所在,大变形、塌方、突水、涌水、高外水压力、岩溶、有害气体等,往往与断层有直接或间接的关联。对于长大深埋隧洞穿越宽大的区域性断层概率很高,这些断层是关系到工程成败的关键地质因素。隧洞活断层工程错断在已建工程中尚未见到,但规划中的南水北调西线等几个长大隧洞工程,已将断裂活动性问题作为主要工程地质问题之一进行研究。考虑到强烈的破坏性,具有短时间形成较大错距的区域性活断层应尽力绕避,而以蠕变变形为主的活断层在工程技术上是可以克服的。

第二节　大断层带围岩失稳及涌水问题

隧洞断层带围岩失稳及涌(突)水问题是隧洞施工中常见的不良地质现象,也是危害性最大的问题,它是影响隧洞施工和隧洞运营的主要地质灾害。据不完全统计,我国 1988 年以前施工的铁路隧洞有 80% 在施工中遇到了涌水问题,而在运营过程中发生涌水漏水病害的隧洞也占 30% 左右。高水头的断层破碎带脉状裂隙水或喀斯特水的突涌,往往会给地下工程带来严重事故，甚至迫使工程停工。如天津引滦入津隧洞 $F_1 \sim F_{10}$ 断层交汇带和 $F_9 \sim F_{11}$ 断层交汇带，宽度分别为 220 m 和 150 m，涌水量 50 ~ 100 m^3/s，大塌方十余次，是该工程最大的难点。万家寨引黄入晋工程摩天岭断层曾塌方卡住 TBM 机头，工程处理 3 个多月。南水北调东线穿黄工程，隧洞中断层规模虽然不大，但股状压力涌水是该隧洞最主要的工程问题。

涌水、突水属于隧洞施工中遇到的流体地质灾害类型之一，与其他灾种相比，其具有以下特点：

(1)发生概率高。

(2)一旦发生大规模的隧洞涌水，不仅施工本身会严重受阻，而且可能引起浅层地下水及地表水枯竭，甚至引起地面塌陷等伴生的环境地质问题。

也正是由于上述原因，无论是在隧洞勘测设计阶段还是在施工阶段，涌水都是重点研究的施工地质灾害之一，研究的核心则在于超前预测预报。

几十年来，国外学者提出了许多涌水量预测模型和方法。1987 年，日本学者将隧洞涌水量的预测方法分为以经验或统计资料为基础的预测方法、以水力学公式为基础的预测方法和依据水的汇入排出模拟建立的预测方法。目前，在我国隧洞涌水方面所用的模型基本上可以分为非确定性统计模型、确定性数学模型、随机数学模型三大类。

无论采用何种预测模型、什么预测方法(甚至包括比拟法)，围岩渗透特性都是涌水量、涌水水头压力计算中必须采用或考虑的关键性水文地质参数。在某种程度上可以说，如果查明了围岩渗透性的空间分布，涌水预测的问题也就基本解决了。

确定围岩渗透性参数最常见、最保守的方法是抽水或压水试验，但这些方法主要适合于埋深不大(如 500 m 以内)的隧洞。在世界各国已建成的近 50 座特长铁路(越岭)隧洞中，绝大多数的最大埋深都超过了 500 m，最大的已接近 3 000 m，在这类隧洞的勘测设计中，完全依靠水文地质试验的方法来确定参数是困难的。原因如下：

(1)抽水或压水试验方法本身还有一定的局限性。该方法不仅费用高、费时，而且有时还不易取得满意效果(Neuman,1987)，主要适用于均质各向同性的浅埋含水层(由于钻孔的深度小，可以多布置抽水孔和观测孔；由于均质各向同性，试验结果的代表性较好)。

(2)受到技术和经济因素的限制，大埋深情况下，既不可能布置很多的抽水孔，也不可能布置足够的观测孔，开展大范围、长周期的群孔抽水试验是困难的。

(3)大埋深条件下，围岩的非均质各向异性将更加显著，根据部分钻孔试验获得的水文参数在空间上的代表性更具局限性。

20 世纪 70 年代以来，不同国家的学者在岩体渗透性垂向预测方面进行了大量研究工作，并已经取得一些基础性成果。这些成果基本上可以分为以下几类：即①建立隙宽与深度的关系模型，由近地表的隙宽预测深部隙宽；②确立隙宽与正应力的关系模型后，与岩体应力状态结合，实现渗透性的纵向预测；③建立岩体或单裂隙渗透系数与深度或正应力的关系。

尽管上述研究最初大多是以高水平放射性废物深埋处置及大坝坝基稳定为目标的，但其成果经适当修正后可以为深埋隧洞围岩渗透性预测所利用。

需要指出的是，目前深埋隧洞涌水预测可以借鉴的相关领域研究成果主要集中在裂隙岩体方面,而隧洞涌水灾害发生频率最高、损失最严重的一般都是岩溶隧洞。尽管岩溶研究具有十分悠久的历史,而且也已积累了若干重要的研究成果,但到目前为止这些成果仍然不能有效指导深埋岩溶隧洞的涌水预测问题,管道化岩溶发育的极限深度等问题是未来深埋岩溶隧洞涌水预测研究的主要方向。

断裂带不仅仅是一种大的地质结构面,同时也可能是地质单元的控制边界,而且其本身也是一种特殊的地质体。断层带本身具有很差的工程性质,因而由于断层造成的隧洞不良地质问题十分突出,主要表现在围岩失稳和涌突水方面,往往对施工造成很大影响。因而,穿越大断层破碎带也是一个重要的工程地质问题。

我国西部地区策划的水利水电深长隧洞,遇到大断层带具有以下几个主要特点:

(1)断层规模更加巨大,其延伸长度逾数百千米,断层破碎带宽度几十米至数百米,甚至达到1 000 m以上。这些断层往往是不同地质构造单元的分界性断裂,切割深,具多期活动性。这些断层无论对钻爆法和TBM法施工困难和风险均很大。

(2)大的断层往往为地下水的径流与储存创造了有利条件;特别是在碳酸盐岩地区断层带富水性高,隧洞围岩失稳与突水突泥危害性大。

(3)一般浅埋隧洞地下水活动强烈,受大气降水和地表水影响显著,涌水的突发性强。而深埋隧洞因受地应力影响,岩体的渗透性和富水性均较弱,地下水活动性也随之减弱,使隧洞涌水量变小。但是值得注意的是,深埋隧洞滞后涌水也是一种常见的现象。例如万家寨引黄入晋工程北干线1号隧洞斜穿一条灰岩的挠曲断裂破碎带,长约700 m的洞段开挖后7个月之内涌水量很小,进行衬砌作业是很容易的,7~18个月期间隧洞涌水量由24 m^3/h逐渐增大;几次强力抽水产生的负压真空使隧洞涌水量猛增至480 m^3/s,从而使隧洞衬砌作业产生严重困难。这个实例说明隧洞穿过富水性强的地段时,及时衬砌封堵围岩是非常重要的。

(4)我国西部地区活动性断层多,规模大,由于隧洞线路多与活动性断层垂直布置而无法避开。这些断层往往对地形地貌、地层分布和水文地质条件起控制作用,隧洞穿过此种构造地段难度相对较大。此外,现代活动性断层的变形分蠕变和错断两种,前者对隧洞产生缓慢的破坏,后者对工程危害性大。为此,查明隧洞地区活动性断层的分布与变形速率是很重要的。

总之,施工时应具备对大断层的超前探测与超前处理的能力。

一、隧洞涌(突)水量估算方法

(一)估算方法

目前国内外进行隧洞涌水量预测一般采用水文地质比拟法、地下水动力学法、简易水均衡法(渗入系数法)、水理法(枯水流量模数法)、井泉补给法、经验法等。

当新建隧洞附近有水文地质条件相似的既有隧洞或坑道及岩溶区时,可采用水文地质比拟法预测隧洞涌水量。

当隧洞通过潜水含水体时,即可采用地下水动力学法对隧洞可能最大涌水量及稳定涌水量进行计算。计算隧洞最大涌水量的方法包括:古德曼经验式、佐藤邦明非稳定流式、大岛洋志法;计算隧洞稳定涌水量的方法包括:落合敏郎法、裘布衣理论式、柯斯嘉科夫法、佐藤邦明经验式等。

简易水均衡法包括地下径流深度法、地下径流模数法和降水入渗法。当越岭隧洞通过一个或多个地表水流域时，预测隧洞正常涌水量可以采用地下径流深度法和地下径流模数法；当隧洞通过潜水含水体且埋藏深度较浅时，可采用降水入渗法预测隧洞正常涌水量。

水理法是根据隧洞影响范围内地表水枯水流量模数来计算隧洞单位长度涌水量的方法。

井泉补给法是根据隧洞影响宽度范围内井泉的枯水流量相当于该地区的地下水的补给量（动储量）的理论所提出的，故可作为总涌水量（稳定流量）的预测方法。同时考虑到井泉又多受构造断裂破碎带的控制，故隧洞不同季节、不同排水影响宽度内的井泉流量亦可作为相应季节的隧洞穿越该断层破碎带时突涌水量的预测方法。

当隧洞通过潜水含水体且有给水度及裂隙率资料时，可采用同位素氚法预测隧洞正常涌水量（即T法）；在踏勘和初测阶段，可采用评分法概略预测隧洞最大涌水量。

《铁路工程水文地质勘察规程》（TB 10049—2004）编制组采用日本2个隧洞、苏联1个坑道和我国2个隧洞的最大涌水量、正常涌水量、平均渗透系数、平均含水体厚度和涌水影响宽度等实际资料，经过相关分析得出的经验公式，可以预测隧洞最大涌水量和稳定涌水量。

（二）最大涌水量估测

（1）古德曼经验式

$$Q = L\frac{2\pi KH}{\ln(4H/d)} \tag{6-1}$$

适用条件：潜水含水体（据《铁路工程水文地质勘察规程》（TB 10049—2004）。

（2）大岛洋志法。

大岛洋志法计算隧洞可能最大涌水量时的单位涌水量公式：

$$q = \frac{2\pi K(H - r_0)m}{\ln[4(H - r_0)/d]} \tag{6-2}$$

适用条件：潜水、第四系松散层孔隙潜水、基岩裂隙水，非完整式。

$$Q = q \times L \tag{6-3}$$

式中：r_0 为洞身横断面的等价圆半径，m；m 为转化系数，一般取0.86。

（3）中国经验法。

依据工程实践总结的经验公式。

最大单位涌水量

$$q = 1\,000 \times (0.025\,5 + 1.922\,4K \times H) \tag{6-4}$$

$$Q = q \times L \tag{6-5}$$

式中：q 的单位为 $m^3/(d \cdot km)$（据《铁路工程水文地质勘察规程》（TB 10049—2004）条文说明）。

（三）稳定涌水量预测

（1）柯斯嘉科夫法。

此法计算隧洞稳定涌水量时的单位涌水量公式为

$$q = \frac{2\alpha KH}{\ln(R/r)} \quad (6\text{-}6)$$

式中：R 为隧洞涌水量影响宽度，m；r 为隧洞横断面宽度的一半，$r = d/2$；α 为修正系数，$\alpha = \frac{\pi}{2+(H/R)}$。

适用条件：基岩山地越岭隧洞正交进入陡倾角隔水层阻隔的非完整隧洞；含水体为无界潜水；含水体为无限厚度。

（2）中国经验法。

依据工程实践总结稳定单位涌水量的经验公式如下：

$$Q = 1\,000K \times H \times L(0.676 - 0.06K) \quad (6\text{-}7)$$

式中：Q 的单位为 $m^3/(d \cdot km)$（据《铁路工程水文地质勘察规程》（TB 10049—2004）条文说明）。

（3）裘布衣理论式

$$Q_s = L \times K \times \frac{H^2 - h^2}{R_y - r} \quad (6\text{-}8)$$

式中：h 为洞内排水沟假设水深（一般考虑水跃值），m；R_y 为隧洞涌水地段的引用补给半径，m；r 为洞身横断面的等价圆半径，m（据《铁路工程水文地质勘察规程》（TB 10049—2004））。

上式适用于潜水含水体。

（4）《水文地质手册》中介绍的方法

$$Q = B \times K \times \frac{H - H_0}{0.37\lg(4h/d - 1)} \quad (6\text{-}9)$$

式中：B 为隧洞通过含水体长度，m；h 为隧洞埋深，m；H_0 为河面至地下水位的间距，m（公式选自地质矿产部水文地质工程地质技术方法研究队主编的《水文地质手册》，地质出版社 1978 年版）。

上式适用于水平集水建筑物位于河下含水层中，且含水体为无限厚时的潜水含水层。

二、工程类比

长大深埋隧洞工程主要分布在中国、欧洲的阿尔卑斯山区（主要是瑞士、法国、意大利）和日本国。世界上在建和已建的长大深埋隧洞中，埋深最大的为瑞士境内的勃朗峰公路隧洞，最大埋深 2 500 m，已建成通车多年；单洞最长的为瑞士新圣格达快速铁路隧洞，单洞长度为 57 km，已于 2006 年建成。突涌水是隧洞施工过程中常见的工程地质问题，国内外众多隧洞工程中积累了许多隧洞突水、涌水的资料。

我国的唐承石和日本的石井政次等，对世界部分隧洞工程突水、涌水资料进行分析，总结出如下规律：

（1）隧洞越长，出现大涌水的概率越大，涌水量也越大。

日本的石井政次等研究了隧洞的稳定涌水量与长度的关系，得出下列经验式：$Q = 0.14L^{1.8}$，相关系数为 0.53；式中 Q 为涌水量（m^3/min），L 为隧洞长度（km）。单位长度隧洞涌水量 q（$m^3/(min \cdot km)$）概率分布规律为：q 值分布在 0.1 ~ 0.5 $m^3/(min \cdot km)$ 为

48%，小于 0.1 m^3/(min · km) 为 24%，0.5 ~ 1.0 m^3/(min · km) 为 17%，大于 1.0 m^3/(min · km)的为 12%。

(2)地形地貌与涌水量。

日本和瑞士的专家研究认为，隧洞涌水量的变化，在相当程度上取决于隧洞通过地区的地形条件。如隧洞穿过盆地、宽谷等大面积汇水地形，一般会出现较大涌水。

(3)地质条件与涌水量。

岩体条件：隧洞中涌水、漏水、渗水等现象多发生在孔隙度大、裂隙率高的岩土体地段和岩溶化地带。良透水的岩层与相对不透水岩层的接触带、可溶性岩石与非溶解岩层的交接带常有地下水富集，易发生涌水、漏水。

地质构造条件：隧洞遇水的概率按断层、向斜、背斜、单斜的顺序排列。断层破碎带及其影响范围的裂隙密集带、向斜构造的轴部与背斜构造的两翼是地下水的富集地带。临近深大断裂带和靠近构造运动活跃地区的隧洞涌水、漏水等现象比较严重。

地下水类型条件：就涌水量而言，以岩溶水最为严重。承压水有其特定的岩体、地质构造和补给条件，如向斜构造，一般流量较稳定。断裂带的地下水，视其断层性质、规模、补给等因素，有的流量相对稳定，有的流量随静储量的流失而减小。裂隙水流量变化大，随其裂隙率的不同可以从涌水到渗水，影响面也广大；孔隙水与裂隙水相似，其流量一般都不大。

(4)涌水量与气象条件。

气候湿润，降雨、融雪补给条件良好的隧洞有水的概率大于干旱少雨、补给条件不佳的隧洞；地表径流系数小的地区隧洞有水的概率大，特别是岩溶地区的隧洞有水的概率最大；一般有水隧洞的流量都随季节变化。

(5)涌水量随时间变化。

涌水量随时间的变化有以下 4 种情况：①开始揭露就有大量涌水，随着静储量的流失或上层滞水的宣泄，地下水位降低，涌水量逐渐减小，以致仅有滴水、渗水；②涌水量逐渐增大，隧洞贯通后涌水量达到一定的峰值。当达到动、静储量相对平衡时，隧洞保持较稳定的流量；③由于地下水的袭夺作用，增大了补给范围，隧洞受水范围相对增加，隧洞涌水量逐渐递增到一定值；④旱季时隧洞有漏水、渗水或有相对稳定的流量。雨季时，特别是降雨或融雪后，隧洞涌水量增大或猛增。

虽然隧洞涌水有很多表现状态，但初期涌水量大，以后逐渐减小或出现均衡的流量，这一类型最为普遍。

(6)各工程涌水量实测资料统计。

一般情况下隧洞单位总涌水量(稳定涌水量)：深成岩浆岩为 300 ~ 1 000 m^3/(d · km)，碎屑岩为 500 ~ 2 000 m^3/(d · km)，可溶岩为 500 ~ 5 000 m^3/(d · km)。突水量一般情况下为 2 880 ~ 14 400 m^3/d，如遇大型构造破碎带或表水大规模突入等可达 150 000 m^3/d 以上。初始瞬时最大突水量与稳定涌水量比值一般在 2 ~ 10。其中大瑶山隧洞为 10，南岭隧洞为 1.7，精伊霍铁路北天山隧洞为 2。部分国内外隧洞涌突水工程实例如表 6-1、表 6-2 所示。

表 6-1　国外部分山岭隧洞涌水情况统计表

隧洞名称	所在地点	施工时期	长度(m)	施工中涌水量(m^3/d)	洞口经常涌水量($m^3/(d\cdot km)$)	地质情况
圣格达	瑞士—意大利	1872～1882	15 009	21 600	1 440	片麻岩、片岩
陶特徕	瑞士—意大利	1882～1892	5 700	26 496	4 608	黑色页岩、砂岩
辛浦伦	瑞士—意大利	1895～1905	20 049	110 592	5 328	片麻岩
抱特卫克	奥地利	1901～1906	4 766	87 120	18 000	白云岩、石灰岩
格伦奇堡	瑞士	1911～1915	8 565	69 120	8 064	
金山	法国—瑞士	1910～1915	6 105	79 488	12 960	砂质泥岩
楼贝	法国		6 702	48 384	7 200	
清水	日本	1922～1931	9 702	30 240		闪绿岩(岩爆)
丹那	日本	1918～1934	7 804	109 440		
仙山	日本仙山线	1934～1937	5 361	11 232	2 088	软岩、凝灰岩、片麻岩
深坂	日本北路线	1938～1953	5 170	5 760	1 108	花岗岩、片麻岩
大原	日本饭田线	1953～1955	5 063	21 600	4 320	花岗岩、片页
世子	日本中央线	1896～1902	4 656	9 072	1 944	砂岩、硅岩、花岗岩
释迦岳	日本日田线	1937～1956	4 367	25 920	5 904	安山岩、凝灰岩
石北	日本石北线	1929～1931	4 330	7 200	1 656	黏板岩、页岩、石墨片岩、火山喷出物
猪三鼻	日本土赞线	1923～1927	3 846	14 400	3 744	砂岩、页岩、黏板岩(古生层)
真那坂山	日本大系线	1936～1941	3 125	12 096	3 888	硅岩、黑色黏板岩、硬砂岩(古生层)
物见	日本因美线	1928～1931	3 075	20 448	6 624	花岗岩、安山岩
大町	日本长—富公路	1956～1958	5 400	72 576	13 536	黑云母花岗岩
和田川	日本	1955～1959	7 228	17 568	24 192	堵塞后停止了涌水

表 6-2 中外部分隧洞涌水量预测及实测成果对比表

顺序	隧洞名称	长度（km）	施工方法	围岩岩性	设计预测总涌水量（m^3/d）		施工总涌水量（m^3/d）		运营总涌水量（m^3/d）	单位长度涌水量（$m^3/(d \cdot km)$）	隧洞最大埋深（m）
					方法	数量	最大	稳定			
1	大清水（日本）	22.280	钻爆法	闪长岩、玄武岩、凝灰岩				120 384	98 784	5 403.23	
2	六甲（日本）	16.200	钻爆法	花岗岩				25 920	23 760	1 600.00	
3	北陆（日本）	13.870	钻爆法	古生代地层	水理法	36 072		24 197	13 104	1 744.56	
4	长崎（日本）	6.170	钻爆法	安山岩、凝灰岩				16 992	10 800	2 753.97	
5	南岭	6.060	钻爆法	石灰岩、白云岩、砂岩	多种方法	22 170	57 500	16 885		2 786.30	
6	引滦入津	10.00	钻爆法	片麻岩及少量石英岩	水动力学	172 800	129 600	60 480		6 048	120
7	引黄入晋南干线 7 号隧洞	33.00	双护盾 TBM 法	砂岩、页岩等	水动力学	86 400		比预测值小	经处理后地下水渗出量为 0.15 m^3/s	2 618（预测计算成果）	340
8	秦岭隧洞（Ⅱ线平行导坑）	18.00	开敞式 TBM 和钻爆法	混合片麻岩	水动力学	24 200	26 000	7 204		1 445	1 600
9	新疆精伊霍铁路隧洞进口段	13.00	钻爆法	凝灰岩、英安斑岩		100 000 ~ 150 000	48 000	12 000 ~ 20 000			1 038

第三节　岩溶及突水突泥问题

岩溶(又称喀斯特)是可溶性岩石在水的溶蚀作用下产生的各种地质作用、形态和现象的总称。岩溶发育形成的主要条件为:①具有可溶性的岩层;②具有溶解能力(含CO_2)和足够流量的水;③具有地表水下渗、地下水流动的途径。

该问题在灰岩地区十分突出。新中国成立60余年来,国内在灰岩岩溶地区修建的一些长大深埋隧洞遇到了岩溶水害及其伴生的突涌泥沙和诱发地表塌陷与水源枯竭等灾害。我国是碳酸盐岩类分布极为广泛的国家,覆盖及出露的碳酸盐岩总面积约占我国国土面积的1/5。截至1998年底,我国26座岩溶地区铁路长大隧洞中,发生过较大岩溶涌水者10座,占38.46%;涌泥沙5座,占19.2%;不同程度的地表塌陷及水源枯竭5座,占19.2%。所有这些灾害,无不给隧洞施工与管理带来极大的困难。

水利水电工程中的天生桥二级(坝索)水力发电隧洞发生隧洞岩溶突水突泥影响工期达2年之久。万家寨引黄入晋工程南干线6号隧洞具有松散充填物的古岩溶,致使多处TBM隧洞发生沉陷变形,未充填岩溶洞给TBM掘进带来很大风险,在掘进过程中,时刻关注着前方的每一变化,以防TBM发生下沉事故。20世纪80年代修建的南岭、大瑶山隧洞在修建和运营过程中出现的严重岩溶涌水、突涌泥沙及地表塌陷和水源枯竭灾害等,都引起工程技术人员及运营管理人员的高度重视。

岩溶对隧洞工程的影响主要为:洞害、水害、洞穴充填物及塌陷、洞顶地表塌陷四个方面。

(1)有的岩溶洞穴深浚或基底充填物松散;有的顶板高悬不稳,有严重崩坠之虞;有的岩溶发育情况复杂,洞穴、暗河上下迂回交错,通道重叠;有的溶蚀洞穴长、宽上百米,高达几十米;如隧洞通过该处,其工程艰巨,结构处理复杂,施工困难。

(2)在岩溶地区修建隧洞工程,施工中常遇到水囊或暗河岩溶水的突然袭击,往往泥沙通流,堵塞坑道,给施工安全造成威胁。

(3)由于岩溶洞穴围岩节理、裂隙发育、岩石破碎或充填物松软,在施工中极易发生坍塌,危害施工安全。

(4)隧洞地表塌陷和水资源流失,使得隧洞沿线地表生态环境恶化,给当地生产生活等造成严重影响。

前期勘测阶段能够从宏观上查明岩溶的发育层位、分布规律、充填及水文地质情况等。而对岩溶的具体分布位置、规模和充填物的性质还是要在施工中去发现和处理。所以对岩溶问题,施工中的超前探测是非常重要的。

研究岩溶地区长大深埋隧洞突涌水、突涌泥沙及地表塌陷和水源枯竭灾害的规律,不仅对今后的岩溶地区长大深埋隧洞的勘测设计和施工具有重要的指导意义,而且对既有岩溶地区长大深埋隧洞岩溶水害、泥害、沙害及地表塌陷和水资源枯竭灾害防治有重要的现实意义。

第四节　高地应力条件下软质围岩变形问题

一、围岩大变形

隧洞围岩大变形，是指软弱岩为主的围岩中，在地下水、高地应力、岩体结构等控制条件下，隧洞洞壁变形量超过设计预留变形量，或有超过设计预留变形量（如 15 cm）的趋势，即认为围岩发生大变形。

一般根据变形的原因和形式，可分为膨胀变形和挤压变形两种。

（一）膨胀变形

膨胀变形是指膨胀性围岩在一定条件下会发生膨胀。如上第三系（N_2）黏土岩为软岩，含有石膏、蒙托石等膨胀性矿物，因而具有一定的膨胀性。施工中若岩石的含水率变化较大，或发生干湿交替的变化，围岩就会发生膨胀变形。

（二）挤压变形

按围岩强度应力比

$$S = \frac{R_b K_v}{\sigma_m} \tag{6-10}$$

式中：R_b 为岩石饱和单轴抗压强度，MPa；K_v 为岩体完整系数；σ_m 为围岩最大主应力，MPa。

在隧洞围岩压力集中部位，当 $S<4$ 时（Ⅱ类围岩）会出现应力超限，形成塑性区，围岩稳定性差；当 $S<2$ 时（Ⅲ、Ⅳ类围岩），围岩变形显著，围岩不稳定。

围岩变形和破坏与主应力方向有关。当以水平应力为主时，易出现围岩侧壁膨胀、片帮等；当以垂直应力为主时，可出现顶板下沉、底板隆起等。混合应力时，围岩变形形式比较复杂。

随着地下工程向深部发展，围岩变形及其稳定性控制越来越突出，并且难以准确预测预报。其原因是围岩变形与围岩岩性、岩体强度、地应力、地下水、岩体结构及洞室断面的形态等均有着密切的关系。

由于致使围岩变形的各种条件具有很大的不确定性，给勘察和设计带来很大困难。而对于 TBM 施工来讲，一旦发生大变形而不能得到有效的控制时，可能会造成 TBM 卡机、毁坏和衬砌破坏等严重事故。因此，进行围岩变形预测、预报与监测是十分必要的。其中Ⅳ、Ⅴ类围岩洞段变形问题较为突出，应予以特别注意。

高地应力条件下软质岩工程性质十分复杂，其主要原因是：

（1）它既有与岩石本身有关的地层、岩性、矿物成分、水理性质、岩体结构及强度等多方面的内容，也有应力和应力变化引发围岩状态和性质改变的许多内容。

（2）对高地应力条件下的软质岩目前还没有完善的定义。按围岩强度应力比的概念（见（式 6-10））：在隧洞围岩压力集中部位，当 $S<4$ 时（Ⅱ类围岩）会出现应力超限，形成塑性区，围岩稳定性差；当 $S<2$ 时（Ⅲ、Ⅳ类围岩），围岩变形显著，围岩不稳定。上述情

况下，围岩类别均相应降低一级。随着地下工程向深部发展，S 值可能更小，变形将更加严重。

(3) 目前人们对深部地应力情况了解得很少，特别是地下硐室开挖后，三维地应力变化情况很难了解清楚。

(4) 深埋地下硐室软质岩变形往往具有变形量大、变形期长、变形形态复杂等特点，因而也带来了“支护难”。万家寨引黄入晋总干线6号隧洞 N_2 红土洞段TBM管片衬砌后很快被压裂，管片之间最大错距达90 mm。后来，对管片进行了拆除和人工衬砌。

隧道围岩大变形主要发生在低级变质岩、断层破碎带及煤系地层等低强度围岩中，一般具有变形量大、径向变形显著及危害巨大等特点。发生该类变形的围岩一般被称为软岩（Soft Rock）、挤出性围岩（Squeezing Rock）或膨胀岩（Swelling Rock or Expansive Rock）。

尽管隧洞底鼓、仰拱破坏在铁路隧洞建设的初期，即19世纪中叶就已经出现并引起人们的关注，但首例严重的交通隧洞软弱围岩大变形应该是1906年竣工的长3.8 km的辛普伦Ⅰ线隧道，它是继仙尼斯峰、圣戈达和阿尔贝格之后横穿阿尔卑斯山的第4座铁路特长隧洞。辛普伦隧洞北起瑞士的布里格（Brigue），南至意大利的伊则尔（Iselle），为双孔单线隧洞。该隧洞的地质情况极其复杂，施工中遇到了前所未有的高地温、水温47～56 ℃、水量10.4万 m^3/d 的大涌水和严重的软岩大变形。大变形洞段长度仅有42 m，但施工工期却达到了18个月，反复扩挖后的最大开挖断面达到 $9.3\times10.3\ m^2$。尽管如此，隧洞在竣工若干年后，强大的山体压力再次引起横通道边墙、拱部和隧底破裂、隆起。辛普伦隧洞发生大变形之后，奥地利陶恩（Tauern）公路隧洞、奥地利阿尔贝格（Arlberg）公路隧洞和日本艾那山（Enasan）公路隧洞也相继发生软岩大变形。

国外水工隧洞建设中，也曾发生严重的软岩大变形问题，其中以印度北部喜马拉雅地区的水工隧洞大变形最为著名，如海代尔（Maneri Hyel）、苏特来季（Sutlej）、哑木那（Yamuna）及楼克塔克（Loktak）等输水隧洞的开挖都曾遭遇不同程度的围岩大变形。

我国铁路隧洞建设中较早发生软岩大变形的当属20世纪70年代修建的全长3.834 km的崔家沟单线铁路隧道。此后，全长3.136 km的宝中铁路大寨岭隧道及青藏线上全长4 km的关角隧道等也相继发生软岩大变形。家竹箐隧道全长4.99 km，尽管隧道长度不是很大，但却同时出现了高瓦斯、大涌水和大变形，尤以大变形所造成的损失最为惨重。从1995年4月开始观测到大幅度的支护收敛，到整治完成，共有390 m洞段发生了大变形。应该说，在家竹箐隧道以前，我国交通隧道特别是铁路隧道的大变形问题，无论是从发生概率还是从严重程度上看，都是较低的。家竹箐隧道大变形引起了我国隧道工程界的广泛关注。

二、软岩大变形机制

1946年，Terzaghi首次提出了挤出性岩石和膨胀性岩石的概念。挤出性岩石是指侵入隧道（开挖轮廓面）后没有明显体积变化的岩石，发生挤出的先决条件是岩石中含有高含量的微观、亚微观云母状矿物颗粒或低膨胀能力的黏土矿物；膨胀性岩石则是指主要由于膨胀作用而侵入隧道的岩石。受到Terzaghi思想的影响，人们一般把大变形机制分为以下两大类：

（1）开挖引起的应力重分布超过围岩强度，围岩因塑性化而产生大变形。如果介质变形缓慢，就属挤出；如果变形是立刻发生的，就是岩爆。

（2）围岩中的某些矿物和水反应，而发生膨胀导致大变形。水及某些膨胀性矿物的存在，对于膨胀变形是必须的。

与机制研究一样，既有的大变形预测也基本上可以分为挤出预测和膨胀预测两大类。Muirwood（1972）提出用坚固系数来预测隧道围岩稳定性（挤出），坚固系数被定义为UCS（单轴抗压强度）和上覆围岩自重应力 γH 的比值。后来，该参数在日本被用来进行软岩隧道的挤出预测（Nakano，1979）。我国学者采用的类似系数为应力—强度比，即最大主应力、围岩切应力或垂直主应力与UCS的比值。目前，基于上述变形机制提出的各类预测方法的指标体系的预测结果还不理想，有些工程甚至出现很大的偏差。

事实上，软岩发生大变形需满足两个基本条件：第一，重分布后的地应力足以引起围岩屈服；第二，围岩屈服伴随有显著剪胀。对于大多数深埋软岩，尤其是深埋极软岩，第一个条件一般都是能够被满足的，但是屈服与塑性化并不一定伴随显著剪胀，这也许就是隧洞工程中，软岩常见但大变形却不多见的根本原因。

当软岩发生屈服，但无剪胀或无明显剪胀发生时，高应力环向外扩展到一定程度后，其扩展速度会显著降低（无论是软岩还是硬岩，屈服－塑性化并不意味着其强度的完全丧失，屈服后的围岩仍然具有一定的刚度和承载能力），甚至从工程的角度看，可以认为已经停止扩展。这时，围岩不仅不会发生大变形，而且可能处于（相对）稳定状态。这种情况下，巨大的盖层压力主要还是靠围岩自身来承担的，这也许就是软岩隧道中"寻找最佳支护时间"及"采用可缩支护系统"的理论依据。

应该说，固体静力学所研究的软岩的弹性、弹塑性及塑性变形并不是软岩大变形的核心问题。软岩变形基本可以分为弹性、塑性和流变三个阶段。显然，弹性、塑性理论只能涉及其中的弹性和塑性阶段，但软岩的弹性和塑性变形量相对较小，流变产生的变形才是最主要的。不仅如此，隧道开挖过程中，一个炮次爆破以后，轮廓线附近的围岩应力瞬间增大到较高量级，而且切应力一般会远超过UCS。也就是说，开挖条件下，紧靠轮廓面的围岩变形是直接进入塑性或流变状态的，并未经过缓慢的弹性变形阶段。

根据弹性、塑性理论预测开挖条件下软岩是否屈服（如坚固系数、强度应力比及其他类似方法）对于软岩大变形预测来说是远远不够的。第一，大变形隧道的软岩强度一般都很低，但由于埋深大，预测结果大部分都将是"屈服"；同时这类预测也带有很大的不确定性。弹性及弹塑性理论在解决软岩屈服问题时，用到的一个关键参数是围岩的单轴抗压强度（UCS），对于软岩，特别是经常发生大变形的极软岩，如断层破碎带、片岩及千枚岩等，其UCS往往是很难通过常规的试验方法确定的。各种隧道大变形文献中所给出的围岩UCS往往都是根据经验确定的估计值或根据某种相关关系给出的推测值。如家竹箐隧道发生大变形的煤系地层无法测定UCS，最后利用位移反分析方法，给出了一个0.6 MPa的估计值。因此，这些间接方法推测出的UCS被用于围岩的屈服判断时，具有很大的不确定性。第二，"屈服"仅仅是大变形的基础，屈服的软岩不一定发生大变形。

大变形、剪胀及刚体位移是软岩大变形的三大基本特征，利用固体静力学理论来同时描述这些特征是困难的。根据弹性力学理论，如果外载作用下典型单元体(REV)所产生的位移远小于其原来的尺寸，属于小变形，否则为大变形。尽管目前隧道工程中对于大变形还没有统一的界定，但大部分大变形隧道的收敛值都在几十厘米，很多达到1 m以上；由于已知的塑性圈厚度最大不超过10 m，软岩变形的最大应变应在10%以上。如此大的应变，显然不能再用弹性力学理论来描述。

深埋隧道软岩的"大变形"是流体变形的属性之一；"剪胀"可以被视为流体在减压条件下的一种体积膨胀行为，和承压水的释水机制基本一致；"刚体位移"是流体在压力差驱动下，发生整体移动的表现，这恰好是流体动力学的研究范畴。软岩大变形中的一些宏观现象，采用流体动力学理论来说明也将更加清晰。深埋软岩中修建的无衬砌隧道，可以被视为软岩构成的流体场中的排泄廊道。

三、软岩大变形控制

交通隧洞的支护包括初期支护和永久支护(衬砌)两大步骤。一般来说，初期支护是承载结构，永久支护仅作为安全储备，因此永久支护一般都是在初期支护变形停止后进行的。显然，对于软岩隧道，支护的首要任务是如何遏制初期支护的大变形。辛普伦隧道修建以来，随着人们对大变形认识的不断深化，提出了多种支护措施和手段，这些支护措施基本可以分为以下三大类：

(1)刚性支护。这种支护措施的核心是通过加大支护结构的强度和刚度来抵抗巨大的围岩压力；支护材料一般为钢材或木材。辛普伦隧道、海带尔电站引水隧洞等众多地下工程的支护实践表明，这种支护措施无论从技术上还是从经济上，都是欠合理的，现在已经较少采用。

(2)可缩支护。这种支护的理论依据是，当开挖引起的围岩扩容(剪胀或遇水膨胀)不可避免时，允许围岩发生适度的变形，这样可以降低作用于结构上的支护压力，从而减少超挖量并降低支护强度。根据Eurenius等(1981)的研究，如果让黏土膨胀5%，支护压力即可降低50%。具体措施是适当超挖，在围岩变形稳定后再架设支护，更多的则是开挖后立即架设可缩的初期支护。支护方式一般为带纵向伸缩缝的混凝土喷层并辅助以可缩式构件支撑。

可缩支护系统在交通隧道支护中的应用效果并不理想。阿尔贝格公路隧道、艾那山公路隧道及我国家竹箐铁路隧道在初期支护中都曾采用过可缩支护技术，但都没能有效控制大变形。可缩支护只能允许围岩的适度变形(一般为20～30 cm)，如果变形超过支护体系的允许范围，这类支护结构一般很难抵挡围岩的巨大压力。

可缩支护一般适用于强度相对较高的软岩。一般说来，这类软岩的变形量相对较小，收敛相对较快。如煤矿巷道所遇到的大变形软岩强度往往达到20～30 MPa，属于软岩类中的"硬岩"，该类围岩中塑性圈的扩展速度一般衰减较快。可缩支护允许围岩中形成一定范围的塑性圈，巨大的盖层压力主要靠塑性圈以外的天然岩体来承担。这种做法对于稳定时间要求相对较短的采矿巷道也许是可以的，但对使用年限长得多、净空要求严格得多的交通隧道,特别是交通干线上的长大隧道未必合适。当盖层压力在隧道周边岩体内形成的切应力达到或接近岩体强度时,即使施工期间支护系统监测到的变形速率已经降低到允许的程度,也并不能代表塑性圈的扩展已经停止,只是减慢了而已。隧道运营若干年以后,缓慢扩大的塑性圈产生越来越大的支护压力,很可能引起结构的开裂、变形。

(3)锚、注、喷一体化围岩加固—支护系统。

其技术要点可以概括为以下几点:

①开挖后及时支护,充分利用围岩的自承能力,将围岩的松动圈转变为承载拱。

②初期锚喷支护应采用带止浆塞的(钻)锚、注一体化的(自钻式)注浆锚杆,如奥地利的迈式锚杆、国产的 GM 系列锚杆等;锚杆长度可以根据围岩屈服范围确定,但一般以长锚杆为宜;混凝土喷层可以为素混凝土,也可以是钢纤维混凝土,根据实际情况,可以在上半断面的喷层内设置纵向伸缩缝。

采取上述支护措施后,开挖轮廓面附近一定范围内的围岩和人工施加的锚、注系统及混凝土喷层便可共同构成一个强有力的天然—人工复合承载拱。此外,还可以根据需要设置可缩式钢架支撑。

③二次衬砌应设置足够强度的仰拱,并应为初期支护预留一定的变形量或在初期支护和二次衬砌之间设置变形层。

国内外主要严重大变形隧道的整治经验表明,锚、注、喷一体化(锚、注为核心)围岩加固—支护技术在大变形隧道的支护、控制方面是卓有成效的。当然,该项技术还有待于进一步完善、优化,以减少支护工作量、降低支护工程造价并缩短支护周期。尽管锚、注、喷一体化初期支护一次性投入的工作量较大、成本较高,但这种投入与多次返工、扩挖相比,不仅在经济上是合理的、技术上是安全的,而且可以显著缩短施工工期,避免大变形成为制约工程进度的瓶颈。

软岩大变形预测及识别是今后研究工作所面临的最主要问题。一方面,大变形发生于软弱围岩中,但并非所有的软岩都会发生大变形,强度低于 30 MPa 的所谓软岩,在隧道工程中是常见的,但发生大变形的概率却很小,而且大变形洞段一般都比较短。因此,对所有软岩都采取加强支护是不可能的,也是没有必要的。另一方面,大变形一旦发生,松动圈就会很快扩展,从而使支护工作量(如锚杆长度等)急剧增大。因此,实施超前预测,像艾那山Ⅱ线海夹石断层带一样,在大变形发生之前采取相应的支护措施,应成为今后大变形研究的主攻方向。

对大变形机制的正确认识和合理描述,是大变形预测的基础,目前描述大变形所采用的固体力学理论(弹性、塑性及弹－塑性理论),不能全面阐明软岩大变形的全部特征,这在一定程度上制约着大变形预测理论的发展,除流体动力学外,软岩大变形研究需要引入更多的新理论、新方法。

第五节　岩爆问题

一、岩爆发生机制

岩爆，又称矿山冲击，是岩石地下硐室施工中，硐室边缘突然发生类似爆炸的巨响，并有岩石开裂、岩块弹射或崩塌掉块的现象。它是隧洞等地下硐室工程特有的一种不良地质现象。国内外的工程实例和研究成果表明：弱岩爆岩石呈片状剥落，中等岩爆会产生层状岩块的弹射，强岩爆会直接威胁人员和设备的安全，影响工程的进度。对于长大深埋隧洞来讲，对岩爆问题进行有效的预测、预报，并提出相应的控制、治理措施是非常必要的。

岩爆是在一定的地层岩性、地质构造、岩体结构、地应力场和深埋硐室施工开挖临空条件变化造成瞬间围岩压力集中，改变了围岩周围的应力状态和性质等条件下产生的。通过对发生岩爆的工程实例进行分析、认为易发生岩爆的情况有以下几种：

（1）地下硐室多分布在构造活动（水平及垂直升降运动）比较强烈的地区。我国西部地区发生岩爆的实例最多。

（2）据国内外工程实例统计，发生在岩浆岩中的岩爆约占70%，新鲜坚硬的变质岩和沉积岩中约占30%。岩爆岩体的纵波速度多在5 000～6 000 m/s，甚至更高一些。

（3）在大型压性断层下盘的隧洞工程发生强烈岩爆的实例较多。

（4）在构造活动强烈、地形高差悬殊的地区，分布在边坡应力集中带中的隧洞也容易发生岩爆，如岷江的太平驿等。

（5）隧洞埋深虽然不是岩爆发生的唯一条件，但众多实例显示，埋深大的隧洞产生岩爆的强度和频率往往较高。

（6）岩爆多发生在干燥无水、岩体完整的洞段。

（7）据秦岭隧洞经验，钻爆法隧洞岩爆发生的频率和危害性均较TBM法严重，TBM法施工岩爆危害程度可以大大降低。现在采用的双护盾TBM对岩爆有很强的适应能力。

根据我国目前策划的长大深埋隧洞特点来看，施工中必须有应对强烈岩爆的能力。

广义岩爆作为一种多出现在完整硬岩中的隧道施工地质灾害，包括围岩的动力破坏——狭义岩爆和静力破坏——片剥两种基本形式。20多年来，我国天生桥水电站引水隧洞、岷江太平驿电站引水隧洞、锦屏水电站勘探平硐、二滩水电站引水隧洞、西康铁路秦岭特长隧道Ⅱ线平导及川藏公路二郎山隧道等一大批长大隧道工程相继发生突发性严重岩爆，造成损机伤人的严重事故。

岩爆灾害不仅严重威胁施工人员及设备的安全、影响施工进度，而且还会造成超挖、初期支护失效，严重时还会诱发地震，已经成为硬岩隧道勘测设计及施工组织中必须考虑的重要问题之一。经过长期努力，岩爆研究领域已经取得一系列重要成果，但到目前为止，岩爆机制研究尚未取得重大突破，也就是说，还没能对不同工程中出现的各类岩爆现象给出全面、合理的理论解释。也正是由于机制研究的滞后，影响了以此为基础的超前预报和控制技术的发展。岩爆研究大致可以分为实录、发生机制、超前预报及控制技术四大领域，其中，建立在工程实录基础上的机制研究是所有研究工作的核心，也是超前预报及控制技术发展的基础。

岩爆实录包括围岩类型及物理力学行为、地应力场、地下空间特征、开挖过程（开挖顺序、循环进尺、爆破参数等)、岩爆坑及岩爆碎片的形态、几何尺寸、岩爆事件的时空分布、岩爆部位对应的地貌形态及岩爆分类与分级等,许多学者和工程技术人员在该领域进行了卓有成效的工作,记录了大量珍贵的第一手资料,特别是若干重大工程的岩爆实录资料。

岩爆的产生需要具备两方面的条件:①高储能体的存在,且其应力接近岩体强度是岩爆产生的内因;②某些附加荷载的触发是其产生的外因;应该是迄今为止对岩爆机制给出的最为清晰的概括。该机制的另一种说法应该是,处于高地应力环境中的结构完整的硬脆性围岩,在隧道开挖后,切应力(σ_θ)达到或接近围岩的单轴抗压强度(UCS),在其他因素的诱发下,围岩便以岩爆的形式失稳,这可以被总结为岩爆形成机制的静荷载(静力学)理论,它也是广泛采用的岩爆预测判据——σ_θ/UCS 的理论依据。

围岩以岩爆方式破坏时,有一个突出特征,即一旦一个部位已经发生过一次岩爆,尤其是比较强烈的岩爆,那么该部位就很可能发生第二次、第三次岩爆,甚至更多次岩爆;按发生先后,强度越来越低,岩爆面积越来越小,最后形成所谓断面呈“V”字形或“锅底”形的岩爆坑。由于每次岩爆所产生的岩块基本都呈片状,不同期次岩爆形成的爆裂面基本平行,从形式上看,类似于煌斑岩及块状砂岩的球状风化,陶振宇教授(1988)最早将这种岩爆事件追踪发生的现象归纳为“贝壳状”、“笋皮状”、“葱皮状”或“鳞片状”剥离。岩爆追踪在隧道岩爆实录中具有普遍性,二滩水电站、天生桥水电站、太平驿水电站、齐热哈塔尔水电站发电引水隧洞岩爆、秦岭铁路隧道岩爆及二郎山公路隧道岩爆都具有显著的追踪现象。利用岩石动力学理论可以比较合理地解释这一特殊现象。

建立一套有效的岩爆时空预测系统或早期预警系统,一直是各国岩爆学者追求的目标。已采用的技术手段有微震监测、地震仪及水银管倾斜仪监测、地震遥感监测、微重力监测、声发射及电磁辐射等。目前,由于信息采集、预报判据异常水平及仪器探测精度等方面的限制,无论是地震方法、微重力方法,还是地震声学方法,都不能对岩爆进行准确的超前预报,但以这些方法为基础的探测技术应该成为施工阶段岩爆预测的主攻方向之一。

经过长期实践,摸索出一些岩爆控制手段,具体包括以下几个方面:

(1)改善围岩物理力学特性。主要措施是爆破后立即向掌子面及附近洞壁喷洒高压水或利用炮眼及锚杆孔向岩体深部注水。

(2)应力解除。具体方法有(大口径)超前钻孔和纵向切槽等。

(3)及时施作锚喷支护。若干长大隧道的施工表明,该方法在防治岩爆方面是有一定成效的,但在易于发生岩爆的高强度围岩中,大规模实施这种施工工序,将影响施工进度。

(4)合理的施工方法。秦岭特长隧道的施工经验表明,采取“短进尺、弱爆破”,并严格控制炮眼利用率,可以降低岩爆的发生频率。

尽管上述手段在不同的隧道中能在一定程度上遏制岩爆的发生,但有些方法的普适性及可操作性比较差,有些则会造成超挖,影响施工进度,与从根本上控制岩爆还有较大的差距。

岩爆发生机制是岩爆预测和防治研究的主要依据和理论基础,因此国内外学者都极其重视机制研究。但是,岩爆是一种极为复杂的动力地质现象,多数学者的研究工作还停滞在假说或经验阶段。

（一）强度理论

20世纪50年代至今逐步形成的近代强度理论认为,岩爆是围岩应力达到或超过围岩强度而产生的围岩破坏现象,从围岩的静力极限平衡条件出发,将各种强度准则作为岩爆的判据。在此基础上进一步发展出拉伸理论、剪切理论和扩容理论。

（1）拉伸机制。主要应用格里菲斯理论解释岩爆,A·加里森和T·奥伊森认为:“岩爆不是岩石基质破损的属性,而仅仅是早已存在的小型断裂的扩展”。国内有的研究者也认为岩爆是硬脆性岩体在地应力作用下微裂隙扩展而形成的,其判据为$K_{Ⅰ}+K_{Ⅱ}\geqslant K_{IC}$时产生岩爆。$K_{Ⅰ}$、$K_{Ⅱ}$分别为断裂扩张Ⅰ型及裂纹Ⅱ型强度因子,$K_{IC}$为岩体Ⅰ型裂纹的断裂韧性（强度）。

（2）剪切机制。E·霍克在《地下工程》一书中指出,地下硐室片帮乃至岩爆是剪应力作用的结果。国内有的研究者将格里菲斯破坏准则和库仑-纳维叶准则分别用于判别弱岩爆和强烈岩爆,介于二者之间的为中等岩爆。

（3）扩容理论。岩土力学工作者曾将扩容理论应用于膨胀岩的流动变形,地球物理工作者将其用于探讨地震前地壳的扩容过程,并假定岩石保持连续即连续力学定律有效,且将研究范围限定在$(\sigma_1-\sigma_3)_{\max}=\sigma_F$为止的变形过程。最近国内有人又将扩容理论应用于岩爆分析,认为$\sigma_{oct}/f_3\geqslant 1$则产生扩容,$\sigma_{oct}/\sigma_F\geqslant 1$则产生岩爆。

（二）刚度理论

刚度理论在美国和南非影响较大,该理论源于刚性压力机制论。20世纪60年代中期库克和霍杰姆发现,用普通压力机进行压缩试验时猛烈破坏的岩石试件,若改用刚性压力机试验,则破坏并不猛烈,而且可以得到应力—应变全过程曲线。经分析试件产生猛烈破坏的原因是试件刚度大于试验机刚度。以后库克等人将此结果用于解释矿柱-围岩系统的矿山冲击问题。20世纪70年代布莱克进一步提出矿柱应力达到极限强度和围岩刚度小于矿柱刚度就会出现矿山冲击。

国内有的研究者根据刚性试验机原理,认为“围岩的刚度是变数,在强度极限以前的刚度（K_m）为正值,超过强度极限以后的值（K_s）为负值,如果$K_m<|K_s|$,则试样便发生突然、猛烈破坏”,因而提出刚度冲击性指标（K_{CF}）,即$K_{CF}=K_m/|K_s|$,$K_{CF}<1$时有矿山冲击危险存在。

（三）能量理论

以能量理论判断岩爆的发生及其烈度分级,具有代表性的判据有以下几种。

1. 弹性应变指数（W_{ET}）

该指数是对试件进行单轴压缩试验取得的,首先加载至峰值强度的70%~80%,而后卸载至零（或初始荷载）,根据应力、应变曲线,用图形积分法或用求积仪求得弹性变形能（φ_{sP}）与塑性变形能（φ_{st}）之比即$W_{ET}=\dfrac{\varphi_{sP}}{\varphi_{st}}$,当$W_{ET}\geqslant 5.0$时,为严重冲击倾向;当$W_{ET}=2.0\sim4.99$时为轻微冲击倾向;当$W_{ET}<2.0$时为无冲击倾向。

2. 能量冲击指标

随着刚性试验机的研制，国内外研究者利用煤（岩）的全应力—应变曲线，将峰值前后的能量积累与释放联系起来，建立了能量冲击性指标（A_{CF}）。

$A_{CF}=A_1/A_2$，式中 A_1 为峰值前全应力—应变曲线与横坐标围成的面积，A_2 为峰值后全应力—应变曲线与横坐标围成的面积。

当 $A_{CF}<1$ 时，无冲击危险存在；当 $A_{CF}=1\sim2$ 时，有冲击危险存在；当 $A_{CF}>2$ 时，有严重冲击危险存在。

3.5.1.4　**谭以安研究成果**

谭以安根据天生桥水电站引水隧洞岩爆破坏的几何形态特征、一般力学及动力学特征、岩爆破坏分带等基础资料将岩爆渐近破坏过程分为三个阶段（见图 6-1）。

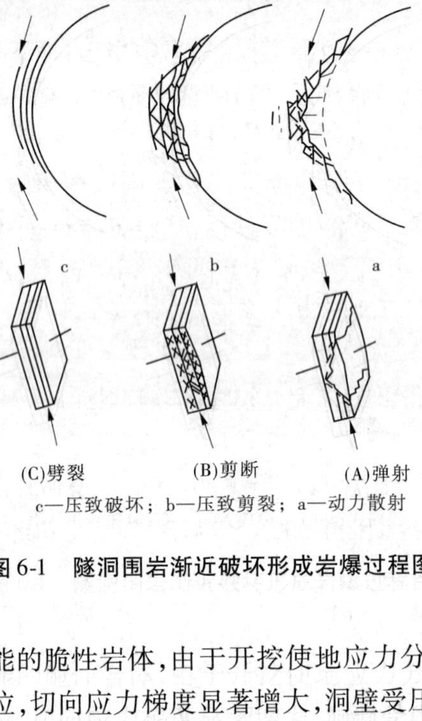

图 6-1　隧洞围岩渐近破坏形成岩爆过程图

1. 劈裂成板（C）

储存有较高弹性应变能的脆性岩体，由于开挖使地应力分异、围岩应力集中，在洞壁平行于最大初始应力的部位，切向应力梯度显著增大，洞壁受压导致垂直洞壁方向上张应力作用，使岩体在平行最大切向应力方向上产生破裂，随应力增大，不断扩展，相互贯通，并在洞壁向里一定深度形成板状劈裂，板面平直，无明显擦痕。

2. 剪断成块（B）

切向应力在平行于劈裂板面上继续对其作用，产生切向压缩变形的同时，径向变形愈加明显，越靠近洞壁变形越大，岩石整体产生溃屈，板内切向应力随之增大，进而发生剪切破坏和张剪复合破坏，岩板被剪断，形成棱块状、棱块透镜体状、透镜状及薄片状岩块，并见有明显的大量擦痕。

3. 块片弹射（A）

在“劈裂—剪断”的同时，产生声响和震动，消耗了大量弹性应变能，一旦剪断，岩块获得了剩余能量，则发展到块片弹射阶段。主要表现是弹性势能转变为动能，致使岩块以一定的速度和散射角骤然向洞内临空方向弹射，形成岩爆灾害。

不论是一次性岩爆，还是多次应力调整所发生的岩爆，这三个阶段所构成的渐次破坏过程都是很短促的。三个阶段在时序及空间关系上是由洞壁向里依次重复重叠发生的。

形成岩爆的三个阶段中时间与空间效应关系见图6-2。图中纵坐标为时间，横坐标为距洞壁的距离，C、B、A分别表示劈裂、剪断、弹射三个阶段。在 t_1 时刻洞壁 $0\sim d_1$ 岩体首先产生劈裂（C），t_2 时刻 $0\sim d_1$ 在劈裂基础上被剪断成块（B），同时依次向里 $d_1\sim d_2$ 带产生劈裂；在 t_0 时刻，$0\sim d_1$ 带进而发生弹射（A）时，$d_1\sim d_2$ 同时剪断（B），$d_2\sim d_3$ 则产生劈裂（C），由此依次向洞壁以里重复重叠发生。随着应力不断调整、能量不断消耗，岩爆向深度发展，直至趋于稳定。

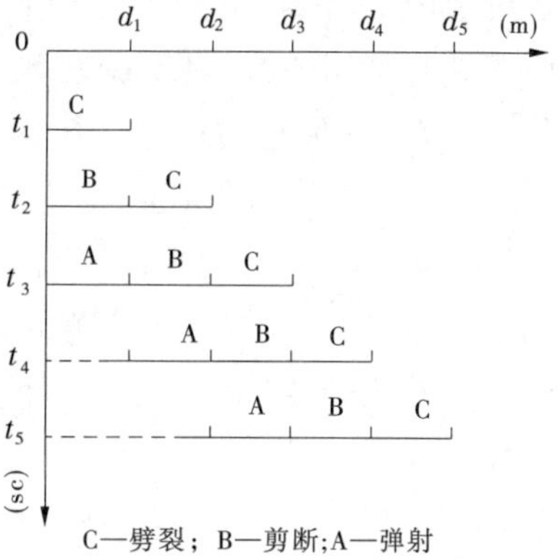

图6-2　岩爆渐近破坏过程时序关系示意图

谭以安根据岩爆的渐近破坏过程，总结出岩爆的形成机制，给岩爆一词赋予了明确的含义，即岩爆是具有大量弹性应变能储备的硬脆性岩体，由于开挖硐室和坑道，使地应力分异、围岩应力跃升及能量进一步集中，在围岩应力作用下产生的张—剪脆性破坏，并伴随声响和震动，而消耗部分弹性应变能的同时，剩余能量转化为动能，使围岩由静态平衡向动态失稳发展，造成岩片（块）脱离母体，获得有效弹射能量，猛烈向临空方向抛（弹、散）射为特征，是经历“劈裂成板—剪切成块—块片弹射”渐进过程的动力破坏现象。

谭以安的研究成果，揭示了岩爆的破坏力学性质、破坏过程、破坏条件等，具有重要的理论和工程意义。

根据岩爆抛射的初速度 $\bar{v}_0$ 判断岩爆的等级：

弱岩爆——弹射平均初速度 $\bar{v}_0<2$ m/s；

中等岩爆——弹射平均初速度 $\bar{v}_0=2\sim5$ m/s；

强烈岩爆——弹射平均初速度 $\bar{v}_0=5\sim10$ m/s；

严重岩爆——弹射平均初速度 $\bar{v}_0>10$ m/s。

二、岩爆发生条件

(一)岩爆发生的地质条件

通过国内外岩爆工程实例的分析,认为岩爆的发生与能量来源、能量储存、能量释放的地质条件有密切关系,表现在如下几个方面:

(1)岩爆与区域地质构造。在构造活动频繁、地壳水平及垂直升降运动强烈地区的地下工程中,易发生岩爆,在我国发生岩爆的隧洞工程多在西部地区。

(2)岩爆与地应力。岩爆专家认为,强大的地应力场构成的地质环境是岩爆发生的决定因素,因此发生岩爆地区实测的地应力均是很高的,即所谓的高应力区。然而,地应力的分布与变化规律十分复杂。一般来讲,地应力随埋深的增大有逐渐增大的趋势,关于地应力临界深度问题,由于实测成果甚少,且不同地区是个变数,因而是一个尚没有解决的问题。

在高山峡谷地区,地应力的分布状态受地形影响较大,通常存在应力松弛区、应力集中区和初始应力区,所以在构造活动强烈、地形高差悬殊的峡谷地区,当地下硐室位于应力集中区时,产生岩爆的概率较高,如岷江太平驿、二滩工程等。

在高应力区,当最大水平主应力的方向与隧洞轴线交角不大或近于平行时,发生岩爆的强度不如主应力与洞轴线交角大的强烈。

(3)岩爆与地层岩性。一般来讲,岩石强度高($R_b>80$ MPa)、完整程度较好的脆硬岩体,易于发生岩爆。从岩性讲,火成岩发生岩爆的工程实例最多,具有厚层—巨厚层结构和经过多次变质作用形成的似块状岩体也有发生岩爆的实例。而关于"脆硬岩体"和"脆性岩石"的界定指标,由于试验成果较少,目前还不能给出明确的定义。此外,岩爆还与岩层组合有关,在软硬相间的岩体中岩爆不发生或很少发生。

(4)岩爆与地质构造。岩爆常发生在大型压性断层的下盘或在压扭性断层两侧完整性好的岩体洞段;经过强烈构造运动作用形成的破碎岩体、强烈褶曲的层状岩体等不易发生岩爆,这是与地应力的分布规律相吻合的。

岩体中的微裂隙或闭合节理,为岩体的断裂破坏提供了有利条件,有利于岩爆的发生。但同时岩爆还受裂隙走向与轴向应力之间夹角(β)的大小影响。谭以安通过天生桥二级灰岩的试验及工程实例得出的结论是:当$\beta=30°\sim45°$时,峰值强度(σ_c)最低,不产生弹射现象;当$0°\leq\beta<30°$,且β由30°变小时,每减少10°,σ_c一般增加15%~30%,最大达50%;当$\beta=0°\sim10°$时,σ_c最高,脆性指数(K_u)随β减小反而增大,弹性应变能(W_e)及应力降(σ_{dr})也随之增大。因而有效弹射能(W_{eff})随β的变小反而以400%的速率增大,使岩爆由弱到强,因此在$\beta=0°\sim10°$时,岩爆烈度最高;$\beta=20°\sim30°$时,通常发生弱级岩爆,当$\beta=45°\sim90°$时,即使产生岩爆,烈度也不高。

(5)岩爆与围岩质量。隧洞围岩质量好易发生岩爆。岩爆多发生在Ⅰ、Ⅱ类围岩洞段,Ⅲ类围岩岩爆不发育,Ⅳ类及其以下岩体不发生岩爆。

(6)岩爆与地下水。岩爆多发生在干燥无水及透水性很弱的洞段;而富含地下水的洞段,一般不易发生岩爆。

(二)岩爆发生的工程条件

(1)隧洞方向。由于洞线方向和地层、断层、节理裂隙走向及地应力方向夹角的大小,与岩爆的发生有着密切关系,因而在同一地区,洞线方向不同对岩爆的产生有一定的影响。

(2)隧洞埋深。隧洞埋深虽然不是岩爆发生的必要条件,但众多实例显示,埋深大的隧洞发生岩爆的频率和强度相对较高。谭以安认为:水平应力型岩爆既可以在地表以下深部发生,又可以在浅部甚至地表发生,无统一的突始深度;垂直应力型岩爆随深度增加而增强,发生的次数亦增多;混合应力型岩爆发生的深度也相差很大,也不具有统一的突始深度。

(3)隧洞的断面形状。由于不同断面形状的隧洞的应力集中系数(C)也不同,比如圆形最小,矩形最大,城门洞形或马蹄形介于二者之间,所以圆形断面隧洞要比其他形状的隧洞产生岩爆的可能性和强度要小。

(4)施工方法。在同等地质条件下,采用掘进机(TBM)施工比采用钻爆法施工发生岩爆的可能性及强度要小。这是与 TBM 施工隧洞洞壁平整、光滑,应力不易高度集中,且能及时支护围岩有关。秦岭隧道工程施工中,钻爆法洞段比 TBM 施工洞段岩爆发生的频率高、强度大。

三、岩爆类型及分级

谭以安研究认为:水平应力型即最大主应力近于水平(最大主应力与水平面的夹角小于 30°),当水平应力(σ_H)远大于垂直应力(σ_V)($\sigma_H/\sigma_V>1.2$)时,易发生水平应力型岩爆。且当 σ_H 与洞室轴线夹角较大时,地下硐室的顶、底部易发生岩爆;而两者近于平行时,岩爆多发生在隧洞掌子面或房室端墙部位。垂直应力型即最大主应力近于垂直(最大主应力与垂线夹角小于 20°),当水平应力(σ_H)远小于垂直应力(σ_V)($\sigma_H/\sigma_V<0.8$)时,易发生垂直应力型岩爆,且多发生在两侧洞壁。混合应力型岩爆主要是水平应力、垂直应力、剥蚀残余应力及边坡应力联合作用的结果,其各种应力作用方式、大小及其组合关系比较复杂,岩爆强烈程度悬殊,产生的深度也相差很大。

国内主要岩爆类型划分见表 6-3。

国内外对岩爆烈度的分级有所不同,但划分岩爆烈度的依据相近,主要有岩爆发生时的特征、强烈程度及其对工程危害的大小等,现将主要岩爆烈度分级方案列于表 6-4。《水利水电工程地质勘察规范》(GB 50487—2008)岩爆烈度分级标准见表 6-5。

从表 6-4、表 6-5 可以看出,岩爆烈度等级多采用四级划分方案,并且普遍在国内工程中采用。

表 6-3　岩爆类别划分表

方案提出者	分类依据	岩爆类型
左文智、张齐桂	岩爆形成的内在因素	水平构造型、垂直压力型和综合型
天生桥二级电站课题组	破裂程度	破裂松弛型和爆脱型
	规模	零星岩爆(长<0.5~10 m)、成片岩爆(长 10~20 m)和连续岩爆(>20 m)
谭以安	岩体高地应力成因和主应力方向	水平应力型、垂直应力型和混合应力型
汪泽斌	岩爆特征	破裂松脱型,爆裂弹射型,爆炸抛实型,冲击地压型,远围岩地震型,断裂地震型

表 6-4　岩爆分级对照表

岩爆烈度分级方案			岩爆烈度分级				
G·布霍依诺	德国	1981 年			轻微损害	中等损害	严重损害
B.F·拉森斯	挪威	1974 年	0 级、1 级	2 级	3 级		
			轻微岩爆	中等岩爆	严重岩爆		
谭以安	中国	1988 年		弱岩爆	中等岩爆	强烈岩爆	极强岩爆
铁道部第二勘察设计院	中国	1988 年		弱岩爆	中等岩爆		强烈岩爆
交通部第一公路设计院	中国	1996 年		微弱岩爆 一级	中等岩爆 二级		剧烈岩爆 三级
二郎山公路隧道高地应力与围岩稳定性课题组	中国	1998 年		轻微岩爆	中等岩爆	强烈岩爆	剧烈岩爆
《水力发电工程地质勘察规范》(GB 50287—2006)	中国			轻微岩爆 (Ⅰ级)	中等岩爆 (Ⅱ级)	强烈岩爆 (Ⅲ级)	极强岩爆 (Ⅳ级)

表 6-5　岩爆分级及判别

岩爆级别	主要现象和岩性条件	岩石强度应力比（R_b/σ_m）
轻微岩爆（Ⅰ级）	围岩表层有爆裂脱落、剥离现象，内部有噼啪声、撕裂声，人耳偶然可听到，无弹射现象；主要表现为洞顶的劈裂——松脱破坏和侧壁的劈裂——松胀、隆起等。岩爆零星间断发生，影响深度小于 0.1 m，对施工影响较小	4 ~ 7
中等岩爆（Ⅱ级）	围岩爆裂脱落、剥离现象较严重，有少量弹射，破坏范围明显。有似雷管爆破的清脆爆裂声，人耳可听到围岩内的岩石撕裂声，有一定的持续时间，影响深度 0.1 ~ 1.0 m；对施工有一定影响，对设备及人员安全有一定威胁	2 ~ 4
强烈岩爆（Ⅲ级）	围岩大片爆裂脱落，出现强烈弹射，发生岩块的抛射及岩粉的喷射现象；有似爆破的爆裂声，声响强烈；持续时间长，并向围岩深度发展，破坏范围的块度大，影响深度 1 ~ 3 m，对施工影响大，威胁机械设备及人员安全	1 ~ 2
极强岩爆（Ⅳ级）	围岩大片严重爆裂，大块岩片出现剧烈弹射，震动强烈，有似炮弹、闷雷声，声响剧烈，迅速向围岩深部发展，破坏范围和块度大，一般影响深度大于 3 m，乃至整个硐室遭受破坏。严重影响施工，人财损失巨大。最严重者可造成地面建筑无破坏	<1

注：①适用于完整—较完整的中硬、坚硬岩体，且无地下水活动的地段；②R_b 为岩石饱和单轴抗压强度，MPa，σ_m 为最大主应力。

四、岩爆的预测方法

（一）地质力学分析法

（1）首先要了解区域构造发展史，结合构造地震分析，利用震源机制解的原理，判定近代的构造应力场。

（2）利用测区或邻区的地应力测量资料，来检验上述分析，进一步判定测区的最大主应力方向和量级，结合岩性、构造和主节理面方向等条件，对工程区岩爆进行初步判定。

（二）岩爆产生的特征部位及其地形地貌条件

根据发生岩爆的工程经验，岩爆有可能在以下特征部位产生：①由初始应力状态及隧洞形状所决定的围岩内的最大压应力集中区；②围岩表面的高变异应力及残余应力分布区，以及由岩性条件所决定的局部应力集中区；③断层、软弱破碎带或岩脉等两侧以外的应力集中区或局部应力增高区；④已有洞体内由于新开挖影响而出现的高地应力区。

岩爆有可能发生的地形地貌条件如下：①在高山峡谷区，谷底为应力高度集中区，在应力集中带的地下工程易发生岩爆；②在山体雄厚的深埋硐室地区，发生岩爆的频率较高。

（三）根据实测资料利用岩爆经验判据预测方法

此类方法主要是根据工程区隧洞围岩测试和室内试验资料，主要包括：初始地应力测试、岩石强度测试（包括抗压、抗拉及点荷载强度测试）、各种岩爆参数测试（包括有效弹射能（W_{eff}）、弹性应变能指数（W_{ET}）、能量冲击性指标（A_{CF}）、破坏时间等测试），然后利用常用的经验判据来预测岩爆。水利水电工程中，常用的判据有以下几类。

1. 规程规范岩爆判据

（1）根据《水利水电工程地质勘察规范》（GB 50487—2008）附录 Q 岩爆判别和《水力发电工程地质勘察规范》（GB 50287—2006）附录 P 岩体应力和岩爆判别：对于完整—较完整的中硬、坚硬岩体，且无地下水活动的地段，当隧洞埋深大于岩爆发生的临界深度（见式（6-11））时，将围岩强度应力比作为岩爆的判据。

$$H_{cr} = 0.318\frac{R_b(1-\mu)}{(3-4\mu)\gamma} \tag{6-11}$$

式中：H_{cr} 为临界埋深，即发生岩爆的最小埋深，m；R_b 为岩石饱和单轴抗压强度，MPa；μ 为岩石泊松比；γ 为岩石重力密度，10 kN/m^3。

上述规范规定岩爆烈度等级与围岩强度应力比 S（岩石单轴饱和抗压强度 R_b 与最大主应力 σ_m 之比）具有如下关系：

$4 \leqslant S < 7$　轻微岩爆（Ⅰ级）

$2 \leqslant S < 4$　中等岩爆（Ⅱ级）

$1 \leqslant S < 2$　强烈岩爆（Ⅲ级）

$S < 1$　极强岩爆（Ⅳ级）

（2）根据《工程岩体分级标准》（GB 50218—94）的条文说明：用岩石单轴饱和抗压强度（R_b）与最大主应力（σ_m）的比值，作为评价岩爆发生的判据，一般当 $R_b/\sigma_m = 3 \sim 6$ 时就会发生岩爆，小于 3 可能发生严重岩爆。

2. 经验判据

国内外研究者根据已发生岩爆的工程实例，提出主要经验判据如下：

（1）伊 · 阿 · 多尔尼诺夫判据：

$\sigma_m \leqslant 0.3R_b$，无岩射、剥落；

$\sigma_m = (0.5 \sim 0.8)R_b$，岩射、剥落；

$\sigma_m > 0.8R_b$，岩爆、强烈岩射。

式中：σ_m 为围岩最大压应力；R_b 为岩石单轴抗压强度。

(2)E. HoeK 判据：

$\sigma_v/R_b=0.1$，稳定隧道；

$\sigma_v/R_b=0.2$，少量片帮；

$\sigma_v/R_b=0.3$，严重片帮；

$\sigma_v/R_b=0.4$，需重型支护；

$\sigma_v/R_b=0.5$，可能出现岩爆。

式中：σ_v 为原岩垂直应力。

(3)巴顿判据，如表 6-6 所示。

表 6-6　巴顿岩爆判据

R_b/σ_m	R_t/σ_m	岩爆级别
5～2.5	0.33～0.16	轻微
<2.5	<0.16	严重

注：R_b 为单轴抗压强度；R_t 为抗拉强度；σ_m 为最大初始主应力。

(4)I·A·特钱英奥判据：

$|\sigma_t+\sigma_z|<0.3R_b$，无岩爆。

式中：σ_t 为围岩切向应力；σ_z 为轴向应力；R_b 为岩石单轴抗压强度。

(5)脆性度判据：脆性度即为岩石的抗压强度与抗拉强度之比，即 $n_b=R_b/R_t$

$40<n_b$，　无岩爆；

$26.7<n_b\leqslant 40$，　弱岩爆；

$14.5<n_b\leqslant 26.7$，中等岩爆；

$n_b\leqslant 14.5$，　强岩爆。

(6)国内研究者根据我国工程实践经验综合分析，总结得出：

$\sigma_H\geqslant(0.15\sim0.2)R_b$，产生岩爆。

式中：σ_H 为岩体初始应力；R_b 为岩石单轴抗压强度。

(7)弹性应变指数(W_{ET})：

$W_{ET}\geqslant 5.0$，　严重冲击倾向；

$W_{ET}=2.0\sim4.99$，轻微冲击倾向；

$W_{ET}<2.0$，　无冲击倾向。

式中：$W_{ET}=\dfrac{\varphi_{sP}}{\varphi_{st}}$，即弹性应变指数；$\varphi_{sP}$ 为弹性变形能；φ_{st} 为塑性变形能。

(8)能量冲击性指标(A_{CF})：

$A_{CF}<1$，　无冲击危险存在；

$1\leqslant A_{CF}\leqslant 2$，有冲击危险存在；

$A_{CF}>2$，　有严重冲击危险存在。

综上所述，岩爆发生的概率是与多种因素（或条件）有关联的，而岩爆的经验判据仅考虑了地应力与岩石强度，因此只靠经验判据还无法圆满地解释复杂的岩爆现象，或者说预测的成果往往与实际情况存在着差异。为此，在引用岩爆经验判据时，应结合岩爆岩体赋存及其地质条件进行综合判定，或者说在引用岩爆经验判据进行岩爆预测的同时，应结合岩爆地质条件和工程条件进行修正才是解释和预测岩爆的最合理的方法。

第六节　隧洞高地温问题

地球内部蕴藏着巨大的热能，这些热能通过火山爆发、地热泉和放射性元素的衰变等形式向地表散发。研究地温场的变化特征对长大深埋隧洞的施工安全具有重要的现实意义。

高地温问题（热害）是隧洞（道）工程、采矿工程及其他地下工程中常遇到的灾害性地质问题之一。特别是长大深埋隧洞的高地温问题，给隧洞施工带来极为不利的影响。资料表明，当隧洞原始地温达到 28 ℃时，施工中就要采取适当的降温措施。当原始岩体温度达到 35 ℃、湿度达到 80% 时，长大深埋隧洞中的高地温问题已非常严重，这不仅危害作业人员的健康和人身安全，同时也将使机械效率降低和劳动生产率下降，甚至使施工无法进行。同时，隧道内高温高湿也使得机械设备的工作条件恶化，效率低下，故障增多。各国在修建长大深埋隧洞时，都不同程度地出现了热害，并对此进行了专门的研究。随着隧洞工程向深部的发展，地温危害的报道也日趋增多。

国外的一些工程实例和研究表明，在“常温层”以下，一般随埋深的增加，其温度也相应升高。因此，在长大深埋隧洞的勘测设计中，应研究地温变化规律及其对隧洞的影响。各国在修建长大深埋隧洞时，有不少工点已出现了程度不同的热害，如瑞士的圣哥达隧道（长 14.968 km，最大深埋 1 706 m）施工时洞内气温最高达 30.7 ℃；瑞士至意大利的辛普伦隧道（长 19.780 km，最大埋深 1 648 m）地下热水温度达 32 ℃，最高气温达 55.4 ℃；瑞士列奇堡隧道（长 14.605 km，最大埋深 1 560 m）洞内最高气温 34.3 ℃；意大利—法国边境的仙尼斯隧道（长 12.849 km，最大埋深 1 654 m）洞内最高气温 29.5 ℃。我国煤炭系统的许多老矿目前采掘深度一般为 600 ~ 800 m，最深达 1 000 m，初步调查全国 20 省区约 40 处生产矿井以及某些埋深较大的隧洞，都存在不同程度的热害问题。如淮南九龙岗矿石温度达 31 ℃；陶庄矿巷道气温达 32 ℃；开滦、徐州、辽原等矿均因开发深部煤层出现了高地温问题。表 6-7 列出了长大深埋隧洞的地温情况。

我国在以往的水利水电工程隧洞建设过程中，由于其埋深都较浅，隧洞内原始岩温不是很高，未遇到过大的热害，因此对于这方面的研究还有待开展。随着水利水电工程建设的发展需要，隧洞（道）长度会越来越长，埋深也越来越大，高地温问题将会日趋严重。

表 6-7　国内、外部分长大深埋隧洞的地温情况

国别	隧洞名称	长度 (km)	最大埋深 (m)	温度 (℃)	主要岩性
法—意	Lyon - Turin 隧洞	54	2 000	40※	砂页岩、灰岩、片麻岩、石英岩
日本	安房公路隧洞	4.35	570	96	板岩、砂岩、花岗绿斑岩
瑞士	Simplon 隧洞	19.8	2 140	55.4	流纹岩、片麻岩、花岗岩
瑞士	Leotchberg 隧洞	33	2 200	42	片麻岩、花岗岩
瑞士	St. Gotthard 隧洞	57	2 300	45	片麻岩、白云岩
瑞士	圣哥达隧道	14.968	1 706	30.7	
瑞士	列奇堡隧道	14.605	1 560	34.3	
俄罗斯	阿尔帕 - 谢万输水隧洞	43	—	30	中等 - 坚硬岩层
法—意	勃朗峰公路隧洞	11.6	2 480	35	花岗岩、结晶片岩、片麻岩
瑞—意	辛普伦隧道	19.780	1 648	55.4	
意—法	仙尼斯隧道	12.849	1 654	29.5	
美国	Tecolote 隧洞	6.4	2 287	47	砂岩、粉砂岩
中国	成昆铁路关村坝隧洞	6.1	1 650	28	灰岩
中国	锦屏二级电站水工隧洞	18	2 550	17	大理岩、砂板岩
中国	西康铁路秦岭隧洞	18.5	1 600	40※	混合花岗岩、混合片麻岩
中国	国营 711 铀矿		200	47.5	
中国	江苏苇岗铁矿		400	46.0	
中国	河南平顶山八矿		350	36	

注：※表示地温为预测值；—表示情况不明。

影响隧洞天然地温的因素很多，如隧洞埋深与地温梯度、地层岩性分布与地应力环境、岩石的性质及导热率、岩体放射性环境、水文地质单元及地下水循环条件、地质构造特别是活动断裂构造带、地下水温度、气温条件、地面起伏及切割深度等。再如，从构造变形来看，一般背斜区地温随深度的增加高于相邻的向斜区，平缓岩层出露区高于相同岩性的直立岩层出露区；从岩性来看，在构造条件相同的情况下，导热率高的岩层（如砂岩、结晶岩）的地温随深度的增加低于导热率低的岩层（如页岩、灰岩）等。

一、地温场

温度是热力学中特有的一个物理量，它表示物体的冷热程度。从本质上讲，物体的冷热程度是由物体本身分子的平均动能来决定的。生活中通常使用摄氏温标，它是以一个标准大气压下纯水的冰点作为0 ℃，沸点作为100 ℃来进行等分刻划的。物理学中则使用绝对温标T(K)。这两种温标的单位相同，可由下式互换：

$$T(\mathrm{K}) = t(℃) + 273.15 \tag{6-12}$$

式中：T(K)为绝对温度；t(℃)为摄氏温度。

温度是描述地温场的重要物理量。

（一）岩石（体）的热力学性质

描述岩石的热力学性质的主要物理量有热导率、比热容、热扩散率、生热率等。

1. 热导率

热导率是指沿热传导方向单位面积厚度的物质在两端温差为1 ℃时，单位时间内所通过的热量。它反映了物质导热能力的大小。热导率的单位是W/(m·℃)(瓦/(米·度))。表6-8是几种常见岩石的热导率值。

表6-8　常见岩石的热导率值

岩石名称	热导率(W/(m·℃))	岩石名称	热导率(W/(m·℃))
干砂	0.18～0.36	硬石膏	4.41～5.92
湿砂	1.09～2.18	钾盐	5.05～5.87
干黏土	0.27～0.45	花岗岩	2.64～3.82
湿黏土	0.64～1.27	正长岩	2.64～4.10
壤土	0.82～2.18	花岗闪长岩	2.69～3.55
石英岩	3.55～6.83	辉长岩	2.73～3.50
白云岩	2.73～5.92	苏长岩	2.41～3.14
石灰岩	2.0～3.0	熔岩	2.73～3.55
砂岩	1.55～5.46	石英长石斑岩	3.19～3.64
页岩	1.27～2.82	玄武岩	1.82～5.46
砾岩	1.0～4.9	粗玄岩	2.73～4.41
岩盐	4.55～5.78		

（据O. Kappelmeyer和R. Haenel，1974年）

由表6-8可见，不同岩石的热导率差别可达数倍。事实上，同种岩石的热导率也在一定范围内变化，这主要取决于其结构特点、矿物成分和含水性。岩石密度越大，其导热率也越大，因此致密岩石导热性优于疏松岩石。由于空气导热性能比水更差，所以在疏松岩石中，湿润岩石的热导率较同种干燥岩石的热导率大。一般情况下，松散的物质如干砂、干黏土和土壤的热导率最低；湿砂、湿黏土、壤土及某些热导率低的岩石具有相近的热导率；沉积岩中，页岩、泥岩的热导率最低，砂岩、砾岩的热导率变化范围大，石英岩、岩盐和石膏的热导率最大；岩浆岩、变质岩及火山岩的热导率介于 2.1 ~4.2 W/(m·℃)。

2. 比热容

比热容是指单位质量的物质温度升高 1 ℃时所吸收的热量。它反映了物质存储热的能力。比热容的单位是 J/(kg·℃)(焦耳/(千克·度))。

在自然界中，大部分的岩石比热容变化范围均不是很大，一般介于 586 ~ 2 093 J/(kg·℃)。由于水的比热容最大，等于 4 186.5 J/(kg·℃)，因此随着岩石湿度的增加，其比热容也有所增大。沉积岩如黏土、页岩、灰岩等，在自然条件下都含有一定的水分，其比热容稍大于结晶岩。前者为 786 ~ 1 005 J/(kg·℃)，后者为 628 ~ 837 J/(kg·℃)(据 Somerton. 1958 年)。

3. 热扩散率

热扩散率是指物质在加热或冷却时各部分温度趋于一致的能力。通常热导率大的物质，其热扩散率也大。热扩散率的单位为 m^2/s(米^2/秒)。

岩石的热扩散率主要与其热导率和密度有关，比热容因数值变化不大，对热扩散率的影响较小。

岩石的热扩散率随其湿度的增高而增大，随温度的增高略有减小。对层状岩石来说，热扩散率还具有各向异性的特点，即顺着岩石层理方向比垂直层理方向热扩散率要高。表 6-9 是几种常见岩石和物质的热扩散率值。

表 6-9　几种常见岩石和物质的热扩散率

物质名称	热扩散率(m^2/s)	物质名称	热扩散率(m^2/s)
干砂	1.1 ~1.3	沼泽土壤	0.1 ~0.2
湿砂	0.9	页岩、板岩	0.8 ~1.6
砂岩	1.1 ~2.3	雪	0.5
花岗岩	1.4 ~2.1	水	0.14
岩盐	1.1 ~3.4		

4. 生热率

生热率是指单位体积的物质在单位时间内所产生的热量。它的单位是 J/(kg·a)(焦耳/(千克·年))。

在地壳内部，由放射性元素的衰变而释放出来的热能，估计每年达 9.5×10^{20} J，在地球形成的漫长过程中，这些热能被积聚起来，成为地热能的一部分。

在岩浆岩中，酸性岩石的生热率远大于基性岩石，这是由于酸性岩石的放射性元素含量较高所致。表 6-10 是几种常见岩石的生热率值。

表 6-10　几种常见岩石的生热率

物质名称	生热率(J/(kg · a))	物质名称	生热率(J/(kg · a))
沉积岩	1.56×10^{-8}	高铀榴辉岩	1.44×10^{-9}
花岗岩	3.42×10^{-8}	橄榄岩	9.46×10^{-11}
花岗闪长岩	1.42×10^{-8}	纯橄榄岩	4.48×10^{-11}
玄武岩	5.05×10^{-9}	球粒硕石	1.65×10^{-10}
低铀榴辉岩	3.39×10^{-10}		

(二)地球内部热状态

地球表面的温度受到地球内部各种因素的控制，诸如岩浆活动、大地构造等地质因素会在一定范围内影响地面温度场的分布。然而除灾害性地质活动如火山爆发等外，地球内部对地面温度的影响过程通常是非常缓慢的。地壳浅表部位的温度场还与地理位置、大气活动以及地球和太阳的活动有密切关系。同时地表温度的变化还与地表物质的热学性质有关。

大量地温观测资料表明，愈向地壳深处，地温愈高，且地温按一定的规律随深度的增大而递增。地壳中地温分布的状态大致可以分为三个带：变温带、常温带、增温带。

(1)变温带。主要是受地球外部热源即太阳辐射影响的地带。它的深度在几米到十几米之间。

(2)常温带。它是地壳某一深度内，地球内部的热能与上层变温带的影响达到相对平衡，地温不再发生变化的地带。各地常温带的深度及其温度一般是不同的，主要与地区纬度、地理位置、气候条件以及岩性、植被等因素有关。它在一定程度上反映了其下部的地热状态。通常其深度为 20 ~ 30 m。

(3)增温带。主要是受地球内部热能所控制的地带。随深度的增加，温度增高，但到达一定的深度后，温度增加速度减慢，它反映出地球内部热源对地温的影响。

(三)地温异常

地温梯度通常以℃/100 m 来表示，正常地温梯度因地而异，通常为 2 ~ 5 ℃/100 m。在实际地温测量中，我们以地壳地温梯度的平均值作为正常场，所谓地温异常，就是实测地温梯度值高于它们的正常值的部分。在区域地温正常区中，由于地壳表层的地质结构、岩性、地下水运动及气候条件等的影响，或局部热源的存在，可使地壳表层的正常温度分布遭到破坏，常常形成局部地温异常区。

地下热水（汽）是强大的热载流体，它是将地下热能从深部传递到地表的重要媒介。大气降水渗入地壳内部经深循环加热后，在有利的地质构造条件下，在静水压力作用下，沿一定通道上涌至地表，可携带出巨大的热量。如果地下水沿缓倾斜或近水平状的地层或构造通道运动，一般都能与围岩达到温度平衡，而形不成地温异常或仅有微弱的地温异常显示；如果地下水沿产状较陡的地层或近于直立的断层带上涌时，在大多数情况下，因其具有较高的速度，来不及与围岩达到完全的热平衡，因此在热水上涌的主要通道附近，常常形成局部的地温异常区。

实测地温梯度异常往往是存在地下热储的一种信号。由于实际上的钻孔很少能打到热储，因此利用有限深度的地温梯度测量数据来估算井底以下岩层的温度时，必须注意以下几点：

（1）地温梯度是随岩石种类和性质而变化的。与白云岩以及胶结很好的砂岩相比，页岩和非固结的第四系沉积岩的热导率要低得多（见表6-8），由于热导率越大，其温度梯度就越小，因此深部温度的估算，必须依靠地质知识，而不能简单地将井底温度线性下推。

（2）随着深度增加，岩石的致密程度和胶结程度增高。因此即使井底以下的岩石与井下岩石种类相同，其温度梯度也可能会随深度增加而减小。某一深度的实际地温值常比按井底温度线性下推估算出来的温度要低得多。

（3）在井孔中进行地温梯度测量时还会受到地下水的强烈影响。地下水以对流方式传递并与围岩交换热量的情况下，当上层温度较低的地下水向下流动时，它从深部温度较高的围岩中吸收热量，从而使围岩温度降低；当下层温度较高的地下水流向温度较低的上层时，上部围岩从水中吸收热量，使其温度升高。

二、天然地温估算

如前面所述，地温不仅与地热自然增温规律有关，也受特殊地质条件的控制，使得不同地区、不同位置处的地温具有较大的差异。实践经验表明，地温的增加及等温线的分布状况受许多因素的影响，如地质构造特别是活动断裂构造带、地形起伏和切割程度、岩石的性质及导热率与含水状况、地下水温度等影响。从构造变形来看，一般背斜区地温随深度的增加高于相邻的向斜区，平缓岩层出露区高于相同岩性的直立岩层出露区。从岩性来看，在构造条件相同的情况下，导热率高的岩层（如砂岩、结晶岩）的地温随深度的增加低于导热率低的岩层（如页岩、灰岩等）。例如日本158 国道某一隧洞附近因有温泉，水温 30 ~ 90 ℃，隧洞穿过流纹岩地段，在埋深不足 100 m 的情况下，洞内地温竟高达 90 ℃。又如日本本州岛岐阜县与长野县边界的安房公路隧道（长 4 300 m）通过地热区，地层为流纹岩，附近有几处温泉，隧道埋深最大 570 m。经水平钻孔与垂直钻孔确定松本侧进口95 ~ 150 m 范围内围岩温度达 90 ℃以上（实测最高岩温 96 ℃）。我国温泉 1 号隧道埋深仅 77 m，附近的温泉水温 54 ℃，施工中洞内温度达 35 ℃。我国某些矿井开采深度不大，但因位于局部地热异常区内,也能出现较严重的热害。如淮南潘集煤矿约 400 m 深处地温已达 40 ℃;江苏苇岗铁矿深 400 m 处地温已高达 44 ~46 ℃;某地 711 矿,深 200 m 处地下热水温度高达 47.5 ℃,坑内气温高达 44 ℃;河南平顶山八矿井下 350 m 处水温达 36 ℃,五个掘进工作面平均气温均在 30 ℃左右,最高达 34 ℃,在工作面工作人员汗流浃背,经常发生呕吐现象,井下人员常患感冒,湿热空气严重威胁着工作人员的健康并大大降低工作效率。

然而,有的地下硐室却由于水文地质等条件的影响,埋深虽然大,但地温却出现负温度异常。例如我国已兴建的锦屏二级水电站的引水隧洞,最大埋深约 2 500 m,为做好设计而修建的地质探硐埋深 1 000 m,由于受地下水深循环的影响,硐内平均温度仅 12 ℃。由此可见,地下硐室工程的地温问题是个非常复杂的问题。所以,要想比较准确地预测地下硐室处的地温是很难做到的。故在实际工程中应在施工前通过钻孔等措施预探地下温度、温度梯度等,在施工中做好工作面前方地温的预报工作。以下介绍几种地温预测公式或预测方法仅供参考。

(一)山岭隧道地温近似计算公式

山岭隧道的地温一般可按地温梯度计算的近似公式进行预测:

$$T = t + (H - h) \times g \tag{6-13}$$

式中:T 为隧道内温度,℃;t 为隧道地区年平均温度或恒温层温度,℃,由气象站观测资料而得;H 为隧道埋深,m;h 为常温层深度,m,由观测而得;g 为地温梯度,℃/100 m,一般平均值 3 ℃/100 m,在山岳区为 2.0 ~2.5 ℃/100 m。

如在大巴山隧道勘测时,h 定为 20 m,t 取当地平均气温 18 ℃,g 按川东地区近似地取 2.0 ℃/100 m,于是预测出埋深 1 600 m 处隧道内温度可达 49.6 ℃,施工时实际未达到此值,主要是由于地下水发育,带走了部分热量。

(二)中铁第四勘察设计院集团有限公司地温计算公式

此公式系根据大瑶山隧道钻孔实测温度情况推算得出的近似公式。

大瑶山隧道最大埋深 880 m,中铁第四勘察设计院集团有限公司对该隧道班古坳地区的两个钻孔进行测温,分析了该地区恒温层的温度与深度以及平均地温度梯度等,实测洞内最高岩温 33 ℃,最高气温 30.5 ℃,只要采取措施保证工作面达到设计风量,对施工不会产生不利影响。施工过程中他们又进行了地温实测的工作,从而根据实测结果提出山区地温梯度随埋深变化的修正值以及考虑地下水作用的地温计算公式:

$$T = t_z - \Delta h \times K_t + (H - H_s) \times g \times \eta \tag{6-14}$$

式中:T 为隧道内温度,℃;t_z 为气象站址恒温层温度,℃;Δh 为隧顶与气象站标高之差,m;K_t 为气温梯度,℃/100 m;H 为隧道埋深,m;H_s 为常温层深度,m;g 为地温梯度,℃/100 m;η 为地温梯度折减系数(与地下水有关)。

(三)圣哥达隧道预估洞内温度的经验公式

根据 19 世纪 70 年代修建长约 15 km 的圣哥达铁路双线隧道时对其洞内温度的实测数据,曾统计出一个预估长隧道洞内温度的经验公式如下:

$$T = t + \delta \pm 2.5 \tag{6-15}$$

式中：T 为预估的洞内温度，℃；t 为年平均温度，℃；δ 为从年平均温度转换至洞内温度的差值，与隧道的埋深 h 有关，其经验公式为

$$\delta = \sqrt{41.6593 - 0.1517h + 0.0001195h^2} + 6.45 + 0.0106h \tag{6-16}$$

20 世纪 90 年代，苏联在修建长约 4 km 而埋深为 366.39 m 的苏拉姆铁路隧道时，曾用这一公式算得 δ 值

$\delta = \sqrt{41.6593 - 0.1517 \times 366.39 + 0.0001195 \times 366.39^2} + 6.45 + 0.0106 \times 366.39 = 11.79$（℃），当考虑到隧道上方地区的年平均温度 $t = 8.2$ ℃时，洞内的预估温度将是

$$T = 8.2 + \delta \pm 2.5 = 8.2 + 11.79 \pm 2.5 = (19.99 \pm 2.5)℃$$

即预估温度将在 17.48 ~ 22.48 ℃范围内，而修建该隧道时，洞内的实测值为 17 ~ 23 ℃，二者十分接近。

应当指出的是：当 $h = 405 \sim 867$ m 时，上式中的 δ 将为无理数，初步认为可取：

$$\delta = 6.45 + 0.0106h$$

（四）R. L. Loofbourow 估计地温的方法

1. 直接量测法

收集工程所在地周围地区已经发生过的实测地温资料，有助于确定地温变化规律。

2. 外插法

由较浅的直接量测结果用外插法推算温度。

在下列情况下可以合理地使用外插法：①在已知深处测出代表性的温度；②运用适合于作外插法深度的地温梯度，如果运用不适当的梯度，则将使大多数外插法产生错误。

3. 推算法

从地表平均温度和适当的梯度推算概略温度。

当缺乏地下温度资料时，最好是从量测或估计该地区及其高程的地表年平均温度开始。

R. L. Loofbourow 根据美国、南非等地一些矿井、隧洞中的实测地温资料，地下深度岩体温度的高低趋势提出了如下看法，可供估计地下温度时参考。

（1）导致地表下几千英尺处岩体低温度的一些条件：

①地表岩体由于纬度偏北、海拔较高而温度降低。

②在较寒冷地带，古老而稳定的岩体显占优势。南非特兰斯瓦尔和欧兰吉自由邦以及东加拿大等较冷的深矿井都是较古老的前寒武纪岩层；印度和布拉吉尔深而较冷的矿井也是前寒武纪岩层；相反地，在钻入相当厚的较白垩纪更为近代的岩层中的钻孔，并未测到特别低的温度和梯度。

南非很多矿井的温度量测表明，有几千米具有较高梯度的近代岩层覆盖下的古老岩层，恢复了它的低梯度特征。

③导热系数高的岩体，如果它们已经稳定了足够的时期，就会有低的梯度。

名称相同的岩体不一定具有相同的导热性能。显然盐类永远是良好的导热体。除密度或压实度已因极度破碎或孔隙而有所降低外，石英岩和白云岩都是良好的导热体。某些最普通的岩层，如页岩、砂岩、石灰岩和溶岩，密度和饱和度变化很大，导热高的比导热低的有时可能高出 6 倍或 8 倍。火成岩和变质岩除受到强烈的破碎或有变化情况外，它们的密度是比较一致的，它们的导热性能从较好到良好。

④在其他条件相同时，具有低于平均热流的岩体，将明显地具有较低的梯度。列举这种情况可能有些重复，因为低热流是地质区古老岩层的特点。但由于一些尚未彻底查明的原因，也看到低热流和低梯度出现在不是广阔地质区的区域。

(2)导致地表下几千英尺处岩体高温度的一些条件。

相反地，凡是和上述各条相反的，就有利于深处岩体温度升高。下列有利于提高温度的各项条件，是值得注意的：

①厚的第三纪和更近代的熔岩覆盖着美国西部各州的大部分地区。从熔岩和它附近岩体内流出很多温泉。在一些钻孔里曾记录有非常高的地温梯度，并在加利佛尼亚州有两个地方从地表下几千米正在发展或产生过蒸汽。

②出产石油和天然气的地区，除少数特殊地点外，都出现较平均值还高的地温梯度。可能是由于多数石油和天然气都发育于较近代的和多孔隙的岩层。含油和天然气的岩层就是比含水岩的导热性能差。

③近代形成的高山多表现有高于平均的热流和地温梯度。构成落矶山脉许多山岭的岩体，达到现在的高度可能只有 30 千万 ~40 千万年。

④局部热源有多种。它们的影响常限制于小的区域。岩株、岩床和网状岩脉都是小的火成岩侵入体，它们并不一定在地表呈现。盐丘是较近代的盐类小构造，从深部岩层塑性地往上挤向地表。任何热量侵入体的冷却过程当然决定于侵入体的体积和温度、侵入体和被侵入体的热性能以及时间的长短。在某些矿井中，硫化矿和木材的氧化使工作面的温度升高。氧化作用甚至可将影响范围内的岩体温度全部升高，但这种情况极少出现。

据国外几座著名隧洞的地温统计分析，当埋深小于 1 000 m 时，地温起伏变化相差不大；当埋深大于 1 500 m 时，随着深度的增加，地温则急剧升高，埋深与地温呈现较好的线性关系。地温不仅与地热自然增温规律有关，也受特殊地质条件的控制。如在建的新疆齐热哈塔尔水电站发电引水隧洞 3 号支洞下游桩号 Y8 +038 洞段出现的瞬间蒸汽温度达到 200 ℃、岩壁温度超过 95 ℃、通风情况下洞内空气温度超过 65 ℃的国内外罕见的高地温现象，该隧洞主洞施工过程中穿过了长达 200 m 的区域断裂破碎带、日出水量达上万立方米的涌水洞段、频繁和持续发生的轻微—中等岩爆洞段、岩壁温度超过 60 ℃和空气温度 40 ℃以上的洞段开挖超过 3 km，给施工进度带来极大困难并对施工人员的人身安全带来极大危害。还有的地下硐室由于水文地质条件的影响，埋深虽然大，但地温却出现负异常。如锦屏二级水电站引水隧洞，最大埋深约 2 600 m，隧洞两端分别处在不同的水文地质单元内，受地下水深循环的影响，其东端洞内温度仅 6 ~ 7 ℃，西端洞内平均温度仅 12 ℃。可见，深埋隧洞地温问题是一个复杂的地质问题，要想做到比较准确预测是相当困难的。

在我国西部地区，许多长大深埋隧洞由于地势高、气温低、山顶地区积雪覆盖时间长、地表水及地下水温度很低等，将会存在与锦屏类似的地温负异常带。与此同时，由于西部地区地壳活动、火山活动、温泉和放射性元素含量较高的地层的存在，也会出现高地温异常带。也可以说不同地区的地温梯度在空间上变化是很大的，而简单地用每百米升高3℃来计算深埋隧洞的地温，其可信度差。但是，深长隧洞施工中应具备解决高地温的能力。

截至目前，预测预报隧洞围岩地温的几种常用方法如下：

(1)直接量测法。主要通过钻孔、平硐等勘测手段已达到地下硐室区的最大埋深或地温、地热异常区的工程，可直接对设计洞线附近的地温采用数字式电桥温度计进行实地测量，该种方法精确度高，但就深埋隧洞而言工程量太大，经济上尚不划算。

(2)经验公式法(地温梯度预测法)。主要指根据地温梯度预测预报隧洞围岩地温的方法，一般利用地表温度与地温梯度和隧洞埋深的乘积的和，作为地温预测值。但具体实施计算过程也不尽相同，其中几种常用的方法包括山岭隧洞一般近似计算公式、中铁第四勘察设计院集团有限公司地温计算公式、圣哥达隧洞预估洞内温度的经验公式、安德烈亚法、R. L. Loofbourow 估计地温的方法等。从理论上讲，这种方法只适用于地温场变化比较稳定的地区，在地形起伏大、岩性不均、特别是构造发育、地下水活动强烈的地区，这些方法均存在较大误差。

地表温度可在地面用红外辐射温度计测量或在坑道(平硐)、钻孔中直接测量获得，也可用高山气象站的多年平均气温值代替地表温度。

地温梯度一般采用钻孔、平硐不同深度实测地温资料获取。在无实测资料时，可根据地区地温梯度进行估算。部分地区的地温梯度值见表6-11。

由于地温场主要受控于岩性和地下水渗流场，在西部高山地区的深埋隧洞，因雪水融化入渗，会出现低地温梯度和低地温现象。

(3)地温场数值模拟分析(有限元法模拟长大深埋隧洞温度场)。在地形地貌、地层岩性、地质构造复杂的长大深埋隧洞区，可根据岩石(体)的导热系数、导温系数以及水文地质条件，采用有限元法模拟隧洞区区域地温场，分析地温场特征，并预测预报隧洞地温情况。该方法不仅要考虑工程区山体的地形、岩性、构造的变化，而且还要能动态模拟地下水对地温的影响，因考虑参数较多计算相当复杂多变，有时会产生较大的误差。

(4)地温梯度异常分析法。当隧洞区发育活动断层带，且沿断层带的温度、热泉出露时，应注意可能出现高水热引起的地温梯度异常现象，此时应以温泉、热泉温度及其循环条件与隧洞的关系来预测隧洞的地温。

(5)热导率估算法。地温预测预报还可利用地球物理测试大地热流值和室内岩石试验的热导率进行估算。

表 6-11 不同地区的地温梯度值(部分)

地区	地温梯度值(℃/km)	说明
全球平均	25~30	
华北平原	10~20	
大庆地区	50	
北京房山	20	
辽河盆地	31~33	
河南平顶山	34	
四川锦屏山	5~8	大理岩、砂板岩地区
新疆天山	20~30	砂岩、泥岩地区
	18~35	花岗岩地区

(6)工程类比法。是将两个地质环境类似的地区进行对比,用以评价地温场,评价的精度不高。

第七节 有害气体问题

天然形成的有害气体一般赋存于产生这些气体的源岩和岩体的孔隙裂隙中,也有少量溶于地下水中。当地下硐室开挖后,有害气体在地应力的作用下就会迅速或缓慢地向地下硐室(低压区)中释放和溢出。通过实践,人们认识到有害气体有时运移距离很大,所以在许多不含有害气体源岩的地层中开挖硐室也会遇到有害气体问题。

有害气体的种类多种多样,其中危害大的主要有煤层瓦斯(CH_4)、石油天然气(nCH_4)、一氧化碳(CO)、二氧化碳(CO_2)、二氧化硫(SO_2)、硫化氢(H_2S)等,这些都应在勘测期间及工程实施阶段对可能产生的部位开展有害气体观测。

地下硐室有害气体最大允许浓度和瓦斯隧洞类别分别见表 6-12、表 6-13。

在地质勘测时,首先要查明隧洞及其附近地区是否存在生成有害气体的源岩,并且要注意有无将有害气体引向隧洞区的地质构造条件。在施工中及时封闭围岩、加强通风和监测也是十分重要的。地下硐室有害气体的勘测与评价一般应从如下方面进行。

表 6-12　地下硐室有害气体最大允许浓度表

有害气体名称	符号	最大允许浓度	
		按体积比（$\times 10^{-3}$%）	按质量比（mg/m^3）
一氧化碳	CO	2.40	30
氮氧化合物	换算成 NO_2	0.25	5
二氧化硫	SO_2	0.50	15
氨	NH_3	4.00	30
硫化氢	H_2S	0.66	10

注：地下工作面空气成分的主要指标：氧气应不低于20%（体积比）；二氧化碳含量不高于0.5%（体积比）。

表 6-13　瓦斯隧洞类别

类别	瓦斯涌出量（$mg/(min \cdot m^3)$）	吨煤瓦斯含量（m^3/t）	瓦斯压力 P（MPa）
低瓦斯隧洞	<0.5	<0.5	<0.15
高瓦斯隧洞	≥0.5	≥0.5	0.15～0.74
瓦斯突出隧洞			≥0.74

（1）收集有害气体地段的有关资料，查明其地形地貌、地层岩性、地质构造和地下水的补给、径流和排泄条件。

（2）利用平硐、钻孔进行有害气体含量和种类测试，根据地下硐室的地质条件和测试结果，预测预报有害气体的强度和分布规律，评价对工程的影响，提出工程措施意见。

（3）当地下水工建筑物通过含煤、含气、含油等地层，在研究其产出状态和瓦斯生成环境、运移及聚集条件的基础上，利用探硐、钻孔探测瓦斯含量、压力，评价和预测其危害程度，并提出相应的防护措施及建议。

第八节　有害水质问题

西部地区第三系（N_{1+2}）地层的地下水水质普遍较差，其原因主要是泥岩、砂岩中含有石膏等盐岩，SO_4^{2-}、Cl^- 含量较高，一般对混凝土具有硫酸盐型强—弱腐蚀性，对混凝土钢筋具有中等—弱腐蚀性，对钢结构具有中等—弱腐蚀性。

如天山地区花岗岩体地下水即存在局部水质异常问题，地下水 SO_4^{2-}、Cl^- 含量较高，pH 值较高，对混凝土具有重碳酸型弱腐蚀性，对钢结构具有弱腐蚀性。对混凝土具有硫酸盐型强腐蚀性，对混凝土具有重碳酸型中等腐蚀性，对混凝土钢筋具有中等腐蚀性，对钢结构具有中等腐蚀性等。其成因可能在于，花岗岩侵入岩体周边的矽卡岩带、断层带和不整合古风化壳中，常形成有色金属矿产，其中的黄铜矿（$CuSO_4$）、方铅矿（PbS_2）、磁黄铁矿（FeS_2）、闪锌矿（ZnS_2）等，遇水可产生硫酸根，形成侵蚀性地下水。

总体而言，大部分地区地表水和浅层地下水水质良好，对普通混凝土无腐蚀性。但深部岩体中的地下水受地层岩性、构造及特殊矿物影响，水质比较复杂并难以查明。由于深部岩体的透水性一般较弱，有害水质的影响相对整个隧洞工程来讲是局部的，施工中只要加强地下水质监测，遇有害水质及矿脉点采取有效措施及时封堵，是可以防治其扩散、污染输水水质和对隧洞衬砌结构产生腐蚀的。

第九节　膨胀岩问题

我国北方（包括西北地区）膨胀岩主要分布在二叠系、三叠系、侏罗系、白垩系及第三系中。岩性为富含蒙脱石和石膏的泥岩、砂质泥岩、黏土岩等。通过工程实践认识到，尽可能地减少对围岩的扰动和采取防水结构设计，使围岩的含水量不发生较大的变化，可以减少甚至避免膨胀岩的危害。这种方法和措施能够有效地防止膨胀岩干燥活化作用的发生，从而抑制膨胀岩膨胀作用的发挥。例如万家寨引黄入晋工程 7 号隧洞工程已成功地解决了膨胀岩的危害问题。

第十节　放射性元素危害问题

在我国一些地区（如新疆天山地区）放射性矿藏比较多，有侵入型、火山热液充填型、沉积型等。当地下硐室通过酸性岩浆岩体、伟晶岩脉等具有放射性物源地层，或硐室虽未直接通过放射性物源地层，但临近地区存在该类放射性物源和硐室深埋时，可能存在放射性物质浓度超标，对施工、运行人员产生内、外照射辐射危害，应对硐室进行环境放射性影响评价。在放射性元素含量高的地区进行专门性勘测工作时，一般解决以下几个问题：

（1）放射性矿层及富集区（或异常区）的分布。

（2）对施工人员和输水水质的影响作出评价。

（3）对放射性超标的隧洞弃渣提出避免二次污染环境的堆放要求。

参考《铀矿勘探开采中的辐射安全》、《铀矿井排氡通风技术规范》（EJ/T 359—2006）等进行分析，工程对周围辐射环境可能产生的影响主要有：①隧洞掘进废石排放所致辐射环境影响；②隧洞围岩暴露产生 γ 辐射影响；③隧洞围岩和地下水的暴露以及施工用水产生的氡及氡子体影响；④隧洞地下水暴露、施工废水对周围水体和隧洞流经水体的辐射影响;⑤建成隧洞对所流经输水水体带来的辐射影响。下面分述之。

一、隧洞掘进废石排放所致辐射环境影响

隧洞掘进废石排放所致辐射环境影响应符合《建筑材料放射性核素限量》(GB 6566—2001)中“作为建材主体时产销与使用范围均不受限制”的限值要求,以使隧洞掘进排放废石不对周围辐射环境产生不利影响。

二、隧洞围岩暴露产生的 γ 辐射影响

对于隧洞围岩暴露产生的 γ 贯穿辐射产生的周围辐射环境和对施工人员的影响,《铀矿勘探开采中的辐射安全》给出了铀矿地下巷道围岩 γ 辐射剂量率的估算公式。

三、隧洞围岩和地下水暴露以及施工用水所产生的氡及氡子体影响

工程隧洞内氡及氡子体主要以围岩氡的析出为主。对于围岩氡的析出量,可依据《铀矿井排氡通风技术规范》(EJ/T 359—2006)给定方法估算,估算公式如下:

$$D_a = J_d \times L \times P \times a \times K_p \tag{6-17}$$

式中,D_a 为隧洞围岩氡的析出量,kBq/s;J_d 为围岩当量氡析出率,kBq/(s · m^2 · 1%);L 为隧洞长度,m;P 为隧洞壁周长,m;a 为隧洞围岩铀品位(%);K_p 为铀镭平衡系数。

按^{238}U 含量估算,在连续施工 1 年以上而未采取任何人工通风的假定条件下,隧洞氡浓度的最高水平不应超过《电离辐射防护与辐射源安全基本标准》(GB 18871—2002)中规定的工作场所 500 ~ 1 000 Bq/m^3 的补救行动水平。因此,必须采取通风等有效的降氡和防氡措施,将隧洞内氡的浓度水平降至标准限值以下。

四、隧洞地下水暴露、施工废水对周围水体的辐射影响

由于衬砌封闭等措施,地下水的暴露将被控制在非常低的水平,因此不存在对周围环境水体以及隧洞流经水体的放射性不利影响。

五、输水隧洞对所流经输水水体带来的辐射影响

由于深部地质条件的复杂性,对深部岩石的放射性特征的推断是存在不确定性的。建议关注以下问题:①对隧洞沿线已施工的钻孔进行放射性测量,以获取深部岩石的放射性资料;②制订工程施工期间放射性测量计划。

放射性勘测与评价内容如下:

(1)收集放射性硐室区的有关资料,调查研究地层岩性、地质构造和地下水的补给、径流和排泄条件;监测地表水、地下水的放射性物质种类和量值,分析研究当地的核辐射环境。

(2)进行洞外大气、地表水、土壤和平硐内岩石中天然核素含量检测。检测的具体项目主要为:

①进行洞外环境核辐射本底调查，测定洞外大气、地表水、土壤、岩石中天然核素含量。

②洞中 γ 辐射吸收剂量率的测定，评价 γ 射线外照射对人体的影响水平。

③洞内空气中氡及氡子体 α 潜能浓度测定，评价 α 潜能对人体内照射的影响水平。

④洞内地下水水体放射性水平检测，即在构造水出露部位采集水样，分析水中^{238}U、^{226}Ra、^{222}Rn 三种天然核素的含量，了解水体对天然辐射源的贡献。

⑤洞壁岩石辐射水平检测，即对洞壁周围岩石进行 γ 能谱分析，测定主要岩性组中^{238}U、^{226}Ra、^{232}Th 及^{40}K 等天然核素含量，了解岩石对天然辐射源的贡献。

(3)根据当地的核辐射环境调查和洞内、外辐射剂量的对比分析，预测地下洞室放射性物质强度，评价地下硐室施工和运行过程的环境污染影响，提出相应的对策与建议。

第十一节　隧洞高外水压力问题

一、高外水压力

地下水作用于隧洞衬砌上压力称为外水压力。长大深埋隧洞往往具有较大的外水压力，致使隧洞衬砌破坏。例如万家寨引黄入晋工程 7 号隧洞，地下水位水头为 60 ~ 300 m 时，隧洞开挖中的涌水量均不大，但在外水压力实测值超过 60 m 的洞段，TBM 衬砌管片有的发生挤压破坏；引滦入津隧洞工程，在外水压力几十米水头的情况下，使约 4 000 m 城门洞型隧洞底板衬砌发生鼓起破坏。

地下水对隧洞衬砌的不利影响是显而易见的，而外水压力的量值目前还不易计算准确。在工程处理方法上采取堵排结合的方法是可行的，只排(打孔排水)不堵(接触灌浆与固结灌浆)往往会造成大面积地下水位的下降，直接对水文地质条件和生态环境形成威胁直至恶化。

二、外水压力折减系数

有关外水压力折减系数常用以下方法进行判定。

(一)隧洞围岩渗透性与外水压力折减系数

在隧洞工程前期勘测阶段，外水压力折减系数(β_e)可根据隧洞围岩渗透性确定外水压力折减系数，围岩渗透性与外水压力折减系数的关系见表 6-14(见《水利水电工程地质勘察规范》(GB 50487—2008)附录 W“外水压力折减系数”)。

(二)地下水活动状态与隧洞外水压力折减系数

隧洞衬砌与围岩接触面形成间隙，作用于衬砌内的渗流体积力可近似用衬砌内外缘的水压力代替，衬砌外缘的水压力称为外水压力。目前计算外水压力的方法主要有外水压力作用系数法和渗流场分析法。

表 6-14 岩(土)体渗透性等级与外水压力折减系数关系

岩(土)体渗透性等级	渗透系数 K(cm/s)	透水率 q(Lu)	外水压力折减系数 β_e
极微透水	$K<10^{-6}$	$q<0.1$	$0\leq\beta_e<0.1$
微透水	$10^{-6}\leq K<10^{-5}$	$0.1\leq q<1$	$0.1\leq\beta_e<0.2$
弱透水	$10^{-5}\leq K<10^{-4}$	$1\leq q<10$	$0.2\leq\beta_e<0.4$
中等透水	$10^{-4}\leq K<10^{-2}$	$10\leq q<100$	$0.4\leq\beta_e<0.8$
强透水	$10^{-2}\leq K<10^{0}$	$q\geq100$	$0.8\leq\beta_e\leq1$
极强透水	$K\geq10^{0}$		

根据《水工隧洞设计规范》(SL 279—2002),作用在硐室衬砌上的外水压力可按式(6-18)进行估算

$$P_e = \beta_e \times \gamma_w \times H_e \tag{6-18}$$

式中:P_e 为作用于洞壁的地下水压力,kN/m^2;β_e 为外水压力折减系数;γ_w 为水的重度,kN/m^3,一般采用 9.81 kN/m^3;H_e 为地下水位到隧洞中心的作用水头,m。

外水压力折减系数(β_e)见表 6-15。

表 6-15 外水压力折减系数 β_e 值

级别	地下水活动状态	地下水对围岩稳定性的影响	β_e 值
1	洞壁干燥或潮湿	无影响	0~0.20
2	沿结构面有渗水或滴水	风化结构面充填物质,地下水降低结构面的抗剪强度,对软弱岩体有软化作用	0.10~0.40
3	沿裂隙可软弱结构面有大量滴水、线状流水或喷水	泥化软弱结构面的充填物质,降低结构面的抗剪强度,对中硬岩有软化作用	0.25~0.60
4	严重滴水,沿弱结构面有少量涌水	地下水冲刷结构面中的充填物质,加速岩体风化,对断层等软弱带软化泥化,并使其膨胀崩解及产生机械管涌。有渗透压力,能鼓开较薄的软弱层	0.40~0.80
5	严重股状流水,断层等软弱带有大量涌水	地下水冲刷携带结构面中的充填物质,分离岩体,有渗透压力,能鼓开一定厚度的断层等软弱带,能导致围岩塌方	0.65~1.00

(三)隧洞涌水量与地下水活动状态的关系

根据万家寨引黄入晋工程和引滦入津工程的经验,隧洞出水量与洞壁出水状态大体有如下关系,如表 6-16 所示。

表 6-16　隧洞出水量与洞壁出水状态关系表

出水量(L/(s · m))	洞壁出水状态
<0.01	以潮湿或干燥为主
0.01 ~ 0.05	以滴水为主
0.05 ~ 0.10	以线状滴水、流水为主,局部股状流水
>0.10	以线状流水为主,局部股状涌水

(四)已建类似工程外水压力折减系数的经验

1. 万家寨引黄入晋工程 7 号隧洞

7 号隧洞穿过石炭系(C)、二叠系(P)、三叠系(T)及侏罗系(J)砂岩、泥质岩的洞段长约 33 km,具潜水和多层承压水含水结构,地下水位距隧洞中心线距离 50 ~ 320 m,采用双护盾 TBM 施工。隧洞贯通后,对地下水溢出状况进行了调查统计,表现为沿衬砌管片接缝处呈线状和连续涌水的洞段约 1 000 m,多分布埋深小于 150 m 的砂岩洞段;股状涌水仅有三处,总长 5.3 m,分布在浅埋的断层和汾河隧洞出口段;在埋深小于 200 m 的洞段滴渗和潮湿洞段长约 1 300 m;埋深 200 ~ 320 m 的洞段大部无水,潮湿和滴水洞段长仅 8.6 m。7 号隧洞地下水外水压力和 β_e 值情况见表 6-17。

表 6-17　7 号隧洞出水洞段外水压力系数

围岩条件	断层及风化破岩体Ⅴ类围岩	较破碎砂岩及小断层等Ⅳ类围岩	砂岩、泥质岩等Ⅲ、Ⅳ类围岩	较完整砂岩、泥质岩等Ⅲ类围岩为主
地下水位距隧洞中心线距离(m)	20 ~ 50	60 ~ 150	60 ~ 200	200 ~ 320
地下水溢出状态	股状 + 线状	线状 + 滴水	滴水 + 渗水	潮湿 + 无水
外水压力折减系数 β_e	0.6 ~ 1.0	0.4 ~ 0.6	0.1 ~ 0.3	0 ~ 0.2

主要借鉴经验：

(1)通过施工斜井(支洞)和主洞开挖证实，地下水主要赋存在浅部风化破碎的岩体中；深部地下水较少，主要赋存在断层破碎带及节理较发育的厚层砂岩中。深部多层承压水因水量小，一般不影响 TBM 的正常掘进，外水压力问题不突出，也易于处理。

(2)双护盾 TBM 施工对减少隧洞涌水量和防治外水压力的危害是十分有效的。对涌水量较大的股状和线状流水洞段采用围岩固结灌浆 + 排水 + 锚杆加固(Ⅴ类围岩)等措施；对滴水渗水段多采用固结灌浆 + 排水或仅为排水的工程措施。

2. 广州抽水蓄能电站引水发电洞

该隧洞埋深 80 ~ 480 m，围岩为中粗粒黑云母花岗岩，地下水类型为基岩裂隙水。勘测设计阶段确定的外水压力折减系数见表 6-18。

表 6-18　广州抽水蓄能电站引水发电洞外水压力折减系数经验值

隧洞埋深(m)	<70	70 ~ 150	150 ~ 300	300 ~ 500
β_e	0.8 ~ 0.6	0.6 ~ 0.4	0.4 ~ 0.2	0.3 ~ 0.1

隧洞开挖后，采用渗压计对 5 个观测点进行了水头观测，观测成果及外水压力折减系数见表 6-19。

表 6-19　高压引水发电隧洞渗压计观测成果表

测压计编号	位置	渗压计安装高程(m)	渗压计水位高程(m)	实测水头(m)	渗压计与地下水位高差(m)	外水压力折减系数
渗 1	上斜井	744	756	12	40	0.3
渗 2	中平段	595	599	4	45	0.1
渗 7	高压岔管	234	294	60	416	0.144
渗 8	高压岔管	252	288	36	398	0.1
渗 9	高压岔管	226	242	16	424	0.038

主要借鉴经验：实际观测成果显示，花岗岩体地下水外水压力折减很大；深部与浅部岩体中的地下水水力联系很差；虽然地下水位距隧洞距离很大，经工程处理后外水压力防治效果良好。

3. 天生桥二级电站引水隧洞

天生桥二级电站引水隧洞围岩为灰岩，最大埋深 800 m，该隧洞的外水压力折减系数如表 6-20 所示。

表 6-20　天生桥二级电站折减系数经验值

预测出水状况	潮湿渗水洞段	渗水滴水洞段	滴水、脉状涌水洞段	管道涌水及大量涌水洞段
β_e	0.1～0.3	0.3～0.5	0.5～0.8	0.8～1.0

在灰岩地段,根据岩溶发育程度,结合岩体结构及岩体透水率等因素按表 6-21 选择折减系数。

表 6-21　按岩体岩溶发育程度确定的折减系数经验值

岩溶发育程度	弱岩溶发育区	中等岩溶发育区	强岩溶发育区
β_e	0.1～0.3	0.3～0.5	0.5～1.0

主要借鉴经验:岩溶发育的灰岩地区地下硐室的突涌水和高外水压力问题需充分重视。

4. 辽宁大伙房输水隧洞

隧洞全长约 85 km,开敞式 TBM 施工段长约 60 km,采用三台开敞式 TBM 施工,钻爆法施工洞段长约 25 km。隧洞最大埋深 600 m,主要岩性有凝灰岩、凝灰质角砾岩、混合岩等。

主要借鉴经验:

(1)埋深大的洞段地下水涌水量小,呈滴渗状溢出或无水状态;断层带有线状水溢出;大理岩岩溶发育洞段有股状水涌出。

(2)开敞式 TBM 施工段,地下水多呈滴渗状,局部为线状流水,地下水涌出量小,对 TBM 施工影响不大,采取排水降压的措施降低隧洞外水压力。

(3)钻爆法施工的大理岩洞段,有集中岩溶渗漏带,造成隧洞大突涌水,需地面和洞内灌浆处理。

第七章　不良和特殊地质地段隧洞施工的质量控制

不良地质地段是指滑坡、崩坍、岩堆，偏压地层、松散地层、软土地段以及岩溶、高应力、高强度地层等不利于隧洞工程施工的地质环境。

不良地质地段的变异条件是非常复杂的。因此，在施工全过程中，应经常观察地层与地质条件的变化，勤检查支护与衬砌的受力状态，及时排除险情，防止突然事故的发生。

特殊地质地段是指膨胀地层、软弱黄土层以及含水未固结围岩、溶洞、断层、岩爆、流砂等地段及瓦斯溢出地层等。特殊地质地段隧洞，由于岩层地质成因复杂，地质条件具有突变性，事故具有突发性，因此在进行隧洞施工时，除应遵守一般技术要求外，还应采取针对性较强的辅助方法施工。同时，积极采取现场围岩变形量测，及时了解变形量、变形时间及空间变化规律是非常有益的。这对施工开挖与支护衬砌提供较充分的科学依据。

第一节　不良和特殊地质地段隧洞施工的注意事项

不良和特殊地质地段隧洞工程施工的注意事项，根据情况和工序地质条件等的不同可分为以下几点。

一、编制施工计划的注意事项

施工前应组织有关人员对隧洞工程的设计文件、图纸、工程地质和水文地质资料进行实地核实，认真详细的研究分析，在充分调查研究的基础上根据围岩类别结合施工单位的具体情况，综合考虑各种因素，拟订施工方案，确定施工工艺和技术措施，编制实施性施工组织设计，编制主要材料、劳动力、机具设备的数量及供应计划，以使隧洞工程施工达到安全、优质、高效的目的。

二、不良和特殊地质地段选择施工方法的注意事项

不良和特殊地质地层的开挖技术要求应以“短开挖，弱爆破，强支护，早衬砌，勤检查，稳步前进”19个字为指导原则。应以安全及工程质量为前提，综合考虑隧洞工程地质、水文地质条件、断面形式及尺寸、埋置深度、施工机械装备、工期要求、经济和技术的可行性论证等因素而确定施工方法。

三、使用锚喷技术施工的注意事项

特殊地段使用锚喷技术施工时应符合下列要求：

(1)当锚杆支护完成后仍不能提供足够的支护能力时，应及时设置钢架支撑加强支

护。

(2)在隧洞穿过未胶结松散地层和严寒地区、冻胀地层等，施工时应采取相应的措施，如先护后挖、密闭支撑、边开挖边封闭的办法。

(3)当开挖工作面的稳定性很差难以开挖成型时，在清除危石后应尽快在开挖面上喷射厚度不小于 5 cm 的混凝土护面，必要时可在开挖轮廓线外和开挖面上打超前锚杆，其长度宜大于开挖进尺的 3 倍。

(4)选用掘进方法时应注意：特殊地质地段隧洞施工时，不宜采用全断面开挖，应视地质环境工程质量和安全等条件合理选用，如选用钻爆开挖法、机械开挖法或人工和机械混合开挖法等。如遇地质变化，应及时修改完善设计和改变施工方法，采用相应的辅助施工方法。

四、对松散、自稳差的围岩掘进时的注意事项

对松散的未固结围岩、自稳性极差的围岩，当采用先支护后开挖法施工仍不能开挖成型时，应采用先用压注水泥砂浆或化学浆液加固围岩的方法，以达到提高围岩的自稳性的目的。

五、特殊地质地段的注意事项

特殊地质地段隧洞施工方案，应由设计、施工主管技术负责人共同研究确定。在监控、量测过程中，发现设计与实际情况不符合时或地质变异时，施工单位应会同有关方面，设计、监理、业主三方共同研究，作出必要合理的修改。

六、衬砌出现开裂或下沉时的注意事项

(1)衬砌混凝土应采取提高标号及掺速凝剂、早强剂或早强水泥等，以达到提高衬砌的早期承载能力。

(2)仰拱施工，应在边墙完成以后抓紧进行，或根据需要在初期支护完成后立即施作仰拱，使衬砌结构尽快封闭，构成环形以改善受力状态，确保衬砌结构的长期稳定坚固。

(3)当拱脚、墙基松散时，灌注混凝土前应排净基底积水，并采取措施加固基底。

七、采用临时支护时注意事项

不宜采用锚喷支护的特殊地质地段，应用构件支撑作临时支护，并应符合下列要求：

(1)围岩出现底部压力、产生底鼓现象或可能产生沉陷时，应加设底梁。

(2)根据现场条件，可结合管棚或超前锚杆等支护，形成联合支撑。

(3)支撑要有足够的强度和刚度，能承受开挖后的围岩压力。构件支撑基础应铺设垫板。

(4)当围岩极为松软破碎时，必须先护后挖，暴露面应采用支撑封闭严密。

(5)构件支撑作业应迅速、及时，以充分发挥构件支撑的作用。

八、掘进时遇有围岩压力过大注意事项

围岩压力过大，支撑下沉可能浸入衬砌断面时，必须挑顶并按以下方法处理：

(1)当广挖后发现顶部下沉，应立好拱架和模板，先灌注满足设计断面部分的拱圈，待混凝土达到所需设计强度并加强拱架支撑后，再行挑顶灌注其余部分。

(2)挑顶作业时，宜先护后挖，暴露面应用支撑封闭严密。

(3)拱部广挖前发现顶部下沉，应先挑后扩。

九、选用掘进方法时的注意事项

特殊地质段隧洞施工时，不宜采用全断面开挖。无论是采用钻爆开挖、机械开挖法或人力和机械混合开挖法，均应视地质环境、工程质量和安全等条件后合理选用。如选用钻爆方法施工时采用光面爆破和预裂爆破技术，能使开挖轮廓线符合设计要求及减少对围岩的扰动破坏。爆破应严格按照钻爆设计进行施工。而钻爆设计时，应严格控制炮眼数量、深度和装药量。如遇到地质变化，应及时修改完整设计和改变施工方法，采用相应的辅助施工方法。

十、不良和特殊地质地段的监控和量测工作

采用新奥法施工的隧洞，为掌握施工中围岩和支护的力学动态及稳定程度，以及确定施工工序，保证施工安全及工程质量，应克服陈旧思想阻力及克服各种困难，实施现场量测，充分利用检测指导施工。

对软岩浅埋地段隧洞，须进行地表下沉观测，以及对开挖断面的地质素描及对围岩和支护的应力—应变测试等，这些对及时预报洞体稳定程度和力学动态，及时修正支护设计参数和改变施工方法，采取针对性的技术措施都是十分重要的。

第二节　膨胀性围岩隧洞施工的质量控制

在软质膨胀性围岩，如页岩、蒙脱石质泥岩、泥质凝灰岩、变质安山岩、粘板岩、蛇纹岩及有地热效应的土质地层等具有膨胀特性，特别是这些软质岩层，经过断裂、褶皱作用而产生的破碎带，隧洞开挖暴露后受风化和吸水的影响，便发生体积膨胀，对隧洞支撑或衬砌产生膨胀压力。当膨胀性围岩破碎，节理、裂隙中含有活动性矿物成分的黏土充填物时，在开挖暴露后即行膨胀力增长很快。由于膨胀土层具有干收缩、湿膨胀软化的特性，因此在隧洞施工开挖过程中，常有初期围岩变形大、发展迅速等不良现象，使围岩压力增大。膨胀围岩产生较大的塑性变形，特别是膨胀压力对隧洞增大围岩压力起叠加作用,所以膨胀土围岩的湿膨胀压力或干收缩压力都将破坏围岩和支护的稳定性，故在进行膨胀性围岩隧洞施工时要注意以下施工要点。

一、选择合理的施工方法

由于膨胀性隧洞围岩存在的压力，导致隧洞围岩和支护衬砌结构变形，因此采用合理的施工方法，对隧洞稳定性和施工安全具有十分重要的作用。

喷射混凝土层宜采用钢纤维混凝土，以提高喷层的抗拉和抗剪能力。衬砌的拱部和侧墙应同时施工，仰拱应尽早完成。仰拱与侧墙连接处最好做成圆弧形状，衬砌与围岩

应密贴。当围岩压力极大，其变形速度难以收敛时，应在上台阶或中央导坑底部先修筑临时混凝土仰拱，待变形基本收敛后，开挖下部台阶。在施工开挖中应以尽量减少对围岩产生扰动和防水的浸湿为原则，所以宜采用无爆破掘进法，如使用挖掘机、风镐、液压镐等进行开挖。在开挖过程中尽量缩短围岩暴露时间，应及时衬砌，以减少围岩膨胀变形。

宜采用短台阶或中央导坑法开挖，但开挖部分不宜过长。应紧跟开挖尽快对围岩施加约束，可用锚喷构筑法施工及钢拱架式格栅联合支护。膨胀压力很大时，可在隧洞底部打设锚杆，亦可在隧洞顶部一定范围内打入斜向超前锚杆或小导管形成闭合环。斜向锚杆的外斜角度、杆长、间距、范围均应符合隧洞施工技术规范有关规定。

钢支架宜采用可缩性结构。钢支撑的制作和安装应符合下列规定：

(1)钢支撑的可缩接头，应根据位移量确定，可设 2 ~ 3 个。

(2)接头的伸缩量应根据隧洞最大控制位移计算确定，每个接头最大伸缩量不宜大于 10 cm，可缩接头的滑动阻力，可按钢支架承受轴向力的 1/2 进行计算。

(3)可缩性接头处喷射混凝土应设置纵向伸缩缝，待可缩接头合扰后用喷射混凝土封闭。

(4)当采用钢管制作支撑时，应设灌浆机，可缩接头收缩合拢后，管内应灌满 C15 混凝土或 10 号砂浆。

二、其他施工的注意事项

(1)在膨胀性岩层施工中，要特别注意防排水工作，避免水漫流，应设置排水管或浆砌片石水沟，及时排出拱脚及边墙脚处的积水。

(2)不要向开挖面洒水，以保持围岩干燥，加强通风以降低洞内湿度和温度。

(3)混凝土全部灌抵岩壁，对拱顶部位应特别注意捣固密实。

(4)由于膨胀性围岩隧洞，不管采用什么类型、形状的支护，如果处于非闭合状态，则难以产生足够的承载力，所以采用喷射混凝土、锚喷混凝土、钢拱架联合支护，均应尽可能使其在开挖面周壁上迅速闭合，以约束围岩变形。

(5)膨胀性围岩隧洞开挖后，围岩向内挤压变形一般是在四周同时发生，所以除应充分发挥支撑作用外，还要求隧洞支护衬砌尽早形成封闭式结构，使其受力状态最佳。

三、加强支护

(1)膨胀土地段隧洞，除开挖后需要立即喷射混凝土外，应及早进行支护。

(2)拱圈灌注后拱脚部位应立即设置足够强度的横撑，以抵挡两侧围岩向内挤压变形。

(3)在膨胀压力较大时，可采用不同类型钢支撑(如 H、U、I 型钢等)或钢管环箍支撑、钢筋格栅支撑等。采用哪一种为好，应根据工程实际情况及围岩变形状态而定。

(4)当采用木支撑或钢木混合支撑时，应加密其间距，支撑与围岩间用木板或钢板和楔子填塞密实；上导坑与拱部扩大的支撑应预备足够的沉落量。

四、加强对围岩压力及流变调查和量测

在膨胀性地层中开挖隧洞，除了开挖前应调查其特性和规模，并参考其他类似情况

的工程实例，认真实施设计文件所提出的技术要求外，在施工过程中，还应对围岩压力及其流变情况进行充分的调查和量测，分析其变化规律。对地下水应探明其分布范围及规律，了解地下水对隧洞施工的影响程度，以便根据围岩动态采取相应的施工措施。

第三节　黄土地段隧洞施工的技术要求

在黄土地层修筑隧洞工程，应了解黄土地层对隧洞施工的影响，其施工技术要求和注意事项如下。

一、黄土地段隧洞施工时的注意事项

(1)首先，做好洞口、洞门及洞顶的排水系统，并妥善处理好陷穴、裂缝，以免地面积水侵蚀洞体周围，造成土体坍塌。

(2)在含有地下水的黄土层中施工时，洞内排水沟应进行铺砌，必要时应配和井点降水等法将地下水位降到隧洞衬砌底部以下，以保证施工顺利进行。

(3)施工中如发现有失稳现象，应及时用喷射混凝土封闭，加设锚杆架立钢支撑等加强支护。喷射机的压力不宜超过 0.2 MPa。

(4)在干燥无水的黄土层中施工，应管理好施工用水，不使污水漫流。

(5)施工时要特别注意拱脚与墙脚处断面，如超挖过大，应用浆砌片石回填。如发现该处土体承载力不够，应立即加设锚杆或采取其他措施进行加固。锚杆钻孔时，宜采用干钻。锚杆宜采用药包式或早强砂浆式锚杆。

(6)在开挖与灌注仰拱前，为防止边墙向内位移，宜加设横向撑梁顶紧。

(7)若拱部位于砂层时，为防止喷混凝土层塌落，可用ϕ4 mm 的密钢丝网紧贴开挖面作为固定初喷混凝土用。密钢丝网用两根ϕ8 mm、长 35 cm 的锚钉加以固定，也可用两根ϕ22 mm 的环向钢筋将网压紧在开挖面上，以防止喷混凝土时钢筋网脱落。

(8)施工中如发现不安全因素时，应进行开挖，加强临时支护，以便采取适应性的工序安排。

二、黄土地段隧洞施工方法及技术要求

(1)黄土地段隧洞施工，应做好黄土中构造节理的产状与分布状况的调查。对因构造节理切割而造成坍塌的，在施工时应加强支护措施，防止坍塌，确保施工安全。

(2)做好施工工作计划，在施工中应遵循“短开挖，少扰动，强支护，及时密贴，实回填，严治水，勤量测”施工原则，紧凑施工工序，精心组织施工。

(3)开挖方法宜采用短台阶开挖方法或分部开挖法。初期支护应紧跟开挖面施作。

第四节　松散地层隧洞施工的质量控制

松散地层的特点是结构松散、胶结性弱、稳定性差。若有地下水时，则以上特点表现更甚，在施工中极易发生坍塌。在这类地层中进行隧洞施工主要是减少对围岩的扰动，

必要时可采用超前注浆预加固地层方法及早控制地下水。其常用的施工手段是采用先护后挖、密闭支撑、边挖边封闭的方法。目前采用的施工方法有以下几种：

(1)超前支护法：即隧洞开挖前，先向岩体内打入钢钎、钢管、钢板等构件，用以预先支护松散围岩，防止坑道掘进时松散岩体发生坍塌。

(2)注浆加固法：注浆加固是将松散地层固结为整体再进行开挖。在砂夹砾石、粗砂且有侵蚀性水的地层中，采用水泥砂浆压注；在粉细砂地层或有侵触性水时，可压注化学浆液。注浆加固时，先沿开挖断面周边布置压浆孔，其间距视围岩松散情况一般为 0.6 ~ 0.8 m，压浆后要求在开挖断面外有约 0.1 m 厚的加固层。

(3)振松法：在稍有黏结力的堆积层中，每次爆破都根据地质的变化和前一茬炮爆破的效果，调整炮眼分布和装药数量，必要时还可采取辅助措施，以减小爆破对围岩的扰动，达到不抛掷石渣而经振动松落成型的目的。

一、超前支护施工法的要点

超前支护的主要类型有超前锚杆或超前小钢管、超前管棚法及超前小导管预注浆法 3 种形式。

(一)超前支护法的参数选择

(1)超前锚杆的长度(L)为(见图 7-1)：

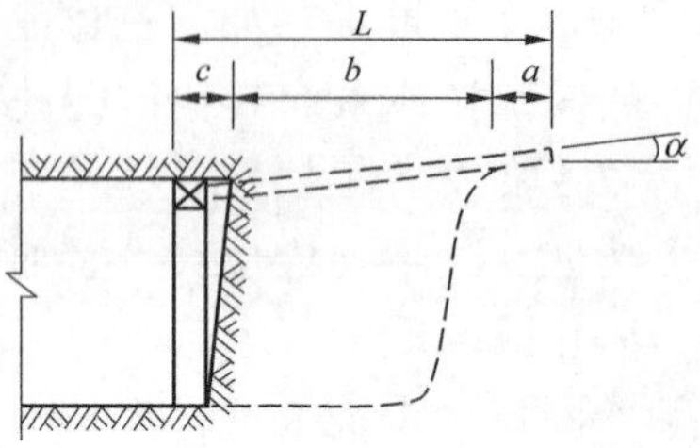

图 7-1　超前锚杆(钢管)长度计算示意图

$$L=a+b+c \tag{7-1}$$

式中　L——超前锚杆的长度，m；

a——开挖后留在围岩内的超前锚杆长度，一般不小于 0.7 m；

b——开挖总进尺，m；

c——开挖前打入围岩的超前锚杆外露长度，m。

(2)超前锚杆的倾角(α)：一般选用 6° ~ 12°；超前管棚的倾角一般选用 5° ~ 10°；超前小导管倾角一般情况为 5° ~ 10°；若用于坍塌处理，以注浆固结塌体形成人工护顶时，其倾角为 30°。

(3)超前锚杆的横向宽度(K_2)与横向间距(a)：一般情况下(K_2)等于内拱顶线(K_1)的 1/2 再加 2 m，如图 7-2 所示，也可根据地质情况适当增减其布置范围。锚杆的横向间距(a)根据围岩情况而定，一般为 0.2 ~ 0.4 m，若采用双层支护时间距为 0.4 ~ 0.6 m，其上下层应错开排列。

(4)超前锚杆的纵向间距：根据围岩类别，超前支护的长度、锚杆的截面尺寸和横向间距等因素确定，一般纵向间距可取 100 cm 或 150 cm，最大不超过 200 cm。

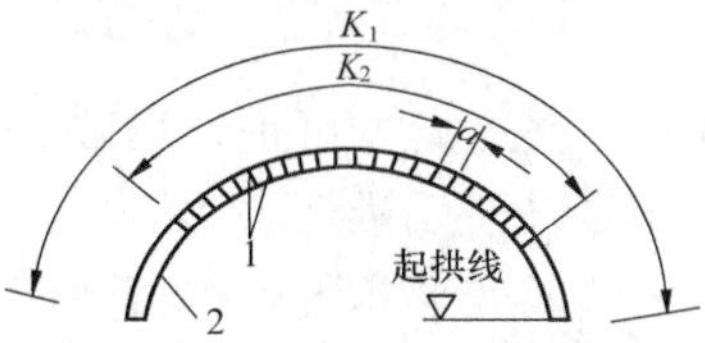

图 7-2　超前锚杆(钢管)横向布置示意图

1—超前锚杆(钢管)；2—格栅拱支撑；K_1—内拱顶线；　K_2—超前锚杆(钢管)横向布置宽度；
a—超前锚杆(钢管)的横向间距

(二)超前支护法的施工程序

由于支护类型及地质条件的不同，施工程序有差异，其基本工序如下：

(1)对新开挖面结合出渣进行初次喷射混凝土，喷射层厚度一般为 3 ~ 6 cm。

(2)第一次测量，标出结构锚杆、悬吊锚杆和超前锚杆或超前钢管等锚孔的位置，并核对坑道净空。

(3)架立网构钢架支撑，并做好纵向联结支撑。

(4)钻孔，插锚杆或钢管。

(5)挂钢筋网，焊接钢筋网、锚杆或钢管外露部分、横向短钢筋、网构钢架支撑之间相互接处。

(6)清除工作面底部的浮渣。

(7)第二次喷射混凝土，喷至设计厚度。

(8)第二次测量，在开挖面画出下次开挖轮廓线，并标出炮眼位置。

(9)钻炮眼装药，堵炮眼及爆破。

(三)超前支护法的开挖顺序

开挖顺序主要是根据地质条件、隧洞断面大小、使用机械设备和施工期限等因素综合考虑确定，一般开挖顺序如下：

(1)先护顶、后做墙：在超前支护的保护下先开挖上半部，随即进行喷锚等支护，然后再开挖下半部。

(2)分层开挖：分层开挖需设置一层主台阶层，其长度可根据地质情况确定，一般选用 30 ~ 50 m。主台阶层至顶部的开挖高度，受装渣机高度和凿岩车的长锚杆向上垂直钻孔的要求所限制。如遇地质条件不好需减小其开挖高度时，则可增加开挖的层数。

(3)倒梯形开挖法：在极微弱破碎的地层，拱部采用环状开挖，留倒梯形核心土。

(四)超前支护法施工注意事项

(1)当遇砂、软土等过于松散的地层，应慎重选择支护方法及数量，以免造成支护失效。

(2)应保证钢拱的架设质量及拱脚处的地基有足够的承载能力。

(3)悬吊锚杆和结构锚杆均应保证施工质量，并将各种锚杆末端焊接牢固。

(4)合理运用微震动爆破，以免引起围岩过大的扰动和破坏。

(5)当采用半断面掘进时，其长度不大于 2 倍洞径时就应施作临时工字钢底梁，使底梁与钢拱脚顶紧，若地压大则采取焊接后再喷射 20 cm 厚的混凝土，待下部开挖施工作业正式仰拱后再拆除。

(6)注浆锚杆的砂浆应达到设计强度后方可进行爆破。

(7)喷射锚支护既要及时，又要保证质量。

(8)及时检查、测量，对有异状或变形较大处进行加固。

二、注浆加固法的注浆数量控制

注浆数量控制，多采用定压和定量相结合的方法，注浆数量及注浆压力基本是固定，它是按需填充的孔隙量选定，以所处围岩总体积的百分数表示，在砂层可高达 40%，而裂隙岩体则仅为 5%，注浆率(N)具体计算公式如下：

$$N=Q/A=n\times a \tag{7-2}$$

式中 Q——注浆总数量，m^3；

A——围岩加固的体积，m^3；

n——围岩加固的孔隙率，%；

a——经实践采用的填充率，%。

为了做好预注浆工作，必须事先对需要加固围岩进行土力学试验，查看围岩透水系数、土颗粒组成、空隙率、饱和度、密度、pH 值、剪切和抗压强度等，必要时还要做现场注水和抽水试验。

围岩孔隙率及注浆填充率如表 7-1 所示。

表 7-1 围岩孔隙率及注浆填充率

土质	卢姆	黏土	粉砂	砂					砂、砾		
注浆项目	堵水加固			堵水			加固		堵水		
孔隙率(%) 范围值	65 ~ 75	50 ~ 70	40 ~ 60	46 ~ 50	40 ~ 48	30 ~ 40	46 ~ 50	40 ~ 48	40 ~ 60	38 ~ 40	22 ~ 40
孔隙率(%) 标准值	70	60	50	48	44	35	48	44	50	34	26
填充率(%)	40	30	20	60	60	50	50	40	60	60	60

三、振松法施工的质量控制

振松法对围岩扰动小，在堆积层中适用大型机械设备进行全面开挖，从而在加快工程进度、降低劳动强度、减少炸药、改善通风条件、节省支护与衬砌材料、降低工程造价等方面都具有优越性。但在特殊地质应用时往往不尽完善，还需一些辅助手段。

隧洞施工为浅埋段，可减少开挖面积，一次进尺控制在 1 m 左右，周边眼布置在设计开挖轮廓线内 1 m，采用楔形掏槽，连续装药结构，单位耗药量为 0.3 ~ 0.35 kg，支护紧跟掌子面。

当坑道周边遇有黏土层时，则需采用局部“周边隔空装药法”、“轮廓线钻眼法”加以处理，即在设计开挖轮廓线上布设间距 0.5 m 的空孔，再在其内侧布设间距 0.4 m 炮孔。启爆后，利用爆破的振动和土体自重开挖出平滑轮廓线。

当坑道周边遇到大孤石时，则需配合“插筋支架法”，即在孤石上打若干深孔，插入长 3 m 的 ϕ22 mm 钢筋，钢筋的另一端支撑在钢架支撑上，起挑梁的作用，再在其下打上若干深 1.2 m 的炮眼，装少量炸药进行引爆，这样可避免爆破后因大孤石震落而形成局部超挖过大或发生坍塌。

振松法施工中的注意事项如下：

(1)爆破参数需由现场开挖试验坑确定。

(2)推行专人负责制，指派一名爆破技术人员或熟练炮工负责指挥布孔及钻爆等作业。

(3)钻孔台车就位应保证炮眼方向和深度符合钻爆要求。

(4)喷混凝土、挂钢筋网、立钢架支撑等项工序应环环紧扣，并确保质量。

(5)注意围岩变形和浅埋地段的地表下沉观测工作，并将量测数据及时整理、分析，反馈于施工监控人员。

(6)严格控制台车钻眼的用水量，以减轻对地层的软化作用。

第五节 穿过断层的隧洞施工质量控制

穿过断层的隧洞施工难度取决于断层的性质、破碎带的宽度、填充物、含水性和断层本身的活动以及隧洞轴线和断层构造线方向的组合关系。当隧洞轴线接近于垂直构造线方向，断层规模较小，破碎带不宽且含水量较小时，条件比较有利，可随挖随撑。但当隧洞轴线斜交或平行于构造方向时，则隧洞穿过破碎带的长度增大，并有强大侧压力，应加强边墙衬砌，及时封闭。

一、穿过断层地带隧洞的施工步骤

穿过断层地带隧洞的施工步骤如下：探明断层地带情况，选择合理的施工方法，注重施工的防排水作业和施工工序、开挖作业、支护作业、衬砌作业等。

(一)探明断层地质情况

施工前，应切实掌握所遇到断层带的所有情况。当断层破碎带的宽度较大、破坏程度严重、破碎带的填充物情况复杂，且有较多地下水时，应在隧洞一侧或两侧开挖调查导坑。利用调查导坑详细绘制地质情况后，应及时做好封闭衬砌，调查导坑穿过断层后，宜在较好的岩层中掘进一段距离再转入正洞，开辟新的工作面，以加快施工进度，如图 7-3 所示。如有平行导坑时，可超前于正洞，预先了解正洞断层的实际地质情况，并有利于排水。

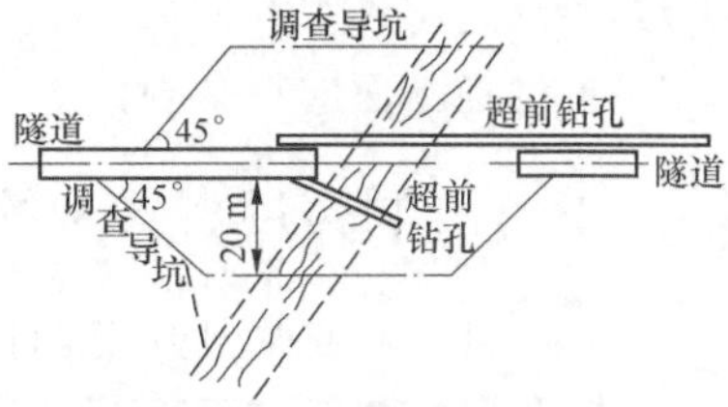

图 7-3 调查导坑开挖

(二)选择合理的施工方法

在断层带施工，应根据有关施工技术与机具设备、材料条件、进度等的要求，再择优选择通过断层地段的施工方法。①当断层地段出现大量涌水，则宜采取排堵结合的治理措施；②当断层带内充填软塑状的断层泥或特别松散的颗粒时，按照松散地层中的超前支护，采用先拱后墙法。墙部的首轮马口可用挖井法施工，如断层带特别破碎，则二、三轮马口应以护井法施工，最后挖去核心土，随即筑仰拱。

(三)防水排水的要求

(1)如断层带地下水是由地表水补给时，应在地表设置截排系统引排。对断层承压水，应在每个掘进循环中，向隧洞前进方向钻凿不小于 2 个超前钻孔，其深度宜在 4 m 以上，以探明地下水情况。

(2)坑壁或坑顶有水流出时，应凿眼安置套管集中引排，使其不漫流。

(3)随工作面的向前推进挖好排水沟，并根据岩质情况，必要时加以衬砌。如为反坡掘进，则除应准备足够的抽水设备外，并应安排适当的集水坑。

(四)施工工序的要求

(1)通过断层带的各施工工序之间的距离宜尽量缩短，并尽快地使全断面衬砌封闭，以减少岩层的暴露松动和地压增大。

(2)当采用上下导坑、先拱后墙法施工时，其下导坑不宜超前过多，并在掘进后随即将下导坑予以临时衬砌，上下导坑间的漏斗间距宜加大到 10 cm 左右，并全部以框架框紧。

(五)开挖作业要点

(1)采用分部开挖法时，其下部开挖宜左右两侧交替作业。如遇两侧软硬不同时，应用偏槽开挖法，按先软后硬顺序交错进行。

(2)采用爆破法掘进时，应严格掌握炮眼数量、深度及装药量，原则上应尽量减小爆破对围岩的震动。

(六)支护作业的要求

(1)在断层地带中，开挖面要立即喷射一层混凝土，并架设有足够强度的钢架支撑。

(2)当采用分部开挖，袭用以往木支撑时，要注意上导坑和扩大两工序间的支撑倒换工作，并需预备足够的支撑沉落量，防止因倒拆模、纵梁及反挑顶而引起坍方。这种塌方往往处理费事且对安全威胁很大。此外，当拱圈封顶后应立即设置拱脚卡口梁，并应以木楔切实塞紧。

(七)衬砌作业的要求

(1)衬砌应紧跟开挖面。

(2)衬砌断面应尽早封闭。

二、隧洞穿过断层时的施工质量控制

(1)隧洞一侧或两侧开挖调查导坑，利用调查导坑详细测绘地质状况。

(2)平行导坑超前于正洞，预先了解正洞断层的实际地质情况，有利于排水。

(3)超前水平钻孔、地质雷达预报，根据钻孔岩芯、涌水压力，结合地质雷达探测的岩体波速分布，推断前方断层地质情况。

(4)地表水补给断层地下水时，应在地表设置截排系统引排。如断层水为承压水，每个掘进循环中向前进方向钻凿不少于 3 个超前钻孔，其深度宜在 4 m 以上，以探明地下水的情况。

(5)坑壁或坑顶有水流出时，应凿眼安置套管集中引排，使其不漫流。

(6)当采用分部开挖法施工时，导坑不宜超前过多，掘进后随即将导坑的临时衬砌闭合。

(7)采用分部开挖时，其下部开挖宜左右两侧交替作业。如遇两侧软硬不同时，应用偏槽法开挖，按先软后硬顺序交错进行。当拱圈封顶后应立即设置拱脚卡口里，并应以木楔切实塞紧。

(8)各工序之间的距离宜尽量缩短，并尽快地使全断面衬砌封闭，以减少岩层的暴露、松动和避免地压增大。

(9)随掌子面向前推进挖好排水沟，必要时加以铺砌。对于反坡掘进，应准备足够的抽水设备，并安排适当的集水坑。

(10)开挖面要立即喷射一层混凝土，并架设有足够强度的钢架支撑。

第六节　隧洞在溶洞地段施工的质量控制

隧洞在溶洞地段施工，应根据设计文件有关资料及现场实际，查明溶洞分布范围类型情况(大小、有无水以及填充物等)、岩层的稳定程度和地下水流情况等，分别以引、堵、越、绕等措施进行处理。

一、引排水的要求

(1)当水流的位置在隧洞上部或高于隧洞时，应在适当距离外开凿引水斜洞(或引水槽)，将水位降低到隧洞底部位置以下再行引排。

(2)当遇暗河和溶洞有水流时，应排不堵。在调查清水流流向及其与隧洞位置的关系后，用暗管、隧洞、明渠等渲泄设施或开凿泄水洞，将水排出洞外。

二、堵填的技术要求

(1)拱上空的溶洞，根据溶洞的岩石破碎程度来确定，采用喷锚支护加固或加设护拱及拱顶回填的办法处理。

(2)对已停止发育、跨径较小又无水的溶洞，可根据其与隧洞相交的位置及其填充物情况，采用混凝土、浆砌片石或干砌片石予以回填封闭。并可根据地质情况决定是否加深边墙基墙等措施。

三、跨越的要求

当溶洞较大且深，可在隧洞不同部位采取跨越的措施。

(1)当隧洞底部遇有较大溶洞并有流水时，可在隧洞底以下砌筑浆砌片石支墙支承隧洞结构，并在支墙内套设涵管引排溶洞水。

(2)当隧洞中部及底部遇有深狭的溶洞时，可加强两边墙基础，并根据情况设置台架梁通过。

(3)隧洞穿过大溶洞，情况较为复杂时，可根据情况以边墙梁及行梁通过。

(4)当隧洞一侧遇到狭长而较深的溶洞，可加深该侧的边墙基础通过。

(5)隧道边墙部分遇到较大、较深的溶洞，不宜加深边墙基础时，可在边墙部位或隧底以下筑拱跨过。

(6)溶洞上大下小，且有部分填充物时，可将隧洞顶部的填充物清除，然后在隧洞底部标高以下设置钢筋混凝土横梁及纵梁，横梁两端嵌入岩层。

四、绕行施工要求

施工中遇到一时难以处理的溶洞时，可以采取迂回导坑绕过溶洞，继续进行隧洞施工，然后再行处理溶洞。

(1)施工前应对地表进行详细的勘察，注意研究岩溶状态，了解地表水、出水地点的情况，并对地表进行必要的处理，以防止地表水下渗。

(2)当施工达到溶洞边缘时，要设法探明溶洞的形状、范围、大小、填充物及地下水等情况，根据现场情况拟订施工处理方案及安全技术措施。并且各工序应紧密衔接，应将滞后工序赶前，迅速将支护衬砌做到适当地段。同时，注意检查溶洞顶板，及时处理危石。当溶洞较大、较高时，应设置施工防护架或钢筋防护网。

(3)在溶洞地段的爆破作业，应尽量做到多打眼、打浅眼，并控制药量。

(4)在溶洞填充体中掘进，如填充物松软，可用超前支护法施工；如填充物为极松散的砾、块石堆积物或有水，可开挖前采取预注浆加固。

(5)处理情况复杂的溶洞要根据现场具体情况制定安全措施，以确保施工安全，溶洞未做出处理方案前，不要将弃渣随意倾于溶洞中。

第七节　隧洞施工遇有岩爆时的技术要求

岩爆多发生在埋藏很深、整体干燥和质地坚硬的岩层中。产生岩爆的时间，一般是在开挖后几小时内，但也有的是在较长时间后发生。隧洞中常遇到的岩爆以顶部或拱腰部位为多。

一、对隧洞内岩爆的特点进行了解和认识

(1)岩爆在未发生前并无明显的预兆，虽然经过仔细找顶，并无空响声。一般认为，不会掉落石块的地方也会突然发生岩石爆裂声响。石块有时应声而下，有时暂不坠下，在没有支撑的情况下对施工安全威胁很大。它与隧洞施工中的一般掉块落石在现象上有明显的不同。

(2)岩爆发生的地点多在新开挖工作面及其附近，个别的距新开挖工作面较远。岩爆发生的时间多在爆破后 2 ~ 3 h。岩爆时石块由母岩弹出，常呈中间厚、周边薄、不规则的片状。但在溶孔较多的岩层里，则不会发生岩爆。

二、岩爆地段隧洞施工的注意事项

(1)如设有平行导坑，则平导坑应在掘进前正洞一定的距离，以了解其地质，分析可

能发生岩爆的地段，以便正洞施工达到相应地段时加强防卫，采取必要的措施。

(2)可选用预裂先释放部分能量的方法，如松动爆破法、超前钻孔预爆法或喷射高压水冲洗法，先期将岩层的原始应力释放一些，以减少岩爆的发生。使用光面爆破，并严格控制用药量，以尽可能减小爆破时对围岩的影响。

(3)加强支护工作，在爆破后立即向拱部及侧壁进行喷射混凝土，再加设锚杆及钢筋网。衬砌工作要紧跟开挖工序进行，以尽可能减少岩层暴露时间，减少岩爆发生和确保人身安全。

第八节　隧洞施工坍塌处理措施的要点

造成隧洞塌方有地质原因，也有人为因素，要预防隧洞施工坍塌，首先要做好地质预报，选择相应的安全合理的施工方法和措施。

一、隧洞坍塌施工中的要点

隧洞坍塌施工中要掌握的要点共21字，即“先排水，短开挖，弱爆破，强支护，快衬砌，勤检查，勤量测”。

(1)先排水：在施工前和施工中均应采取相应的防排措施，尽可能减少积水。

(2)短开挖：各开挖工序间的距离要尽量缩短，以减少围岩暴露时间。

(3)弱爆破：在爆破时要用浅眼、密眼，并严格控制用药量或用微差毫秒爆破。

(4)强支护：针对地压情况，确保支护结构有足够的强度。

(5)快衬砌：衬砌工作须紧跟开挖工作面进行，力求衬砌尽快成环。

(6)勤检查，勤量测：对围岩发现变形或异状，要立即采取有效措施，及时处理隐患。

二、隧洞塌方的原因分析

(一)塌方前的征兆

(1)量测信息所反映的围岩变形速度或数值超过允许值。

(2)喷射混凝土产生纵横向的裂纹或龟裂。

(3)在坑顶或坑壁发现不断掉下土块、小石块，或构件支撑间隙不断漏出砂、石屑。

(4)岩层的层理节理缝或裂隙变大、张开。

(5)坑道内渗水、滴水突然加剧或变浑。

(二)原因分析

1.地质原因

(1)隧洞穿过断层及其破碎带，一经开挖，潜在应力释放，承压块、围岩失稳而坍塌。

(2)在挤压破碎带、岩脉穿插带、节理密集等碎裂结构地层中，岩块间互相挤压钳制，一经开挖则失稳，常见围岩掉块坍落。在软弱结构面发育的情况下，或泥质填充物过多，均易产生较大的坍塌。

(3)岩层软硬相间或有软弱夹层的岩体，在地下水的作用下，软弱面的强度大大降低，因而发生滑坍。

(4)通过各种堆积体时，由于结构松散，颗粒间无胶结或胶结差，开挖后引起坍塌。

(5)地下水的软化、浸泡、冲蚀、溶解等作用加剧岩体的失稳和坍落。

(6)薄层岩体在构造运动的作用下形成的小褶曲、错动发育地段，施工中常常发生塌方。

2.人为因素

(1)施工方法选择不当，或工序间距安排不合理，各工序间距拉得较长，地层暴露时间过久引起围岩松动、风化，都会导致塌方的发生。

(2)喷锚不及时或喷混凝土质量、厚度不符合要求。采用钢支撑时，支撑架设质量欠佳，支撑与围岩不密贴，两者间的空隙填塞不密实或连接不够牢固，不能满足围岩压力所需要的强度要求。

(3)爆破作业不当，用药量过多。有时抽换支撑操作不当，或者当支撑已出现受力过大的现象而未及时加固。

(4)处理危石措施不当，引起危石坠落，牵动岩层坍塌。

三、隧洞塌方处理步骤和措施

塌方发生后，首先应防止塌方范围继续扩大，具体措施如下：

(1)加强原有支护。对塌方范围前后原有的支护进行加固，以防止塌方扩大。

(2)加快衬砌。对塌方两端应尽快做好局部衬砌，以保证塌方不再扩大。

(3)在塌方范围的顶部与侧壁危石及大裂缝应先行清除或锚固。

(4)在塌方范围内架设支撑或喷射混凝土，必要时加设锚杆。

(5)如塌方体积较小，且塌方范围内已进行了喷锚或架设好较为牢固的构件支撑，可由两端或一端先上后下地逐步清除坍渣，随挖喷射混凝土，随架设临时构件支撑支顶。

(6)塌方体积较大或地表已下沉，或因坍体堵塞无法进入塌方范围进行支护时，则可注浆加固坍体，然后用“穿过”的办法在坍体内进行开挖衬砌。

四、处理塌方常用支护方式的技术要点

(一)喷锚处理的技术要点

(1)采用喷锚处理大塌方较采用架设支撑更加安全快速，且省工、省料。应由外向内、由上向下逐段随清坍渣，随向岩壁先喷射一薄层砂浆。

(2)喷射 1 ~ 2 层混凝土后，可随即加设锚杆，再喷射混凝土。

(3)坍渣清除后，随即做好衬砌。

(二)构件支撑处理的要点

(1)当塌方直至地表而深度不大时，可设置井箍，由地面向下逐步清除坍渣，随即架设箍架支撑。箍架可为多边形、矩形或方形，视坍穴的形状而定，架距不大于 1 m；当塌方较深时，则可将井口至坍渣顶面一段箍好，不进行清理坍渣，而在洞内采用穿过塌方的施工方法；如坍井较大，宜采用喷锚支护井壁的方法。

(2)当坍体较高但坍体两侧壁形状较整齐且侧向压力不大时，可按垂直于隧道中线的方向架设横向排架，先将坍体顶的石渣扒平，铺上横梁，再在拱上架设排架。排架间距

根据坍穴围岩的情况而定，一般为 1 ~ 2 m。须注意，在排架间用剪刀撑撑稳。下部横梁要随坍渣的清除随时倒换撑稳。

(3)当坍塌穴成斜孔时，处理方法根据斜度而定，倾角≤30°时，可按斜井的施工方法进行出渣及支撑；倾角＞30°时，运用井箍支撑及由上而下地清渣。

(4)当塌方较大，且围岩压力也较大时，宜在塌方范围内全部用纵向棚架支撑。先将坍塌顶部适当扒平，沿隧洞中线方向平行设置纵地梁数根，在纵地梁上按照导坑支撑的形式以 1 m 左右的间距架设箱形棚架。以后逐层向上架设至塌方顶部，并用填塞木塞紧，随着坍渣清除，加设立柱，并以纵撑撑牢。

(5)在坍体不太高、坍穴略呈锥形、坍壁不太松散的情况下，使用人字架支撑。

五、隧洞塌方衬砌与回填的技术要求

(一)塌方段的衬砌施工技术要求

(1)随着坍渣的逐渐清除，衬砌逐段推进，快速成环，最好由坍体的两端对向施工，随即回填密实。在坍穴最高处或两端衬砌接头处应预留回填及进出料孔。

(2)如坍体未进行预先注浆加固而采用“穿过”的施工法时，拱脚处的衬砌圬工加宽，灌抵开挖轮廓线壁，以便保证拱脚稳固。

(3)如塌方范围的围岩不够稳定，在处理塌方中有继续坍塌的可能时，可在塌方范围内选择适当位置做坍体护拱，以掩护施工操作，护拱上应以碎渣铺填 2 m 厚左右作为缓冲层。

(二)坍体回填的质量要求

(1)塌方清除坍渣后，拱背应先以浆砌片石回填 2 ~ 3 m 厚，其上再用干砌片石回填，回填高度应填满塌方范围，坍体内支撑层尽量拆除。

(2)如塌方范围较大，在坍穴内进行回填操作不便时，可选择适当位置另行开凿专供回填用的坑道。

(3)如塌方直达地表，除按规定做好拱部回填外，另用一般土石回填夯实，至距地表 1 ~ 2 m 再用黏土回填至略高于地表，并向四周倾斜，四周做好排水沟。

(4)在坍体的护拱与拱圈间应全部回填密实，坍体护拱以上回填厚度应根据具体情况而定，但不应小于 2 m。

第九节　隧洞施工遇有流砂的治理要点

在施工中应调查流砂的特性规律，了解地质构成、贯入度、相对密度、粒径分布、塑性指数、地层承载力、潜水层分布、地下水压力和透水系数等。由于流砂引起围岩失稳坍塌、支护结构变形，甚至倒塌破坏隧洞，因此治理流砂必“先治水，先护后挖、加强支护，尽早衬砌、封闭成环”。

一、因地制宜，综合治水

隧洞通过流砂地段，处理地下水的问题是解决隧洞流砂、流泥施工难题中的首要关键技术。施工时宜因地制宜，应采取“防、截、排、堵”的治理方法，并对工期要求和经济效益等因素综合分析，合理选用。

(1)防：建立地表沟槽、导排系统及仰坡地表局部防渗处理防止降雨和地表水下渗。

(2)截：在正洞之外水源一侧，采用深井降水，将储藏丰富的构造裂隙水通过深井抽水排走，减少正洞的静水和动水压力，从而对地下水起到拦截作用。

(3)排：在有条件的隧洞的正洞水源下游一侧开挖一条洞底低于正洞仰拱的泄水洞，用以降排正洞的地下水，或采用水平超前钻孔真空负压抽水的办法排除正洞的地下水。

(4)堵：采用注浆充填裂隙，形成止水带或止水帷幕，减少或堵塞治水通道。

二、先护后挖、加强支护

开挖时，必须采取自上而下分部进行，先护后挖、密封支撑。边挖边封闭，遇缝必堵，严防砂粒从支撑缝隙中逸出，也可采用超前注浆，以改善围岩结构，用水泥浆、水玻璃为主的注浆材料注入，或用化学药液注浆加固地层，然后开挖。

在全部的施工过程中，应加强监测，观测支撑和衬砌的实际沉落量的变化，及时调整预留量。架立支撑时应设底梁井，纵横、上下连接牢固，以防箱架断裂倾倒。拱架应有强刚度，架立时设置梁井垫平楔紧，拱脚下垫铺牢固，支撑背面用木板或槽型钢板遮挡，严防流砂从支撑间逸出。在流砂逸出口附近较干燥围岩处，同时尽快打入锚杆或施作喷射混凝土，加固围岩防止逸出扩大。

三、尽早衬砌、封闭成环

在流砂地段，拱部和边墙衬砌混凝土的灌注，应尽量缩短时间，尽快与仰拱形成封闭环。这样，即使围岩中出现流砂也不会对洞身衬砌造成破坏。

第八章　隧洞施工超前地质预报

第一节　概　述

一、简介

随着地下工程向“深、大、长、群”的发展，隧洞建设中对工程地质条件的认知和掌握程度是确保快速、安全修建的决定性因素之一。国内外工程界都愈加重视施工地质超前预测、预报工作，这是确保工程安全、快速、经济有效地开挖建设的重要手段。众所周知，尽管前期勘察做了大量的地质勘探工作，但由于当前勘察技术手段和方法技术的限制，加上地质体的复杂多变，期望在施工前完全查明工程岩体的状态、特性，准确地预测隧洞施工中可能发生地质灾害的位置、性质和规模是十分困难的，不仅中国如此，国外亦是这样。而存在重大工程地质问题的地下工程，如果没有良好的超前地质预测预报和相应的工程对策措施，将会因突发的地质灾害造成严重事故，延误工期，增加投资，甚至导致机毁人亡。

隧洞开挖中引发灾难的因素是多种多样的（如地下水、有毒或易燃气体、高地温、岩爆等），而由于人们对地质特性认识不足、施工方法不当也可引起灾害（如塌方冒顶等）。人们对地层物理、化学性能的了解和岩体本身结构状态的认识，需通过多种勘探试验手段，才能获得定性和定量分析的依据。

地下工程超前预报与监测预报不同，超前预报主要是加强施工期间的地质工作，是在开挖之前，除根据开挖时揭露出来的实际地质情况、校正补充地勘时未能查到的资料外，还要根据这些成果资料，分析推断掌子面前方的地质情况、是否存在前期勘察时没有查到的不良地质体，以便预先采取措施；而监测预报是在开挖以后，预报因围岩变形而产生的各种破坏。

尽管隧洞施工超前预报已引起国内外隧洞工程界的重视，也做了许多卓有成效的工作，但到目前为止还没有一套系统的普遍适用的方法，国内外隧洞工程的重大地质灾害仍时有发生。因此，准确预报开挖前方的地质条件是隧洞建设者们的迫切要求，20 世纪 80 年代以来世界各国的同行都把这类问题列为重点研究课题。但是隧洞施工超前预报又是一项复杂而艰难的任务，尚需在工程实践中不断创新、优化、总结、完善和提高，要真正搞好隧洞施工超前预报任重道远。

实施超前地质预报主要是综合应用各种预报方法和手段，推测隧洞前方的工程地质条件，不良地质体的位置、规模、走向等，为动态设计提供必要的地质参数和信息，为选择合理的施工方法和工程处理措施提供依据。

二、超前预报的目的

开挖前对地质情况的了解,对于隧洞建设有着十分重要的作用。通过超前预报,及时发现异常情况,预报掌子面前方不良地质体的位置、产状及其围岩结构的完整性与含水的可能性,为正确选择开挖断面、支护设计参数和优化施工方案提供依据,并为预防隧洞涌水、突泥、突气等可能形成的灾害性事故及时提供信息,使工程单位提前做好施工准备,保证施工安全,同时还可节约大量资金。所以隧洞超前预报对于安全科学施工、提高施工效率、缩短施工周期、避免事故损失、节约投资等具有重大的社会效益和经济效益。综述为:

(1)进一步查明隧洞开挖工作面前方的工程地质和水文地质条件,指导工程施工。

(2)降低地质灾害发生的概率和危害程度。

(3)为优化工程设计提供地质资料。

(4)为编制竣工文件提供地质资料。

三、超前预报内容

隧洞掌子面前方可能存在影响施工人员安全、施工进度或工期、工程结构稳定的不良地质体,采用各种隧洞超前预测预报方法,对其位置、规模、性质及其成灾可能性进行科学预报,并提出确切可行的施工对策,以确保工程施工的安全和进度。

隧洞施工超前预报的内容一般包括:

(1)不良地质预测及灾害地质预报:预报掌子面前方一定范围内有无突水、突泥、岩爆及有害气体等,并查明其范围、规模、性质,提出施工措施或建议。

(2)水文地质预报:预报洞内突涌水量的大小及其变化规律,并评价其对环境地质、水文地质的影响。

(3)断层及其破碎带的预报:预报断层的位置、宽度、产状、性质、充填物的状态,是否为充水断层,并判断其稳定程度,提出施工对策。

(4)围岩类别及其稳定性预报:预报掌子面前方的围岩类别与设计是否吻合,并判断其稳定性,随时提供修改设计、调整支护类型、确定二次衬砌时间的建议等。

(5)不同岩性体间接触面位置。

(6)预测隧洞内有害气体含量、成分及动态变化。

四、超前预报的特点

由于隧洞施工超前预报是在施工阶段采用多种技术方法,利用已开挖隧洞的有限空间对隧洞施工掌子面前方业已存在的但还不清楚的工程地质条件或现象进行科学、正确的判断。因此,要求隧洞施工超前预报应具有较强的综合性、系统性、未知性、实用性、客观性和时效性。

(1)综合性是指多学科、多专业间的相互渗透、相互融合,它是现代科学发展的重要趋势。隧洞施工超前预报除博采地质学各专业之长外,还要广泛汲取诸如数学、物理学、概率论、计算机科学等相关学科的理论,在预报实测中采用多种方法和手段,要熟练掌握各种地球物理探测方法的技术原理、适用条件等,对各种隧洞地质灾害的预防、治理措施应有较系统和深入的认识。

(2)系统性是对隧洞施工地质特点的系统分析、判断和研究。隧洞预测预报的对象非常复杂,软弱夹层、断层破碎带、煤系地层、岩溶及充填物、废弃矿巷及其充填物等,需要对其宏观分布、微观性质等进行全面、系统的研究,以准确揭示其分布规律。

(3)未知性是指隧洞施工地质特性的不确定性。隧洞掌子面前方地质体的分布、位置、性质,在隧洞开挖前是未知的且具不确定性,施工开挖后的变化也是未知的,需要通过科学的预测方法来确定。

(4)实用性是指隧洞施工超前预报直接为隧洞科学安全施工提供服务,预测预报的准确性直接关系到隧洞施工的安全和进度,严重的甚至关系到工程建设的成败。

(5)客观性是指隧洞超前预测预报所采用的方法、依据的事实和作出的预报结论,应是真实的、全面的、客观的。

(6)时效性。超前预报直接为隧洞施工服务,预报结果要及时反馈给施工、设计、监理等单位及有关各方,以便提出相应对策及施工措施。

隧洞施工超前预测预报的特点决定了要做好预报工作,需要采用多学科的知识和各种各样的方法和技术,需要不同专业人员的密切配合。

五、超前预报的基本程序

综合分析国内外隧洞施工超前预报的过程和程序,针对我国目前隧洞开挖的现状,建议勘察设计单位编制超前预报方案设计,提交业主审批超前预报实施大纲或计划,批准后应由施工单位执行并纳入实施性施工组织设计,监理单位应对超前预报实施过程进行全程监理。具体超前预报工作流程如图 8-1 所示。

第二节 隧洞施工超前预报分类

如何对隧洞施工超前预报合理分类,目前国内外尚未见到系统的分类标准。但超前预报分类的必要性是显而易见的:①正确的分类是制定有关规程、细则或指南所需要的;②正确的分类有利于把超前预报纳入施工计划和管理的全过程;③正确的分类有利于指导科研立项及其管理。

根据隧洞施工超前预报的内容和目的以及实际预报中的作用,结合我国隧洞施工超前预报的客观实际,以下简要介绍隧洞施工超前预报分类的初步设想。

一、按预报的作用划分

(1)常规预报。是勘测设计阶段地质工作的继续,也是隧洞施工的一个作业过程。

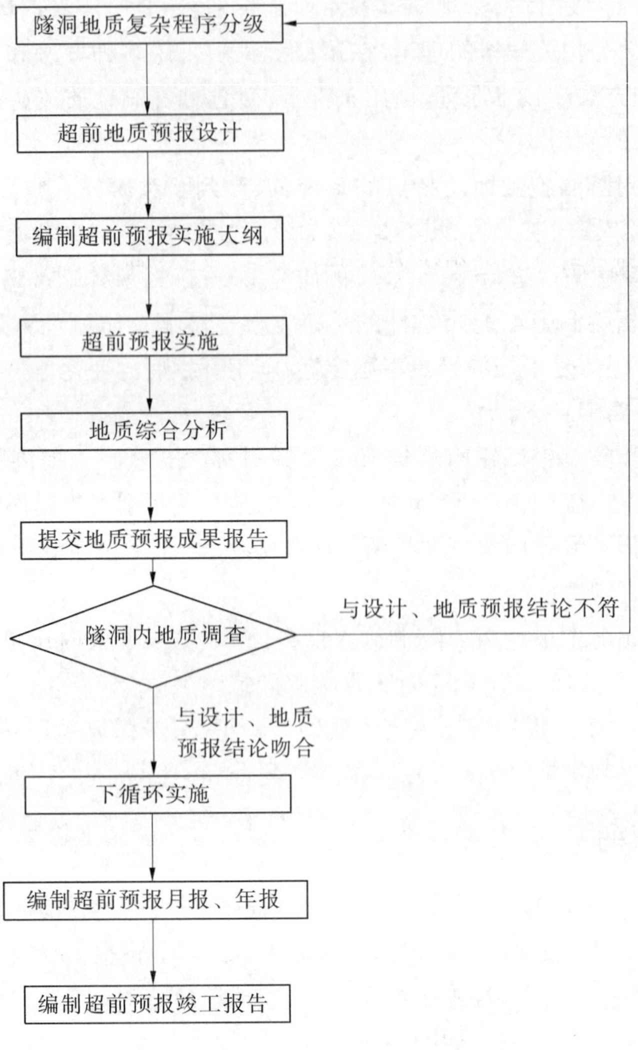

图 8-1　隧洞超前预报工作流程

其目的是结合施工进程,收集地质资料,判断围岩类别,了解掌子面前方短距离内的工程地质条件,为正确选择断面大小、衬砌类型、施工方法和支护设计或修改施工设计等提供依据,其成果可作为隧洞竣工后维修养护参考。该预报是短距离预报的主要任务,目前已有比较成熟的经验。多以地质素描为主,配合简单的物探测试了解掌子面前方地质条件。常规预报应以施工单位为主,作定量预报,并结合施工进行,预报时尽量不占或少占施工作业时间。

(2)成灾预报。隧洞施工中的地质灾害,是指隧洞施工过程中因前方地质条件的突然变化,导致施工失去控制的非常事件。该事件可引起人员伤亡、机械设备失效并严重破坏,甚至被迫长时间停工,致使工程部门蒙受重大的经济损失。隧洞地质灾害主要有大规模塌方、涌水、涌泥、涌石、岩爆、瓦斯等。成灾预报是对可能的灾害性地质条件进行预报,以指导隧洞施工中的防灾和减灾工作。该预报是中、长距离预报的主要任务,是为隧洞施工战略决策服务的。对可能成灾的地质条件,应从设计和施工方法上考虑特殊对策,否则可按常规预报进行。成灾预报应由设计、科研、施工单位组成专家小组,采用地质、物探综合分析法进行定性和定量预报,并视工作需要占用部分施工作业时间。

(3)专门预报。对特殊地质问题进行预报,如膨胀岩、侵蚀性地下水、高地温、岩溶等。这些特殊地质条件,常常使施工陷入困境或破坏隧洞衬砌,如果处理不及时或处理失当,甚至可能酿成大的地质灾害。可见,专门预报也是隧洞施工预报的重要内容之一。该预报应由设计、科研和施工部门组成专门小组,采用综合手段作定性和定量预报。

二、按距掌子面的距离划分

隧洞施工超前预报距离与隧洞施工速度和工程实际需要密切相关。结合我国隧洞开挖技术水平和快速施工要求,按掌子面前方距离可分为三类:

(1)短距离预报,0~15 m。就我国目前快速施工的水平,一般采用钻爆与TBM相结合的方法。一个循环进尺为2~3 m,两个循环是4~6 m,三个循环是6~9 m。实践表明,预报三个循环的前方地质条件,即能满足安全施工要求。根据我国目前的探测技术,要预报掌子面前方15 m范围内的地质条件并不困难,且测试基本可与施工同步进行。对成灾预报而言,短距离预报相当于临灾预报或防灾处理阶段。

(2)中距离预报,15~50 m。对于防灾预报来说,只有15 m范围内的临灾预报是不够的。发现有可能成灾的地质条件,马上要准备处理,显然十分紧张。比较理想的是至少应有30 m的距离。因此,进行范围超过15 m的中距离预报是隧洞施工所必须的。另外,从目前已有的预报实践来看,用物探方法在开挖面上进行20~40 m的超前探测已十分有效。说明物探方法在中、长距离预报中是有潜力的。

(3)长距离预报。50 m以上为长距离预报。

三、按采用的手段划分

(1)经验预报。在以往工程经验的基础上,凭感觉就能进行的预报。它对临灾预报有特殊意义,如凿孔过程中发现有岩粉异常喷出,可能是遇到了瓦斯或有害气体;听到岩石劈裂声且随后出现岩块弹射现象可能是岩爆;凿孔异常喷水可能是大量涌水的先兆;隧洞塌方也有先兆。直接预报法或地质分析法的预报效果与从事预报人员的经验丰富程度密切相关。

(2)采用仪器预报。预报目的不同,方法各异,所用仪器也是多种多样的。如地质分析法只需罗盘、地质锤、放大镜、稀盐酸和皮尺等;水平钻孔法需用大型水平钻机;物探方法需各种仪器设备等。

(3)综合预报。地质体是复杂的综合体,企图用单一方法查明隧洞的全部地质条件是不可能的,因此应采用综合预报方法。根据地质条件的差异和不同精度要求,适时选用若干种方法相互补充和印证,才能获得良好效果。

四、按精度划分

(1)定量预报。“定量”是对前方地质体具体位置、规模、设计参数变化等给出量的概念;对灾害性地质条件,除明确灾害性质外,还应明确可能成灾的位置、规模和影响范围等。当然,对量的精度要求也是相对的,如短距离预报精度要求最高,中距离预报精度要求次之,长距离预报则以定性为主,强调战略上的指导作用。

(2)定性预报。定性是对定量而言。定性一定要准,具体位置的精度可不作严格规定。

五、按内容划分

(1)界面预报。主要是对断层及其影响带的位置、规模及其性质,软弱夹层的位置、规模及其性质,岩溶洞穴壁面或岩溶充填物的界线位置、规模及其性质及不同岩性类别间接触面位置的预报。

(2)灾害预报。主要针对预报界面中可能出现灾害的界面进行灾害类型、灾害规模及其对隧洞施工的危害性进行预报。

(3)隧洞涌水水压及水量预报。主要进行全隧洞和分段隧洞涌水水压及水量计算。

六、按学科划分

学科划分主要用于隧洞涌水水压特别是水量预报。

(1)物理数学法隧洞涌水量计算预报。按隧洞工程地质水文地质条件建立物理数学模型,根据隧洞穿越地层岩性结构参数、水文地质参数计算预报隧洞总涌水量及分段涌水量。

(2)地下水动力学法隧洞涌水量预报。

(3)地下水化学法隧洞涌水量预报。

(4)数学模拟法隧洞涌水量预报。

第三节　超前预报方法与技术

一、超前预报技术现状

在国外,隧洞工程施工期间进行超前地质预测预报,如英、美、法、日、德等国均已列入隧洞工程建设的重要内容,在可行性研究和勘察阶段,基本采用钻探和大量的地球物理勘探方法;隧道施工期间,主要采取水平探孔法。在我国,隧道工程超前预测预报研究始于20世纪50年代中期,首先由铁二院在渝黔线凉风垭隧道中以地质测绘为主要手段,采用地质分析法预报隧道前方10~30 m的地质情况;70年代,谷德振教授采用地质分析法研究了断层预测预报技术;80年代中期,衡广复线大瑶山隧道开展了地质法和声波透射法地质超前预报技术;80 年代后期,铁道部开始正式立项研究隧道工程地质超前预测预报技术,之后,在南昆、内昆、渝怀等线均开展了隧道工程超前预测预报技术方面的研究与应用工作。目前,国内外已形成的超前预测预报方法很多,归纳起来,分类如表 8-1 所示。

表 8-1　超前预报主要方法及类别

序号	预报方法		简介
1	直接预报方法	超前水平钻探	根据设计要求确定预测距离
2		超前导洞法	
3	地质分析法	断层参数预测法	预测距离相对较短
4		地质体投射法	
5		正洞地质编录与预报	
6	间接预报方法（物探法）	TSP203 探测	长距离预报方法，其有效预报距离 100 ~ 200 m
7		地震负视速度法	
8		水平声波剖面法	短距离预报方法，其有效预报距离 20 ~ 50 m
9		探地雷达技术	
10		红外探水法	
11		BEAM 探测法(电法)	
12	综合地质分析法		综合地质测绘、施工开挖、物探成果等推测前方不良地质现象

地质条件的差异和不同精度要求,适时选用若干种方法相互补充和印证,才能获得良好效果。

深埋长隧洞超前地质预报按预报距离可分为长距离预报和短距离预报两种类型。短距离预报的有效预报长度为 20 ~ 50 m,长距离预报的有效预报长度为 100 ~ 200 m。

按预报过程的不同超前地质预报可分为直接预报法、地质分析法、间接预报法和综合地质分析法。直接预报法主要包括超前水平钻探法和超前导洞法两种;间接预报法主要为物探探测,对物探成果分析后做出超前的判断和预报;综合地质分析法是综合各种探测手段的资料,对隧洞前方地质情况做出判断与预测。

二、直接预报法

(一)水平钻探

水平超前钻孔方法是在隧洞内安放水平钻机进行水平钻进,根据水平方向上钻孔资料来推断隧洞前方的地质情况。钻孔的数量、角度及钻孔长度可人为设计和控制。一般可根据钻进速度的变化、钻孔取芯鉴定、钻孔冲洗液的颜色、气味、岩粉以及在钻探过程中遇到的其他情况来判断。这种方法比较直观,施工人员可根据现场的地质情况来安排下一步的施工组织。

水平钻探设备有大小之分。大型水平钻机体积大,要在主洞边墙一侧设立专门的施工机房。由于对机房的开挖、机械的安装都需一定时间,钻探设备价格较高,而且对钻探技术要求高,需防止打偏造成资料不准;另外还会因搬迁和开挖新的机房,影响主洞开挖进度。所以,一般小直径的隧洞不宜使用,多在大型地下工程上采用。目前国际上最长的水平钻孔已达2 000 m左右,一般可达600～700 m。对具体工程而言,除在重大不良地质问题的洞段需考虑使用外,一般地质条件下使用的可能性不大。

小型水平钻孔是施工地质预报中最常用的方法之一,是隧洞超前探测断层、地下水、岩爆及有害气体等最有效的手段。尤其是预测预报隧洞突涌水方面,其直接可靠的优势更加显著。另外,水平钻孔还可以作为排水孔、注浆孔,或作为穿过断层破碎带的"钢管棚架法"的施工埋管之用。

钻爆法施工时,小型水平钻机安放在隧洞内进行水平钻进,钻探深度一般为30～200 m。但该方法不足之处为:①很难预测到与隧洞轴线平行的结构面;②钻孔与钻孔之间的地质情况需进行推测判断。

在宜(昌)万(县)铁路野三关隧道和辽宁省大伙房输水工程六河大理岩隧洞段施工期间,曾利用水平超前钻探进行超前地质探查收到了很好的效果。水平钻机的型号为西安煤炭科学研究院生产的MK-5型水平坑道钻机,可钻最大深度200 m,一般钻进30～50 m。

(二)超前导洞

超前导洞法又称辅助导洞法,当导洞近于水平时也可称为水平超前导洞。超前导洞先行开挖之后,正洞的地质条件基本清楚了,正洞施工即可采取相应的措施,超前导洞起到了地质超前预报的作用。

超前导洞法按导洞与正洞的相互位置分为正洞超前导洞和平行超前导洞。前者的超前导洞位于正洞范围内,是正洞的一部分,后者与正洞平行,在正洞范围之外。

平行导洞在施工过程中对遇到的构造、结构面或地下水等情况作地质编录,并对正洞的地质条件进行预报。采用平行导洞预报的优点是:平行导洞超前的距离越长,预报也越早,施工中就有充分的准备时间,并可以增加工作面,加快施工进度;还可以起到排水减压、断层注浆处理、改善通风条件和扩建成第二条隧洞之用。超前正洞导洞布置在正洞中,其作用与平行导洞相比,精度更高,效果更好。

超前导洞方法在钻爆法施工的铁路隧道、公路隧道和水工隧洞中应用的较多。如果采用TBM全断面掘进施工,则应在TBM掘进严重受阻的特殊情况下使用,例如引黄入晋工程和新疆八十一大坂隧洞,在TBM掘进严重受阻时曾多次使用超前导洞方法。

（三）地质分析法

1. 断层参数预测法

利用断层影响带的特殊节理或集中带的分布规律，通过对断层影响带的系统编录所得经验公式，来预报隧洞断层破碎带的位置和规模。由于大多数不良地质现象与断层破碎带有密切的关系，故可依据断层破碎带推断其他不良地质体的位置和规模。

2. 地质体投射法

在地表准确鉴别不良地质体的性质、位置、规模和岩体质量及精确测定不良地质体产状的基础上，应用地质界面和地质体投射公式进行预报。

3. 正洞地质编录与预报

隧洞施工中，及时对其开挖面（掌子面、边墙面和拱顶面）上的各种地质现象进行测绘和记录，利用已挖洞段地质情况来预报前方可能出现的不良地质现象。它分为：①岩层岩性和层位预测法，在开挖面揭露岩层与地表某段岩层为同层和确认标志层的前提下，用地表岩层的层序预测掌子面前方将要出现的岩层；②地质体延伸预测法，在长期预报得出不良地质体厚度的基础上，依据开挖面不良地质体的产状和单壁始见位置，经过一系列的三角函数运算，求得条带状不良地质体在隧洞掌子面前方消失的距离。

正洞地质编录是对开挖面地质情况如实而准确的反映。其主要内容包括地层岩性、构造和节理裂隙发育情况、地下水状态、围岩稳定性及初期支护采用方法等。其优点是占用施工时间很短，设备简单，不干扰施工，成果快速，预报效果较好，而且为整个隧洞提供了完整的地质资料；缺点是与隧洞轴线夹角较大而又向前倾的结构面容易产生漏报。

三、物探法（间接预报）

物探是地球物理勘探的简称。它是通过岩（土）体自然物理场或人工物理场对岩体表面或内部的物性参数进行测试，经综合分析和评价，即可得出岩体的结构、构造、裂隙、含水量、密度、抗压强度、动弹性指标和放射性强度等特征，达到查明隧洞洞身周围邻近区域以及掌子面前方的有关地质情况和各种岩土工程问题的目的。现对几种常用的物探方法或手段的仪器设备、探测原理及应用条件等进行简要介绍。

（一）弹性波法

1. TSP 超前预报技术

TSP203 超前地质预报系统是由瑞士安伯格测量技术公司于 2001 年开发研制生产的，是目前国内外在该领域较为先进的地下工程探测设备。它利用地震波在不均匀地质体中产生的反射波特性来预报隧洞掌子面前方及周围临近区域的地质情况。

TSP win 软件功能为三分量地震数据采集，三分量地震波场处理，纵、横波同相轴显示，二维和三维成果显示，岩石力学参数输出，文件输出等。

该方法属多波多分量探测技术，可以检测出掌子面前方岩性的变化，如不规则体、不连续面、断层和破碎带等。作为一种预报方法，它不仅可以在钻爆法施工的隧洞中使用，也可以在开敞式 TBM 施工的隧洞中使用，而且不必接近掌子面。在隧洞中进行数据采集的时间约为 60 min。24 个炮孔布置在隧洞的一侧边墙,在隧洞两侧壁钻制两传感器孔(ϕ43 mm),把环氧树脂放置其中,之后将套管推进,并使之与围岩紧密耦合。传感器置入套管中,依次激发各炮,从掌子面前方任一波阻抗差异界面反射回来的信号及直达波信号将被高灵敏的三轴传感器接收下来。数据采集后,利用 MS Windows 平台开发的 TSP Win 软件可以处理得到压缩波(P 波)和剪切波(S 波)的全部波场的分布规律;具体计算分析过程为:数据调整→带通滤波→首波拾取→拾取处理→炮能量平衡→直达波损耗系数 Q 估算→反射波提取→P 波、S 波分离→速度分析→纵向深度位置搜索→反射界面提取等,最终显示出掌子面前方与隧洞轴线相交的反射同相轴及其地质解译的二维或三维成果图。通过选择相应的密度参量,同时还可得出预报区域内各类围岩的工程力学参数,如纵波速度 v_p、横波速度 v_s、泊松比、剪切模量、动弹性模量等,进而可划分出预报区域内隧洞围岩的工程类别。

通过分析岩层反射波传播速度,可以将反射信号的传播时间转换为距离(深度),用与隧洞轴的交角及隧洞面的距离来确定反射层所对应的地质界面的空间位置和规模,再结合 P 波和 S 波的动力学特征,遵循以下原则来推断地质体的性质:

(1)正反射振幅表明进入硬岩层,负反射振幅表明进入软岩层。

(2)若 S 波反射较 P 波强,则表明岩层饱含水。

(3)v_p/v_s 增大或泊松比突然增大,常常由于流体的存在而引起。

(4)若 v_p 下降,则表明裂隙或孔隙度增加。

TSP203 在现场施测过程中的数据采集参数一般为:采样率 62.5/125 μs,最小记录长度 451 ms,最大记录长度 1 808 ms。一般采用 1 个或 2 个三分量检波器接收,炮点间距 1～2 m,炮孔深度 1.5 m 左右,每次 20～24 个炮点,最小偏移距 5 m,最大偏移距 50 m,前方预报有效距离 100～200 m。现场实施详见图 8-2 和图 8-3。

TSP203 超前地质预报系统作为一种比较先进的探测手段已在我国水利、水电、铁路、公路、煤炭等系统的各种类型隧洞或地下硐室工程中得到应用,如正在建设中的重庆宜万铁路野三关隧道工程(钻爆法施工)、辽宁大伙房水库引水工程(开敞式 TBM 法施工)、云南元(江)磨(黑)高速公路的大风垭口和布垅箐隧道工程(钻爆法与 TBM 法给合施工)均已得到了有效使用。它具有预报距离相对较长、精度较高、提交资料及时、经济等优点;尤其是与隧洞轴线呈大角度相交的面状软弱带(如断层、破碎带、软弱夹层、地下洞穴(含溶洞)以及地层的分界面等)效果较好。而对不规则形态的地质缺陷或横向延伸与隧洞线平行的不良地质现象,如几何形状为圆柱体或锥形体的溶洞、暗河及含水情况探测有一定的局限性。此外,TSP203 超前预报系统在施测中由于需要放炮及地震波的有效接收,对 TBM 法施工特别是双护盾式 TBM 法施工会造成较大的影响,故在应用上受到了较大限制。

2. 地震负视速度法

地震负视速度法是将常规地震勘探中的钻孔垂直地震剖面法(VSP)应用于水平状态的隧洞中。其基本原理是利用地震波在不均匀地层中产生的反射波特征来预报隧洞掌子

TSP 数据采集设计技术交底

№:

建设单位		隧洞名称		施工单位	

观测系统		接收(检波)器孔	炮孔
	数量	2 个,位于隧洞左(右)边墙	24 个,位于隧洞左(右)边墙
	直径	50 mm(钻头钻孔)	40 mm(钻头钻孔)
	深度	2 m	1.5 m
	定向	垂直隧洞轴向,下倾 5°～10°	垂直隧洞轴向,下倾 10°～20°
	高度	距隧洞底板高 1 m	距隧洞底板高 1 m
	位置	位于已开挖隧洞边墙且距掌子面 50～60 m	第一个炮眼距接收器 15～20 m,炮点间距 1.5 m

示意图

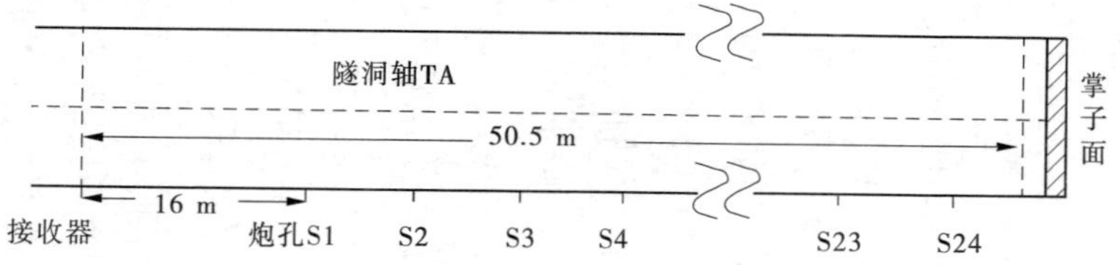

其他要求	①防水乳化炸药 2.1 kg。 ②提供检波器孔附近的隧洞半径或直径、拱顶至底板面的铅直高度、两检波器之间的距离等数据。 ③提供检波器孔和掌子面的里程。
注意事项	①钻孔前,必须用测量仪器测定检波器孔和炮孔的位置,检波器孔和炮孔在同一水平面上,并用红油漆作标记;炮点要标记序号。 ②严格按设计要求(距离、孔深、倾角等)钻孔。 ③若测定的位置无法钻孔,可在以测点为圆心,半径为 20 cm 的范围内钻孔。 ④注意选择检波器孔的位置,不能在松散围岩中,可在以设计接收点为中心左右 1.0 m 的范围内钻孔。 ⑤检波器孔身要直,孔内岩屑和泥浆要用水冲出孔外。 ⑥注意保护炮孔。成孔条件好的,孔内岩屑和泥浆要用水冲出孔外,以免药包放置不到位;成孔条件差的,完钻后要将柱状物(锚杆等)留在孔中,防止围岩掉块。

设计		复核		接收		时间	

图 8-2　隧道施工超前预报 TSP203 数据采集内容及设计

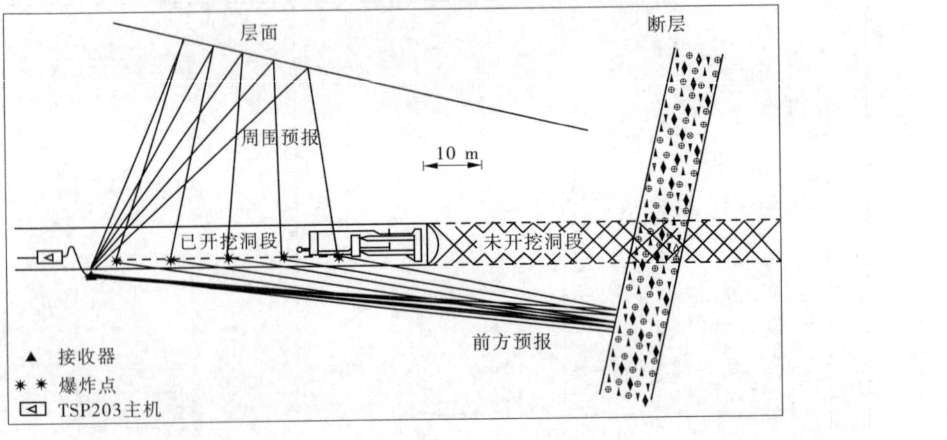

图 8-3　TSP203 超前地质预报示意图

面前方及周围区域的地质情况。方法是在隧洞侧壁的一定范围内布置激震点,进行激发,产生的地震波信号在隧洞周围岩体内传播,当岩体条件发生变化时(比如有断层或岩层变化),地震波信号的一部分将返回,这个信号称为反射波。反射界面与测线直立正交时,所接收的反射波与直接由震源发出的信号(称为直达波)在记录图像时呈负视速度,其延长线与直达波延长线的交点即为反射界面的位置,纵、横波共同分析还可了解反射界面两侧的岩性、密实程度的变化。地震负视速度法具有明显的方向特征,它可以有效地将开挖面前方反射信息与周围干扰相区分,提高了识别不良地质体界面的精确度,能对其进行较为准确的定位。预报距离可达 100 m 以上。

现场测试时,观测系统沿开挖工作面后面巷道侧壁或底部布设,一般在隧洞掌子面的后方一定距离,布置一激震点和一系列接收点,采用的方式有多炮共道、多道共炮两种。前者记录方式有利于保证激发条件的一致性,后者则有利于记录条件的一致性。当偏重于运动学特征参数的应用时共炮与共道两种记录方式可任意选用;当要求测试设备简化与强调接收条件一致性时,宜采用多炮共道方式;当强调动力学参数的对比利用时,则宜选用多道共炮方式。为获取“负视速度”,震源应在预报目的体的远端,接收点间距采用小道间距(一般 2 ~5 m),12 道或 24 道接收。在隧洞中实施数据采集的时间一般为 30 ~60 min。根据需要与设备条件,测点可采用单分量、三分量或组合检波器,详见图 8-4。目前在工程勘察中通用的工程地震仪均可进行地震负视速度测量,如美国产 R24 型工程地震仪、国产 DZQ24 型工程地震仪等。

负视速度法是我国铁路系统自行开发的一种反射地震法,其原理与 TSP 法基本相同,但 TSP 法为多点发射、一点接收,而负视速度法是一点发射、多点接收,在处理软件的开发上不如 TSP 法。

地震负视速度法在实施预报探测时不占用开挖工作面,对施工干扰相对较小,在铁路隧道工程中是常用的预报方法之一。如在渝怀铁路圆梁山隧道(钻爆法施工)正洞、平导

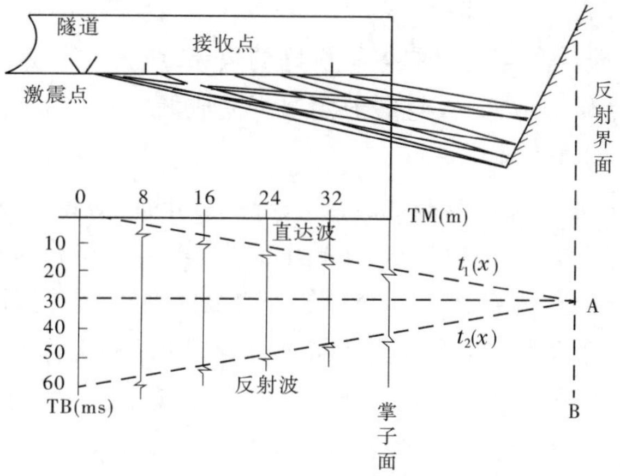

图 8-4　负视速度法工作原理图

和迂回导坑以及朔黄铁路长梁山隧洞(钻爆法施工)施工中,均采用了负视速度法,取得了较好的预报效果。但对 TBM 法施工会造成多大影响,还有待进行深入咨询和研究。

3. TST 超前预报技术

TST(Tunnel Seismic Tomography)超前预报系统是通过可视化地震反射成像技术预报隧洞掌子面前方 150 m 范围内的地质情况,可准确预报断裂带、破碎带、岩溶发育带以及岩体工程类别变化等地质对象的位置、规模和性质。该法数据采集用多道数字地震仪,处理软件为三维地震分析成像系统。它充分运用地震反射波的运动学和动力学特征,具有岩体波速扫描、地质构造方向扫描、速度偏移成像、吸收系数成像、走时反演成像等多种功能,从岩体的力学性质、岩体完整性等多方面对地质情况进行综合预报。

如图 8-5 所示,测试时可在隧洞内掌子面、两侧、上顶和下底面,也可在隧洞外山顶布置。洞内观测时检波器埋入岩体 1 ~ 1.5 m,以避免声波和面波干扰。可采用爆炸或锤击激发地震波。

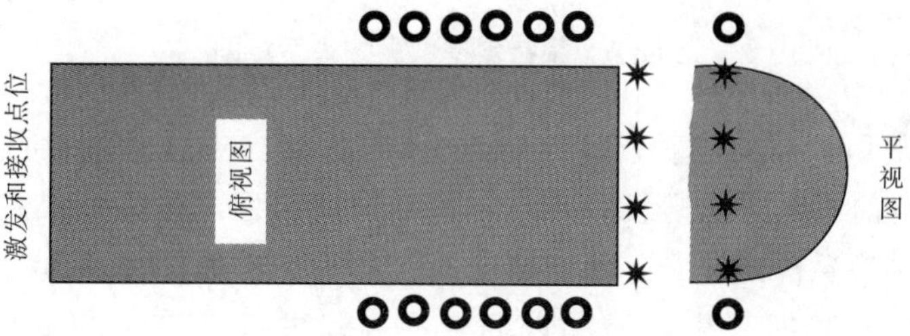

图 8-5　TST 隧洞超前预报观测示意图

TST 软件包括地震数据预处理和偏移成像等功能。预处理功能包括:①噪声和干扰切除;②滤波和面波清除;③小波分析与信号加强;④地震波能量吸收谱分析;⑤地震波走时拾取。偏移成像功能包括:①速度扫描分析与岩体工程类别判别;②方向扫描与构造产状分析;③地质界面速度偏移成像;④岩体完整性吸收偏移成像;⑤地震波走时地质界面反演成像；⑥断裂与破碎带智能识别。

该技术在云南明珠隧洞应用时取得了良好的效果，所得成果为：①地质界面波速偏移成像；②岩体吸收特性偏移成像；③地震波走时反演成像。

4. 水平声波剖面法（HSP）

该方法（接收频率为声波频段的地震波）是利用孔间地震剖面法（ABSP）的原理及相应软件开发的一种超前地质预报方法。其基本原理是，向岩体中辐射一定频率的高频地震波，当地震波的传播路径中存在不同介质的分界面时，将发生折射、反射，频谱特征也将发生变化，通过探测反射信号，求得其传播特征后，便可了解工作面前方的岩体特征。震源和检波器的布置除离开开挖工作面对施工干扰小外，还因反射波位于直达波、面波延续相位之外不受干扰，因此做到记录清晰、信噪比高，使反射波同相轴明显。

如图 8-6 所示，观测时在隧洞的两个侧壁分别布置震源和检波器，按其相对位置设计成两种观测方式即固定激发点 O_i（或接收点 R_i）和激发与接收点相错斜交方式。当激发点和接收点在同侧时震源应在预报目的体的远端，接收点间距采用小道间距（一般 2 ~ 5 m），12 道或 24 道接收，构成一“水平声波剖面”。在隧洞中有效工作时间一般为 30 ~ 50 min。资料解释可利用时域、频域中的时差、频差与地质相结合的方法确定反射面的空间方位并“投影”到该剖面上，从而确定反射面的出露位置及性质。其特点是各检波点所接收的反射波路径相等，反射波组合形态与反射界面形态相同，图像直观，同时预报操作也不影响掌子面的掘进，是常用的一种物探预报方法。

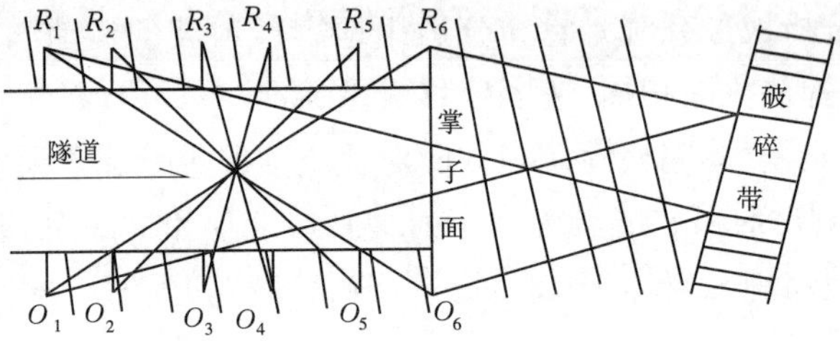

图 8-6　相错斜交观测方式示意图

该法由中铁西南科学研究院于 20 世纪 90 年代初立项并开发，研制仪器有 ZGS – 1 型声波探测仪，目前该仪器已升级为 ZGS – 1610 智能工程声波探测仪。此法已在渝怀铁路的圆梁山隧道、千溪沟隧道（钻爆法施工）等工程中得到应用，均取得了较好的效果。目前，该项技术对其数据采集单元和现场实测过程进行了较大的改进，可以在开敞式 TBM 法施工的隧洞中掘进机不停机的情况下进行测试，因而具有很大的优越性。但目前尚处于研制和初步应用阶段，例如 2005 ~ 2007 年在辽宁大伙房引水工程 TBM2 隧洞中进行了试验研究，图 8-7 为新改进的适合于 TBM 施工的 HSP 声波反射法测试布置示意图。

通过大伙房输水隧洞 HSP 法超前预报试验研究结果，初步认为：

（1）TBM 工作时，刀盘及刀具切割或破碎岩石所激发的声波信号，其频带较宽，既有高频信号也有低频信号。

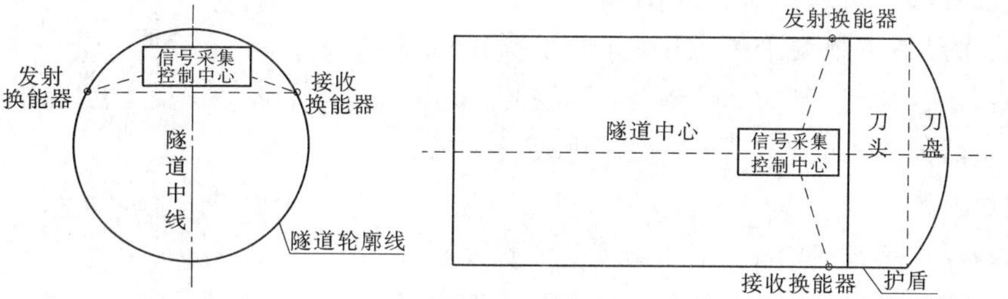

(a)在两侧拱腰布置测试点

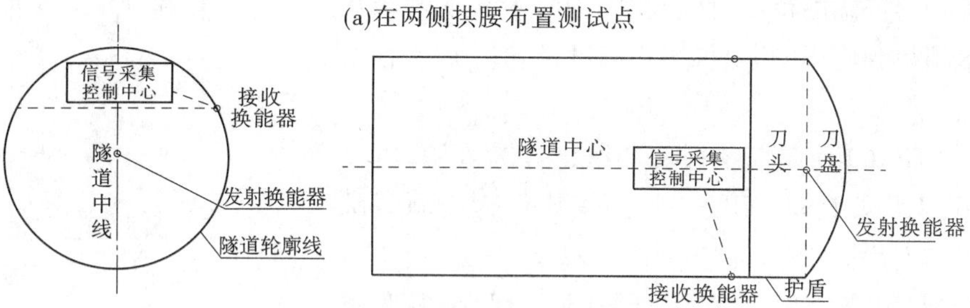

(b)分别在刀盘后部和一侧拱腰布置测试点

图 8-7 适合 TBM 施工的 HSP 声波反射法测试布置示意图(据李苍松,2008)

(2)采用 HSP 声波反射法可以采集到 TBM 工作所激发的声波信号,一般在 10 ~ 2 000 Hz以内,且频带密集、杂乱。采取必要的、合适的滤波技术,可以识别出 TBM 刀盘前方不良地质体的反射波信号。

(3)对 ZGS - 1610 型工程探测声波仪系统所采集的波形曲线进行时域、频域分析,可以进行刀盘前方的不良地质体预报。

5. TRT 真地震反射成像技术

TRT(True Reflection Tomography)真地震反射成像法是利用岩体中不均匀面的反射地震波进行超前探测,它是美国 NSA 工程公司近年开发的新方法,国外已实际应用。该法在观测方式和资料处理方法上与 TSP 法及负视速度法均有很大不同。如图 8-8 所示,它采用空间多点激发和接收的观测方式,其检波点和激发点呈空间分布,以便充分获得空间场波信息,从而使前方不良地质现象的定位精度大大提高;它的数据处理关键技术是速度扫描和偏移成像,不需要走时,因此对岩体中反射界面位置的确定、岩体波速和工程类别的划分都有较高的精度,而且还具有较大的探测距离,应该说较 TSP 法有较大的改进。由实际应用知,TRT 法在结晶岩体中的探测距离可达 100 ~ 150 m,在软弱的土层和破碎的岩体中尚可预报 60 ~ 100 m。该法成功应用的例子很多,较典型的是奥地利通过阿尔卑斯山的铁路双线隧洞施工中进行的全程的超前预报。

TRT 层析扫描超前预报系统可采用多种地震源产生沿隧道和采矿口传播的信号,这些信号在岩体性质发生改变的地方反射,被用来描述隧道和采矿口前方及其周围的三维结构图。TRT6000 层析扫描超前预报系统是用来指导隧道施工、地层绘图、采矿、地下水文和地质测量、填埋物的描绘和定位、判断地下危险物移动的新一代超前预报系统,它采用了业界独有的层析扫描成像及用锤击产生地震波的技术，从而提高了数据采集效率、降低了操作难度而且使图像更易于理解，更有利于缺陷诊断。TRT6000 超前预报系统是一个优化的、由硬件和软件组成的测量系统。

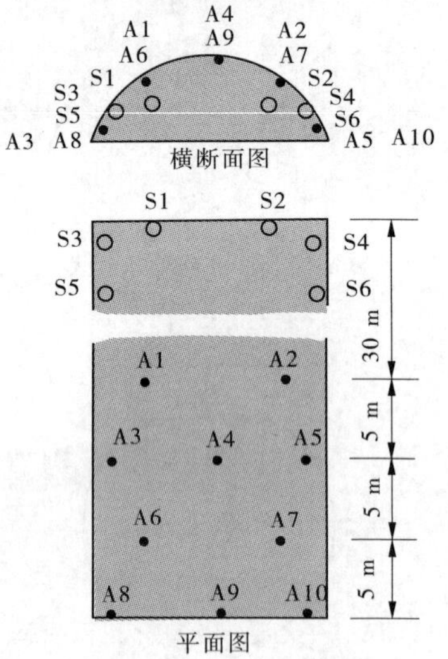

图 8-8　TRT 观测布置图

（据 Richard，2002）

TRT6000 在美国、欧洲、日本、新西兰、澳大利亚等国家获得广阔的市场，目前在中国的中铁十四局及五矿集团得到应用，并获得用户高度评价。它具有以下优点：

（1）TRT6000 超前预报使用锤击作为震源，可重复利用，不需要耗材，而使用炸药爆炸作为震源每次需要相当费用。

（2）使用锤击作为震源，可在同一点作多次锤击，通过信号叠加，使异常体反射信号更加明显。

（3）用锤击作为震源克服了爆炸产生的高能量对周围岩体产生挤压、破坏现象，从而保证能接收到真实的地震波信号。

（4）由人控制锤击产生地震波、可简单重复，操作简单，而爆炸产生地震波时高频信号迅速衰减，对操作人员的要求比较高。

（5）TRT6000 采用高精度的加速计作为传感器，灵敏度高（0.5 V/g），最大程度地保留了高频信号，提高了精度及探测距离（硬质岩中为 300 m，软质岩中为 150 m），而其他仪器使用的是速度传感器，灵敏度为（1 V/g），容易损失高频信号。

（6）传感器和地震波采集、处理器之间采用无线连接，大大简化了装备（只有两个箱子）的重量，仅为 29 kg，携带方便。

（7）TRT6000 的传感器布点采用立体布点方式，在隧洞两边分别布置 4 个传感器，然后在隧道顶上布置两个传感器，从而获得真实的三维立体图，直观地再现了异常体的位置、形态、大小。而其他仪器一般在左右边墙各布置一个地震波信息接收器接收地震波，这样的布置方式只能获得异常体的位置信息，而不能获得形状、大小等信息，同时对于大角度斜交隧洞的裂隙可能没有反映。

（8）TRT6000 还采用了层析扫描的图像处理方式，绘制三维视图，并可以从多个角度观察缺陷，使得图像更加清晰，易于理解，从而更加轻松地进行缺陷诊断。

（9）TRT6000 能描绘到隧洞水平和垂直方向的所有异物。而其他仪器用于描绘几乎垂直于隧道洞的充满空气或水的裂隙，而且只能描绘靠近的垂直裂隙，不能描绘稍远距离的第二裂隙或第三裂隙（尤其是充气裂隙）。对于斜交隧洞（尤其是大角度斜交隧洞）的裂隙可能没有反映。对于所描绘的倾斜裂隙，会低估它们的距离。

6. 陆地声纳法

它是“陆上极小偏移距高频弹性波反射连续剖面法”的简称，可在狭小的场地和基岩裸露的条件下，探查岩溶等有限物体，也称为高密度地震反射或地震映像法。施测时采用极小偏移距地震波激发—接收系统，进行单点测量或在激震点两侧对称位置上各设一检波器，一次激发两道接收。源检距的大小根据最小探查深度而定，以目的体反射波不受先到的干扰波影响为准。为提高分辨率，需激发和采集高频信号。采用电声转换声学发射装置来激发频率为几千赫兹至几十千赫兹的弹性波。由于可采集很宽频率的反射信号，故可以用分窗口带通滤波的方法处理资料，分别提取不同频谱的信息，以突出不同规模的探查对象的反射图像。

该法具有分辨率高、可避开许多干扰波、反射波能量高、探查岩溶和洞穴效果好、图像简单易辨等优点，但需占用开挖面工作时间且实测剖面较短。已在云台山铁路隧道、南昆线铝厂隧道等工程中应用，预报距离 50 ~ 100 m。

7. 面波法

分为稳态法和瞬态法。稳态法在掌子面上放置一个激振器，用计算机控制激振器使其产生各种不同波长的波面，用两个拾振器同时接到不同方向的振动波，由计算机算出每一种波长的面波传播速度，根据面波的勘测深度等于波长的 1/2 的原理，即可得到一组不同深度的面波平均速度的分布规律，不同介质面波的传播速度不同。从不同面波速度分布图，就可以反映出地质构造的不同介面，如断层、地下水等特性变化。瞬态法由于排列长度的关系未见实际应用的报道。

此法（稳态法）需要的场地较小，适合在地下硐室开挖面上工作，探测深度也能满足施工预报的要求，对资料的分析判断可在现场进行，且操作简便。此法已在南岭隧洞中应用，很清楚地发现距工作面几米处的断层破碎带。但该法在开挖面上能探测多远的距离，尚需进一步试验研究。

（二）探地雷达技术

探地雷达与探空雷达相似，利用高频电磁波（主频为数十兆赫兹、数百兆赫兹乃至数千兆赫兹）以宽频带短脉冲的形式，由掌子面通过发射天线（T）向前发射，当它遇到异常地质体或介质分界面时发生反射，并返回掌子面，被放置在掌子面的接收天线（R）接收，并由主机记录下来，形成雷达测试剖面图（详见图 8-9）。由于电磁波在介质中传播时，其路径、电磁波场强度以及波形将随所通过介质的电磁特性及其几何形态而发生变化。因此，根据接收到的电磁波特征，即波的旅行时间（亦称双程走时）、幅度、频率和波形等，通过对雷达图像的处理和分析，可确定掌子面前方界面或目标体的空间位置或结构特征。探地雷达在隧洞中有效工作时间（主要指掌子面上测试）一般为 40 ~ 60 min。

雷达波（电磁波）在界面上的反射和透射遵循 Snell 定律。实际观测时，由于发射天线与接收天线的距离很近，所以其电磁场方向通常垂直于入射平面，并近似看作法向入射。反射脉冲信号的强度与界面的反射系数和穿透介质的衰减系数有关，主要取决于周围介质与反射目的体的电导率和介电常数。对于以位移电流为主的介质，即大多数岩石介质属非磁性、非导电介质，常常满足 $\sigma/\omega\varepsilon < < 1$，于是衰减系数($\beta$)的近似值为

$$\beta = \frac{\sigma}{2}\sqrt{\frac{\mu}{\varepsilon}} \tag{8-1}$$

即衰减系数与电导率(σ)及磁导率(μ)的平方根成正比，与介电常数(ε)的平方根成反比。

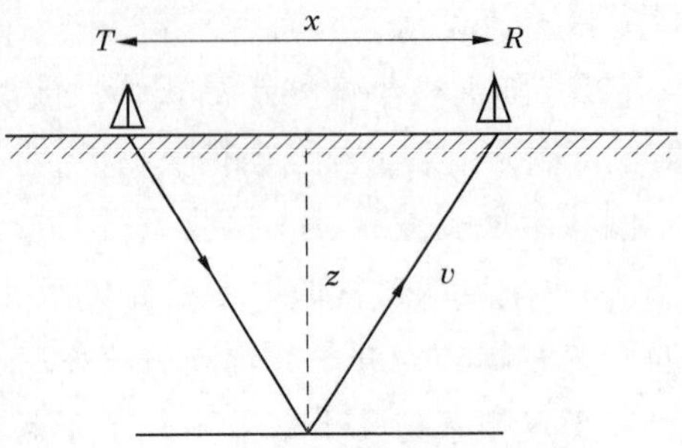

图 8-9　地质雷达工作原理

而界面的反射系数为

$$r = \frac{Z_2\cos\theta_1 - Z_1\cos\theta_2}{Z_2\cos\theta_1 + Z_1\cos\theta_2} \tag{8-2}$$

式中：Z 为波阻抗，其表达式为

$$Z = \sqrt{\frac{\mu}{\varepsilon}}\left[\sqrt{1+\left(\frac{\sigma}{\omega\mu}\right)^2}\right]^{-\frac{1}{2}} \tag{8-3}$$

显然，电磁波在地层中的波阻抗值取决于地层特性参数和电磁波的频率。由此可见，电磁波的频率($\omega = 2\pi f$)越高，波阻抗越大。

对于雷达波常用频率范围(25 ~ 1 000 MHz)，一般认为 $\sigma << \omega\varepsilon$，因而反射系数 r 可简写成：

$$r = \frac{\sqrt{\varepsilon_1} - \sqrt{\varepsilon_2}}{\sqrt{\varepsilon_1} + \sqrt{\varepsilon_2}} \tag{8-4}$$

上式表明反射系数 r 主要取决于上下层介电常数差异。

应用雷达记录的双程反射时间可以求得目的层的深度 H：

$$H = \frac{t \times c}{2\sqrt{\varepsilon_r}} \tag{8-5}$$

式中：t 为目的层雷达波的反射时间；c 为雷达波在真空中的传播速度(0.3 m/ns)；ε_r 为目的层以上介质相对介电常数均值。

利用探地雷达进行超前预报时，在前方岩体完整的情况下，可以预报 30 m 的距离；在岩体不完整或存在构造的条件下，预报距离变小，甚至小于 10 m。雷达探测的效果主要取决于不同介质的电性差异，即介电常数。若介质之间的介电常数差异大，则探测效果好，精度较高。由于对空洞、水体等的反映较灵敏，因而在岩溶地区用得较普遍。该法的缺点是预报的距离有限，一般不超过 30 m，且要占用掌子面的工作时间。在洞内测试时，由于受干扰因素较多，往往造成假的异常，形成误判。

应用探地雷达(如瑞典 RAMAC 系列、美国 SIR 系列、加拿大 EKKO 系列、意大利 RIS 系列等探地雷达系统)进行超前预报，在钻爆法施工的隧洞中使用相对较多，如在太平驿水电站引水隧洞、海南高速公路东线大茅隧洞等工程中，均取得了较好的应用效果。由于探测时需要占用掌子面的工作时间，故在掌子面上测试时需要停机进行，因而在 TBM 法施工的隧洞中应用时需作相应的规定才能实施。

（三）红外探水法

隧洞超前预报一般采用矿井防爆红外探测仪（如唐山煤炭科学研究院生产的 HY－303 矿井防爆红外探测仪）。由于所有物体都发射出不可见的红外线能量，此能量的大小与物体的发射率成正比。而发射率的大小取决于物体的物质和它的表面状况。当隧洞掌子面前方及周边介质单一时，所测得的红外场为正常场，当前面存在隐伏含水构造或有水时，他们所产生的场强要叠加到正常场上，从而使正常场产生畸变。据此判断掌子面前方一定范围内有无含水构造。

现场测试有两种方法：一是在掌子面上，分上、中、下及左、中、右六条测线的交点测取 9 个数据，根据这 9 个数据之间的最大差值来判断是否有水；二是由掌子面向掘进后方（或洞口）按左边墙、拱部、右边墙的顺序进行测试，每 5 m 或 3 m 测取一组数据，共测取 50 m 或 30 m，并绘制相应的红外辐射曲线，根据曲线的趋势判断前方有无含水。该法在隧洞中有效测试时间一般为 30～50 min。

掌子面上 9 个数据的最大差值大于 10 $\mu W/cm^2$，就可以判定有水；红外辐射曲线上升或下降均可以判定有水，其他情况判定无水。红外探测的特点是可以实现对隧洞全空间、全方位的探测，仪器操作简单，能预测到隧洞外围空间及掘进前方 30 m 范围内是否存在隐伏水体或含水构造，而且可利用施工间歇期测试，基本不占用施工时间。但这种方法只能确定有无水，至于水量大小、水体宽度、具体的位置没有定量的解释，都需间接地进行判断。

该法已在渝怀铁路圆梁山隧道进、出口正洞、平导和泄水洞中得到应用，从开挖验证的结果来看，判断有水准确率 20 m 以内为 76.2%，30 m 以内为 86.0%；判断无水准确率 20 m 以内为 94.6%，30 m 以内为 88.0%。

红外探水法须在掌子面上进行测试，TBM 需停止掘进作业，尽管测量时间较短，对 TBM 法施工具有一定的影响，其实际应用上也受到一定的限制。

（四）BEAM 法

BEAM（Bore—tunneling Electrical Ahead Monitoring）是由德国 GEOHYDRAULIK DATA 公司推出的产品。该测试技术是通过对岩层视电阻率进行测试来探知岩体质量和其中的空洞及水体。地下岩体在人工电场作用下会发生复杂的电化学过程，并形成一个随时间增加而增长的极化电场，它叠加在人工电场及由于岩体电性差异而产生的异常电场之上。习惯上把人工电场及因岩体电性差异而产生的电场称为一次电场，把极化电场称为二次电场，它们的叠加称为总场。总场经数分钟后趋于饱和，如果切断电源，一次电场随即消失，但二次电场却仍然存在并随时间增加而逐渐衰减，几十秒至几分钟后衰减至零，这种现象称为激发极化效应。常规电法勘探中的激发极化法就是通过研究激发极化电场的分布以达到找矿、找水或解决其他地质问题的一种物探方法。早期的激发极化法应用主要以直流激电法为主，但由于直流激电法断电后的二次电场易受外界电磁干扰，激电法后来的发展以交流激发极化法为主，BEAM 测试系统就是以交流激发极化为理论基础的一种全新的电法勘探技术。

BEAM 法是一种聚焦电流频率域的激发极化法，其最大的特点是通过外围环状电极发射一个屏障电流和在内部发射一个测量电流，以便电流聚焦进入要探测的岩体中，通过得到一个与岩体中空隙有关的电能储存能力的参数 PFE（Percentage Frequency Effect）的变化，预报前方岩体完整性和含水性；它的另一个特点是所有的装置都安装在掘进机刀头（测量电流）和外侧钢环（屏蔽电流）上，随着隧洞掘进，连续不断获得探测成果，并适时处理得出掌子面前方的 PFE 曲线。由此预报前方岩体的性状及含水情况。其原理见图 8-10，而位于掌子面前的探测电极布置见图 8-11。

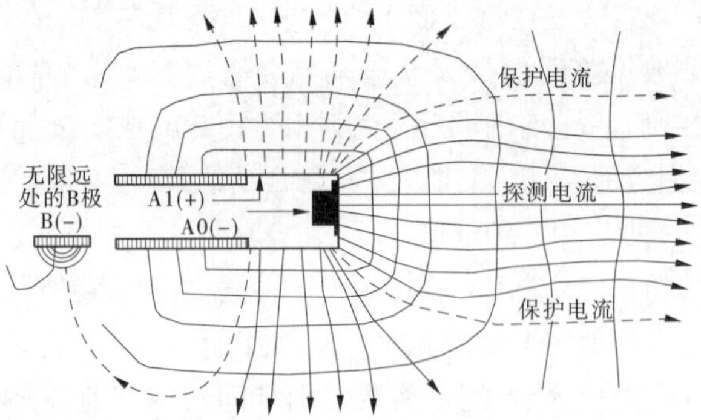

图 8-10　BEAM 法原理图

BEAM 系统由主机、数据采集解译软件、连接线路、数据转换盒、A0 电极、A1 电极和 B 电极组成。BEAM 测试系统能够将整个极化过程中岩层电阻系数的变化频率过程记录下来。特殊水体或空洞、高孔隙率的地下介质譬如洞穴等对激发极化的参数有相当大的影响，因此 BEAM 测试技术能够对这些工程地质问题做出准确的预测。相对传统的电法探测，BEAM 测试技术的核心在于改善了电法测试的灵敏度和稳定性，利用同性电极相排斥的原理，通过在隧道掌子面环形布置的正电极 A1 建立的保护电场，使正电极 A0 产生的电流呈放射状向隧道纵深传播的更远。B 极一般作为接地电极（负极）。

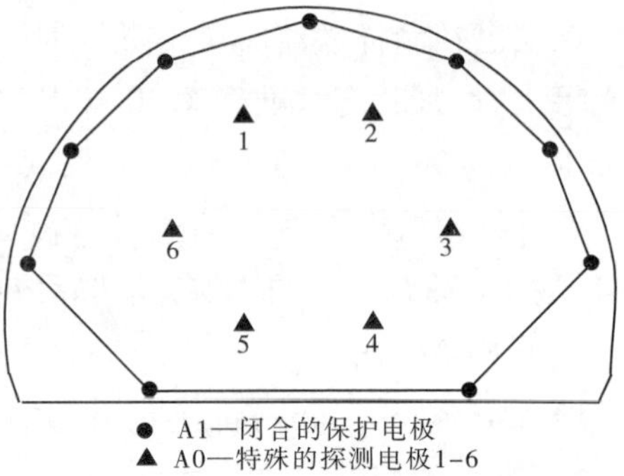

图 8-11　掌子面探测电极布置图

将返回的测试电流通过数据转换盒接入测试系统主机当中，由主机按一定程序进行控制测量，从而得到一组与该掌子面前方一定范围内电阻率和极化率的空间分布情况。供电电流采用多频方式供电，测量不同频率下的观测数据。

BEAM 具体操作是通过外围的环状电极（A1）发射一个屏障电流，并在内部发射一个测量电流（A0），以便电流聚焦进入要探测的岩体中，通过测量岩体的交流变频激发极化特征,计算出岩体视电阻率和一个与岩体中孔隙有关的电能储存能力的参数 PFE 的变化来预报前方岩体的完整性和含水性。

开发 BEAM 测试技术的德国 GD 公司通过 3D 有限元模拟研究认为该技术向掌子面前方的预测距离可达到隧道断面直径的 5 倍。通过定义 PFE(Percentage Frequency Effect)——频率效应百分比这一与岩体储存电能能力相关的岩石学特性指标,通过测取前方不同质量岩体以及孔隙、水体、洞穴、断层等介质的 PFE 和电阻率数据制定出具体的解译指南,就可对隧道的前方 5 倍洞径内的岩体质量、不良地质情况(水体、洞穴、断层等)进行综合预测。

在 TBM 隧道掘进施工中,BEAM 测试在国外已有很多应用实例,包括意大利的 Ginori 隧道、Prisnig 隧道,西班牙的 Guadarrama—North 隧道、德国的 Nuremberg—Ingolstadt 铁路隧道等;在钻爆法施工隧道中国外也有应用,如瑞士的 Gotthard Base 隧道、Lotschberg Base 隧道等。在国内该法已在大伙房输水隧洞、铜锣山公路隧道开挖中得到应用,从开挖验证的结果来看,探测结果比较准确。

(五)瞬变电磁法

瞬变电磁法原为金属矿勘察的常用方法,它不使用接地电极,而使用供电线圈在地下岩体中产生磁场,通过断续变化供电电流和它的磁场,在岩体中感应涡流和二次电磁场,接收二次磁场的强度和随时间的变化规律,研究岩体电导率的分布,岩体导电性强二次场强度大,岩体导电性差二次场弱。早期的二次场反映浅部岩体的导电性,晚期的二次场反映深部岩体的导电性。

瞬变电磁法用于隧洞内掌子面的超前预报主要采用小线圈大电流,取得了一定效果,但采用的接收线圈自感、互感较大,近场特性需要改进。该法已在贵州高速公路隧道地质超前预报中得到实际应用,其探测试验结果与实际开挖吻合较好,应用前景是喜人的。但瞬变电磁法若要在隧洞超前预报中取得好的效果,还必须进一步提高分辨率、改进近场特性,在仪器软硬件方面应进一步加强研究。

四、地质物探综合分析法

要推动隧洞工程超前地质预报探测水平,提高超前预报的准确程度,就必须将地质调查方法与多种物探方法有机地结合起来,对地质和物探资料进行系统处理和地质综合分析。其工作方法和主要内容如下:

(1)收集、熟悉地质资料。了解工程区内宏观的地质环境、大型构造形迹的发育分布规律以及工程围岩所处的具体构造部位、岩体的结构特征、节理裂隙发育程度、岩体完整性、岩石(体)强度、地下水状态等;掌握全隧洞的地质背景,指出存在的不良地质问题和地段,还要知道各段围岩的稳定程度,可能发生地质灾害的位置、规模、性质和防治措施,目的在于保证隧洞施工设计、施工方法和措施能顺应地质情况的变化适时做出调整和修改。

(2)施工地质编录。对已开挖洞段地质状态作详细真实的描述,可作为超前预报的依据,该内容包括岩性、岩石坚硬程度及完整情况、断层及破碎带、节理裂隙、地下水状态、不良地质现象等作编录。

(3)围岩特性测试。根据工程需要,对岩石物理力学特性进行补充测试,如岩石点荷载强度、岩石回弹值、岩体弹性模量、软弱面剪切强度等,有时还应进行初始地应力和二次应力场的测试等。上述数据是预报围岩稳定性的重要参数。

(4)地球物理探测。根据岩体不同物理性质量测一定距离以内的物理力学参数的变化,据此判断出隧洞工作面前方的地质情况。采用多种物探仪器进行超前探测,常用的物探方法有地震反射、声波反射、地质雷达、TSP203 隧道超前地质预报系统等技术。

(5)地质物探综合分析。组成以地质工程师为主,由物探及相关工程技术人员参加的施工地质组,对上述地质和物理探测资料进行整理和综合分析,最后做出施工面前方不良地质问题的预测预报。

总之,以地质调查法为基础,以地球物理探测方法和超前钻探法为手段的隧洞综合地质超前预报方法,必将是深埋长隧洞施工超前预报准确率有效提高的重要途径。

第四节　超前探测中的若干问题

超前地质预报技术体系,包括隧道隧洞所在地区地质分析与宏观预报、隧道隧洞洞身不良地质体超前地质预报、超前钻探和重大施工地质灾害临近警报 4 部分。只有在宏观预报的原则指导下,才能更准确、更有效地实施洞内不良地质体超前预报和施工地质灾害监测、判断及临近警报等后续预报工作。

地质综合分析方法是地质超前预报的最基本的方法。对物探和钻孔超前探测资料的任何解释和应用,都离不开对施工过程中观测和采集到的地质资料的判断。缺少了这个基础环节,采用任何超前探测方法都很难取得好的效果。

将上述几种方法综合应用会取得较好的超前预报效果,综合应用原则是:地质分析方法作为基本方法必须大力加强,进一步提高水平,长期地质预报是施工地质灾害超前预报不可或缺的第一道工序,长期地质预报的物探方法作为快速“侦察”手段,应大力发展,积极采用;短期地质预报是在长期地质预报的基础上进行的,水平钻孔方法在地质复杂地段必须坚持应用,并合理纳入施工组织。几种方法的有机结合,可组成完整的地质超前预报技术体系。

一、隧洞地质灾害与超前探测方法的审查与评估

隧道工程施工中引发灾难的因素是多种多样的,如地下水、有毒气体、易燃气体、深埋地层的高温、应力释放时的岩爆等。另外,由于人们对地质特性认识不足、工程设计不当引起的事故,如坍方冒顶等,这些都与地下工程的地质条件有关。而对地层物理、化学性能的了解,对岩体本身结构状态的认识,需通过多种勘探试验手段,才能获得定性和定量分析的依据。这些手段可根据设计、施工的不同阶段,分别采用不同的方法,例如:用卫星

照片、航测照片、陆地摄影、遥感图片等作为最初的分析判断资料，在此基础上再进行地面踏勘、测绘以及钻探、物探和试验等工作。

上述勘探手段，也可用于施工阶段的监测。从某种意义上讲，施工中的地质超前预报以及监测工作更为重要，因为提供设计用的技术资料，即使用最先进的勘探方法，从国内外的工程经验看，都是不可能完全查清所有问题，对个别或局部地段的软弱夹层、溶洞、断层、地下水以及有害气体等情况，在初期勘探时不可能完全查明，而可能在施工期间在掌子面前方突然出现。

地下工程地质预报与监测预报不同，地质预报主要是加强施工期间的地质工作，是在开挖之前，除根据开挖时揭露出来的实际地质情况，校正补充地勘时未能查到的资料外，还要根据这些地质情况，分析推断开挖面前方的地质情况，是否有地勘时没有查到的不良地质因素，以便预先采取措施，而监测预报是在开挖以后，预报因围岩变形而产生的各种破坏。

近年来，我国在大瑶山隧道、南岭隧道、军都山隧道和其他一些隧道的施工中，也进行了地质超前预报的试验和研究。如在大瑶山隧道施工中首先成功地采用了浅层地震反射波超前探测、超前 15 m 的声波探测、显微构造分析等，并首先引进水平超前钻探，同时结合超前导坑以及洞内素描和赤平投影等方法进行隧道地质预测预报，经施工开挖验证，80% 以上的预报是准确的，在调整支护和衬砌设计以及施工方法的决策中起到了重要的指导作用，同时也为隧道施工中的地质预测预报找到了一些有效的方法和取得了相当丰富的经验。在军都山隧道施工过程中，由中国科学院地质研究所和铁道部隧道工程局组成的“军都山隧道快速施工超前预报课题组”采用以地质素描为基础配合波速测试和声波测试，进行掌子面前方短距离的地质超前预报。预报的准确率达 71.5%，取得了可喜的成绩，深受施工现场的欢迎。“军都山隧道快速施工超前地质预报方法指南”及其说明对该项试验成果作了系统的总结，是一份比较系统、比较全面的地质预测预报方面的指导性文献。

如前所述，隧道施工中的地质预测预报已引起国内外隧道工程界的重视，也做了许多卓有成效的工作，但到目前为止，还没有一套系统的普遍适用的方法，国内外隧道工程的重大地质灾害仍时有发生。

因此，准确预报施工前方的地质条件是隧道建设者们的迫切要求，20 世纪 80 年代以来世界各国都把这类问题列为重点研究课题。但是隧道施工中的预测预报又是一项使人望而生畏的复杂而艰难的任务，真正从事这项新技术的工程技术人员并不多。要搞好隧道施工中的地质预测预报，还任重道远。

成功的经验与失败的教训使人们越来越清醒地认识到这样一个事实，要推动隧道施工地质超前预报探测技术水平，提高预报的准确程度，就必须将地质调查方法与多种物探方法有机地结合起来。如前所述，地质调查是综合超前探测系统工作的龙头，是做好预报的基础，但是地质体的不均一性和复杂性决定着仅仅以观测和量测的地质要素来预测未知是不够的。对已揭露的地质体的详真描述，故然可以从中得到某些可用于指导预报的规律,但这种地质类比法仍具有它的局限性和片面性。所以,在多数情况下,除进行地质调查外,还要采用先进的物理、化学探测技术,对已知和未知的地质体进行探测,获取更多为人们肉眼所不能观察到的许多地质信息,从而提高预报效果和确保预报的可靠性。

二、关于超前探测纳入勘察与施工中的问题

任何隧洞工程的施工地质工作都应由相应资质的勘察设计单位承担,其主要工作内容是:①实施超前地质预报;②施工围岩编录及稳定性评价;③地质灾害评估及其防治措施建议等。图 8-12 为施工地质内容及过程控制纲要图,该纲要图主要适用于钻爆法施工

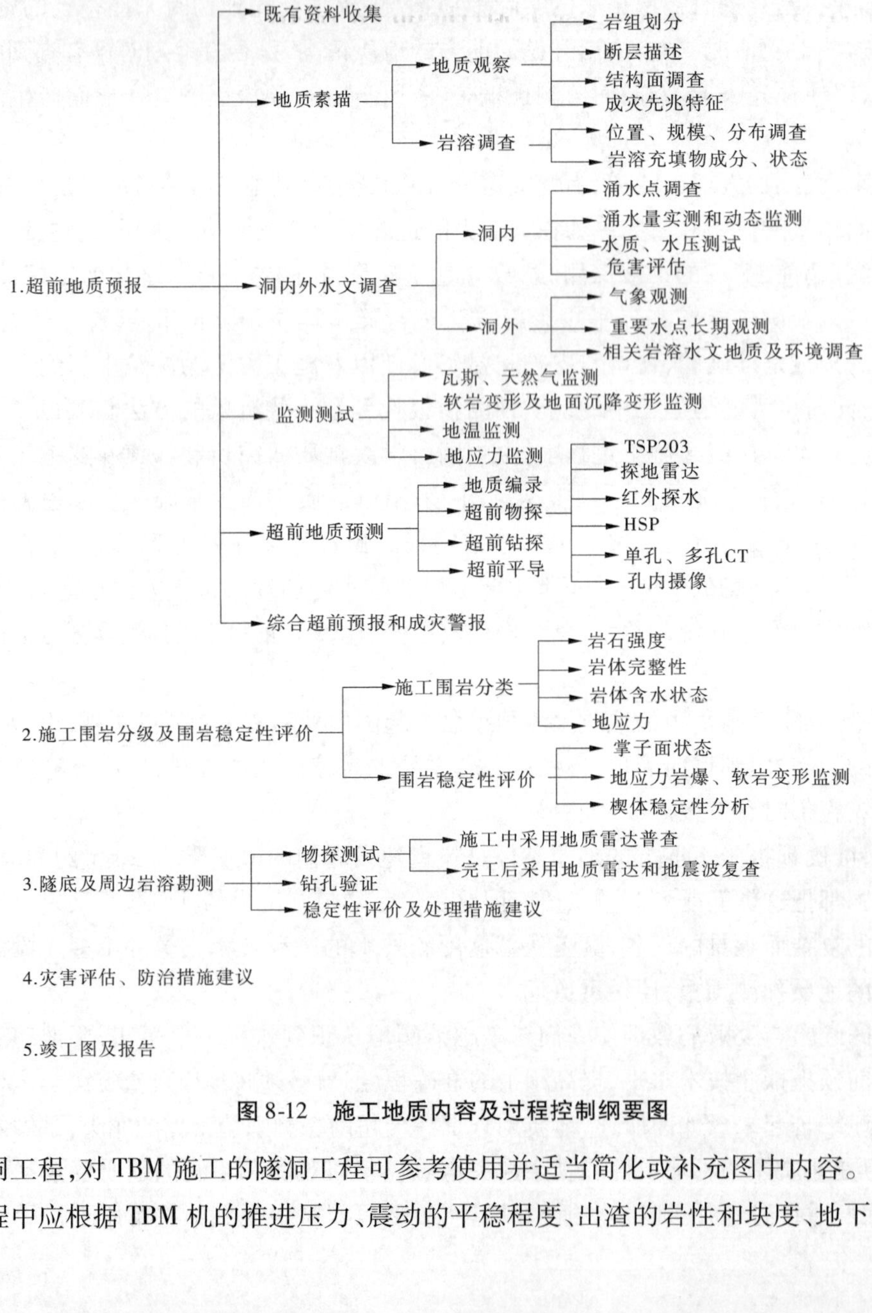

图 8-12　施工地质内容及过程控制纲要图

的隧洞工程,对 TBM 施工的隧洞工程可参考使用并适当简化或补充图中内容。一般在施工过程中应根据 TBM 机的推进压力、震动的平稳程度、出渣的岩性和块度、地下水流出的

状态、气味、声响、掉块以及回填豆砾石的情况等综合判断,发现异常情况,应立即停机,现场施工地质人员应仔细观察开挖面,填写施工记录并报监理、设计和业主,根据具体情况共同商定超前地质预报的内容和方法,下达超前预报任务书或技术要求等文件。

隧洞施工前由业主单位牵头组织编制《某隧洞施工地质过程控制实施细则》文件,并邀请设计、施工、地质、物探测试、监理等专业的工程技术专家对其实施细则具有项目针对性的技术评审,评审通过后经上级主管部门下文批准实施,形成一个该隧洞施工中的技术过程法规性文件。

第五节　TBM 施工超前地质预报方法的选择

在选择超前地质预报方法时应考虑:①预报对象的工程地质特性;②预报对象的地球物理特征;③施工开挖的方法特点;④预报方法实施的场地条件;⑤测试方法的经济合理性等。

针对 TBM 施工方法的特点和深埋长隧洞施工超前预报的实践经验,宜选择长短结合的超前预报方法。综合考虑各种因素,推荐的超前地质预报预测方法如下:

(1)地质综合分析法。该法应贯穿隧洞施工预测预报的全过程。主要根据前期勘察资料、隧洞施工地质编录、岩体简易测试、地球物理探测和超前钻探等资料综合分析和整理,对隧洞施工掌子面前方的地质状况与围岩类别以及不良地质体进行预测预报,分析可能出现的灾害类型以及可能性,并提出相应的隧洞开挖建议及其措施等。

(2)BEAM 探测法。适合于 TBM 掘进施工的隧洞超前地质预报,在不影响 TBM 掘进机正常工作的情况下实现适时监测或连续的预测预报。该法主要对隧洞开挖工作面前方 50 m 范围内岩体的完整性和含水性进行超前预报。

(3)当遇重大不良地质问题或工程开挖的重点部位,如大断层、构造破碎带、含水层(带)时应暂停 TBM 掘进施工,针对大断层或构造破碎带宜选择 TSP203 超前地质预报系统、HSP 水平声波剖面法等进行探测预报;针对含水层(带)宜选择红外探水法、探地雷达法(GPR)、水平超前钻孔等预测预报。

隧洞超前地质预报技术体系,包括隧洞所在地区地质分析与宏观预报、隧洞洞身不良地质体超前地质预报、超前钻探和重大施工地质灾害临近警报三部分。只有在宏观预报的原则指导下,才能更准确、更有效地实施洞内不良地质体超前预报和施工地质灾害监测、判断及临近警报等后续预报工作。

地质综合分析方法是地质超前预报的最基本的方法。对物探和钻孔超前探测资料的任何解释和应用,都离不开对施工过程中观测和采集到的地质资料的判断。缺少了这个基础环节,采用任何超前探测方法都很难取得真正符合工程施工客观实际的良好效果。

采用地球物理探测方法进行超前预报的优点是:快速、探测距离大、对施工干扰相对小、可以多种方法组合应用。但由于物探是利用围岩与不良地质体之间的物理性质进行地质推测判断的间接方法,因此不同的物探方法受限于不同的场地和地质条件,各种方法都有一定的局限性;对物探资料的地质解释,需要与地质分析紧密结合,才能取得较好的预测预报效果。

水平钻孔方法是最直观的超前预报方法,可以在遇到重大工程地质问题的洞段使用。缺点是:成本高,对施工影响大。

第六节　隧洞施工超前预报注意要点

以上较为详细地介绍了当前我国隧洞施工超前预报的现状及其探测技术。作者认为:实施超前预报应首先收集和熟悉已有资料,提出预报探测的计划和重点;然后配合施工进程,开展地表补充调查和洞内地质素描,以施工地质调查资料为依据,演绎隧洞内需要超前探测段的地质理想模型;接着选择一种以上对施工干扰少、探测时间短的有望达到预报目标的物探技术,开展室内和现场实测;最后组成地质、物探及相关工程专业人员的分析组,对地质和物探资料进行系统处理和综合分析,提出预报意见。

为提高超前预报精度,有必要对现有技术方法进行改进,尤其是观测方法应全方位进行,以获得三维空间围岩性态,提高定位精度。资料处理应建立不同地质界面的特征识别模式,提高判别准确性。

鉴于深埋长隧洞水文地质条件、工程地质条件的复杂性,不良地质问题较多和难以查明。因而施工过程中进行超前探测和预报是十分重要的,也是施工过程中不可缺少的一个工作环节。就工作方法来讲,地质综合分析法是最根本的核心方法,各种直接预报方法和间接预报方法是地质综合分析法的重要手段。由于各种地球物理探测资料大多具有多解性,因此物探结果必须结合地质规律来判释。

经综合分析研究认为:针对 TBM 法掘进的施工方式,可使用地质综合分析法、BEAM 探测法贯穿整个隧洞施工过程进行超前地质预报,他们具有适时监测或连续探测而不影响 TBM 掘进的正常施工,因而这两种预报预测方法是很有作为的超前地质预报探测方法。

针对断层破碎带、围岩类别及其稳定性可选用的预报方法为:TSP203 超前地质预报系统、HSP 水平声波剖面法和探地雷达法。

针对隧洞突涌水及高外水可选用的预报方法为:红外探水法和探地雷达法。

当 TBM 掘进施工遇到严重困难或重点工程部位时,可考虑选用水平超前钻孔探测法、超前导洞探测法进行超前地质预报。

在隧洞施工过程中进行超前地质预报,各种方法都有其长处和短处,特别是在地质条件复杂的隧洞中,应综合运用各种预报方法,互相印证、取长补短、综合解释,可以取得较好的超前地质预报效果。

鉴于 TBM 法施工的特殊性,建议对 TBM 施工隧洞超前地质预报方法进一步调研和科学试验研究，以便选取较适宜的探测方法在隧洞工程中应用。

目前国内正在进行大规模的水利水电、铁路和公路工程建设，需要修建大量的隧洞和硐室，而投入合理的超前预报技术将在减少和消除地下工程灾害发挥巨大作用。

由于隧洞工程超前预报工作目前尚有许多不成熟之处，因此需在实践过程中不断总结和提高。

第九章 隧洞施工中的动态管理

隧洞施工中的动态管理是指隧洞施工过程中的地质条件是不断变化的，其力学动态也是不断变化的，因此施工过程就不可能是一成不变的。我们在施工过程中采用的各种施工方法和技术都是为了适应这种“动态”变化。隧洞施工的各种决策都要在施工地段的地质技术、施工阶段的测量技术和施工阶段的质量控制技术的基础上进行管理，这就是动态施工的基本含义。

动态施工的基础条件就是要认识和了解施工中发生的各种“动态”的实质，如坍塌、岩爆、大变形等，同时也要清楚地认识到采取的施工手段和方法会引起的力学动态怎样变化，它们的效果如何。这通常是通过量测、观察等手段完成的。因此，在动态施工中，量测、观察起到的作用是不能忽视的，它不是可有可无的，而是施工过程中的一个重要环节。

真正的实现“动态施工”需要严格科学的施工管理和高素质的技术密集型、应变能力强的施工队伍。因此，不断地提高施工管理水平，建立适应技术发展和动态施工需要的高素质的技术密集型的队伍非常重要。同时，我们应该而且必须在施工体制上去适应这种需求，把施工中的设计意图逐步地转移到承包商一方，为实现真正意义上的动态施工创造条件。

第一节 隧洞施工动态管理系统的构成与建立

由于信息技术、通信技术及各种获取信息手段和方法的迅速发展，给真正实现隧洞的“动态施工”创造了良好的条件。隧洞施工动态管理系统是一个立足于电子技术和信息技术的建设工程生产管理系统，它监控了设计、施工及运营管理的全过程，在开发“动态施工”的应用系统时，把整个隧洞内的量测数据、测量数据、机械和运输车辆的运行数据、通信数据等情报信号，用单一的通信线路进行传输，实现洞内施工的一元化管理。发展隧洞综合管理系统，使该系统由情报化施工设计、支援和质量管理、隧洞形状管理4个子系统构成，其中情报化系统由TSP(弹性坡探查)、DRISS(钻孔探查)、TDEM(电磁探查)3个掌子面地质超前预报技术组合而成；这种隧洞量测和掌子面情报快速管理系统操作简单、判断迅速，并能够显示出掘进情况、掌子面情报、量测结果等；同时，也可以表示初期位移速度，施工管理的标准值等。这对于促进产业现代化、提高生产效率、降低成本、减小风险起着十分重要的作用。

一、系统的构成

一个完整的动态施工管理系统应该是一个能够收集、传输信息，分析与评价，决策以及实施作业的系统，即由以下子系统构成：

(1)信息收集和通信子系统；

(2)信息整理、分析和评价子系统；

(3)决策及实施子系统。

这几个子系统有机地构成了一个用电子网络联系在一起的大系统，该系统的示意如图 9-1 所示。

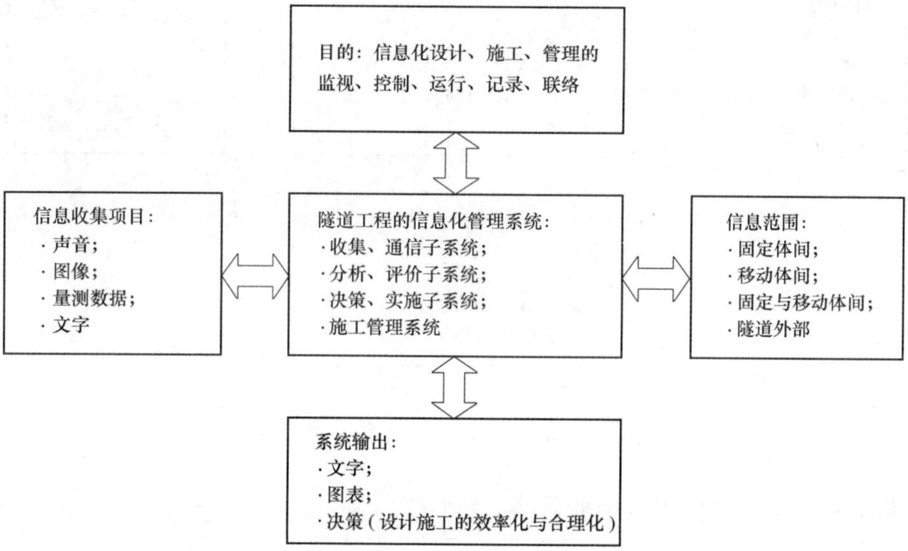

图 9-1　动态施工管理系统的功能

二、各子系统的建立

1. 信息收集、通信子系统

信息应包括隧洞设计文件、施工文件、竣工文件及各种图表、超前地质预报、施工监控量测、掌子面地质素描、地下水及掌子面涌水量、施工管理(质量、进度、材料消耗、成本核算等)、工程试验及试验运营过程的病害监控及整治等信息。信息采集应尽可能地采用信息技术，如数码相机，以便能够将信息及时、可靠、原样地传递到计算机中。

信息的形式是多种多样的，它包括声音、图像、数据、文字、图表等，而且应以最简洁、最方便进行计算处理的形式表示。

信息通信即是将各种信息传递到计算机程序系统的通信系统，是该子系统的关键技术之一，信息通信系统的功能见图 9-2。

2. 分析、评价子系统

该子系统对各种信息进行分析，根据分析结果做出评价，其重点在于：

(1)超前地质预报信息的分析和评价。

(2)量测数据的分析和评价。

(3)设计变更的分析和评价。

(4)隧洞病害监控数据的分析和评价等。

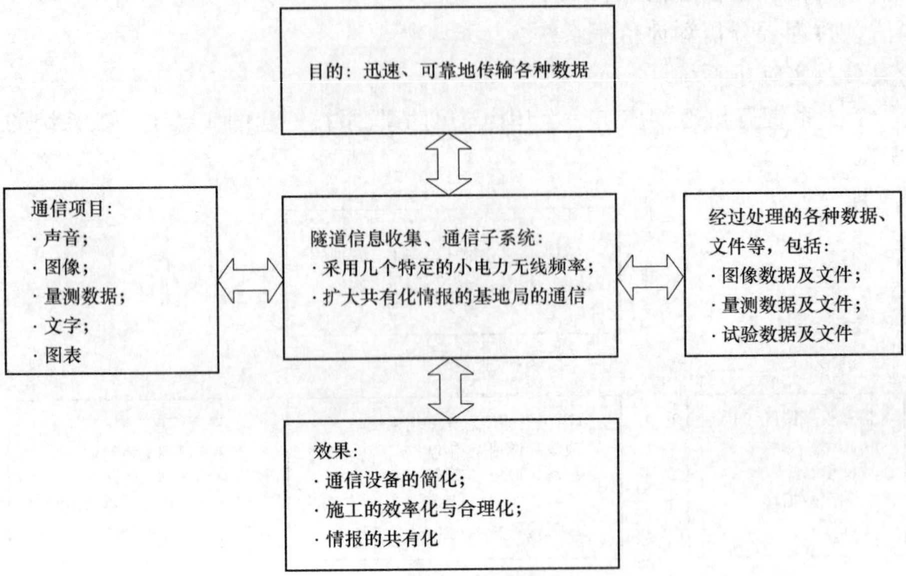

图 9-2 信息收集、通信系统的功能

分析、评价子系统的示意图如图 9-3 所示。

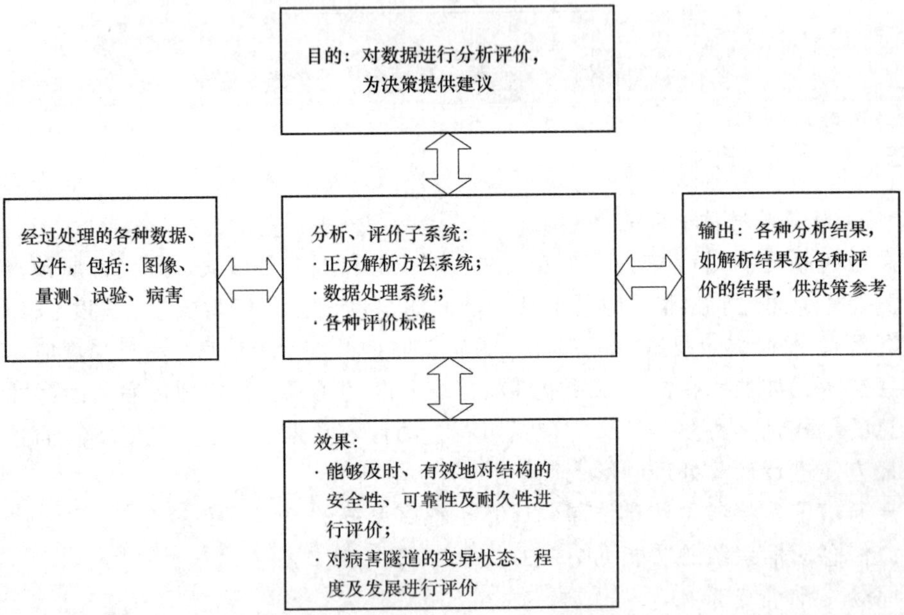

图 9-3 分析、评价子系统的功能

3. 决策、实施子系统

该子系统在分析评价的基础上作出决策并予以实施，此系统在某些情况下可能要采用系统的方法编制。

系统的实施部分应包括设计反馈系统和施工反馈系统两部分，前者是把决策建议反馈到设计中的系统，而后者则是根据决策建议反馈到施工中实施的系统。有时需要设计后才能实施，有的可以直接反馈到施工中实施，这两种情况应分别予以考虑。决策、实施子系统的功能见图 9-4。

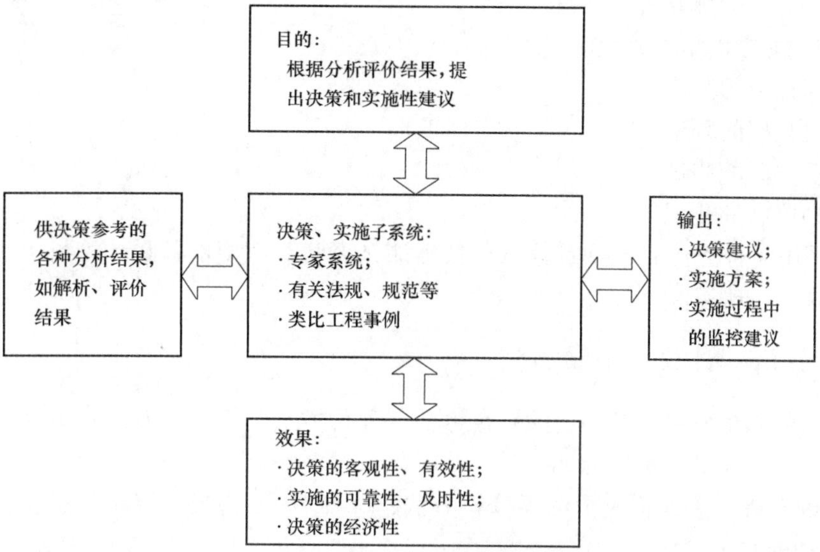

图 9-4　决策、实施子系统的功能

三、信息获取方法

为了能够实现信息的公共性，应该对获取信息的方法做出规定。

(一)超前地质预报信息

(1)TSP 方法。

(2)超前钻孔法。

(3)掌子面地质雷达方法。

(4)数码相机超前地质预测，掌子面围岩级别判定等。

(二)监控量测信息

(1)隧洞断面激光测试仪。

(2)数码相机断面位移测试方法。

(3)空隙水压计。

(4)一般测试方法，如数值收敛计。

(5)光纤维量测衬砌应力、应变的技术。

(三)试验或试验数据

(1)掌子面取样进行室内试验。

(2)掌子面直接进行试验的方法，如回弹仪、射钉枪等方法。

(3)空隙水压计、涌水量测试等。

(四)质量控制数据

(1)衬砌厚度检测，喷混凝土厚度检测。

(2)混凝土、喷混凝土的强度试验。

(3)锚杆密实度测试仪。

(4)背后空洞检测方法，如锤击法等。

(五)隧洞施工中的病害数据

(1)隧洞开裂的测绘。

(2)开裂数据的采集。

(3)背后空洞的测试。

(4)衬砌厚度的测试等。

不管采用何种方法，最好首选电子仪器测试方法，以便能够在计算机上进行信息的通信、传输、处理等作业。

四、分析、评价及决策方法

同样，在子系统中应对采用的解析方法、评价方法与标准以及决策方法做出统一规定，以便能够进行比较和分析。

(1)解析方法：①位移应力的反分析方法；②荷载–结构模式解析方法；③二维、三维、FEM 分析方法。

(2)决策方法：①专家系统方法；②病害、施工事故诊断方法；③类比方法。

(3)评价方法：①模式化方法；②标准对应方法；③标准模式方法等。

从当前我国的技术现状出发，应该逐步地、有目标地实现上述系统的开发和研究。

第二节　测量与观察的要点

当前隧洞施工的最大特点就是把量测以及观察技术和方法引进到施工中，其目的就是根据观察、量测等得到的资料对已开挖的区间和掌子面前方的围岩状况进行预测，并反馈到施工过程中去。量测项目的选择主要有两大类，即日常施工管理所必须进行的量测项目和考虑围岩条件而需要增补的项目。

一、管理体制及标准值的设定要求

管理标准值多数是按量测可能的净空位移值、位移速度、岩石变形等加以规定，以确保围岩的稳定，不能使围岩强度和支护功能急剧丧失，能够确保衬砌厚度线在位移内收敛等为前提条件设定的。在埋深小和膨胀性围岩的条件下，对地表面下沉和地中位移、锚杆轴力等也要设定管理标准值。标准值的设定方法有以下几种。

(一)参考类似工程实例设定

参考过去的类似工程实例，并考虑到围岩条件、断面大小、施工方法、支护构件的数量等确定标准值。如表 9-1 所示为净空位移值的管理标准值。

表 9-1　净空位移值的管理标准值

围岩级别	净空位移值	
	单线(洞)	双线新干洞(洞)
I_S或特 S	＞75 mm	＞150 mm
I_N	25 ~ 75 mm	50 ~ 150 mm
II_N ~ V_N	＜25 mm	＜50 mm

(二)根据解析方法设定

采用 FEM 解析等方法，求出位移作为管理标准值。

(三)根据极限应变设定

调查试件的极限应变，作为开挖中的隧洞达到该应变时的标准值。拱顶下沉的管理标准值如表 9-2 所示。

表 9-2　拱顶下沉的管理标准值　(单位：cm)

管理等级	围岩级别		
	硬岩	中硬岩	软岩
Ⅰ	0.3 ~ 0.5	0.5 ~ 1.0	1.0 ~ 3.0
Ⅱ	1.0 ~ 1.5	1.5 ~ 4.0	4.0 ~ 9.0
Ⅲ	3.0 ~ 4.0	4.0 ~ 11.0	11.0 ~ 27.0

注：(1)位移标准值是开挖引起的总位移，量测拖后时应注意。
(2)本标准是指埋深大的情况，埋深小时要采用比本表更小的数值。
(3)岩块硬、裂隙影响显著的围岩，采用时要特别注意。

(四)根据支护构件的变异设定

喷混凝土、锚杆的变异可以反映当时的荷载、位移情况，因此可以将喷混凝土的破坏应变和锚杆的破坏位移作为大致标准。

另外，还可以采用上述各种方法组合的综合方法。

二、量测管理的要求

量测得到的结果应迅速地反馈到设计施工中的目的，首先是确认施工的安全性，其次是提高工程的经济性。前面提到的量测管理标准值在实际施工中应通过一定的管理体制予以管理，如图 7-5 所示为量测数据的评价和安全管理体制的关系。

设计阶段设定的标准值，可作为施工初期的管理标准值，随着施工的进展，应适当修正管理标准值。

(一)净空位移和拱顶下沉测定

净空位移和拱顶下沉值是隧洞开挖时围岩动态、围岩条件支护效果的综合体现，是在隧洞全长进行的重要量测项目。此项目量测结果可用以判断周边围岩的稳定性，初期支护是否妥当及衬砌仰拱的灌注时间等。

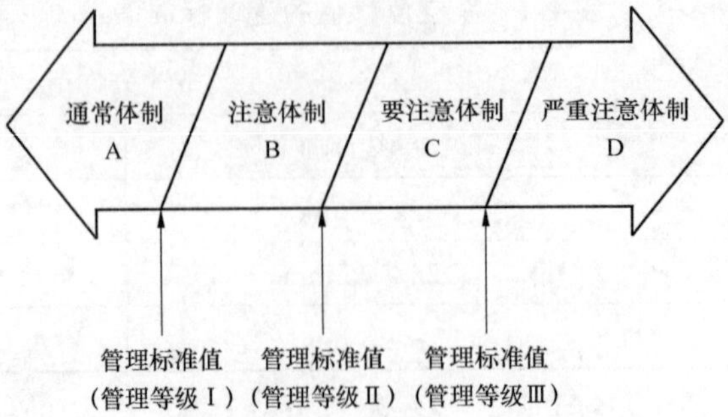

图 9-5 量测数据的评价和安全管理体制的关系

A—通常体制指定时量测、洞内观察；
B—注意体制指加强观察与量测频率，现场检查，引起作业人员的注意；
C—要注意体制指加强观察与量测体制，根据管理标准值预测最终位移值、实施对策；
D—严重注意体制指停止掌子面开挖，解析变异原因及趋势，再研究支护模式等

最大位移速度和最大净空位移值的关系与围岩条件、施工方法有一定的相关关系，在施工初期阶段，预测最终位移值是可能的。根据初期位移值预测最终位移值或变更支护模式或修正设计的判断标准时，可根据隧洞施工实践加以修正。

最终位移的预测方法如下。

1. 吉川等的方法

利用量测初期阶段出现的最大位移速度(mm/d)和该点的最终位移值(mm)的相关关系进行预测。

2. 吉田等的方法

根据开挖 3 d 的位移速度 $X_1 \sim X_3$ 按下式求出最终位移值 Y：

$$Y=A+BX_1+CX_2+DX_3 \tag{9-1}$$

式中 A、B、C、D ——常数，根据量测结果采用重回归分析方法求出。

3. 近藤等的方法

在任意距离 L 的位移实测值 V_1，同样，取对应 L_K 的位移 V_K，设 $L_K=2L_1$，则最终位移值 A 可由下式求出：

$$A=\frac{V_1}{IV_1-V_K} \tag{9-2}$$

拱顶下沉值对确认围岩稳定性，特别是对预测拱顶崩塌是非常重要的，在埋深小的隧洞中应和地表下沉测定一起进行。

(二)地表面下沉和地中位移的测定

地表面下沉和地中位移测定是在埋深比较小的隧洞中实施的，是为了掌握地表面产生下沉及其影响范围或周边围岩的松弛区域而进行的。从周边围岩稳定性的观点出发，确定评价标准是很难的，但根据下沉曲线的形状和最大下沉值还是可以直接判断周边围岩的稳定性。此外，接近结构物时的管理标准可采用容许倾斜值，但该值与结构物的种类、用途、构造有关。在建筑物基础结构设计中规定了以下的变形角容许值，钢筋混凝

土：2/1 000，混凝土砂块结构：1/1 000，木结构：5/1 000。

横断方向的地表面下沉曲线是左右非对称的，出现下沉值异常大的场合多数是由于偏压地形、接近施工等造成的，因此应增加其他量测项目，仔细研究地形、地质结构等。同时，下沉值也受到地下水的影响，因此还要注意与地下水、降雨等有关的条件。

(三)地中位移的测定

地中位移的模式因围岩条件、施工方法而异。如果不与地质状况及净空位移值一起研究，可能会得出错误的判断，因此进行综合判断是很重要的。地中位移模式如表 9-3 所示。

表 9-3　地中位移模式

地中位移发生模式	发生原因和现象	对策
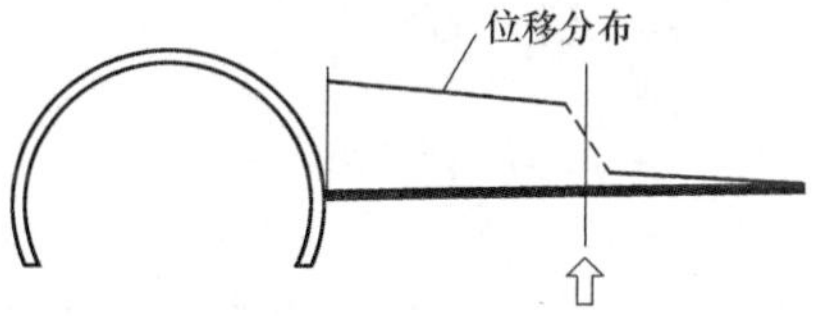	发生不连续面，为松弛区的最大位置	研究增打锚杆
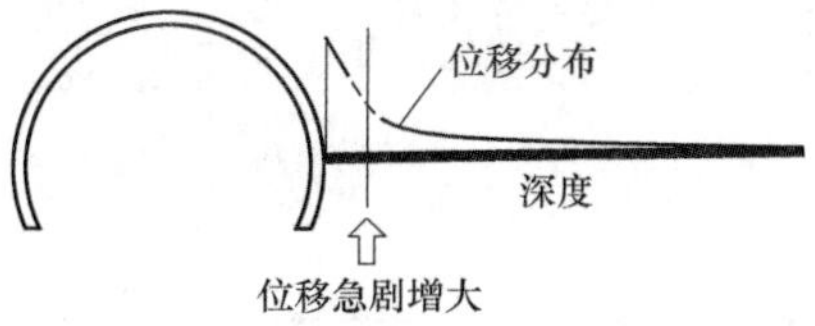	在隧道壁面附近发生松弛区，有产生后期荷载的可能	修正锚杆长度； 修正锚杆根数； 修正支撑尺寸； 研究改良地层
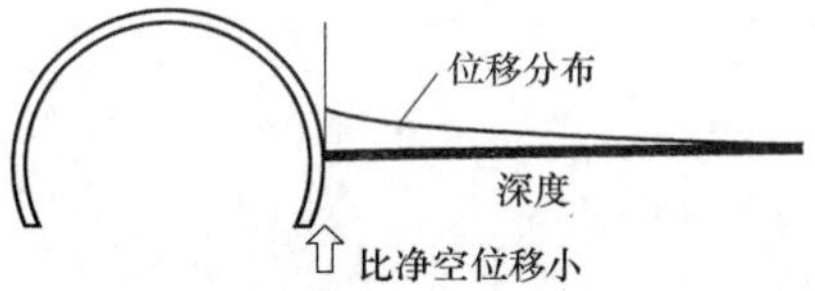	地中位移计的长度不足，端点在松弛区内，不能看做不动点	修正锚杆长度； 变更支撑尺寸

表 9-3 中最下面的图显示净空位移值大，但地中位移值小，这是因为地中位移计的基准点设置在松弛区内，没有进行正确的量测。

净空位移值比预计的大、松弛区比锚杆长度深时，在研究锚杆轴力中，应加长锚杆或增加锚杆根数。

(四)锚杆轴力测定

根据锚杆轴力分布的峰值位置或峰值大小，一般可得出锚杆轴力分布模式，见表 9-4。

(五)衬砌应力测定

衬砌应力的测定，主要是测定隧洞径向的背后土压力和切向的喷混凝土应力。

(六)钢支撑应力测定

根据钢支撑应力测定的结果，可以按钢材的容许应力值作为大致标准，检验已施工区段的支护妥当与否。

表 9-4 锚杆轴力分布模式

地中位移发生模式	发生原因和现象	对策
峰值位于锚杆中心附近 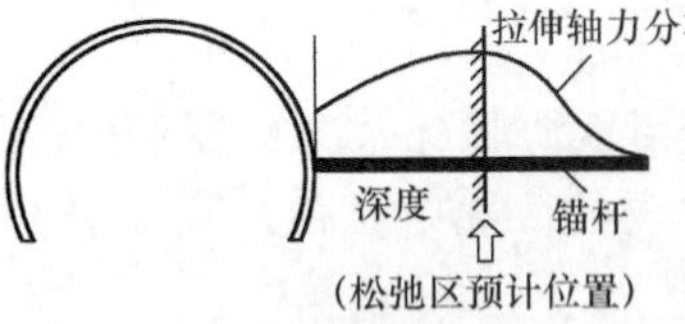 	轴力峰值的深度可以作为松弛区。如左图的情况，峰值在锚杆中心附近，锚杆深度超过松弛区，长度是适当的	
峰值位于锚杆前端附近 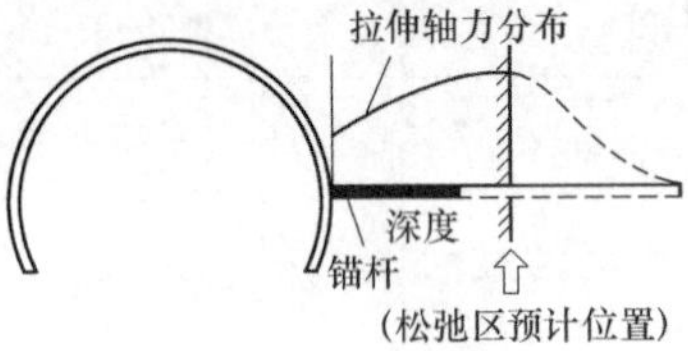 	如左图的情况，峰值的位置在锚杆的前端附近，可以判断松弛区已达到锚杆的头部	应修正锚杆长度
峰值位于锚杆靠壁面附近 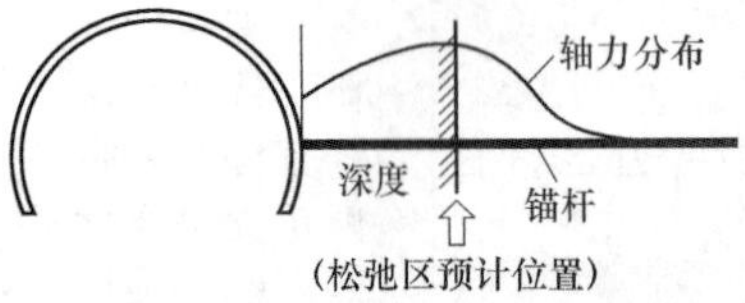 	如左图的情况，峰值位置相对地靠近壁面附近，可以判断松弛区与锚杆长度相比是比较小的	是不经济的，应修正锚杆长度

综合考虑钢支撑的断面和喷混凝土的断面力，能够评价两者的荷载负担率，来适当地选定钢支撑的间距、尺寸等。

同时，根据支撑应力测定结果，可以计算出轴力、弯距、剪力，并推断土压力的分布状况。

(七)洞内弹性测试

洞内弹性波速的测定，主要是在隧洞内侧壁发射地震波；而后记录该地震波，说明传播(曲折波)的状况，并推断围岩的性质，可以与净空位移、地中位移的测定结果一起评价松弛区的范围；然后与初期地表面弹性波速测定结果比较，重新评价围岩级别与围岩试件一起推断围岩的强度。

(八)锚杆拉拔试验

锚杆拉拔试验是在施工时露头处，求出破裂或断开时的抗力，与设计值要求比较。

三、设计修正的方法和注意事项

施工阶段应基于观察量测结果，判断与设计不合适时，应毫不迟疑地修正设计。一般设计的修正方法和注意事项如表 9-5 所示。

表 9-5　设计的修正方法和注意事项

现象	修正方法	注意事项
净空位移值比预计大的情况	扩大变形富裕量	应确认喷混凝土等没有开裂； 应确认锚杆轴力有富裕； 应确认变形是收敛的
	增强支护构件	增加喷混凝土厚度及锚杆长度、根数； 缩短支护构件间距； 在破碎带、塑性化显著的围岩，提高支护构件刚性，有时会收到控制变形的效果
	断面闭合	用仰供或临时仰拱尽快闭合； 控制变形是最有效的措施
	加强掌子面及掌子面前方	掌子面自稳性差的情况，采用超前支护等辅助方法
	变更开挖方法	即使采用环形开挖和辅助方法也不能使隧道和周边围岩稳定的情况下采用； 多要变更机械设备，也要研究采用其他辅助方法的可能性
净空位移值比预计小的情况	减少支护构件	应确认锚杆轴力小； 与喷混凝土比，应优先减少锚杆数量
	缩小变形富裕量	以充分的精度进行研究

第三节　隧洞施工管理

在动态施工中，重要的是如何提高施工管理水平，其标志有以下几方面内容：

(1)施工井然有序，施工速度均衡、快速。

(2)施工质量上乘。

(3)施工成本不断降低。

(4)施工中无灾害事故发生或应变能力强等。

一、提高管理水平的要求

大量的民工是目前施工的主力，在这种情况下，管理好、使用好、培养好这支队伍，就是技术主管部门的重要任务，因此必须做到以下几点：

(1)人才的发现与培养。隧洞施工技术人员必须是“机械、地质、隧道、工程管理”四者都具备的综合性人才，要改变“懂地质不懂隧洞，懂隧洞不懂机械，懂工程不懂管理，懂隧洞不懂地质”等片面发展的人才。

(2)从劳务型向技术密集型的转化，建立一些具有技术竞争力的专业队伍，如量测、压注、防水等队伍，不断地提高施工的工厂化水平，特别是软弱破碎围岩施工的工厂化水平。

(3)把整个施工过程纳入到计算机管理中。因动态施工就是利用在施工过程中获得的与施工有关的电子情报和从各种作业中获得的电子情报，根据使用的方法、机械和电子仪器、量测仪器的组合而实现的一元化施工管理，以提高整个施工的生产性。立足于电子技术和信息技术的施工管理系统，它监控了设计施工的全过程，均可用计算机来完成。

(4)提高作为技术开发主体的思想意识，大力开发新技术，以技术实力求生存。不断地吸收、开发和提高施工技术水平。

二、提高施工机械化管理水平

应该指出，暗挖法中的掘进机法和盾构法已经基本上实现了工厂化，无论是施工环境还是施工质量、施工速度都是矿山法所不能比拟的。提高隧洞施工的机械化程度的关键是解决好隧洞施工方法标准和模式化以及配套的问题。

(一)隧洞施工机械化配套的基本原则

在配套方案的研究中，首先要建立基本配置模式，但应留有余地，采用时应根据具体条件、施工单位的机械设备情况按不同水平配置相应的机械，机械化的程度应因地制宜。机械配置水平主要是以开挖机械来划分：二次衬砌的修筑，多数是采用各种类型的模板台车进行，而运输机械则应与开挖机械协调配置，采用多功能条件下的全断面法和半断面法开挖的各种机械设备。

(1)应首先建立配套的目标函数，配套的终极目的是形成一定的均衡生产能力，在满足工期的条件下，设备最简单、效率最高的配套方案是最佳选择。

(2)为保证实现均衡速度的目标，配套生产能力应具有一定的富裕，即配套的生产能力大于1.2～1.5倍均衡的生产能力。

(3)运输设备是保证充分发挥开挖机械和支护机械能力的关键设备，在配套中必须使运输能力大于开挖能力，为不断提高掘进速度创造条件。在机械配套中必须改变“轻运输机械，重开挖机械”的认识。

(4)隧洞施工机械基本上是由掘进支护(初期和二次支护)、出渣运输及洞内作业环境和保障设备4大部分构成。这4部分机械和设备的有机配合就会形成强大的生产能力，但在配套中应将重点放在掘进和支护的机械选择上，这是形成生产能力的关键。

(二)在不良地质条件下施工机械配套的要点

(1)在仰拱施工的基本原则是：在施工地段建立第二运输平面，减少对前方作业的影响，可以采用皮带桥、扣轨等方法解决。

(2)在有平行坑道的情况下，也可采用改变运输路径的方法。

(3)在超短台阶法中，采用小型反铲机械进行开挖的方法。

(4)在大断面隧洞中，可以采用左右分修的方法。

(5)在支护机械中，发展湿喷技术，采用相适应的湿喷混凝土机和配套装置。

另外，为了充分发挥综合机械化施工的预计能力，加强维修管理，使机械经常处于“备战”状态，必须改变“重使用，轻维护”的观念。

施工过程中应采用各种施工机械进行生产能力的统计分析。配套机械的协调配合则是形成综合生产能力的关键。为了形成均衡的、综合性的生产能力，在进行机械效率和配套机械效率的分析中，一定要引进处理方法，不能单凭主观的臆断。

三、降低工程造价的途径

降低隧洞工程造价的基本原则是要有可靠的技术保证和要有经济观念，具体途径应包括以下几方面：

(1)减少和控制超欠挖技术。

(2)采用高强喷混凝土或纤维混凝土技术，减小永久衬砌厚度或取消二次衬砌技术。

(3)施工方法模式化，辅助施工措施标准化技术。

(4)施工中控制质量的技术。

(5)减少施工中灾害事故的发生和发展，加强施工地质的预测技术。

(6)良好的施工管理是提高工程质量、降低工程造价的保证。

第十章 隧洞现场监控量测

隧洞现场监控量测包括隧洞施工阶段与运行阶段控制测量和监控量测，以及对围岩支护变形的观察与量测。控制测量的主要目的是，检查隧洞施工阶段或竣工验收后的隧洞中线和净空断面的位置与尺寸是否符合设计要求。监控量测解决的问题是，在隧洞施工阶段和运行阶段，使用各种量测仪表和器具，对围岩变化情况及支护结构的工作状态进行量测，及时提供围岩稳定程度和支护结构的可靠性安全信息；预见事故和险情，作为调整和修改支护设计的依据；并在复合式衬砌中，依据测量结果确定二次衬砌施作的时间，以达到监控隧洞围岩和支护结构的变位与应力不超过设计标准，从而确保施工的安全性与经济性。

第一节 隧洞现场监控量测的一般规定

为了使隧洞现场监控量测能充分发挥技术经济效益，要求隧洞设计施工单位编制切实可行的量测计划，并在施工中认真组织实施。

一、隧洞监控量测计划

隧洞现场监控量测计划，即测试方案和实施计划，应依据隧洞的工程地质、水文地质、地形条件、支护类型和参数、施工方法及其他有关条件进行制定。

二、隧洞现场量测计划主要内容

(1)现场量测的主要手段、量测仪表和工具及其选用、量测项目及方法的确定。

(2)施测部位和测点布置及测量人员组织。

(3)测试方案和实施计划的测定。

(4)量测数据处理与应用量测管理等。

三、量测的目的

(1)提供监控设计的依据和信息：①掌握围岩力学形态的变化和规律；②掌握支撑的工作状态变化和规律。

(2)预报及监视险情：①作出工程预报，确定施工对策和措施；②监视险情，以确保安全施工。

(3)校核隧洞工程理论计算结果，完善工程类比法：①为理论解析、数值分析提供计算数据与对比指标；②为工程类比提供参数指标；③为隧洞工程设计与施工积累经验资料。

(4)隧洞工程运行期间监控量测手段：①掌握隧洞工程营运中的安全状态；②隧洞运

行阶段能及时发现支护衬砌结构的险情，以便及早采取相应的补救措施等。

四、隧洞现场量测的任务

(1)通过对围岩与支护的观察和动态量测，以合理安排隧洞施工程序，指导日常施工管理，确保施工安全，修改设计参数和积累资料。

(2)通过对围岩和支护的变位、应力量测，掌握围岩和支护的动态信息，并及时反馈、修改支护系统设计，指导施工作业和管理工作。

(3)经量测数据分析处理与必要的计算和判断后，进行预测和反馈，以保证施工安全和隧洞围岩及支护衬砌结构的稳定。

(4)对已有隧洞的量测结果，可以分析和应用到其他类似工程中，作为隧洞复合式衬砌设计和施工的重要依据。复合式衬砌的设计，通常以工程类比法为主，并以现场监控量测进行工程实际检验和修正。因此，施工设计单位必须紧密配合，共同研究，才能保质保量地完成设计与施工的全过程。

施工信息包括施工观察、现场地质调查和现场监控量测等内容，施工信息是隧洞开挖围岩稳定的动态反映，也是修正设计的重要依据，必须对反馈的信息作全面分析，最后才能确认或修改复合式衬砌设计参数。

(5)将观察量测结果反映到设计、施工中，可分为两个步骤。

第一步，在每日作业中侧重对掌子面及后续开挖区段的围岩状况进行判断，对已施工地段的围岩及支护的动态进行监视，作为判断该区段设计、施工安全与否的依据。从一开始就设定判断基准，主要为掌子面以及洞内的观测施工中围岩及支护的动态变化(净空位移、洞顶下沉等)。仅依据一种项目设定的基准进行判断，其应用范围是有限的，需综合研究确定根据哪些基准项目进行判断。

第二步，为从整体上确认原设计与施工计划是否适合围岩条件，除观察净空位移、洞顶下沉等量测之外，必要时还须同时在洞内收集围岩试件做试验、在洞内做弹性速度试验、承载试验等，进行集合的评议，并对围岩特性进行重新评价，对相应的支护形式的安全性进行研究。为此进行的观察、量测及其评价，多在施工初期阶段对有代表性的围岩地段进行，之后即将其反映到后续区段设计、施工中。

五、评价量测结果的注意事项

(1)判断基准的掌握。为增大支护规模的判断或管理基准的设定是比较容易的，要明确为减小支护规模的判断基准则很难，但在看出安全系数明显过大的场合，最好对基准与观察、量测结果的相互关系仔细研究，然后修正设计与施工，以使施工更加经济。

(2)数据受仪器特性(精度、误差等)的制约，因此事先对所有仪器进行率定，使其保持精确。

(3)可能有未开挖前产生的围岩动态的情况。量测数据是由已施工区段的结果得出的，与未开挖区段的围岩动态未必有直接的联系。但是，根据对已施工区段的观察、量测结果的充分理解而预测掌子面前方将发生的现象仍然很重要。

(4)也存在无法量测的围岩动态。掌子面的观察要对无法量测的因素进行综合的正确判断，这不仅必需而且很重要。在施工中，应根据掌子面的观察，掌握围岩的状况，进而研究采取必要的措施。

第二节　隧洞现场监测的内容与方法

隧洞施工过程中的观察分为掌子面地质监测，已施工地段的支撑、衬砌状态的观测及隧洞上方地表的监测。

一、监测作业的具体内容

掌子面监测要掌握的具体内容如下：岩性分析、地层走向、倾斜、固结度、风化变质的程度、软硬程度、裂缝方向、间隔、状态、有无夹层及夹杂物性态，断层的位置和走向、倾斜、破碎程度、涌水的位置和水量，以及掌子面有无岩片、岩块剥落和崩落。

已施工地段监测要注意的事项如下：喷混凝土与围岩的粘着状态，钢支撑变形，压屈的位置、状态，钢支撑与喷混凝土一体化的状态，可缩支撑的缩小状态，喷层或衬砌裂缝发生位置种类、宽度、长度等，涌水地点及其状态、涌水量。应记录变形的位置、种类、规模、机理等，必要时要做位置图、示意图。

浅埋段地表观察应注意的事项如下：施工前在预计受影响的范围内，调查地表及建筑物状况，施工中地表裂缝的位置、种类、宽度、长度等，建筑物的沉陷、倾斜、开裂的状况及发展趋势。

施工监测是在隧洞开挖过程中，使用各种量测仪表和工具对围岩变化情况和支护结构的工作状态进行量测，及时提供围岩稳定程度和支护结构可靠性的安全信息，预见事故和险情，作为调整和修改支护设计的依据，并在复合式衬砌中，依据量测结果确定二次衬砌施作时间。

施工量测项目的内容分必测项目(A 类量测)和选测项目(B 类量测)。必测项目是用以判断隧洞围岩松动状态，测定支护结构工作状态，也是为设计、施工中确保围岩稳定的经常性量测。选择项目是以判断隧洞围岩松动状态、喷锚支护效果和积累资料为目的量测。各类围岩量测项目见表 10-1。隧道监控量测项目及量测方法见表 10-2。

表 10-1　各类围岩量测项目

围岩	项目									
	A 类量测			B 类量测						
	洞内观察	净空验收	拱顶下沉	地表沉降	围岩位移	锚杆轴力	衬砌应力	锚杆拉拔试验	围岩试验	洞内弹性波
硬岩(Ⅲ ~ Ⅴ)	×××	×××	×××	×	×	×	×	×	×	×
硬岩(Ⅱ ~ Ⅲ)	×××	×××	×××	×	×	×	×	×	×	×
硬岩(Ⅰ ~ Ⅱ)	×××	×××	×××	×	×××	×××	××	×	××	×
土砂	×××	×××	×××	×××	××	×	×	××	×××	×

注：×××表示必须进行项目，××表示应进行项目，×表示必要时进行项目。

表 10-2 隧道监控量测项目及量测方法

项目名称	方法及工具	布置	量测间隔时间			
			1～15 天	16 天～1 个月	1～3 个月	3 个月以后
地质和支护状况观察	岩性、结构面产状及支护裂缝观察或描述，地质罗盘等	开挖后及初期支护后进行	每次爆破后进行			
周边位移	各种类型收敛计	每 5～100 m 一个断面，每断面 2～3 观测点	1～2 次/天	1 次/2 天	1～2 次/周	1～3 次/月
拱顶下沉	水平仪、水准尺、钢尺或测杆	每 5～100 m 一个断面	1～2 次/天	1 次/2 天	1～2 次/周	1～3 次/月
地表下沉	水平仪、水准尺	每 5～100 m 一个断面，每断面至少 11 个测点；每隧道至少 2 个断面；中线每 5～20 m 一个测点	开挖面距量测断面前后＜2*B*，1～2 次/天；开挖面距量测断面前后＜5*B* 时，1 次/2 天；开挖面距量测断面前后＞5*B* 时，1 次/周			
围岩内部位移(地表设点)	地面钻孔中安设各类位移计	每代表性地段一个断面，每断面 3～5 个钻孔	开挖面距量测断面前后＜2*B* 时，1～2 次/天；开挖面距量测断面前后＜5*B* 时，1 次/2 天；开挖面距量测断面前后＞5*B* 时，1 次/周			
围岩内部位移(洞内设点)	洞内钻孔中安设单点、多点杆式或钢丝式位移计	每 5～100 m 一个断面，每断面 2～11 个测点	1～2 次/天	1 次/2 天	1～2 次/周	1～3 次/月
围岩压力及两层支护间压力	各种类型压力盒	每代表性地段一个断面，每断面宜为 15～20 个测点	1 次/天	1 次/2 天	1～2 次/周	1～3 次/月
钢支撑内力及外力	支柱压力计或其他测力计	每 10 榀钢拱支撑一对测力计	1 次/天	1 次/2 天	1～2 次/周	1～3 次/月
支护或衬砌内应力、表面应力及裂缝量测	各类混凝土内应变计、应力计、测缝计及表面应力解除法	每代表性地段一个断面，每断面宜为 11 个测点	1 次/天	1 次/2 天	1～2 次/周	1～3 次/月
锚杆或锚索内力及抗拔力	各类电测锚杆、锚杆测力计及拉拔器	必要时进行				
围岩弹性波测试	各种声波仪及配套探头	在有代表性地段设置				

注：*B* 为隧道开挖宽度。

隧洞现场监控量测项目、量测方法及具体量测内容可归纳如下。

(一)洞内监测

(1)对开挖后没有支护围岩的观测。

(2)对开挖后已支护地段围岩动态的观测。

(3)观察围岩破坏形态及校核围岩类别等。

(二)岩体力学参数测试

(1)测试岩石的抗压强度 R_b。

(2)测试岩石的变形模量 E 和内摩擦角 φ、黏聚力 C。

(3)测试岩石的泊松比 μ。

(三)围岩应力应变测试

(1)岩体原始应力及围岩应力应变量测。

(2)复合式衬砌支护结构应力应变量测。

(3)围岩与支护界面之间接触应力量测。

(四)围岩压力测试

(1)支撑上的围岩压力测试。

(2)围岩与支护界面及各种支护之间接触压力测试。

(3)地下水的渗透压力(包括涌水量、水质)测试。

(五)位移量测

(1)围岩位移及地表沉降量测。

(2)净空变化、拱顶下沉量测。

(3)支护结构、位移及变形量测。

(六)温度量测

(1)围岩岩体温度测试。

(2)洞内气温、洞外气温量测。

(七)地球物理探测

(1)弹性波法、声波法测试。

(2)电阻率法测试。

二、洞内监测的要点

进行洞内监测要在开挖后及时进行，特别是在软弱围岩条件下，开挖后应立即进行开挖面的地质调查，并绘出地质素描图。若遇特殊不稳定情况时应派专人进行不间断的观察。洞内监测主要有以下几方面内容。

(1)对开挖后没有支护的围岩观测：节理裂缝发育程度及其方向，开挖工作面的稳定状态，顶板有无坍塌现象，涌水的位置、涌水量、水压等，是否有底板隆起现象。

(2)观察量测围岩破坏形态分析：危险性不大，不会发生急剧破坏，如加剧临时支撑之后即可稳定的情况；应特别引起注意的破坏，如拱顶混凝土喷层因受弯曲压缩的影响而出现的裂缝；危险征兆的破坏，如拱顶混凝土喷层出现有对称性局部的崩落、侧墙内移等。

(3)对开挖后已经支护地段围岩动态的观测：是否发生锚杆被拉断或垫板脱离围岩现象，喷混凝土是否发生裂缝、剥离或剪切破坏，钢拱架有无被压变形情况。

(一)地表下沉量测的要点

对浅埋隧洞洞顶地表下沉量测应在隧洞尚未开挖前就开始进行，借以获得开挖过程中全位移曲线。测点和拱顶下沉量测布置在同一断面上。地表下沉量测纵向间距见表 10-3。

表 10-3　地表下沉量测纵向间距

埋深 h 与开挖宽度 B(m)	纵向测点间距(m)
$h>2B$	20 ~ 50
$B<h<2B$	10 ~ 20
$h<B$	5 ~ 10

地表下沉量测横向测点一般布置在 4 ~ 6 倍洞室宽范围，隧洞中线附近密些，外侧渐稀，间距为 2 ~ 5 m，在埋设点挖长、宽、深均为 20 cm 的坑，然后放入沉陷测点，测点一般采用ϕ 20 ~ 30 mm、长 20 ~ 30 cm 半圆头钢筋制成，测点四周用混凝土填实。在开挖影响范围以外设置水平基点 2 ~ 3 个，埋设方法相同。使用普通水准仪和水准尺，测出各沉陷测点的标高，然后按下式计算沉降量：

$$V_n=A_0-(A_{基}+R_{后}-R_{前}) \tag{10-1}$$

式中　V_n——第 n 次量测下沉量，mm；

A_0——测点初始标高，mm；

$A_{基}$——水准基点标高，mm；

$R_{后}$——第 n 次量测后视读数，mm；

$R_{前}$——第 n 次量测前视读数，mm。

(二)净空变化量测和拱顶下沉量测的控制要点

净空变化量测和拱顶下沉量测应在同一断面上进行。净空变化、拱顶下沉量测断面间距见表 10-4，净空变化量测基线布置见表 10-5。

表 10-4　净空变化、拱顶下沉量测断面间距　(单位：m)

围岩类别	洞口附近	浅埋地段	施工初期阶段	取得效果后
Ⅳ	10 ~ 15	10 ~ 15	20	50
Ⅲ	10	10	15	20
Ⅱ	5	5	10	10 ~ 20
Ⅰ	5	2	10	10 ~ 20

净空变化量测基线在横断面上的布置。以水平基线量测为主，必要时设置斜基线、量测频率(单位时间的观测次数)。对以下情况要调整量测的断面位置、间隔、频率。

(1)对膨胀性地质、地层长期不稳定时，缩短间隔，增加频率。

(2)早开挖或迟缓开挖时，调整断面位置，缩短间隔，增加频率。

表 10-5 净空变化量测基线布置

施工方法	一般地段	特殊地段			
		洞口	埋深小于2 m开挖坑道	膨胀或偏压地段	实施B类量测地段
全断面	1~2条水平基线	1~2条水平基线	外加2条斜基线	外加2条斜基线	外加2条斜基线
短台阶	2条水平基线	2条水平基线	外加2条斜基线	外加2条斜基线	外加2条斜基线
多台阶	每台阶1条水平基线	每台阶1条水平基线	外加2条斜基线	外加2条斜基线	外加2条斜基线

注：外加2条斜基线与1条水平基线构成三角形测线。

(3)隧洞的总长发生变化时，调整断面位置，增长或缩短间隔。

(4)地质良好，且是同样连续时，增长间隔，减小频率。

(5)地质变化显著时，调整断面位置，增长或缩短间隔，增加或减小频率。

(6)能很快取得测定值时，增长间隔，减小频率。

施测时，把净空变位仪与固定在岩体内的施测短杆相连接，初次量测在钢尺上选择一个适当的孔位，将钢尺套在钢尺支架并固定螺杆上，孔位应选择钢尺张紧时滑块能与百分表顶端接触且读数在0~25 mm的范围内，拧紧钢尺、压紧螺帽、并记下钢尺孔位读数，挂上重锤，记下百分表读数，然后将重锤提起并重复测试3次，取平均值作为初试观测值 R_0。以后重复上述操作，可得到第 n 次量测时的观测值 R_n，则第 n 次量测时的净空变化值 V_n 可用下式计算：

$$V_n=R_n-R_0 \tag{10-2}$$

当读数大于25 mm时，钢尺需另换一个孔位与尺架连接，为了消除钻孔间距的误差，换孔前后应各测一次，读数分别为 R_n、R_{n0}。下次计算净空变化时，即以后一次表读数 R_{n0} 为基准再加上换孔时的净空变化值 n，则第 k 次量测时的净空变化值 V_k 与量测读数 R_k 有下列关系式：

$$V_k=V_n+R_k-R_{n0} \tag{10-3}$$

读数的温度修正按下式计算：

$$R_n=(20-t_n)La \quad (\text{以 } 20\ ℃\text{为标准温度}) \tag{10-4}$$

式中 R_n——第 n 次量测的温度修正；

t_n——第 n 次量测时的钢尺温度；

L——钢尺长度；

a——钢尺线膨胀系数，$a=12\times10^{-6}/℃$，或根据钢尺检验资料确定。

拱顶下沉量测测点一般布置在拱中和两侧拱腰，每断面布置3点，当受通风管阻碍或有其他障碍时，可适当移动位置，水准点一般设在拱顶，选择在围岩稳定地段设置。下沉量计算公式如下：

$$V_n=A_0-(A_{基}-R_{后}+R_{前}) \tag{10-5}$$

式中 V_n——第 n 次量测下沉量，mm；

A_0——测点初始标高，mm；

$A_{基}$——水准基点标高，mm；

$R_{后}$——第 n 次量测后视读数，mm；

$R_{前}$——第 n 次量测前视读数，mm。

三、围岩稳定性的判别标准

围岩稳定性判别标准问题，不仅同围岩类别以及其他地质因素有关，而且还同施工方法、支护手段等人为因素有关，是比较复杂的。因此，在评价围岩稳定程度时，应根据工程的具体情况采用下述三种判别标准综合分析，以确保比较符合实际的标准。

(一)根据位移变形加速度判断

变形速率不断下降，即 $\frac{d^2u}{dt^2}<0$，表示围岩趋于稳定，支护是安全的。

变形速率时间保持不变，即 $\frac{d^2u}{dt^2}=0$，应及时调整施工程序和加强支护系统的刚度和强度。

变形速率逐渐增加，即 $\frac{d^2u}{dt^2}>0$，表示围岩已达到危险状态，必须立即停工加固。

(二)根据实测位移或预计最终位移值判别

在隧洞开挖过程中，发现量测位移总量超过某一临界值时，或者根据已回归函数预计最终位移将超过某一临界值时，表明围岩难以稳定，需要加强支护。根据《锚杆喷射混凝土支护技术规范》(GB J0086—2001)规定，隧洞周边允许相对位移值见表 10-6。

表 10-6 隧洞周边允许相对位移值 (%)

围岩类别	埋深(m)		
	50	50 ~ 300	>300
Ⅲ	0.10 ~ 0.30	0.20 ~ 0.50	0.40 ~ 1.20
Ⅳ	0.15 ~ 0.50	0.40 ~ 1.20	0.80 ~ 2.00
Ⅴ	0.20 ~ 0.80	0.60 ~ 1.60	1.00 ~ 3.00

注：(1)周边位移相对值系指两测点间实测位移累计值与两点距离之比。两测点间位移值也称收敛值。

(2)脆性围岩取表中较小值，塑性围岩取表中较大值。

(3)本表适用于高跨比 0.8 ~ 1.2 的下列隧洞工程：Ⅲ级围岩跨度不大于 20 m，Ⅳ级围岩跨度不大于 15 m，Ⅴ级围岩跨度不大于 10 m。

(4)Ⅰ、Ⅱ级围岩中进行量测的地下工程，以及Ⅲ、Ⅳ、Ⅴ级围岩中在表注范围之外的隧洞工程，应根据实测数据综合分析或工程类比方法确定允许值。

(三)根据位移变化速率判断

位移变化速率，即 $\frac{du}{dt}$，当 $\frac{du}{dt}$ 大于某临界值时，则认为围岩未稳定；反之，则认为围岩已经达到基本稳定。可根据工程特点和围岩条件制定隧洞工程的位移临界变化速率的标准。

我国制定的有关隧洞的位移速率的标准为，当位移变化速率大于 1 mm/d 时，则认为围岩处于急剧变形阶段，需加强观测，若位移速率长期不下降，则需加强支护；当净空变化率在 0.2 ~ 1.0 mm/d 时，则认为围岩处于缓慢变形阶段，表示围岩向稳定方向发展；当净空变化率小于 0.2 mm/d 时，则认为围岩达到基本稳定。并规定只有当位移变化速率小于 0.2 mm/d 时，方可进行二次支护；对于膨胀性围岩，则净空变化率达到 1 mm/d 时，方可施工作二次支护；对于浅埋隧洞往往提前施作二次支护。

四、隧洞主要量测项目的量测方法

(一)洞内量测计划的制定

在编制量测计划时，要根据基本方针，并经过研讨之后编制。其基本方针如下：

(1)明确量测的目的。针对上述预测结果，确定量测项目。在因位移过大而出现问题的隧洞中，以位移量测为中心制定量测计划。而在掌子面自立性出现问题的隧洞中则应将重点放在掌子面的观察上。浅隧洞的重点是根据地表下沉测定等项目监视围岩的松动现象，此外，有确认支护构件效果量测的必要。

(2)明确量测结果的利用方法。通过洞周位移量测，判断洞室的稳定性；通过支护构件受力量测，分析隧洞结构使用效果；根据隧洞施工进展而获得的量测结果，进一步把支护形式及施工方法一起加以变更等。

(3)预测随开挖产生的现象。量测计划要按隧洞设计预计的地压及施工计划预定的施工方法来编制，预测因开挖可能发生的现象。如大断面隧洞比小断面隧洞的地压大得多，需采用分部开挖，对围岩多次扰动；有地形偏压作用或埋深的洞口段，比埋深大的洞身段地表变位显著，膨胀性围岩较坚硬，围岩的变形量大和变形期长。一般量测计划的内容包括量测项目的选定、量测位置的确定、量测频率的选定。详细计划还应包括量测机具、仪器的选定以及记录格式的绘制等。

(二)洞内观察与地质素描

1.洞内观察

隧洞坑道开挖工作面的观察，在每个开挖面进行，特别是在软弱破碎围岩条件下，开挖后应立即进行地质调查，并绘出地质素描图，若遇特殊不稳定情况时，应拟进行不间断的观察。

1)对开挖后没有支护围岩的观察

(1)节理、裂缝发育程度及其方向。

(2)开挖工作面的稳定状态，顶板有无坍塌。

(3)涌水情况、位置、水量、水压等。

(4)底板是否有隆起现象。

2)对开挖后已支护地段围岩动态的观测

(1)有无锚杆被拉断或垫板脱落围岩现象。

(2)钢拱架有无破坏形态，并分析。

(3)锚杆筑浆和喷射混凝土施工质量是否符合规定的要求。

3)观察围岩破坏形态

(1)危险性不大、不会发生急剧破坏，如加临时支护之后即可稳定的情况。

(2)危险征兆的破坏，如拱顶混凝土喷层出现有对称性局部的崩落、侧墙内移等。

(3)应当引起注意的破坏，如拱顶混凝土喷层因受弯曲压缩的影响面出现裂缝。

2.地质素描

与隧洞施工进展同步进行的洞内地质和支护状况的观察和描述，是不可缺少的一项重要的现场地质详勘工作，是对围岩工作地质特性和支护措施的合理性、有效性的最直观、最简便、最经济的描述和评价。故配合量测对综合测试断面的地质素描，应详细准确，如果反映情况，一般除前述洞内观察内容的观测外，还应包括以下内容：

(1)岩石的名称、结构、颜色。

(2)岩石各结构面的成因类型、力学属性、充填物成分及泥化、转化情况。

(3)岩体风化程度、特征、抗风化能力。

(4)施工开挖方法、支护参数及循环时间。

(5)溶洞、黄土、流砂、膨胀性围岩、瓦斯地层等特殊地质条件的描述。

(6)地质断面展示图或纵横剖面图，必要时应附彩色照片及录像带等。

(7)综合测试断面的位置、形状、尺寸及编号。

(8)岩体层理、片理、节理、裂缝、断层等各种软弱面的产状、宽度、延伸情况，及连续性、间距等。

(9)岩脉穿插情况及其与围岩接触关系，软硬及破碎程度，围岩的自稳时间与自稳性能。

(10)地下水的类型、出露位置、水量及对喷锚支护的影响。

(11)围岩内鼓、弯折、变形、岩爆、掉块、坍塌的位置以及规模、数量和分布情况。

(12)喷层开裂、起鼓、剥落情况的描述。

(13)采用水准仪测拱顶下沉或地表下沉：①必须量测拱顶，因拱顶是坑道周边上的一个特殊点，挠度最大，其位移情况具有较强的代表性和显示“窗口”的作用。②拱顶下沉量测点一般布置在拱跨中处和两侧拱腰，每断面 3 个测点，当受通风管或其他障碍时，可适当移动位置。③浅埋隧洞洞顶地表下沉量测，应在隧洞尚未开挖前就开始进行，借以获得开挖过程中的全部位移曲线。

(三)采用收敛计量测坑道净空相对位移

隧洞开挖后，坑道周边净空发生变化，一般采用收敛计或净空变位仪量测其中两点之间的相对位移值来反映围岩位移动态。

1.收敛计量测

(1)收敛计一般由带孔钢尺、测微百分表、强力调节器、测点连接器组成。

(2)测点是将带销孔或圆球测头的长度为 20 ~ 30 cm 的钢筋锚固于岩壁内，锚固方式同早强水泥砂浆锚杆，测头的位移即可代表岩壁表面该测点的位移。

(3)测点连接器有单向连接销式及球形两种，其中销式连接的测点，预埋安装有方向要求。

(4)国产收敛计名称、张拉方式、基线方向及其精度见表 10-7。

表 10-7 国产收敛计性能

序号	名称	张拉方式	基线方向	精度(mm)
1	SWJ Ⅰ 型隧洞周边位移计	重锤	水平	0.1
2	SWJ Ⅱ 型隧洞周边位移计	重锤	0 ~ 70°	0.1
3	SLJ80 型洞室收敛计	弹簧	任意	0.06
4	收敛计	弹簧	任意	
5	收敛计	应力环	任意	
6	铟钢丝收敛计	弹簧	0 ~ 70°	
7	钢带式收敛计	弹簧	任意	
8	铟钢丝收敛计	电动张拉	任意	0.01

2.净空变位仪量测

(1)净空变位仪的构造有百分表、收敛计架、钢球、弹簧秤、内滑管、带孔钢尺、连接挂钩、羊眼螺栓、连接销、预埋件等，这种仪器的量测范围为 15 ~ 30 m，量测精度为量测长度的 10^{-5}倍。

(2)净空变位仪的短杆固定在施测的两点的岩体内。

(3)根据围岩条件确定量测距离，见表 10-3。

(4)净空变位仪量测方法的步骤如下：将净空变位仪装好，初次测量在钢尺上选择一个适当的孔位，将钢尺套在钢尺支架并固定螺杆上，孔位应选择钢尺拉紧时滑块能与百分表顶端接触，且读数在 0 ~ 25 mm 的范围内，拧紧钢尺、压紧螺帽，并记下钢尺孔位读数，挂上重锤记下百分数，然后将重锤提起并重复测试 3 次，取平均值作为初始观测值 R_0。

3.收敛计和净空变位仪量测数据整理

量测数据整理包括数据计算、列表或绘制关系曲线图。

(1)坑道周边净空相对位移计算式如下：

$$U_n = R_n - R_0 \tag{10-6}$$

式中 U_n——第 n 次量测时的周边、净空变化值，即两点之间的相对位移值；

R_n——第 n 次量测时的观测值；

R_0——初始观测值。

(2)读数的温度修正计算公式如下：

$$R_{nt} = aL(t_n - t_0) \tag{10-7}$$

式中 R_{nt}——第 n 次量测的温度修正；

t_n——第 n 次量测时的温度；

a——钢尺的线膨胀系数，$a=12\times10^{-6}$/℃；

L——测线长；

t_0——初始量测时的温度。

(3)量测过程应及时计算出各测线的相对位移速率，及时与时间和开挖断面距离之间建立关系，并绘图和列表，可得到直观表示。常用的几种关系曲线如图 10-1、图 10-2 和图 10-3 所示。

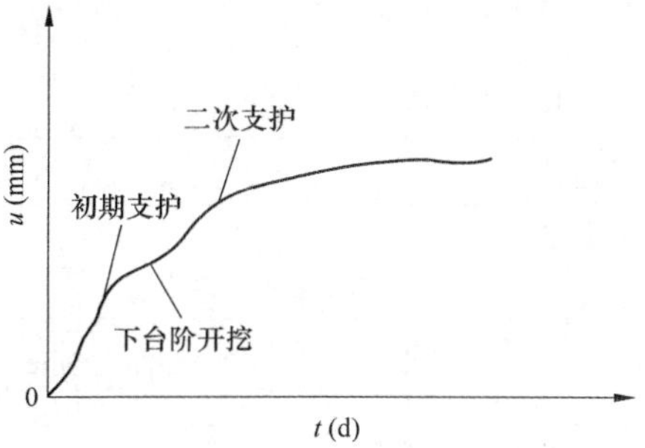

图 10-1 位移 u—时间 t 关系曲线

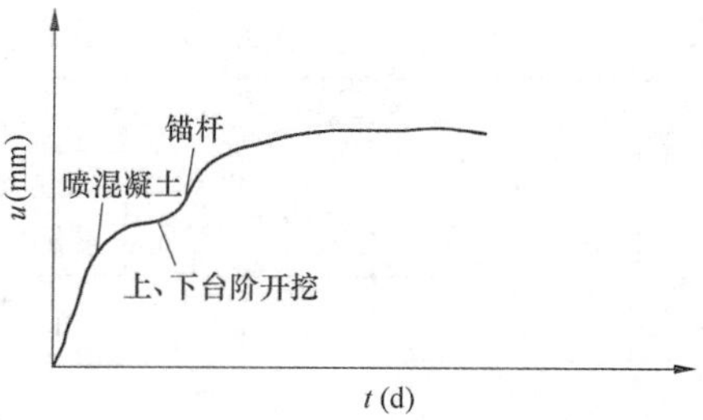

图 10-2 位移 u—开挖面距离 L 关系曲线

4.位移计量测围岩内部位移

围岩内部各点的位移是围岩位移的表现，它能反映围岩内部的松弛程度和范围大小，这也是判断围岩稳定性的一个重要的参数指标。在实际中，先量测围岩测位钻孔相对位移，然后用位移计量测围岩钻孔内部各点相对于岩壁孔口一点的相对位移。

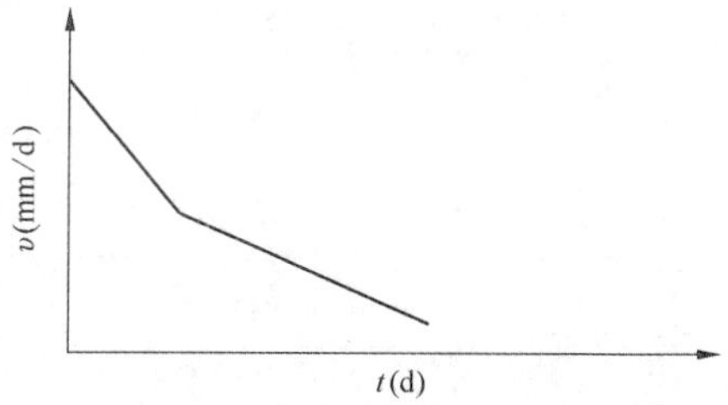

图 10-3 位移速度 v —时间 t 关系曲线

(1)位移计是一种常用量测设备，位移计有机械式和电测式两种类型，分别有单点、两点、三点、四点、多点锚头位移计，其主要技术性能和主要特点见表 10-8。位移计的构造是由定位装置、位移传递装置、孔口固定装置、百分表或读数仪等部分所组成。定位装置是将位移传递装置固定于钻孔中的某一点，其位移代表围岩内部该点位移。位移传递装置是将锚固点的位移传递至孔口外，以便量测时读数。传递方式有机械式和电测式两类。其中机械式位移传递装置有直杆式、钢带式、钢丝式；电测式位移传感器有电磁感应式、差动电阻式、电阻式。孔口固定装置，一般测试的是孔内各点相对于孔口一点的相对位移，故须在孔口设立固定点或基准面。

(2)围岩内部位移量测数据整理，可做出如下曲线：①孔内各测点(L_1、L_2…)位移(u)—时间(t)关系曲线。②不同时间(t_1、t_2…)位移(u)—深度(L_1、L_2…)关系曲线。

(四)钢筋计量测锚杆内应力及拉拔器量测锚杆抗拔力

实际量测是采用与设计锚杆强度相等，且刚度基本相等的各式钢筋计量测锚杆的应力—应变值。

1.钢筋计量测锚杆内应力

(1)钢筋计多采用电测式，其传感器有电磁感应式、差动电阻式、电阻片式等。

(2)可以将几只传感器连接或粘贴于锚杆不同的区段，同时观测出不同区段的应力—应变值。

(3)读数仪可自动率定接收到电传型号，并显示其应力—应变值。

2.拉拔器量测锚杆的抗拔力

常用工具和设备有各种电测锚杆、锚杆测力计和拉拔器等。电测锚杆布置方法和要求如下：沿隧洞中轴线每相隔 10 m 布置一个测试断面，每个断面至少做 3 根锚杆的抗拔力量测。测试过程中应注意仪器调校，应做好检测记录，并及时整理。

表 10-8　位移计主要技术性能和主要特点

编号	名　称	主要技术性能	主要特点
1	QJ—85 型坑道周边收敛计	球铰弹簧式，最小读数 0.01 mm，量测精度 ± 0.06 mm	可靠、方便、精度高
2	GY—85 型收敛计	柱销弹簧式，最小读数 0.01 mm，量测精度 ± 0.05 mm	可靠、方便、精度高
3	SWJ 型隧道周边收敛计	重锤式，最小读数 0.01 mm，量测精度 ± (0.30 ~ 0.47) mm	可靠、简易、经济
4	单点锚头位移计	最小读数 0.01 mm，传递杆式	可靠、简易、经济
5	两点锚头位移计	传递钢丝式，弹簧式锚头	可靠、钻孔深度大
6	三点锚头位移计	最小读数 0.01 mm，砂浆胶结	可靠、简易、经济
7	四点锚头位移计	最小读数 0.01 mm，倒齿式锚头，可加砂浆胶结	可靠、方便、稳定
8	多点锚头位移计	最小读数 1 mm，压缩木锚头	安装简易，适应性强
9	WY—40 型位移传感器	系统灵敏度 0.1 mm，量程≥35 mm	抗干扰，防水性好
10	HW 型滑阻式位移传感器	系统灵敏度 0.1 mm，量程≥100 mm	可靠、方便、稳定
11	DW—3 型多点位移计	量测精度 ± 0.06 mm，压缩木锚头	可靠、方便
12	SS—82 型隧道拱部位移计	精度 ± 0.45 mm，钢尺挂钩式、配合水平仪	简易、经济
13	SGY—135 型应变传感器	系统灵敏度 3 ~ 5 με/Hz，钢弦式	灵敏、稳定
14	JXY—Ⅱ型应力传感器	量程 0.1 ~ 6.0 MPa，钢弦式	稳定、防水

3. 量测锚杆内应力和抗拔力数据整理

其数据整理应及时进行，主要应整理出：

(1)不同时间锚杆轴力(N)或应力(σ)—长度(L)关系曲线。

(2)不同深度各测点锚杆轴力—时间(t)关系曲线。

4. 围岩与支护界面上接触压力量测

1)压力盒量测围岩与支护界面上接触压力

(1)压力盒有变磁阻调频式传感和液压式传感两种方式。

(2)变磁阻调频式压力盒，当压力作用于承压板上时，通过油层传感单元的二次膜上，使之产生变形，改变了磁路的气隙，即改变了磁阻，当输入 L——振荡电信号时，即发生电磁感应。输出信号的频率因压力的大小而变化，故可量测出压力大小。

(3)液压式压力盒又称格鲁茨尔压力盒，传感器为一扁平油腔盒，通过油压泵加压，由油泵表可以直接测读出支护内应力与围岩界面的接触压力。

2)数据整理

测试过程中应随时做好各项记录，并及时整理出有关支护内应力及支护围岩界面上接触应力分布图。

(五)声波仪测围岩弹性波速度

各种声波仪及配套探头测试围岩弹性波速度，是应用声波在围岩中传播的纵坡速度(V_p)来作为评价围岩体物理力学性质的指标。

1.声波纵向波速度规律

(1)岩体风化破碎结构面发育时，则波速度低、衰减快、频谱复杂。

(2)若岩体具有不均匀和各向异性，则其波速与频谱相应表现出不均匀和各向异性。

(3)当岩体充水或内应力增加时，则波速高、衰减慢、频谱简单。

2.围岩弹性波测试方法

1)按换能器布置方式分

(1)表面观测：包括共面观测、不共面观测、相对平面与正交平面观测。

(2)内部观测：包括埋设钻孔、单孔测试、双孔测试共三种声波量测方法。

2)按声波传播方式分

(1)直透法：即直接声波法。

(2)平透法：包括反射波法、折射波法。

3)换能器组合

(1)一发一枚法。

(2)一发多枚法。

(3)多发多枚法。

3.围岩弹性波测试数据处理

目前，隧洞工程中多采用单孔平透折射波法，测试围岩在拱顶拱脚墙腰等部位的径向纵波速度(V_p)。根据测试记录应及时整理出每个测孔的 V_p—L 曲线，即波速与孔深关系曲线。常见的 V_p—L 曲线基本形式有 4 种类型，如图 10-4 所示。

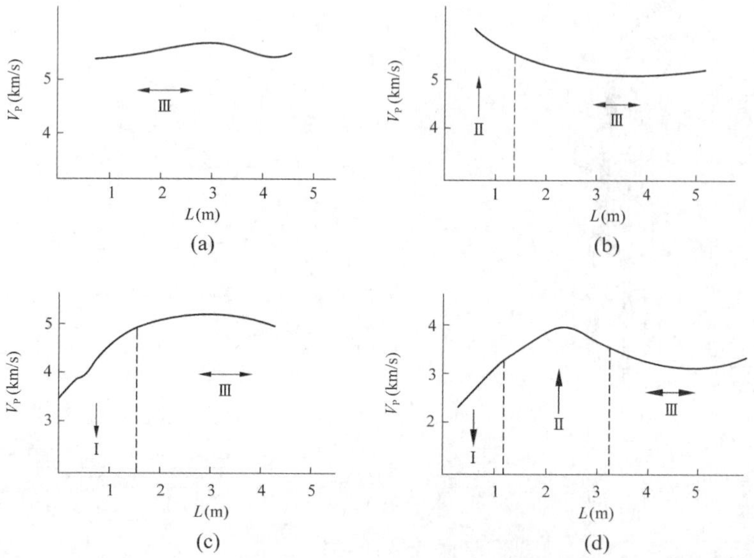

图 10-4　V_p—L 曲线基本形式

(a)“一”型；(b)“L”型；(c)“厂”型；(d)“凸”型

(1)“一”型，无明显分带，表示围岩较完整。

(2)“L”型，无松弛带，有应力升高带，表示围岩较坚硬。

(3)“厂”型，有松弛带，应当分析区别是由于爆破引起的松动还是围岩进入塑性后的松动。

(4)“凸”型，有松弛带、应力升高带。

以上所述是一般情形，但有时波速高并不反映岩体完整性好，也有一些破碎硬岩的波速高于完整性好的软岩。因此，国家标准《锚杆喷射混凝土支护技术规范》(GBJ 86—85)中采用了岩体的完整性系数，即 $K_v=V^2_{mp}/V^2_{rp}$(V_{mp}为岩体的纵波速度；V_{rp}为岩块的纵波速度)来反映岩体的完整性。当 K_v 值越接近 1，表示围岩整体性越好。在软岩和极破碎岩体中，有时无法取出原状岩块，则不能测出其纵波速度 K_{mp} 值，这时可用相对完整系数 K_x 来代替 K_v 值。

(六)隧洞钢拱架压力量测

隧洞钢支撑内力及外力的量测，钢拱架压力量测，可以在每 10 榀钢拱架支撑布置一对测力计或压力盒、支柱压力计或其他测力计进行测试。实际进行隧洞钢支撑或钢拱架的压力测试时，应当采用能承受支撑或钢架屈服强度的压力盒，压力盒通常放在钢拱架支撑的底板下面，在有挤压力或膨胀力的地层内使用仰拱横撑时，压力盒应放在特制的拱架上面。

(七)压力盒安装

量测支护衬砌内应力和围岩锚杆上受力，其压力盒安装布置分别如图 10-5、图 10-6 所示。

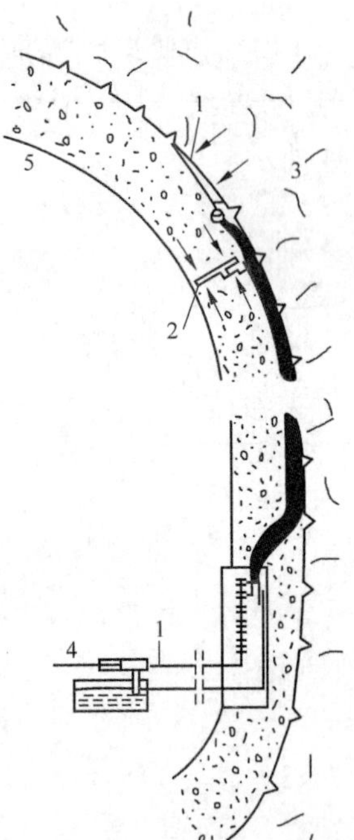

图 10-5　衬砌内压力盒安装布置

1—油压盒(CR)用于量测径向压力；
2—油压盒(GT)用于量测切向压力；

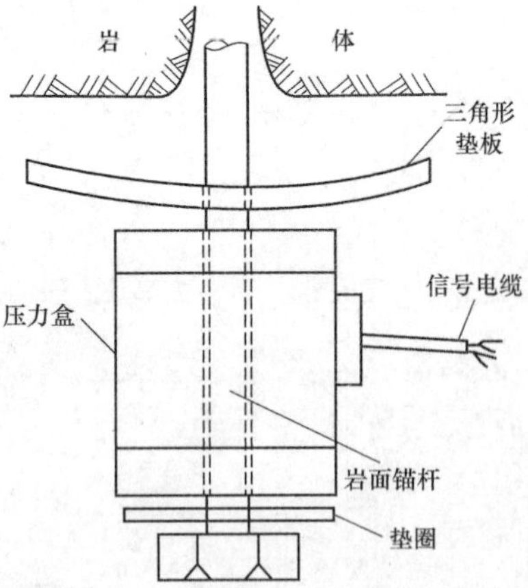

图 10-6　围岩锚杆上压力盒安装布置

3—岩体；4—安装压力盒；5—隧洞

(1)量测模筑混凝土衬砌中的应力，在量测每个代表性地段一个断面宜布置 12 个测点，即 6 对压力盒(一个径向、一个切向)，然后引导量测管各集中读数。

(2)岩体锚杆或钢索上受力量测，将压力盒装在锚杆或锚索上，形成一块扩大的垫圈，可直接测得加在岩体上的压力值。

量测围岩压力的国产钢弦式压力盒的性能见表 10-9。表 10-10 为几种不同型号钢弦式频率计性能对比。

表 10-9　国产钢弦式压力盒性能

型号	工作压力(MPa)	受压板厚(mm)	外径(mm)
G124–N	0.2 ~ 2.5	2 ~ 5	124
G60N	0.2	1.5	60
JD–W_2			110
JY–Z			110
Co 系列	5 ~ 10	7.5 ~ 10.5	140
CYJ 系列	0.15 ~ 4	4.2 ~ 6	145
JX–1	0.15 ~ 0.8		110
JX–2	1		114
JX–3	3		145

表 10-10　几种不同型号钢弦式频率计性能对比

主要指标	ZPY–1 型	JHK–1 型	WXL–1 型	GSJ 型
精度(Hz)	≤1	± 1	± 1	± 1
频率范围(Hz)	700 ~ 3 000	1 ~ 9 999	700 ~ 3 000	450 ~ 9 999
量测距离(m)	20	—	20	3 000
环境温度(℃)	–10 ~ 40	–10 ~ 40	40	0 ~ 40

第三节　监控量测数据的处理与应用

量测数据分析与反馈，可用于修正设计支护参数及施工指导、调整施工措施等，这是监测设计重要的一环。量测数据分析后应反馈于设计、施工，新奥法(理论法)就是将监测与理论计算相结合的反馈分析计算法。

一、量测数据散点图和曲线

现场量测数据处理，即及时绘制位移—时间曲线(或散点图)。在量测数据整理中，一般可选用位移—时间曲线和散点图两种方法中的任意一种。位移(u)—时间(t)关系曲线的时间横坐标下应注明施工工序和开挖工作面距量测断面的距离。

将现场量测数据，绘制成 u—t 时态曲线和空间关系曲线。

(1)当位移—时间关系趋于平缓时，应进行数据处理和回归分析，以推算最终位移和掌握位移变化规律。

(2)当位移—时间曲线出现反弯点时，则表明围岩和支护已呈不稳定状态，此时应密切监视围岩动态，并加强支护，必要时立即暂停开挖采取停工加固并进行支护处理。

位移—时间的正常曲线和反常曲线如图 10-7 所示，其中反常曲线是指非工序变化所引起的位移急剧增长现象。

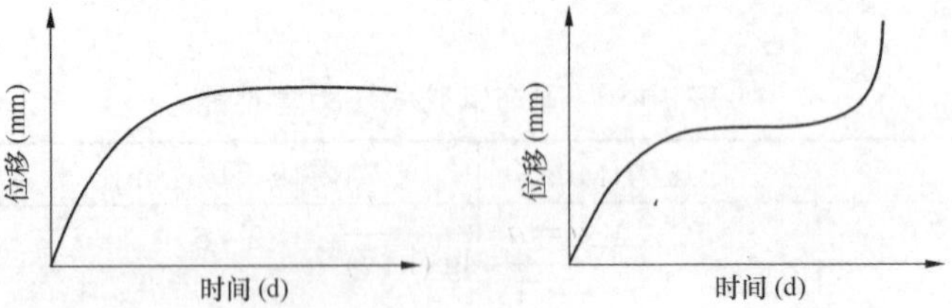

(a) 正常曲线　　(b) 反常曲线

图 10-7　位移—时间的正常曲线与反常曲线

(3)根据位移—时间曲线的形态来判断围岩稳定值的标准。

岩体的变形曲线可以分为 3 个区段。

(一)基本稳定区段

主要标志是变形速率不断下降，即 $\frac{d^2 u}{d^2 t}<0$，称为一次蠕变区，表示围岩趋于稳定，其支护结构是安全的。

(二)过渡区段

变形速率逐渐增加，即 $\frac{d^2 u}{d^2 t}=0$，称为二次蠕变区，应发出警告，及时调整施工程序，加强支护系统的刚度和强度。

(三)破坏区段

变形速率逐渐增加，即 $\frac{d^2 u}{d^2 t}>0$，称为三次蠕变区，曲线出现反弯点，表示围岩已达到危险状态，必须立即停工加固。

围岩岩体蠕变曲线如图 10-8 所示，安全状态的位移曲线如图 10-9 所示。

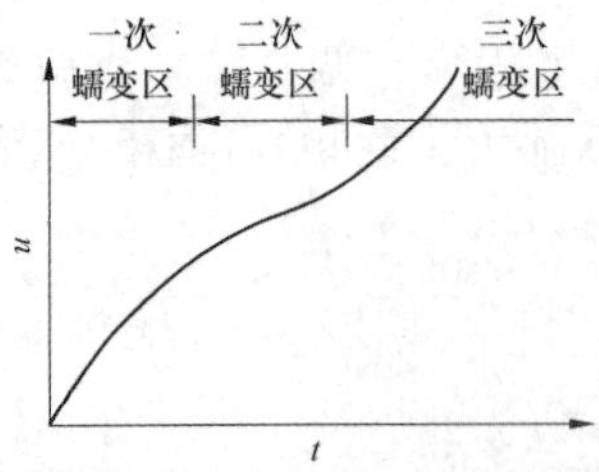

图 10-8　岩体蠕变曲线

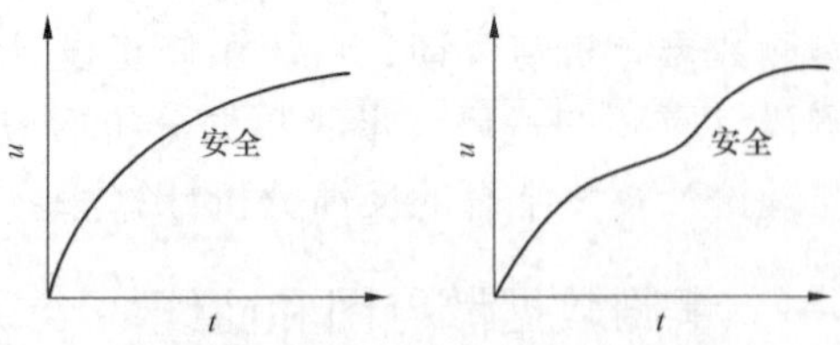

(a) 全断面开挖　　(b) 分部开挖

图 10-9　安全状态下的位移曲线

围岩稳定性判别标准是比较复杂的，它不但同围岩类别及其他地质因素有关，而且还同施工方法、支护手段等人为因素有关。因此，在围岩稳定程度时，根据隧洞工程的具体情况采用上述三种判别标准综合分析方法并反馈于设计与施工应用中，比较符合实际。

二、监测数据分析与反馈应用

围岩周边位移量测的数据处理及分析或回归分析，用以推算围岩最终位移和掌握位移变化的规律。

(一)回归分析

采用回归合理性时可在下列函数中选用。

(1)对数函数：

$$u=a\lg(1+t) \tag{10-8}$$

$$u=a+\frac{b}{\lg(1+t)} \tag{10-9}$$

(2)指数函数：

$$u=a\cdot e^{-b/t} \tag{10-10}$$

$$u=a(1-e^{-tn}) \tag{10-11}$$

(3)双曲线函数：

$$u=\frac{t}{a+bt} \tag{10-12}$$

$$u=a[1-(\frac{1}{1+bt})^2] \tag{10-13}$$

式中　a、b ——回归系数；

t ——初读数后的时间，d；

u ——位移值，mm。

(二)隧洞周边允许相对位移值

隧洞周边任意一点的实测相对位移值或用回归分析推算的最终位移值，均应小于表 10-11 所列数值。

表 10-11　隧洞周边允许相对位移值(%)

围岩类别	覆盖层厚度(cm)		
	<50	50 ~ 300	>300
Ⅳ	0.10 ~ 0.30	0.20 ~ 0.50	0.40 ~ 1.20
Ⅲ	0.15 ~ 0.50	0.40 ~ 1.20	0.80 ~ 2.00
Ⅱ	0.20 ~ 0.80	0.60 ~ 1.60	1.00 ~ 3.00

注：(1)相对位移值是指实测位移值与两测点间距离之比，或拱顶位移实测值与隧洞宽度之比。

(2)脆性围岩取表中较小值，塑性围岩取表中较大值。

(3)Ⅳ、Ⅵ类围岩可按工程类比初步选定允许值范围。

(4)本表所列数值可在施工过程中通过实测和资料积累作适当修正。

表 10-12 所列数值是在统计和分析了国内许多隧洞的量测数据后得到的。

当位移速度无明显下降，而此时实测相对位移值已接近隧洞施工规范规定数值，或者支护混凝土表面已出现明显裂缝时，必须立即采用补强措施，并改变施工方法或设计参数。

三、围岩位移及松动区段分析与反馈

如果实测围岩的松动区段超过了允许的最大松动区，则表明围岩已出现松动破坏。此时必须加强支护或调整施工措施，以控制围岩松动的范围。

四、围岩压力分析与反馈应用

由量测数据所得围岩压力分布曲线可了解围岩压力的大小及分布状况，而围岩压力大小与围岩位移量(即变形)及支护结构的刚度密切相关。

围岩压力($q\downarrow, \vec{e}$)大，则作用于初期支护结构的压力也大。分析可知存在以下两种情况：一种情况是围岩压力很大，并且变形量也很大，此时应加强支护，以限制围岩变形和控制围岩压力的增长；另一种情况是围岩压力较大，但变形量并不很大，这表明支护时机和支护的封底时间可能过早或支护尺寸及刚度太大，这时应作适当调整——修正支护设计参数。但是，当测得的围岩压力很小而其变形量很大时，围岩将会失去稳定，此时应立即停止开挖，加强围岩支护和采取辅助施工措施进行加固处理。

五、浅埋隧洞地表下沉分析与反馈

地表下沉监测对于地面有建筑物的浅埋隧洞地段。若量测结果表明地表下沉量较大，或出现增加的趋势，则应采取加强支护和调整施工措施，可考虑适当加喷混凝土、增设锚杆、加挂钢筋网、加钢支撑超前支护，或缩短开挖循环进展，提前封闭仰拱或灌浆加固围岩。

六、围岩声波速度分析与反馈

围岩声波速度量测得 V_p—L 关系曲线，既可反映围岩动态变化和物理力学特征，还可以用于确定围岩松动区的范围。量测数据分析时应将声波速度量测数据分析结果与围岩内位移两个数据分析结果相互对照、相互验证，综合分析和判断围岩的松弛情况，并反馈于修正支护设计参数和指导调整施工措施。

七、锚杆轴力量测数据分析与反馈

根据测试锚杆测得的应变，即能计算出锚杆的轴力 N 值，计算公式如下：

$$N=\frac{\pi}{8}\Phi^2 E(\varepsilon_1 \cdot \varepsilon_2) \tag{10-14}$$

式中　N——锚杆轴向力；

Φ——锚杆直径，mm；

E——锚杆的弹性模量；

ε_1、ε_2 —— 测试部位对称的一组应变片量得的两个应变量。

锚杆轴向应力是检验锚杆效果与锚杆强度的依据，可根据锚杆极限强度与锚杆应力的比值 K(安全系数)作出判断。锚杆轴向应力越大，则安全系数 K 值越小。一般认为，锚杆局部段的 K 值稍小于 1 是允许的，因为锚杆有一定的延伸性。

锚杆的局部段的 K 值稍微小于 1 的允许程度，应该是不超过锚杆的屈服强度。若锚杆轴应力超过锚杆的屈服强度时，显然应首先考虑改用高强钢材加工的锚杆。当然，增加锚杆数量或加粗直径也可以降低锚杆轴应力值，使 $K \geqslant 1$。

八、喷层应力分析与反馈应用

喷射混凝土层应力是指其切向应力，喷层应力值与围岩压力值及位移量大小有密切关系，喷层应力大的原因是围岩压力和位移量大及支护力度小。在实际工程中，一般喷层不允许有明显的裂损、剥落、起鼓等现象。若喷层应力太大或出现明显裂损或剥落、起鼓等现象，则应作处理，一般是适当增加初始喷层厚度。如果喷层厚度已较厚时，仍然出现明显裂损、起鼓等，则不应再增加喷层厚度，而应增强锚杆、改变封底时间、调整施工措施、选择二次支护衬砌的最佳时机等，并仍然要继续加强量测监控。

第四节　隧洞施工的监控量测管理

量测工作是施工管理中的一个重要环节，是施工安全和质量的保障，所以应从以下几方面进行管理。

(1)对专职量测技术人员的要求：负责量测计划安排，负责量测资料的整理；及时向施工负责人汇报洞内、围岩稳定状态，并定期提出围岩稳定性和支护可靠性的书面报告，当量测结果出现危险信息时，应立即向施工负责人报告，并协助施工负责人进行紧急处理。

(2)测试前注意事项：检查仪表设备是否完好，如发现问题应及时修理或更换，检查测点是否松动或人为损坏，确认测点状态良好时方可进行测试工作。

(3)测试中注意事项：按量测的操作规程安装好仪器仪表，每测点一般测读 3 次，3 次读数相差不大时，取算术平均值作为观测值；若读数相差过大时，应检查仪器仪表安装是否正确、测点是否松动，当确认无误时再进行测试，每次测试时都要做好记录。而且需要记录环境温度、掘进里程以及施工情况等，并保持原始记录的准确性，在现场进行粗略计算，若发现变形较大时，应及时通知现场施工负责人。

(4)对量测工的要求：量测工应具有初中以上的文化水平和一定现场实际经验，量测工作要认真负责，在技术人员的指导下，负责测点的埋设和日常的量测工作，并做好量测记录，负责量测元件的准备，工地零星加工和量测仪表的保养工作。

(5)测试完毕注意事项：检查仪器、仪表，做好养护、保管工作，及时进行资料整理。量测资料整理事项。要认真检查、审核和计算。每次量测结束后，应在 2 h 内进行资料整理工作。及时将资料填入有关图表，以便及时了解数据反映的变化规律，便于各断面和不同量测手段之间的对比。

一、隧洞施工监测管理组织与流程

隧洞现场监控量测，应按量测计划组织实施。由施工单位组织成立专门监测小组负责，并与其他施工环节紧密配合，不得中断工作。各项预埋测点应牢固、可靠，并应易于识别和应妥善保护，不得任意撤换和人为破坏。应有紧密可行的有效措施和组织与管理制度作保证。应将隧洞施工监控量测结果尽快地反映到施工和设计中去应用。

(一)对现场量测人员的基本要求

1.专职量测技术人员的职责

(1)负责量测计划的安排。

(2)负责量测资料的整理。

(3)及时向施工技术负责人汇报隧洞内围岩稳定状态，当量测结果出现危险信息时，应积极协助施工技术负责人进行紧急处理。

2.量测工条件和职责要求

(1)现阶段的量测工，应具有初中毕业或以上的文化水平和一定现场实践经验。

(2)对量测工作认真负责，并能吃苦耐劳、好学和有敬业精神。

(3)在技术人员的指导下，负责测点的埋设和日常的量测工作，并做好量测记录。

(4)负责量测元件的准备，工地零星加工和量测仪表的保养工作。

(二)监测管理流程

隧洞施工的监测管理流程如图 10-10 所示。

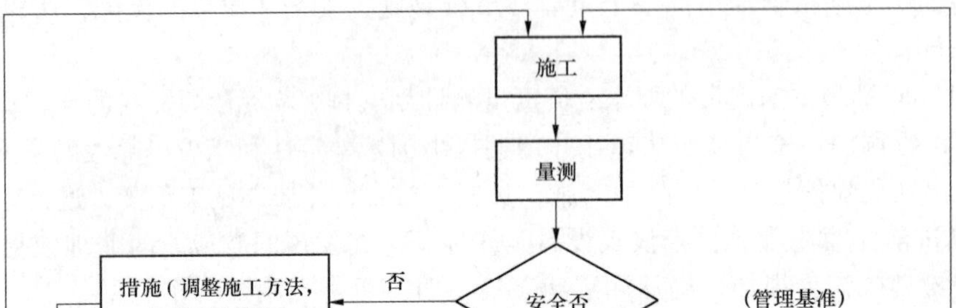

图 10-10　监测管理流程

(三)隧洞施工现场测试工作应注意事项

确保量测仪表具有良好使用状态，施工监测采用的机械式仪器和电子仪表，必须确保有良好的使用状态。

现场测试前应做到如下要求：①检查仪表准备的数量、质量、设备是否完好，如发现问题应及时修理、更换或补充。②检查测点是否松动或人为损坏，确认测点状态良好时方可进行测试工作。

在评价量测结果时应注意：

(1)可能有未包括开挖前产生围岩动态情况：量测数据是由已施工地段的结果得出来的，与未开挖区段的围岩动态未必有直接联系，但根据对已施工区段的观察量测结果的充分理解而预测掌子面前方将发生的现象仍然很重要。

(2)判断基准的掌握：为增大支护规模的判断或管理基准的设定是比较容易的，要明确为减少支护规模的判断基准则很难，但在看出安全系数明显过大的场合，最好将其与观察量测结果的相互关系仔细研究，然后修正设计与施工，以便更加经济。

(3)也有无法量测的围岩动态：掌子面的观测要对无法量测的因素进行综合的正确判断，这不仅必须而且很重要，在施工中，根据掌子面的观察掌握围岩的状况，进而研究采取必要的措施。

(四)测试过程中的基本要求

(1)每次测试时都要做好记录，并记录环境温度、掘进里程及施工情况等，以保持原始记录的准确性。

(2)按各项目量测的操作程序，安装好仪器仪表，每测点一般测读 3 次，3 次读数相差不大时，可取算术平均值作为观测值；若读数相差过大时，应检查仪器、仪表安装是否正确、测点是否松动，当确定无误时再进行测试。

(3)在现场进行粗略计算，若发现围岩与支护变形较大时，应及时通知现场施工负责人。

(五)测试收尾工作的注意事项

(1)检查仪器仪表做好保养、保管工作。

(2)及时进行资料收集并整理。

(六)量测资料的整理要求

(1)首先对现场资料进行认真检查，审核和计算，每次量测结束后应在 2 h 内进行资料整理工作。

(2)及时将量测资料填入有关图表，以便了解量测数据的变化规律，便于各量测断面进行相同与不相同量测手段之间的对比验证。

(3)使用电子计算机量测处理系统如图 10-11 所示。

(七)竣工文件中应列入量测资料

凡隧洞设计要求进行监控量测的工程，在其竣工文件中应包括下列量测资料：

(1)现场监控量测计划。

(2)实际测点布置图。

(3)围岩和支护的位移—时间曲线图、空间关系曲线图以及量测记录汇总表。

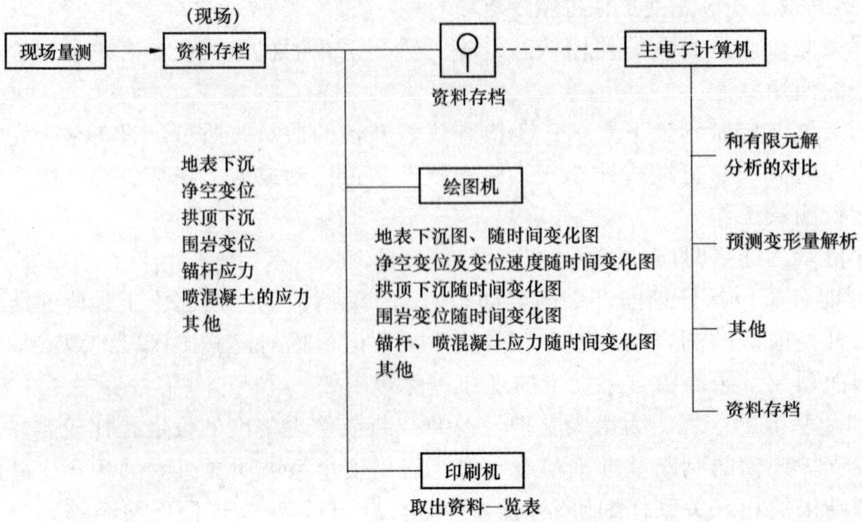

图 10-11　电子计算机量测处理系统

(4)经量测变更设计和改变施工方法地段的信息反馈记录。

(5)现场监控量测文字说明书。

第十一章　工程地质测绘

第一节　概　述

工程地质测绘是隧洞工程地质勘测中一项最重要、最基本的勘测方法，也是投入其他各种技术方法进一步勘测和试验研究的工作基础，因此它是诸勘测工作方法中走在最前面的一项勘测工作。其任务是调查与隧洞工程建设有关区域的各种地质现象，分析其性质和规律，研究地质条件和可能出现的工程地质问题及其对工程的影响特征，并为指导勘探、试验和专门性勘测提供依据。它是工程地质勘测中一项先行的基本工作，一般按准备工作、野外工作和资料整理等程序进行。长大深埋隧洞工程勘察地域广阔，地形复杂，交通不便，基础地质工作条件差，大面积地面地质测绘工作有时是非常困难的，尤其是在各种条件很差的规划、可行性研究等初级阶段更是如此。

第二节　准备工作

一、收集资料

为了解隧洞沿线研究深度，工程地质测绘开始前，要尽可能全面地收集工作区域有关的资料，并进行分类和综合分析，研究其可利用的程度和存在的问题，编制有关图表和说明。

收集资料的内容应包括：①隧洞工程规划、设计资料。当地已有工程建设的相关资料；②地形资料（地形图及控制测量成果）。各类比例尺地形图，各类卫星、航测和陆摄像片等遥感图像资料；③区域地质资料、地方地质志、地震、地震地质及地质灾害治理的相关成果，拟建设工程区前期勘测成果等；④工作区域水文气象资料；⑤隧洞工程区矿产资源、森林资源、生态环境保护规划资料、文物分布和已有工程建设情况等资料；⑥工作区交通、行政区划、民族政策、地方法规和民风民俗习惯等。

二、现场踏勘

在进行中、大比例尺工程地质测绘前，应进行现场踏勘并编制工程地质测绘计划。踏勘线路一般选择在隧洞沿线具有代表工作区的地层、地质构造特征以及有疑问的地段。踏勘的主要内容包括：①了解隧洞工程区基本地质条件，对已有成果进行现场验证，初步了解工程测区地质条件的复杂程度，初步确定具有代表性的实测剖面位置；②了解现场工作条件,对相关的环境、安全条件进行评估,选择合适的工程地质测绘方法;③根据工程区现场地质情况和工作条件,明确测绘工作中需要注意的问题等。

三、编制测绘作业计划

各种比例尺工程地质测绘工作,都应根据勘测任务书和规程规范要求,编制工程地质测绘计划。该计划一般应包括:①任务要求、设计阶段与设计意图;②隧洞工程区地质概况及可能存在的主要工程地质问题;③工作方法及工作量;④计划线路、进度及预计完成日期;⑤人员组织、装备投入、安全措施及质量保证措施;⑥工程区工作条件及经费预算;⑦计划提交的成果资料等。

测绘范围的确定取决于水工隧洞建筑物类型、规模、地质条件的复杂程度以及勘测设计阶段的要求,一般为隧洞沿线两侧各 1 000 ~ 5 000 m。测绘比例尺的选择可按勘测设计阶段和建筑物类型,参照有关规定选择确定。一般分为小比例尺(1∶100 000 ~ 1∶50 000)、中等比例尺(1∶25 000 ~ 1∶10 000)和大比例尺(1∶5 000 ~ 1∶1 000)三种。地形底图应采用大于或等于工程地质测绘要求的比例尺。

第二节　野外工作方法

一、基本方法

(一)遥感影像解译法

遥感影像解译法主要用于中小比例尺工程地质测绘,其野外工作内容一般为:①检查解译标志;②补充调查遥感影像难以获得的资料;③验证并修改解译成果。

(二)地质点法

地质点法是工程地质测绘的主要方法,通过对地质点的观察、分析,了解各点的地质现象,由不同地质点形成观察线,由不同观察线形成测绘面,根据测绘面的分析形成对地质体的全面认识。

在不同比例尺测绘中,地质点法观察线路可根据需要采用横穿越法、界线追索法、全面查勘法。各种方法特点及适用条件如下:

(1)横穿越法。观察线路横切岩层走向,适用于大、中、小比例尺地质测绘,尤其是小比例尺测绘。横切岩层走向的观察线路,可以最多地穿越测区不同地层,定出各类地质界线的位置,查清测绘地区地层分层情况及地质构造发育特点。在横穿线路与地质界线的交点部位,可以沿界线进行适当追索,以便对界线进行准确定位。

(2)界线追索法。观察线路沿地质界线追索的方法,在中小比例尺地质测绘中较为适用,对主要地质界线逐条追索,并将结果反映在地质图上。

(3)全面查勘法。全面观察工程测区内已有露头,把各种地质现象全部画在地质图上。适用于大比例尺地质测绘。

地质点法的主要工作是野外地质点的布设、定位和观察。

地质点定位方法有两种，即估测和仪器测量。估测指用目测或简单地质罗盘交汇定位；仪器测量指采用满足精度要求的测量仪器进行定位。地质点定位方法选择，与工程地质测绘精度密切相关，一般规范要求，在进行中小比例尺工程地质测绘时，地质点定位可采用估测，但对反映重要地质现象的地质点应采用仪器定位；1∶10 000 工程地质测绘时，控制主要地质界线和地质现象的地质点应采用仪器测量定位；大比例尺工程地质测绘的地质点应采用仪器测量定位。

在合适的条件下，仪器测量可以选择满足精度要求的手持 GPS 进行现场定位。

二、实测地质剖面

（一）实测剖面的目的及剖面位置的选择

实测剖面的主要目的是通过对工作区内地层时代、层序、岩性特征、厚度、古生物演化特征、接触关系及地质构造等进行综合研究，划分地层，明确分层标志，编制工作区综合地层柱状图。实测剖面线选择应遵循以下原则：①剖面线应尽量穿过测区内所有地层；②剖面线应选择露头良好的地段；③合理确定剖面比例尺。根据测绘精度要求，选择合适的剖面实测比例尺。一般要求实测剖面比例尺应为地质测绘比例尺的 5 ~ 10 倍，岩性简单地区可以适当缩小。

（二）野外工作步骤

实测剖面野外工作步骤为：①地形及导线测量；②观察、描述及分层；③标本和样品的采集；④填写记录表格，实测剖面需要在野外填记专用的记录表格；⑤绘制草图，包括野外平面图和剖面草图。

（三）实测剖面的室内整理

实测剖面的室内整理包括野外所取得资料、数据及标本的系统整理；清绘平面图及剖面图；计算分层厚度，并且在以上整理的基础上编绘地层柱状图。

（1）野外原始资料的整理。核对野外记录、实测草图、岩石标本、岩性描述记录等。根据野外实测数据，计算并填写专用表格。视倾角待确定剖面图的方位之后再行换算。

（2）岩层厚度计算。岩层厚度是指岩层顶、底面之间的垂直距离，即岩层的真厚度。利用岩层的出露宽度（分层斜距）、地形坡度、岩层产状等数据求出岩层的真厚度，倾斜岩层厚度计算方法有下列 7 种情况：

①地面水平（$\beta \approx 0$），导线方位垂直于岩层走向，则 $H_i = L\sin\alpha$；H_i 为真厚度，L 为分层斜距，α 为岩层倾角。

②地面倾斜，地形坡向与岩层倾向相反，导线方向垂直于岩层走向，则 $H_i = L\sin(\alpha + \beta)$；$\beta$ 为地面坡度角。

③地面倾斜，坡向与倾向一致，而 $\alpha < \beta$，导线垂直岩层走向，则 $H_i = L\sin(\beta - \alpha)$。

④地面倾斜，坡向与倾向一致，而 $\alpha > \beta$，导线方位垂直于岩层走向，则 $H_i = L\sin(\alpha - \beta)$。

⑤地面倾斜，坡向与倾向相反，导线方位斜交岩层走向，则 $H_i = L(\sin\alpha\cos\beta\sin\gamma + \sin\beta\cos\alpha)$；$\gamma$ 为导线方位与岩层走向之间的夹角。

⑥地面倾斜，坡向与倾向一致，而 $\alpha > \beta$ 时，导线方位斜交岩层走向，则 $H_i = L(\sin\beta\cos\alpha\sin\gamma - \sin\beta\cos\alpha)$。

⑦地面倾斜，坡向与倾向一致，而 $\alpha < \beta$ 时，导线方位斜交岩层走向，则 $H_i = L(\sin\beta\cos\alpha - \sin\alpha\cos\beta\sin\gamma)$。

(3)清绘平面图和剖面图。根据野外草图和记录，最终清绘出正规的平面图和剖面图。其平面图绘法和内容同野外草图。绘制剖面图的方法与野外草图不同，首先确定合理的剖面线方位，野外所测导线曲折，但最终要绘制在一个方向的剖面上，一般采用投影法，选择一个对于每条导线的地质内容和地形都歪曲不大的一个方向进行投影。

投影法的具体方法为：

①将剖面的起点和终点的连线方位作为剖面的方位；使剖面线尽量垂直于岩层走向，如果所有导线都在起、终点连线的一侧，则可根据岩层产状进行整理，或者分段选择方位，使剖面线方位，尽量成为各导线的平均方位。

②剖面图可由已经画好的平面图向下投影，剖面的起点要一致，每根导线的起、终点都按照图纸的竖线向下投好位置。需要注意的是，画地形线不用地形坡度角，而是在导线间的连接位置用累积高差确定该点地形的高度，然后与前点地形线相连。

③岩层的分层界线点，由平面图上相应的点直接投影到地形线上，根据岩层的产状及规定的岩性花纹符号画出岩层层面线，在下方标出一定数量的产状要素及地层时代。

三、地质界线在地质图上表示特征

(1)水平地质界线在地质图上出露的特征是：①地质界线与地形等高线平行或重合；②老岩层出露在地形低处，新岩层分布在高处；③岩层出露宽度取决于岩层厚度和地面坡度；④岩层的厚度是其顶、底面间的高差。

(2)倾斜地质界线在大比例尺地质图上表现为地质界线在沟谷和山脊处成 V 字形态：①当地质界面倾向与坡向相反，沟谷处形成尖端指向上游的 V 字形，山脊处形成指向下游的 V 字形；②当地质界面倾向与坡向一致，但倾角大于坡角，沟谷中形成尖端指向下游的 V 字形，山脊上形成尖端指向上游的 V 字形；③当地质界面倾向与坡向一致，但界面倾角小于坡角，河谷中形成尖端指向上游的 V 字形，但界线弯曲的紧闭度大于等高线弯曲的紧闭度。

(3)不整合界线在地质图上的特征：①平行不整合。不整合面上下两套地质界线一致，倾向、倾角相同；②角度不整合。上覆较新地层的底面界线截切下伏较老地层的不同层位的地质界线。

四、综合地层柱状图编制

综合地层柱状图直接反映该区的地层时代、岩性发育特征、接触关系、岩浆活动、古生物化石等情况。综合地层柱状图是在分析了整十图幅内的所有实测剖面的基础上编制的,必要时可参考区域或邻区已有资料。

第四节 工程地质测绘内容

工程地质测绘主要内容有:地层分布、接触关系、岩性岩相的变化及其工程地质特性;地貌形态与成因类型的研究;构造形迹的分布、规模和有无近期构造活动;地下水类型、水文地质结构、补给与排泄条件、与地表水体的关系和水化学特征;岩溶调查可溶岩的分布、岩性、厚度、产状、结构、化学成分、类型、规模等;物理地质现象的分布、规模和发展趋势;有关环境地质问题,如水库浸没、塌岸、土壤次生盐碱化等。

工程地质测绘是为隧洞工程建设服务的,反映工程地质条件和预测隧洞建筑物与地质环境的相互作用,其研究和调查内容有以下几个方面。

一、地层岩性

地层岩性是工程地质条件最基本的要素,是产生各类地质现象的物质基础,它是工程地质测绘的主要研究对象。

工程地质测绘对地层岩性研究的内容有:①确定地层的时代和填图单位;②各类岩土层的分布、岩性、岩相及成因类型;③岩土层的正常层序、接触关系、厚度及其变化规律;④岩土的工程地质性质等。

目前工程地质测绘对地层岩性的研究多采用地层学的方法,划分单位与一般地质测绘基本相同,但在小面积大比例尺工程地质测绘中,可能遇到的地层常常只是一个“统”、“阶”甚至是一个“带”,此时就必须根据岩土工程地质性质差异作出进一步划分才能满足隧洞工程要求。特别是砂岩中的泥岩,石灰岩中的泥灰岩,玄武岩中的凝灰岩,夹层对水工建筑物的稳定和防渗有重大影响,常会构成基础潜在的滑移控制面,这是构成地质测绘与其他地质测绘的一个重要区别。

工程地质测绘对地层岩性的研究还表现在既要查明不同性质岩土在地壳表层的分布、岩性变化和它们的成因,还要测试它们的物理力学指标,并预测它们在水工建筑物作用下的可能变化,这就必须把地层岩性的研究建立在地质历史、成因的基础上才能达到目的,在地质构造简单,岩相变化复杂的特定条件下,岩相分析法对查明岩土的空间分布是行之有效的。

工程地质测绘中对各类岩土层还应着重以下内容的研究:

(1)对沉积岩调查的主要内容是:岩性岩相变化特征,层理和层面构造特征,结核、化石及沉积韵律,岩层间的接触关系;碎屑岩的成分、结构、胶结类型、胶结程度和胶结物的成分;化学岩和生物化学岩的成分,结晶特点、溶蚀现象及特殊构造;软弱岩层和泥化夹层的岩性、层位、厚度及空间分布等。

(2)对岩浆岩调查的主要内容是:岩浆岩的矿物成分及其共生组合关系,岩石结构、构造、原生节理特征,岩浆活动次数及序次,岩石风化的程度;侵入体的形态、规模、产状和流面、流线构造特征,侵入体与围岩的接触关系,析离体、捕虏体及蚀变带的特征;喷出岩的气孔状、流纹状和枕状构造特点,反映喷出岩形成环境和次数的标志,凝灰岩的分布及泥化、风化特点等。

(3)对变质岩调查的主要内容是:变质岩的成因类型、变质程度、原岩的残留构造和变余结构特点,板理、片理、片麻理的发育特点及其与层理的关系,软弱层和岩脉的分布特点,岩石的风化程度等。

(4)对第四系土体调查的主要内容是:确定土的工程地质特征,通过野外观察和简易试验,鉴别土的颗粒组成、矿物成分、结构构造、密实程度和含水状态,并进行初步定名。要注意观测土层的厚度、空间分布、裂隙、空洞和层理发育情况,收集已有的勘测和试验资料,选择典型地段和土层,进行物理力学性质试验。测绘中要特别注意调查淤泥、淤泥质黏性土、盐渍土、膨胀土、红黏土、湿陷性黄土、易液化的粉细砂层、冻土、新近沉积土、人工堆填土等的岩性、层位、厚度及埋藏分布条件。确定沉积物的地质年代,确定沉积物的成因类型,测绘中主要根据沉积物颗粒组成、土层结构和成层性、特殊矿物及矿物共生组合关系、动植物遗迹和遗体、沉积物的形态及空间分布等来确定基本成因类型,实际工作中可视具体情况,在同一基本成因类型的基础上进一步细分(如冲积物可分河床相、漫滩相、牛轭湖相等),或对成因类型进行归并(如冲积湖积物、坡积洪积物等),通过野外观察和勘测,了解不同时代、不同成因类型和不同岩性的沉积物的结构特征在剖面上的组合关系及空间分布特征。

(5)对岩土进行观察描述时一般有如下要求:

①岩石的描述应包括地质年代、地质名称、风化程度、颜色、主要矿物、结构、构造和岩石质量指标 RQD。对沉积岩应着重描述沉积物的颗粒大小、形状、胶结物成分和胶结程度;对岩浆岩和变质岩应着重描述矿物结晶大小和结晶程度。

②岩体的描述应包括结构面、结构体、岩层厚度和结构类型,一般应体现下列方面:a. 结构面的描述包括类型、性质、产状、组合形式、发育程度、延展情况、闭合程度、粗糙程度、充填情况和充填物性质以及充水性质等;b. 结构体的描述包括类型、形状、大小和结构体在围岩中的受力情况等;c. 岩层厚度分类一般按表 11-1 执行。

表 11-1　岩层厚度分类

层厚分类	单层厚度 h(m)	层厚分类	单层厚度 h(m)
巨厚层	$h>10$	中厚层	$0.5\geq h>0.1$
厚层	$10\geq h>0.5$	薄层	$h\leq 0.1$

③对岩体质量较差的岩体,鉴定和描述一般体现下列方面:a. 对软岩和极软岩,应注意是否具有可软化性、膨胀性、崩解性等特殊性质;b. 对极破碎岩体,应说明破碎的原因,如断层、全风化等;c. 开挖后是否有进一步风化的特性。

④土的鉴定应在现场描述的基础上,结合室内试验的开土记录和试验结果综合确定。土的描述一般应体现下列方面:a. 碎石土应描述颗粒级配、颗粒形状、颗粒排列、母岩成分、风化程度、充填物的性质和充填程度、密实度等;b. 砂土应描述颜色、矿物组成、颗粒级配、颗粒形状、黏粒含量、湿度、密实度等;c. 粉土应描述颜色、包含物、湿度、密实度、摇震反应、光泽反应、干强度韧性等;d. 黏性土应描述颜色、状态、包含物、光泽反应、摇震反应、

干强度、韧性、土层结构等；e. 特殊性土除应描述上述相应土类规定的内容外，尚应描述其特殊成分和特殊性质。如对淤泥尚需描述嗅味，对填土尚需描述物质成分、堆积年代、密实度和厚度的均匀程度等；f. 对具有互层、夹层、夹薄层特征的土，尚应描述各层的厚度和层理特征；g. 土层划分定名时应按如下原则：对同一土层中相间呈韵律沉积，当薄层与厚层的厚度比大于1/3时，宜定为“互层”；厚度比为1/10～1/3时，宜定为“夹层”；夹层厚度比小于1/10的土层，且多次出现时，宜定为“夹薄层”；当土层厚度大于0.5 m时，宜单独分层；h. 土的密实度可根据圆锥动力触探锤击数、标准贯入试验锤击数实测值 N、孔隙比 e 等进行划分。

二、地貌

地貌是岩性、地质构造和新构造运动的组合反映，也是近期外动力地质作用的结果，所以研究地貌就有可能判明岩性（如软弱夹层的部位）、地质构造（如断裂带的位置）、新构造运动的性质和规模、表层沉积物的成因和结构，据此还可了解各种外动力地质作用的发育历史、河流发育史等。相同的地貌单元不仅地形特征相似，其表层地质结构也往往相同。所以，在非基岩裸露地区进行工程地质测绘要着重研究地貌，并以地貌作为工程地质分区的基础。

工程地质测绘中对地貌的研究内容有：①地貌形态特征、分布和成因；②划分地貌单元，地貌单元的形成与岩性、地质构造及不良地质现象等的关系；③各种地貌形态和地貌单元的发展演化历史。上述各项主要在中小比例尺测绘中进行。在大比例尺测绘中，则应侧重于为地貌与工程建筑物布置以及岩土工程设计、施工关系等方面的研究。

在中小比例尺工程地质测绘中研究地貌时，应以大地构造、岩性和地质结构等方面的研究为基础，并与水文地质条件和物理地质现象的研究联系起来，着重查明地貌单元的类型和形态特征，各个成因类型的分布高程及其变化、物质组成和覆盖层的厚度，以及各地貌单元在平面上分布规律。

大比例尺测绘中要以各种成因的微地貌调查为主，包括分水岭、山脊、山峰、斜坡悬崖、沟谷、河谷、河漫滩、阶地、剥蚀面、冲沟、洪积扇、各种岩溶现象等，调查其形态特征、规模、组成物质和分布规律。同时又要调查各种微地形的组合特征，注意不同地貌单元（如山区、丘陵、平原等）的空间分布、过渡关系及其形成的相对时代等。

调查河网特征，即水网的分布与发育特征，研究其与岩性、地质构造的关系，注意干流和支流的交汇形态，河流袭夺、变迁以及古河床、冰川埋藏谷等的分布。

调查河间（河弯）地块，即河间地块的地形特征（相对高度、宽度、对称性、切割程度及纵、横剖面上的变形特征）；地质结构（组成物质及其分布、性质、厚度、渗透性和构造条件）；剥蚀面或夷平面的分级、高程、各级形态、变形或破坏情况，成因及年代，有无古河床、古冲沟、古风化壳、古冰川、喀斯特等现象；河间地块地表水和地下水的分布、埋藏、补给、径流和排泄条件等。

调查冲沟，即冲沟分布、密度、规模及形态特征（纵、横剖面及平面上的特征）；岩性、构造、厚度、发展及其组合情况（上叠、内叠、串珠排列等）；沟内水量、水质、固体径流来源和产生坍塌、滑坡、泥石流的可能性，并分析其对工程建筑物的影响。

调查冰川河谷，即区分冰川河谷与水流侵蚀河谷的特点。

对河流阶地的研究，调查阶地级数及其分布高程、各级阶地形态特征（阶面的相对高度、长、宽、坡向、坡度、阶面起伏情况及切割程度等）、阶地的地质结构（组成物质、岩性、厚度等）、阶地类形（侵蚀的、基座的、堆积的等）与组合情况（上叠、内叠、埋藏等）、分析河谷地貌发育史、河流阶地与各类台地的区别、阶地水文地质条件等，并进一步研究其建筑适宜性和可能产生的岩土工程问题。

在山前地段和山间盆地边缘广泛分布的洪积物，地貌上多形成洪积扇。一个大型洪积扇，面积可达几十甚至上百平方千米，自山边至平原明显划分为上部、中部和下部三个区段，每一区段的地质结构和水文地质条件不同，因此水工建筑适宜性和可能产生的岩土工程问题也各异。

洪积扇的上部由碎石土（砾石、卵石和漂石）组成，强度高而压缩性小，是房屋建筑和构筑物的良好地基；但由于渗透性强，若建水工建筑物则会产生严重渗漏。中部以砂土为主，且夹有粉土和黏性土的透镜体，开挖基坑时需注意细砂土的渗透变形问题；该部与下部过渡地段由于岩性变细，地下水埋深浅，往往有溢出泉和沼泽分布，形成泥炭层，其强度低而压缩性大，作为一般建筑物地基的条件较差。下部主要分布黏性土和粉土，且有河流相的砂土透镜体，地形平缓，地下水埋深较浅。若土体形成时代较早，是房屋建筑较理想的地基。

平原地区的冲积地貌，应区分出河床、河漫滩、牛轭湖和阶地等各种地貌形态。不同地貌形态的冲积物分布和工程性质不同，其建筑适宜性也各异。河床相沉积物主要为砂砾土，将其作为房屋地基是良好的，但作为水工建筑物地基时将会产生渗漏和渗透变形问题。河漫滩相一般为黏性土，有时有粉土和粉、细砂夹层，土层厚度较大，也较稳定，一般适宜作各种建筑物的地基；需注意粉土和粉砂、细砂层的渗透变形问题。牛轭湖相是由含有大量有机质的黏性土和粉砂、细砂组成的，并常有泥炭层分布，土层的工程性质较差，也较复杂。

三、地质构造

地质构造对工程建设的区域地壳稳定性、建筑场地稳定性和工程岩土体稳定性来说，都是极其重要的因素；而且它控制着地形地貌、水文地质条件和不良地质现象的发育和分布。所以，地质构造是工程地质测绘研究的重要内容。

地质构造调查研究的内容主要包括：①岩层的产状及各种构造形式的分布、形态和规模；②软弱结构面（带）的产状及其性质，包括断层的位置、类型、产状、断距、破碎带宽度及充填胶结情况；③岩土层各种接触面及各类构造岩的工程特性；④近期构造活动的形迹、特点及与地震活动的关系等。

地质构造调查的主要构造类型有褶皱、断层、节理裂隙、劈理等。

（一）褶皱

（1）褶皱类型、形态、两翼倾角。褶皱轴的位置、走向变化和倾伏方向、倾角。

（2）组成褶皱的岩层年代、岩性、相变和两翼岩层厚度变化情况，褶皱内部小构造特征。

(3)褶皱的规模和组成形式。

(4)褶皱的形成时期。

(5)对建筑物区发育的褶皱构造,应重点调查褶皱轴部岩层的破碎情况及两翼岩层层间错动情况,以及工程地质水文地质特性。

(二)结构面

(1)断层:①断层的位置、规模、性质、产状、空间分布和组合形式;②断层带破碎带、影响带的宽度及充填和胶结情况;③断层带破碎带的岩石破碎程度和物质结构情况,进行构造岩分类或分带,可分断层泥、碎粉岩、碎裂岩、碎块岩、角砾岩、片状岩;④断层两侧岩层层位,旁侧构造特征和断层面痕迹,判定两盘的相对错移方向和活动次数,并测定其断距;⑤断层切割的地层或岩脉以及断裂间的相互关系和性质的转化情况,分析断层的形成时期和发展过程;⑥在建筑物区,应着重调查区域性断层、活断层、顺河向大断层、缓倾角断层和断层交汇带的情况,并重点研究断层破碎带及影响带的宽度和构造岩的工程地质水文地质特性。

(2)节理裂隙:①调查节理裂隙的产状、延伸长度、宽度、充填物质、节理裂隙间距和在不同岩性、不同构造部位中的变化情况及其发育程度;②节理裂隙面的形态特征,包括壁面粗糙度、起伏、风化、蚀变等,根据其特征可划分为明显台阶状、起伏粗糙、起伏光滑、平面粗糙和平面光滑5类;③主要节理裂隙组数和各组节理裂隙相互切割关系,以及节理裂隙密集带的分布情况,绘制玫瑰图、极点图;④缓倾角节理裂隙的分布位置、产状、连续性、宽度、节理裂隙的形态特征和充填物性质,与其他结构面的组合形式;⑤小比例尺工程地质测绘中,可结合区域构造调查,了解主要节理裂隙、劈理、片理的产状、性质和组数;中大比例尺工程地质测绘,应结合工程建筑物的位置,选择代表性地段及适当的范围,进行节理裂隙的详细调查。

(3)劈理和片理调查:调查劈理、片理所处构造部位、成因、产状、性质、规模、发育程度和与其他结构面的组合关系,以及劈理、片理的分布位置。

在工程地质测绘中研究地质构造时,要运用地质历史分析和地质力学的原理和方法,查明各种构造结构面的历史组合和力学组合规律。既要对褶皱、断层等大的构造形迹进行研究,也要重视节理、裂隙等小构造的研究,尤其是在大比例尺工程地质测绘中,小构造研究具有重要的实际意义。因为小构造直接控制着岩土体的完整性、强度和透水性,是岩土工程评价的重要依据。

四、水文地质条件

工程地质测绘中研究水文地质条件的主要目的在于研究地下水的赋存与活动情况,为评价由此导致的工程地质问题提供资料。例如,兴建水库,研究水文地质条件应为论证和评价坝址、水库的渗漏问题提供依据;结合工业与民用建筑的修建而研究地下水的埋深和侵蚀等,是为判明其对基础埋置深度和基坑开挖等的影响提供资料;研究孔隙水的渗透梯度和渗透速度,是为了判明产生渗透稳定问题的可能性等。

在工程地质测绘中水文地质调查的主要内容包括:①河流、湖沼等地表水体的分布、动态及其与水文地质条件的关系;②主要井、泉的分布位置,所属含水层类型、水位、水质、水量、动态及开发利用情况；③区域含水层的类型、空间分布、富水性和地下水水化学特征及环境水的侵蚀性；④相对隔水层和透水层的岩性、透水性、厚度和空间分布；⑤地下水的流速、流向、补给、径流和排泄条件，地下水活动与环境的关系，如土地盐碱化、冷浸现象等。

对水文地质条件的研究要从地层岩性，地质构造，地貌特征和地下水露头的分布、性质、水质、水量等入手，查明含水、透水层和相对隔水层的数目、层位、地下水的埋藏条件，各含水层的富水程度和它们之间的水力联系，各相对隔水层的可靠性。通过泉、井等地下水的天然露头和人工露头以及地表水体的研究，查明工作区的水文地质条件，故在工程地质测绘中除应对这些水点进行普查外，对其中有代表性的和对工程有密切关系的水点，还应进行详细研究，必要时应取水样进行水质分析，并布置适当的长期观察点，以了解其动态变化。

五、物理地质现象

对物理地质现象的研究一方面是为了阐明工作区是否会受到现代物理地质作用的威胁，另一方面是研究物理地质现象有助于预测工程地质作用。研究物理地质现象要以岩性、地质构造、地貌和水文地质条件的研究为基础，着重查明各种物理地质现象的分布规律和发育特征，鉴别其发育历史和发展演变的趋势，以判明其目前所处的状态及其对建筑物和地质环境的影响。

研究不良地质现象要以地层岩性、地质构造、地貌和水文地质条件的研究为基础，并收集气象、水文等自然地理因素资料。研究内容有：①各种不良地质现象的分布、形态、规模、类型和发育程度；②分析它们的形成机制、影响因素和发展演化趋势；③预测其对工程建设的影响，提出进一步研究的重点及防治措施。具体应调查以下方面。

（一）滑坡

对滑坡应调查：

（1）滑坡所处的地貌部位、滑坡体的分布位置、高程、范围、体积和形态特征。

（2）滑坡体所在层位、岩性、构造部位、滑坡体的物质组成、原岩结构的破坏情况。

（3）清坡体的滑动面（带）位置、形态，滑动带物质组成、厚度、颗粒级配、矿物成分、含水状态等。

（4）滑坡体的边界条件及稳定性。

（5）滑坡地区地震和水文地质条件，地表径流和地下水状况，以及人为因素的影响。

（6）滑坡成因类型、形成时期及演化历史。

（7）滑坡后缘山体的稳定性。

（8）建筑物区和近坝库岸以及隧洞支洞口处的滑坡体，应分析其稳定性、发展趋势及对工程的危害。

（二）崩塌

对崩塌应调查：

（1）崩塌体的位置、分布高程、范围和体积。

(2)崩塌体的物质成分、结构和块体。

(3)崩塌区的地层、岩性、地质构造、地貌和水文气象条件。

(4)崩塌类型、成因和形成时期。

(5)建筑物区,应着重分析崩塌区岩体和崩塌体的稳定性、发展趋势及对工程的影响。

(三)蠕动变形

对蠕动变形应调查:

(1)蠕变体的位置、范围、高程、体积和形态特征。

(2)蠕变体所在的地层、岩性、地质构造和岩体结构。

(3)蠕变体的类型和成因。

(4)建筑物区的蠕动变形现象,对蠕变岩体进行分带,分析蠕变岩体的稳定性、发展趋势及对工程的影响。

(四)泥石流

对泥石流调查:

(1)泥石流的位置、规模、物质组成和状态,以及泥石流发生的次数。

(2)流域的地貌形态、地质结构及植被发育情况,形成区、流通区和堆积区的范围、规模,形成区可能启动物质的性质。

(3)泥石流类型、流体性质、形成条件和形成时期。

(4)对建筑物有影响的泥石流发展趋势、重新活动的可能性和对工程建设的影响。

(五)岩体风化卸荷

对岩体风化卸荷应调查:

(1)岩体风化层的分布、形态特征,风化岩体的颜色、结构构造变化、破坏程度、风化裂隙发育情况、充填物及其性质、风化蚀变的次生矿物等,进行岩体风化程度分带。

(2)岩体风化与岩性、构造、水文地质条件、地形地貌和气候等因素的关系,及其对工程建筑物的影响。

(3)对建筑物有影响的卸荷岩体或卸荷裂隙的分布位置、产状、规模、发育深度和充填物性质。

(六)冻土

对冻土应调查冻土的类型、埋深、冻融层厚度,多年冻土的分布、成分和厚度、低温结构和温度动态,冻土的物理力学特性及融解时的变化,冻胀和热融滑塌、沉陷情况,冻土区的水文地质条件和物理地质现象。分析冻土对建筑物的影响。

(七)其他物理地质现象

调查对建筑物有影响的错落体、潜在不稳定体、塌陷区、采空区等的位置、规模和对建筑物的影响。

六、岩溶调查

调查可溶岩的分布、岩性、厚度、产状、结构、化学成分;岩溶地貌特征、类型;各种岩溶形态的分布位置、高程、规模；岩溶类型、组成形式、发育程度和发育规律；岩溶水文地质条件；分析岩溶对工程地段的渗漏条件和稳定性的影响。

(1)调查岩溶洼地、漏斗、落水洞的分布位置、形状、规模、层位、岩性、构造条件及地貌部位，落水洞地表水发育情况与下潜流量及其季节变化，各种形态的数量、密度及其空间分布规律，分析其与岩溶地下通道的关系。

(2)调查岩溶洞穴的位置、洞口、洞底高程、所在层位、岩性、构造情况，洞穴形态，洞内地下水、沉积物、堆积物性质和洞体的完整性、稳定性，洞穴数量、密度、分布规律和连通情况；对溶蚀裂隙应调查其空间分布、规模、特征、延伸方向、充填情况以及与洞穴等的发育体系；判定岩溶洞穴的形成时期。

(3)调查各种岩溶泉的出露位置、高程、层位、岩性、构造条件及出水口的变迁情况。通过水温、流量测定、水质分析及连通试验或访问，了解其水位动态(特别是反复泉、多潮泉、涌泉等)和水力联系等，分析地下水的埋藏、补给、径流和排泄条件。对地下暗河还应测定其流量和流速。必要时，应对其发育方向、途径及水源区等进行专门调查。

(4)分析岩溶发育与地形地貌、岩性和岩组、地质构造、地震期和新构造运动、水文网的关系。

(5)在水库区，当可溶岩分布至邻谷或下游时，应扩大调查范围，了解其渗漏情况。

七、天然建筑材料调查

结合工程建筑的要求，就地寻找适宜的天然建材，并作出质量和储量评价。当前特别重视建材质量的研究，是否具有美学价值。

八、已有建筑物的调查

工作区内及其附近已有建筑物与地质环境关系的调查研究，是工程地质测绘中特殊的研究内容，因为某一地质环境内已兴建的任何建筑物对拟建建筑物来说，应看作是一项重要的原型试验，往往可以获得很多在理论和实际两方面都极有价值的资料。研究内容有：①选择不同地质环境中的不同类型和结构的建筑物，调查其有无变形、破坏的标志，并详细分析其原因，以判明建筑物对地质环境的适应性；②具体的评价建筑场地的工程地质条件，对拟建建筑物可能的变形、破坏情况作出争取的预测，并提出相应的防治对策和措施；③在不良地质环境或特殊性岩土的建筑场地，应充分调查、了解当地的建筑经验，包括建筑结构、基础方案、地基处理和场地整治等方面的经验。地质环境与建筑物变形关系及调查内容详见表11-2。

表11-2　地质环境与建筑物变形关系及调查内容

地质环境	建筑物变形	调查分析及研究重点内容
不良	有	①分析变形原因、控制因素；②已有防治措施的有效性
不良	无	①工程地质评价是否合理；②如评价合理，则说明建筑物结构设计合理，可适应不良地质条件

续表 11-2

地质环境	建筑物变形	调查分析及研究重点内容
有利	有	①是否与建材或施工质量有关；②是否存在隐蔽的不良地质因素
有利	无	①如建筑物未采取任何特殊结构，表明该区地质条件确实良好；②如建筑物因采取特殊结构而未出现变形，应进一步研究是否存在某种不良地质因素

九、人类活动对场地稳定性的影响

工作区及其附近人类的某些工程活动，往往影响建筑场地的稳定性，例如：人类的地下开采；大挖大填；强烈抽排地下水和水库蓄水引起的地面沉降、地表塌陷、诱发地震、斜坡失稳等现象，都会对场地的稳定性带来不利影响，对它们的调查应予以重视。此外，场地内如有古文化遗迹和文物，应妥为保护发掘，并向有关部门报告。

第五节　工程地质测绘资料整理

资料整理应贯穿整个测绘工作的全过程，边收集现场资料、边分析整理成图，并要及时总结。有些专门性问题要反复调查研究，寻找论据。测绘外业工作结束后，即应提出各种原始资料，包括地质记录、照片、素描图等。经过检查校核后，编制各种综合分析图表和正式图件，如工程地质平面图、地质剖面图和有关专门性地质图等。

一、原始资料的检查和整理

(1)检查各种原始资料及其内容是否齐全。

(2)整理野外测绘的资料和成果，包括野外原始记录、收集的资料、遥感技术资料、勘探试验成果、标本、照片和摄像资料等；编绘各种综合分析图表，如镶嵌图、汇总表、分析图、素描图等。

(3)当测绘的资料与收集的资料出现矛盾，或存在疑难的、有争议的重大地质问题时，应进行野外复查和现场讨论，合理加以解决。

二、工程地质测绘的成果

工程地质测绘成果包括图件和文字说明书(报告)。

(1)工程地质测绘图件包括实际材料图、综合地层柱状图、各类地质图、工程地质图、工程地质剖面图及其他需要编制的专门图件。

(2)工程地质测绘完成后，应根据需要编制工程地质测绘说明书或工程地质测绘报告。内容包括任务要求、测绘工作完成情况、测绘初步成果分析、存在问题及对地质勘察工作的建议。

三、工程地质测绘成果的验收

工程地质测绘对后续勘察工作具有重要的影响，应对工程地质测绘成果进行验收。成果验收的主要内容有：

(1)地质测绘采用的地形图精度是否满足要求。

(2)观察线路及地质点布置的合理性。包括线路和地质点位置选择的合理性、数量是否满足测绘精度控制要求、定点是否满足规定要求。

(3)野外描述内容的真实性和全面性。主要通过原始资料反映，对重要地质点、勘探点要进行现场复核、检查。

(4)图件内容的准确性、合理性。检查图件是否全面反映测绘工作内容，是否符合图件编制规定和要求等。

(5)文字报告的分析结论是否合理。

第十二章　隧洞施工的环境保护控制

水工隧洞施工作业环境是指为保证隧洞工程质量、提高工效、维护施工人员的身心健康，保护周边环境及隧洞内部环境。重视环境是时代的要求，许多环境技术都是因时代的变迁而得到发展，许多标准也都是因环境的要求而制定，故关注水工隧洞的施工作业环境，已成为工程技术发展的永恒课题。

隧洞作业环境主要指光(亮度)、气(空气质量)、尘(粉尘)、声(噪音)、电(杂散电流)、水(湿度、涌水)。如何保证洞内整个作业环境能控制在规定标准之下，是当前发展和改善施工技术的一个重要出发点。

隧洞内产生的有害气体大体上可分为自然发生的(如天然瓦斯、缺氧空气)和人为发生的(如爆破后气体、掌子面粉尘等)两大类。因此，在评价隧洞内环境时，除考虑地质、当地条件及作业方法外，确认发生源的有害物质发生量及其特性也是很重要的。

第一节　影响隧洞内环境的重要因素

一、影响因素

洞内作业环境恶化的主要原因有以下几方面：

(1)钻孔、爆破、装渣及喷射作业产生的粉尘、有害气体。

(2)内燃机车的废气及排烟。

(3)有机溶剂产生的有害气体。

(4)天然发生的可燃性气体、有害瓦斯及缺氧空气。

(5)高温、高湿等。

(6)作为通风对象的主要项目，可分为：①可燃性气体，如甲烷(CH_4)等；②有害气体，如一氧化碳(CO)、氮氧化合物(NO_x)；③吸入性粉尘、排烟；④缺氧空气；⑤高温高湿。

二、因素分析

(1)与过去以排除 CO 为主的施工通风年代相比，现在的隧洞施工中，有害气体对象也有了较大的变化，大型柴油机的 NO_x 发生量比 CO 发生量大。因此，在采用无轨运输时，通风对象是 NO_x。

(2)在现代隧洞施工中，粉尘已成为恶化洞内环境的重要因素，不容忽视。在隧洞内发生粉尘的作业有钻孔和爆破作业、机械开挖作业、喷射混凝土作业、装渣运渣作业等。在这些作业中发生的粉尘量，主要是开挖岩石中的微小粉尘、喷混凝土中的粉尘以及柴油机排放的烟尘等。在上述作业中喷射混凝土作业产生的粉尘量最多。在这些粉尘当中，对人体有害的是游离硅酸，其粒径小于 7.07 μm。因此，在通风计算及除尘装置的选择中都应以此为基础。柴油机排放的烟尘应与爆破后粉尘喷射混凝土粉尘一起作为复合粉尘加以处理。

(3)与隧洞作业环境有很大关系的基本因素还有温度、湿度及风速，如果这些条件不合适，就会降低作业效率，使灾害发生率上升，也会危及施工人员身心健康。

在隧洞内影响温度的因素有隧洞埋深、地热、温泉、各种施工机械释放的热量、混凝土的硬化热及硫化矿物和炭质物的氧化热等。通常在气温为 15 ~ 20 ℃、湿度为 40% ~ 50%的环境中作业是舒适的。一般说来，隧洞内湿度通常在 70% ~ 90%之间变化。

(4)隧洞内的风速是由把柴油机排放气体、粉尘、爆破后气体、天然瓦斯等稀释到安全浓度所需风量决定的。国际隧洞协会规定最小风速为 0.17 m/s，国外一些国家规定为 0.2 ~ 0.3 m/s。在有可燃性瓦斯时，如果风速不大于 0.5 m/s，就很难排除停滞的甲烷气体。

第二节　施工通风、防尘、防有害气体的要求

为使消除和减少灾害发生源，目前采用的基本措施是通风和集尘。通风是把隧洞内有害气体、粉尘、污染的空气排出洞外或者送入新鲜空气稀释，冲淡和排除有害气体和降低粉尘浓度，以改善劳动条件，保障施工作业人员身体健康，保证正常的安全生产，并提高劳动生产率等。

一、隧洞施工通风的要求

(一)隧洞施工作业环境卫生标准

隧洞施工中，由于钻眼、炸药爆破、装渣、喷射混凝土、内燃机械和运输汽车的排气、开挖时地层中放出有害气体等因素，使洞内狭窄空间的空气非常污浊，对人体的健康影响较严重。因此，必须向洞内供给新鲜空气，排除有害气体及降低粉尘浓度，同时也应尽量控制不利于施工的因素，如地热、噪音等。隧洞施工作业环境应符合下列卫生标准。

1. 氧气含量及气温

坑道中氧气含量，按体积百分数计不应小于 20%；坑道内气温不宜高于 30℃。

2. 有害气体浓度

(1)一氧化碳(CO)：一般情况下不大于 30 mg/m；特殊情况下，施工人员必须进入工作面时，可为 100 mg/m，但是工作时间不得超过 30 min。

(2)二氧化碳(CO_2)：按体积百分数计不得大于 0.5%。

(3)氮氧化物(NO_2)：即二氧化氮，氧化物换算成二氧化氮应在 5 ~ 8 mg/m³以下。

(4)甲烷(CH_4)：即瓦斯浓度，按体积百分数计不得大于 0.5%，否则必须按有关规定办理。

3. 粉尘浓度

含 10%以上游离二氧化硅的矿物粉尘中，每 1 m³空气中不得大于 2 mg；含 10%以下游离二氧化硅的矿物粉尘，每 1 m³空气中不得大于 4 mg。

4. 噪声

隧洞内施工工作地点的噪声不宜大于 90 dB。

5. 新鲜空气

每人每分钟供应的新鲜空气不宜小于 3 m^3/min。

(二)通风方式与风量计算

1. 通风方式

通风方式可分为以下 3 种：

(1)风管式通风。其优点是设备简单，布置灵活，易于拆装，故为一般隧洞工程施工时所采用。但由于管路的增长，通风阻力增长。另外，由于管路的接头或多或少有漏风，若不保证接头的质量就会造成因风管过长而达不到要求的风量。

(2)巷道式通风。其特点是通过前面的横洞使正洞和平行导坑组成一个风流循环系统，在平行导坑洞口附近安装通风机将污浊空气由平行导坑抽出，新鲜空气由正洞流入，形成循环风流。另外，对平行导坑和正洞前面的独头巷道，再辅以局部的风管式通风。这种通风方式断面大阻力小，可供应较大的风量。巷道式通风是目前解决长隧道施工通风比较有效的方法。

(3)风墙式通风。这种方法适用于较长隧洞一般管道式通风难以解决又无平行导坑可以利用的情况。它利用隧道成洞部分较大的断面，用砖砌或木板隔出一条 2 ~ 3 m^3的风道，以减小风管长度、增大风量来满足通风要求。

2. 风量计算

风量与风压是进行施工通风设计的主要数据。风量按以下经验公式计算。

(1)根据同一时间洞内工作人员数计算：

$$Q=K\cdot m\cdot q_n \tag{12-1}$$

式中　K——风量备用系数，采用 1.1；

m——同时在洞内工作人数；

q_n——通风系数，其取值情况见表 12-1。

表 12-1　管道通风系数

管路总长度(km)	<1.0	1 ~ 2	>2
通风系数 q_n	1.10	1.15	1.20

(2)按爆破作业确定风量，可分为以下 3 种情况计算。

①压入式通风时：

$$Q_{压}=\frac{0.13}{t}\sqrt[3]{GL^2S^2} \tag{12-2}$$

式中　G——同一时间爆破有炸药量，kg；

t——爆破后要求有害气体达到允许浓度的通风时间，s；

S——坑道净横断面面积，m^2；

L——坑道全长，m。

②吸出式通风时($L\leqslant 1.5\sqrt{S}$)：

$$Q_{吸}=\frac{0.3S}{t}\sqrt{\frac{G}{S}L_{抛}} \tag{12-3}$$

式中　$L_{抛}$——爆破后粉尘抛掷距离，m；火雷管起爆时：$L_{抛}$=15+G；电雷管起爆时：$L_{抛}$=15+G/5。

③混合式通风时：

$$Q_{混压}=\frac{0.13}{t}\sqrt{GS^2L_{入口}^2} \tag{12-4}$$

式中　$L_{入口}$——吸风口至工作面的实际距离，m。

$$Q_{吸}=(1.2\sim1.3)Q_{混压} \tag{12-5}$$

(3)按最小风速检验风量：

$$Q_{吸}\geqslant V_{最小}\cdot S_{最大} \tag{12-6}$$

式中　$V_{最小}$——坑道内稳定风流要求；全断面开挖时风速不得小于 0.15 m/s，坑道内不小于 0.25 m/s；

$S_{最大}$——坑道最大断面面积，m²。

(三)风压计算

为了保证足够的风量送到工作面，并在出风口保持一定的风速，就要求通风机有一定的风力(风压)，促使其足以克服沿途所有阻力。通风机应具备的风压为

$$h_{机}\geqslant h_{总阻} \tag{12-7}$$

$$h_{总阻}=\sum h_{摩}+\sum h_{局}+\sum h_{正}\quad (mmH_2O) \tag{12-8}$$

式中　$h_{摩}$——沿程克服摩擦力所损失的压头，即

$$h_{摩}=\alpha\frac{Lp}{S^3}Q^2 \tag{12-9}$$

α——风管摩擦阻力系数，如表 12-2 所示，胶皮风管的风阻率见表 12-3；

表 12-2　风管摩擦阻力系数α值及 1 m 长风阻率γ

风管直径(mm)		500	600	700	800	900	1 000
金属风管	α	0.000 35	0.000 32	0.000 30	0.000 25	0.000 23	0.000 23
	γ	0.073 0	0.026 0	0.011 6	0.004 9	0.002 4	0.001 6
塑料风管	α	0.000 16	0.000 15	0.000 13	0.000 13	—	—
	γ	0.033 30	0.015 24	0.005 00	0.002 58	—	—

表 12-3　胶皮风管的风阻率(k_u)

直径(mm)	长度(m)											
	50	100	150	200	250	300	400	500	600	700	800	900
500	5.2	10.7	15.5	20.3	25.5	30.9	41.2	51.6	63.4	73.1	83.7	94.2
600	2.1	4.3	6.1	7.9	9.9	11.9	16.3	19.9	21.3	27.6	31.9	36.2

L——管道长度，m；

P——管道通风系数；

S——管道断面面积，m^2；

Q——计算风量，m^3/s；

沿程克服局部阻力损失的压力 $h_{局}$，即

$$h_{局}=\alpha\frac{Q^2}{2gS^2} \tag{12-10}$$

式中　α —— 局部阻力系数，见表 12-4。

g——重力加速度，g=9.81 m/s^2；

其他符号意义同前。

表 12-4　局部阻力系数 α 值

项别	施工地段及其支护特征	α 值
1	成洞，用混凝土砌筑	0.000 4 ~ 0.000 45
	成洞，用块石砌筑，带有角面	0.000 6 ~ 0.000 8
2	用木料支撑的全断面开挖隧道	0.001 2
3	用金属拱架木模板支护的隧道	0.001 ~ 0.001 2
4	上导坑，有支撑	0.002 5
5	下导坑，有支撑，但中间没有加强支柱	0.002 0 ~ 0.002 5
	下导坑，双道中间有支柱	0.003 0 ~ 0.004 0
	下导坑，没有支撑	0.001 1 ~ 0.002 0
6	用木料框架支撑的漏渣孔	0.002 6
7	拱部扩大	0.005 5 ~ 0.006 0
8	完成拱部衬砌，马口未开挖	0.001 0 ~ 0.001 2
9	挖底	0.001 0
10	风道	0.004 0

风流所遇到的正面压力 $h_{正}$，它是由坑道中的阻塞物造成的，显然在计算巷道式通风时才需考虑，计算公式如下：

$$h_{正}=0.061\,2\varphi\frac{S}{(S-S_m)^2}Q^2 \tag{12-11}$$

式中　φ ——正面阻力系数；

S_m——阻塞物断面面积，m^2；

其他符号意义同前。

二、隧洞施工防尘措施

隧洞开挖时，由于凿岩、爆破、出渣等作业，将会产生大量的岩尘，对人体的危害性很大。一些隧洞施工的实例资料表明，洞内空气中的岩尘量达到含尘量来源的 85%；其次是由爆破产生的粉尘，约占 10%；装渣作业只占 5%左右。为了使洞内空气中的岩

尘量达到国家规定的标准值，必须大力推行以下防尘措施。

(一)湿式凿岩标准化

湿式凿岩也叫“水风钻”，根据风钻内的供水方式不同，又分为弯侧供水和中心供水两种。目前，我国均使用中心供水式，为了使湿式凿岩能正常进行，应注意以下 4 点：

(1)水压标准：即高压水到达工作面处的压力不小于 300 kPa，水量充足，每台风钻不小于 3 t/min。

(2)水针安装要正确、端正，拧紧螺丝，垫圈密贴不漏水。

(3)操作正规：即先开水后开风，先关风后关水。凿岩时机体与钻针方向一致，不得摇摆，以免卡断水针。

(4)针尾标准：其长度一般为 107 mm，针孔正中，针尾淬火硬度与凿岩机内活塞一致。

(二)机械通风正常化

机械施工可稀释空气中的粉尘含量，是降低洞内粉尘含量的重要手段。因此，在一般主要作业(钻眼、装渣)进行期间，应始终保持风机的运转。

(三)喷雾洒水经常化

喷雾洒水不仅能降低因爆破、出渣等所产生的粉尘，而且还能溶解少量的有害气体，并能降低温度，使空气清新爽人。

(四)个人防护

个人防护要经常化，要戴防尘口罩。

三、隧洞施工中防有害气体的措施

在隧洞施工中，洞内的有害气体主要是指：①一氧化碳(CO)；②二氧化碳(CO_2)；③二氧化氮(NO_2)；④甲烷(CH_4)，即瓦斯。

为了预防有害气体对施工人员身体健康的危害，保障施工正常进行及安全生产。首先，要求隧洞施工通风能满足洞内各项作业所需要的通风量，供应洞内每人每分钟的新鲜空气不宜小于 3 m^3；风速在全断面开挖时不应小于 0.15 m/s，坑道内不宜小于 0.25 m/s，但风速均不应大于 6 m/s。有瓦斯溢出地段的通风，应将新鲜空气送至开挖面，将开挖面附近的瓦斯含量稀释到 1.0%(浓度)以下，并用排风管将瓦斯气体排到洞外，不允许瓦斯气体流入隧洞后方之内。

对瓦斯有害气体溢出的坑道的施工规定如下：①总回风道风流中瓦斯含量应小于 0.75%；②开挖面装药爆破前应小于 1.0%；③开挖面超过 2.0%时，施工人员必须全部撤离施工现场；④从其他工作面进来的风流中应小于 0.5%；⑤开挖面超过 1.0%时，严禁爆破，达到 1.5%时，距离开挖面 20 m 内必须停工、断电进行有害气体的处理。

为此，我国隧洞施工技术规范规定：凡隧洞通过瓦斯溢出的岩层，且瓦斯浓度按体积百分数计大于 0.5%时，应采取有效措施，加强施测，加强通风，使 CH_4 浓度控制在正常范围内。并应做到以下几点：

(1)当瓦斯含量在 0.5%以下时，每小时检查一次；含量在 0.5%以上时，应随时检查，且检查作业不得离开该工作面。

(2)加强通风。坑道开挖面要有足够多的风量和足以驱散瓦斯有害气体的风速、风量，其风速不低于 0.15 ~ 0.25 m/s。

(3)洞内安装自动报警装置，将装置定位于安全界限浓度(0.75%)处。

(4)洞内机电设备通风系统酌情采用防爆型，加强通风，加强试测手段。为确保隧洞施工安全、卫生，应在洞内进行施工机械通风，将爆破后产生的烟雾、粉尘及内燃机排出的 CO 等排出洞外。同时，应注意逸出的有害气体，采用通风及其他技术措施加以控制。

四、集尘机与施工通风技术

工程实践已经证实，在隧洞施工环境中，单纯地依靠通风的方法是不能从根本上解决洞内的粉尘问题，必须辅以集尘机进行捕尘。

(一)集尘机的选择和设置方法

1. 集尘机的选择原则

在隧洞施工中要选定能满足下列各项要求的集尘设备：

(1)轻型、小型的集尘机。

(2)捕捉细粒(7.07 mm 以下)粉尘效率高。

(3)在高湿度下能连续使用。

(4)构造简单，容易维修。

(5)设备费、维修费较少。

2. 集尘机的设置方法

把集尘机设置在开挖掌子面和喷混凝土作业附近的方法见图 12-1。

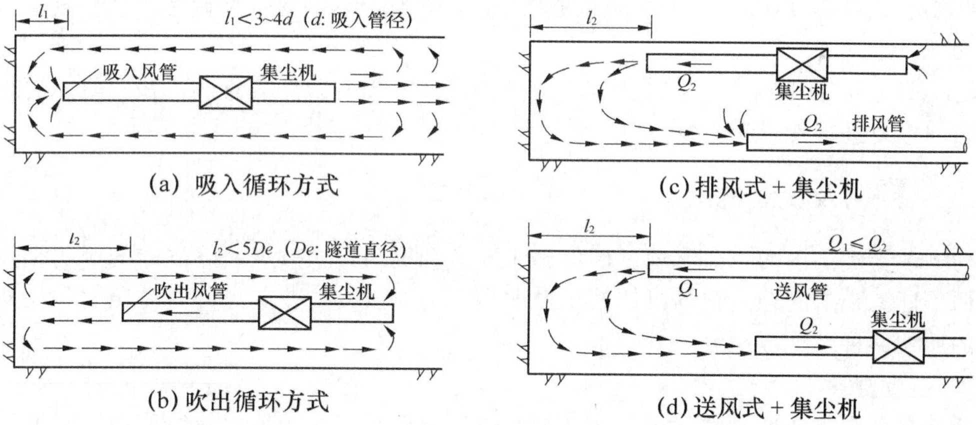

图 12-1　集尘机的设置方法

(二)有效利用集尘机的地点

在隧洞施工中有效地利用集尘机的集中地点可列举如下：

(1)装载在全断面掘进机(T.B.M)上。

(2)设在自由断面掘进机(臂式掘进机、破碎机等)的后方台车上。

(3)小断面隧洞的混凝土喷射机附近。

(4)采用坑道通风法的联络通道。

(5)作业人员多次聚集的值班室。

另外，作业环境的改善效果可通过在集尘机后方设测点，用 3 号滤纸式质量浓度计划定集尘机工作或不工作时的作业环境的粉尘浓度，其结果应是：工作时为 1.25 mg/m³；不工作时为 12.20 mg/m³。

第三节　振动与噪声、照明及视线的改善

一、振动与噪声的成因及防治

(一)成因

隧洞内的噪声与洞外不同，在同等条件下，隧洞施工中的主要噪声发生源如下：

(1)开挖爆破时的噪声。

(2)空气压缩机、通风机等机械设备的噪声等。

(3)自卸卡车运渣时运行车辆的噪声，渣石掉落的噪声。

(4)材料放置处装卸及支撑作业的噪声等。

(二)防治

消除噪声的一些方法如下：

(1)设在隧洞口附近的通风机，为了不形成噪声公害，把风机设在消声箱内或设在隧洞内，使通风机的噪声因在风机前后设消声器而大幅度降低。消声器安装前后频差大约为 200 Hz。频率 250 Hz 以上的区域，根据吸声材料(玻璃棉)的吸声特性，可有效地消声 10 ~ 20 dB。

(2)为防止振动影响，应尽可能使振动减小或选择带有防振装置的机械工具，同时对作业时间也要进行管理和调整。

二、照明及视线的改善

为了改善隧洞内的作业环境，确保施工安全和提高作业效率，隧洞内的照明是极为重要而不能忽视的问题。根据具体情况照明可分为对直接作业地点的暂时照明和长期大范围的照明两种。

(一)亮度要求

所需亮度视作业地点的状况、作业内容、通道的状态及车辆运行密度而定，但作业人员经常作业的地点照明必须符合安全卫生规则的规定，亮度规定如表 12-5 所示。

表 12-5　亮度规定

作业内容	照明亮度(lx)
精密作业	＞300
普通作业	＞150
粗放作业	＞70

(二)照明时应注意的事项

(1)为了确保作业所需的亮度，要使固定照明和移动照明协调。

(2)为了维持环境上所需的亮度，要进行其维护及通风等工作的管理。

(3)采用照明方法要根据作业地点的各种作业方法加以选择。

(三)照明计算

在规划照明时，要充分考虑隧洞内的条件，选定合适的照明率、维修率，并用下式进行计算：

$$N=E\cdot A/(F\cdot V\cdot M) \tag{12-12}$$

$$E=(F\cdot V\cdot N\cdot M)/A \tag{12-13}$$

式中　N——灯数；

E——所需亮度，lx；

A——照明面积，等于隧洞宽度乘以灯间距，m^2；

F——灯光束或射光束，m；

V——照明率或利用率；

M——维修率。

(四)粉尘对视线的影响

1. 粉尘浓度和透光率

光照射到粉尘层后，投射光的一部分四周散射，另一部分被吸收，剩余的则透过。穿过粉尘层的光墙的减少是由散射及吸收所致。投射光强度(I_0)和透过光强度(I)的关系可用下式表述：

$$\frac{I}{I_0}=e^{-\tau L} \tag{12-14}$$

式中　I/I_0——光透过率；

τ——减光系数；

L——光路长度，m。

减光系数τ与粉尘浓度成比例，故可用下式表达：

$$\tau=\frac{C_W}{P\cdot K} \tag{12-15}$$

式中　C_W——粉尘浓度，g/m^3；

P——粉尘真密度，g/cm^3；

K——系数，cm^3/m^2。

因此，光透过率和粉尘浓度的关系可用下式表示：

$$\frac{I}{I_0}=e^{\frac{-C_W}{P\cdot K}\cdot L} \tag{12-16}$$

2. 粉尘的粒径分布

粉尘的粒径分布如图 12-2 所示，在施工隧洞内测定的粉尘粒径分布如图 12-3 所示，这些粉尘的几何平均粒径中粉尘在 1.7 ~ 6.8 μm 区间，焊尘在 2 μm 以下。隧洞内的粉尘在喷射时为 2.2 μm，柴油机排烟和岩石钻机的粉尘处于混合状态时为 0.7 μm 左右。一般说来，隧洞内施工的粉尘粒径在 1 μm 左右的居多。

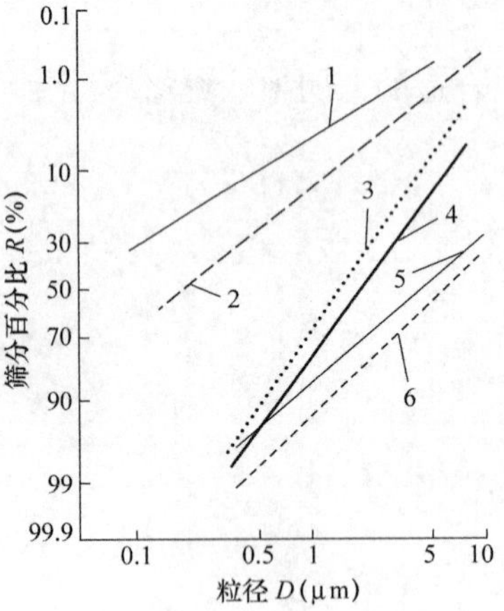

图 12-2　粉尘的粒径分布

1—汽油燃烧烟；2—柴油机排烟；
3—硅砂；4—水泥；5—碳黑；6—粉煤灰

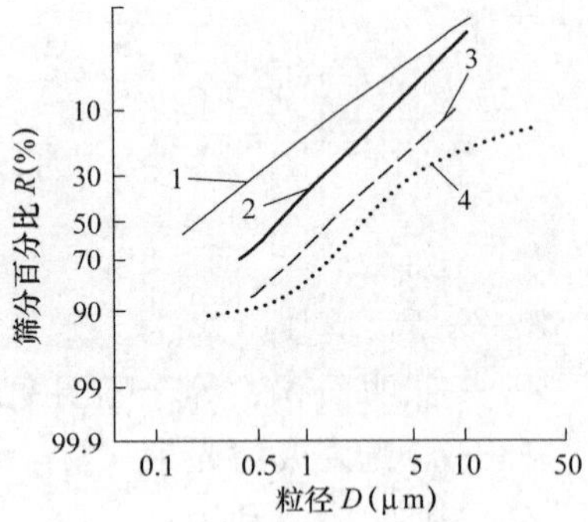

图 12-3　隧道内的粉尘粒径分布

1—柴油机排烟；2—柴油机和钻孔岩粉的混合；
3—开挖时粉尘；4—喷混凝土粉尘

(五)减光系数和 *K* 值

减光系数和粉尘浓度大致成正比关系，其关系见图 12-4。如粉尘浓度为 10 mg/m³，粉煤灰的减光系数最小(0.004 L/m)，柴油机排烟的减光系数最大(0.1 L/m)。*K* 值因粉尘的曲折率及光的波长的不同而不同，但最大的支配因素是粒径。如图 12-5 所示为各种粉尘的几何平均粒径和 *K* 值的关系。在图 12-5 中，粒径大于 1 μm 的集合平均直径与 *K* 值大致成正比。

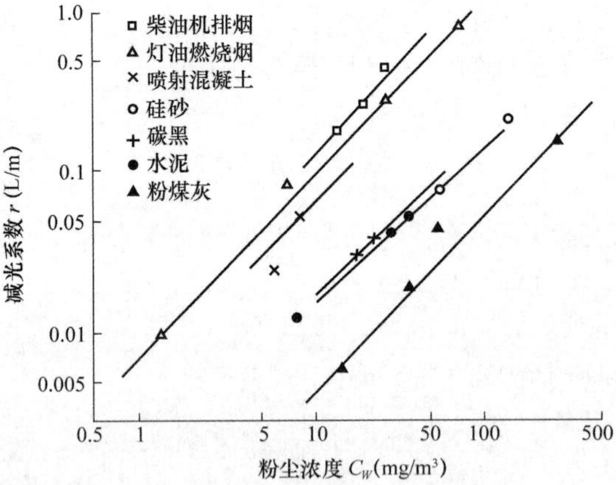

图 12-4　粉尘浓度与减光系数的关系

(六)视线的改善

影响视线的主要因素有粉尘浓度、粒径分布、颗粒的曲折率、光的波长等造成的减光系数、粉尘散放辉度、视对象的大小、对象和背景的辉度对比、背景辉度等。

图 12-6 所示为视对象为黑体时，视线 V 和粉尘浓度 C_W 关系。可以看出，当粉尘浓度升高则成反比例减小一半，所以用通风方法降低粉尘浓度对视线的改善有很大效果。

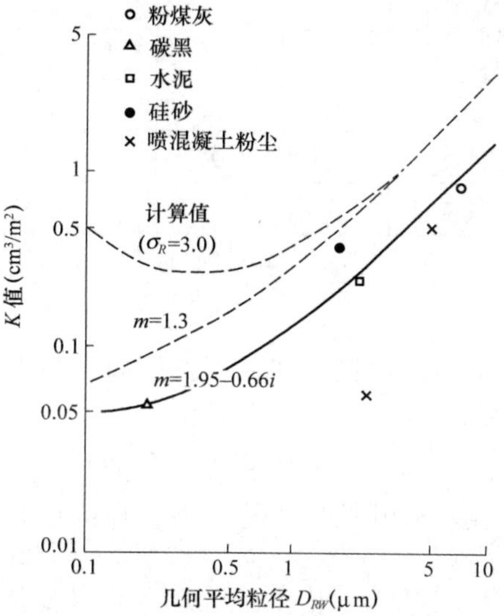

图 12-5　粉尘浓度与 K 值的关系

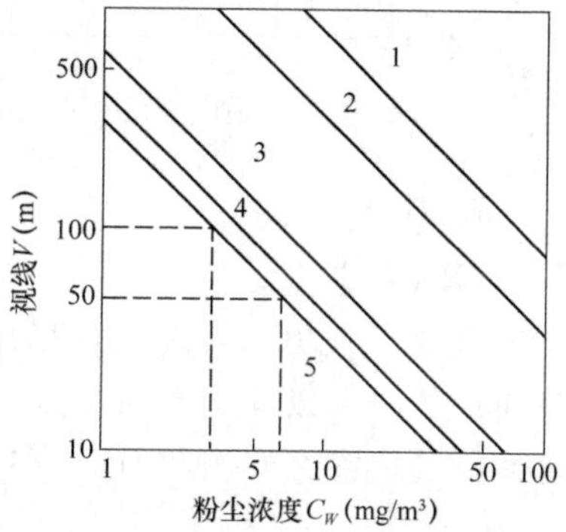

图 12-6　视线与粉尘浓度的关系

1—粉煤灰粉尘；2—泥粉尘；
3—混凝土粉尘；4—油燃烧烟；
5—油机排烟

此外，在 0.5 ~ 1.0 lx 以上的颗粒中，光的波长越长，光的衰减度越小。所以，采用作业人员眼力最大感度的λ=500 μm 的照光，如钠灯等，对改善视线是有效的。

第四节　作业环境的测定

隧洞作业环境的好坏，需要依据测定标准进行环境测定评价，其测定的对象有以下几方面：①钻孔、爆破作业；②机械开挖作业；③装渣及运输作业；④喷混凝土作业；⑤混凝土拌和及灌注作业；⑥灌浆作业；⑦盾构的掘进作业。

测定分为开始时测定、定期测定及随时测定三种：

(1)开始时测定：原则上在洞口到掌子面的距离达到 100 m 处进行。

(2)定期测定：每月两次。

(3)随时测定：必要时进行。

一、测定标准

在粉尘测定中，应进行测定的工作场所及测定频率见表 12-6。

表 12-6　测定标准

应进行作业环境测定的工作场所	测定标准		
	测定种类	测定次数	记录保存年限
土石、岩石或矿物粉尘发生显著的室内作业地点	粉尘	每6个月1次	5
暑热、寒冷或多湿的室内作业地点	气温、湿度	每半个月1次	2
噪声显著的室内作业地点	噪声	每月1次	—
洞内有二氧化碳停滞的作业区	二氧化碳	每月1次	3
洞内气温超过28℃的作业地点	气温	每半月1次	3
洞内有通风设备的作业地点	通风量	每半月1次	3
在缺氧危险地段进行施工作业的场所	空气氧浓度	每次作业开始前	3

二、各种作业的测点平面设置的原则

(1)隧洞内测点设置：纵横向间距最好不同，但纵向或横向间距可按等间距在平面上画线，以纵横线的交点作为测点(见图 12-7(a)、(b))。

(2)在地下发电站等施工现场比较宽大的情况下，可以中央为原点，在平面上画出纵横等间距的线，以其交点为测点(见图 12-7(c))。测点被开挖机械等覆盖，在该点上没有作业人员的位置除外(见图 12-7 (d))。

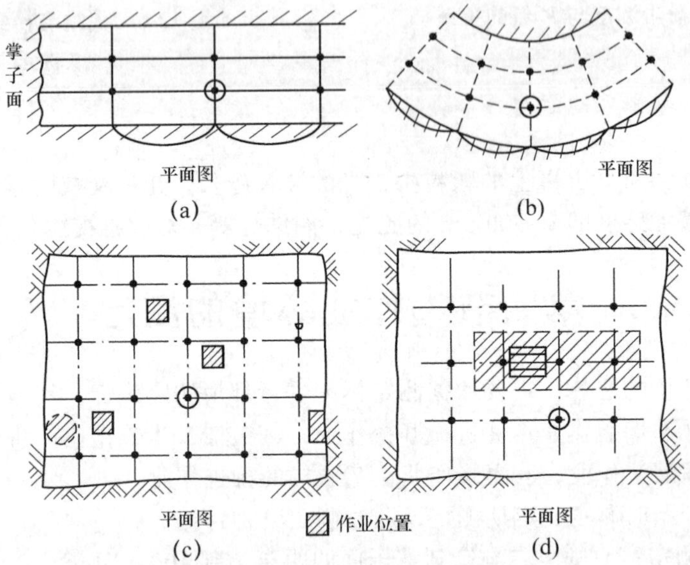

图 12-7　测点平面设置方法

(3)并行测定。要在不妨碍运输机械的运行处，大约位于中央位置的1个以上测点，用散光式数值粉尘计(或压电式粉尘计)和空气取样器同时取样，时间在10 min以上。当低浓度不能取出可称量的粉尘量时，可用滤纸进行取样。

(4)按粉尘作业的测点设定标准，以混凝土喷射作业、拌和作业及压浆作业为例(见图 12-8)。

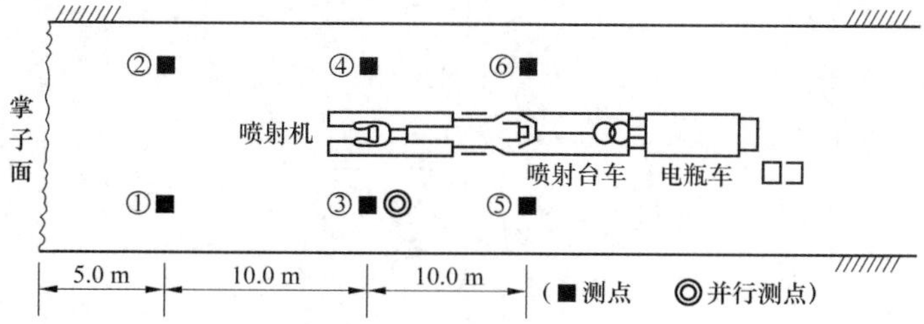

图 12-8　粉尘测定示例

(5)测点高度。因测定作业人员呼吸区的粉尘浓度，故取底板上 0.5 ~ 1.5 m 进行多种测定时，要使操作人员避免吸入沉积粉尘。

(6)开始时测定是为了了解隧洞内作业环境中空气粉尘浓度实态及求出施工后进行定期测定所需的 K 值。开始时测定可采用相对浓度测定方式的散光式数值粉尘计(或压电式粉尘计)进行测定。

(7)定期测定：是为了了解隧洞施工进展，隧洞内作业环境的空气中粉尘浓度的变化情况，与开始测定的结果一起评定防止粉尘措施的效果而定期进行的。定期测定的测点与开始测定的相比，因机械配置机种作业方法等的变更，没有引起粉尘发生的状况有很大变化时，其测定范围、测点的设定，可以开始的测定方法为准设定。同时，以距洞口 100 m 的测定开始地点为起点，每隔 300 m 设一测点进行定点测定。

(8)随时测定是在当方法变更时，或岩质有显著变化以及隧道内粉尘状态有显著变化时，为修正 K 值及游离二氧化硅含量而进行的。其方法与开始测量方法一样。

三、测定粉尘流程和粉尘浓度的计算

测定粉尘流程如图 12-9 所示，它表示用空气采样器和散光式数值粉尘计或压电式粉尘计等进行开始测定。定期测定和随时测定时，从中央右侧的定期测定开始。

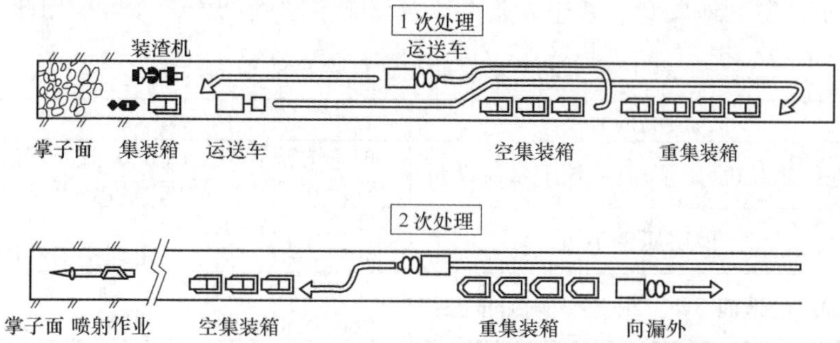

图 12-9　测定粉尘流程

为了掌握作业环境的实态，要计算出粉尘浓度的几何平均浓度、几何标准偏差。

(1)几何平均浓度 N，当粉尘浓度的测定值为 G_1，G_2，…，G_n 时，按下式计算：

$$\mu_i = \lg\ G_1 \tag{12-17}$$

$$x = \frac{1}{n}(x_1 + x_2 + \cdots + x_n) \tag{12-18}$$

$$M = 10^x \tag{12-19}$$

(2)几何标准偏差σ 按下式计算：

$$\lg\sigma = \sqrt{\frac{1}{n-1}\sum_{i=1}^{n}(x_i - x)^2} \tag{12-20}$$

第五节　控制施工对周边环境和结构物的影响

重视环境是时代的要求，在隧洞的施工过程中，环境的影响有两层含义，一层含义是指内部环境，即施工作业环境；另一层是指对外部环境，即周边环境的影响。周边环境的影响主要是指以下几方面：

(1)因各种原因引起的地表下沉。

(2)水理条件的变化，枯水、水位降低、水质污染等。

(3)对周边结构物的影响。

(4)对社会、生活环境的影响。

一、地层变异和地下水变动

在外部环境保护中，地层中的地层变异及地下水变动是隧洞施工中共同的环境因素。在地层中，视深度和地质条件、土压、水压，一般是处于平衡状态的。但在建设隧洞结构物后，这种平衡被破坏，使地层、地下水环境发生变化。其主要防治措施包括以下几点。

(一)对地下水变动和地层变异影响的预测

可根据目的、状况不同分别采用以下 4 种方法：

(1)经验预测。该方法采用由过去的经验推定的经验公式或经验值进行预测。

(2)数值模拟预测。即应用计算机技术进行预测，地下水变动和地层变异的预测技术见表 12-7。对不均层的地层和复杂边界条件以及复杂形状的结构，亦可采用此法进行预测。

表 12-7　地下水变动和地层变异的预测技术

项目	预测内容	预测方法
地下水变动	地下水位(水压)降低、地下水流动量	理论方法：井点理论、流线网解析 数值模拟：渗透流解析、三维有限元等
地层变异	地层压密下沉	理论方法：压密理论 数值模拟：基于压密理论的有限元解析
	地层的地面下沉、开挖时的侧向位移	理论方法：隧洞净空、地中位移、地面下沉等 数值模拟：弹性、弹塑性、黏弹性等解析

(3)量测预测。根据实测的地下水位或地层下沉值等，定量地进行预测，在施工中可采用反分析和经验数据，对后续作业进行指导，这是施工中和施工后最具有代表性的方法。

(4)理论预测。根据各种理论，如井点理论、压密理论或由理论获得的图式解析等进行预测。这种方法计算简便，在地层条件不复杂条件下，能得到较好的结果。

(二)地下水变动和地层变异的对策

根据以上预测方法，预计出现超过容许值的不良影响时，应采取积极对策，保护环境，并采取如表 12-8 所示的主要对策技术措施。

表 12-8　地下水变动和地层变异的主要对策技术

现象	内容	主要对策技术
地下水变动	地下水位(水压)降低	止水方法(止水壁支护结构的止水性、压注等)、再灌水方法
	地下水位(水压)上升	抽水减压、降低地下水位方法、透水壁、导管法
	地下水流动方向变化	根据具体情况采用地下水位降低或上升的方法
	漏水	止水补强
地层变异	地层压密下沉	地层改良、结构物补强
	地面下沉、开挖时侧向位移	支护结构补强、地层补强、填土碾压等

(三)地上环境的预测技术和对策技术

地上环境的预测技术和对策技术，见表 12-9。

表 12-9　地上环境的预测技术和对策技术

因素	预测技术	对策技术
大气污染	扩散理论、模拟、风洞试验	燃烧改善、有害物质处理控制技术、除尘(集尘技术)、排烟脱硫(脱硫技术)
恶臭	基于大气扩散的预测方法	洗净法、燃烧法、吸着法、化学脱臭法、土壤酸化法、生物脱臭法等
噪声	比例模式、现场声源、数值模拟、图解法等	声源对策、结构物自身的对策、遮蔽物对策等
振动	简易法、统计法、数值模拟、模型试验	振动源对策、结构物自身的对策、距离衰减对策

地上环境的预测技术和对策技术主要是采用类似于地上设施的技术。

(四)水质污染、土壤污染等的预测技术和对策技术

目前，对水质污染、土壤污染等采用的主要预测与对策技术见表 12-10。

表 12-10　水质污染、土壤污染等的主要预测与对策技术

因素	预测技术	对策技术
水质污染	数值模拟、水理模型试验、现场试验	各种水处理技术、净水技术、污染物质封存技术、抽水等
土壤污染	数值模拟、水理模型试验、现场试验	各种排水处理、污染物质封存、污染土壤防止飞散等
热	热传递理论、数值模拟、模型试验	用结构体遮蔽
微生物	培养试验	与水质和土壤污染类似
生态系	水和大气的移行计算、采用动植物的移行系数计算	环境，特别是媒介的限制
氡气、放射能	以原子能设施的评价方法为准	稀释、通风等

应该说，这个领域的问题较多，水质污染经常采用数值模拟的预测技术，但在移动过程中的化学与生物反应的预测就比较困难，微生物的预测也是很困难的。

二、控制对周边结构物的影响

(一)对周边结构物的影响范围划分

对周边结构物的影响范围划分，要根据许多条件作出判断，这些条件是：

(1)接近施工的种类。

(2)接近工程的规模。

(3)接近施工的设计、施工方法。

(4)原地形、地貌、地质条件。

(5)与既有隧洞的位置关系及隧洞衬砌的力学健全度。

(6)对策的可能性及其他。

(二)对周边结构的影响范围划分基准

根据接近工程的种类，主要是既有隧洞(隧道)与新建结构物的间隔来进行其接近度的划分。接近度的划分，依据隧洞的特征可分为以下几种划分方式：

(1)并列隧洞接近度的划分，如表 12-12 所示。

表 12-12　接近度的划分(并列隧道)

两座隧道的位置关系	隧道间隔	接近度的划分
新建隧道比既有隧道高	$<1D$	需采取措施范围
	$1\sim2.5D$	注意范围
	$>2.5D$	无影响范围
新建隧道比既有隧道低	$<1.5D$	需采取措施范围
	$1.5\sim2.5D$	注意范围
	$>2.5D$	无影响范围

注：D 为新建隧道外径。

(2)交叉隧道接近度的划分，如表 12-12 所示。

表 12-12　接近度的划分(交叉隧道)

两座隧道的位置关系	隧道间隔	接近度的划分
新建隧道在既有隧道的上方	$1.5D$	需采取措施范围
	$1.5\sim3.0D$	注意范围
	$3.0\ D$	无影响范围
新建隧道在既有隧道的下方	$2.0\ D$	需采取措施范围
	$2.0\sim3.5D$	注意范围
	$3.5D$	无影响范围

注：D 为新建隧道外径。

(3)隧道上部明挖接近度的划分，如表 12-13 所示。

表 12-13　接近度的划分(隧道上部明挖)

残留埋深比 h/H	接近度的划分
＜0.25	需采取措施范围
0.25 ~ 0.5	注意范围
＞0.5	无影响范围

(4)隧道上部填土接近度的划分，如表 12-14 所示。

表 12-14　接近度的划分(隧道上部填土)

原埋深 H	填土高度比 $\Delta H/H$	接近度的划分
＜1D	＞0.5	需采取措施范围
	＜0.5	注意范围(填土荷载小于 1 kN/m^2 时，为无影响范围)
1 ~ 3D	＞1.0	需采取措施范围
	0.5 ~ 1.0	注意范围
	＜0.5	无影响范围
＞3D	＞1.0	注意范围
	＜1.0	无影响范围

注：D 为新建隧道外径。

(5)隧道上部结构物基础接近度的划分，如表 12-15 所示。

表 12-15　接近度的划分(隧道上部结构物基础)

隧道上部 5 m 以上的预计增加荷载(kN/m^2)	接近度的划分
＜1	无影响范围
1 ~ 4	注意范围
＞4	需采取措施范围

(6)隧道上部积水接近度的划分，如表 12-16 所示。

表 12-16　接近度的划分(隧道上部积水)

积水规模	接近度的划分
大规模积水(10 000 m^{3}以上)	需采取措施范围
中规模积水(100 ~ 10 000 m^{3}以上)	注意范围
小规模积水(小于 100 m^3)	无影响范围

(7)地层振动接近度的划分，如表 12-17 所示。

表 12-17　接近度的划分(地层振动)

与隧道的距离	接近度的划分
2*D* 以下	需采取措施范围
2～5*D*	注意范围
5*D* 以上	无影响范围

注：*D* 为新建隧道外径。

(8)隧道侧面开挖接近度的划分，如表 12-18 所示。

表 12-18　接近度的划分(隧道侧面开挖)

与隧道的距离	接近度的划分
＜1*D*	需采取措施范围
1～2*D*	注意范围
＞2*D*	无影响范围

注：*D* 为新建隧道外径。

(9)隧道接近锚索接近度的划分，如表 12-19 所示。

表 12-19　接近度的划分(隧道接近锚索)

锚索与隧道的距离	接近度的划分
＜0.5*D*	需采取措施范围
（0.5～1.0）*D*	注意范围
＞1.0*D*	无影响范围

注：*D* 为新建隧道外径。

三、控制对周边结构物的影响对策

控制对周边结构物的影响，主要依据其接近度的划分来判定，故接近施工已成为隧洞工程施工的一个重要分支。对于需采取的范围，应根据结构物的档案、施工记录等确认结构物的状态，并进行相应的目视检查。根据这些资料尚不能明确判断时，应采取钻孔等方法进行实地结构的调查。对于需采取措施范围，要对以下项目进行详细的隧洞结构调查，正确地掌握衬砌结构及其状态，要明确其变异的原因、变异状况、发展状况等。

(一)衬砌结构调查的项目

(1)衬砌材料：混凝土、喷混凝土、砌切、石头。

(2)衬砌厚度：设计厚度及实际厚度。

(3)衬砌结构：先拱后墙、先墙后拱、有无钢筋支护情况、仰拱。

(4)净空断面尺寸及地质状况。

(5)衬砌状况：开裂、漏水、接缝情况、衬砌背面有无空洞、有无回填。

(6)排水、涌水量、堆积物等。

(二)地层调查

对于接近工程的预测，充分掌握既有隧洞、新建隧洞结构周边及中间地层的物理力学特性。

地层调查主要是掌握地质构造、分布状况，地下水状况，风化、变质状况，强度变形特性等，为进行影响预测而采用有限元数值解析时，应进行相应的试验以获取必要的指标值。

(三)影响预测的方法

1. 经验方法

根据过去的接近工程实例，调查类似的工程以便进行影响预测，来进行评价和分析类似工程，并注意以下几点：

(1)接近施工的工程规模；

(2)接近施工的工程种类；

(3)接近施工的设计、施工方法；

(4)与既有隧洞的间隔、位置关系；

(5)既有隧洞结构的健全度；

(6)接近工程的工程概况，原地形、地质情况；

(7)管理体制和管理基准；

(8)安全监视的量测结果等。

2. 解析方法

(1)考虑既有隧洞对地层动态的影响及隧洞和地层的相互作用，视既有隧洞和地层为一体的解析方法。

(2)预计地层变形规模很大，既有隧洞的存在对地层形态没有影响或采用三维近似表现时，把采用其他方法求出的既有隧洞变形作为强制变形输入的方法。

(3)预计现有隧洞的刚度相当大，隧道几乎不产生变形时既有隧洞作为荷载输入的方法。

3. 容许值

(1)隧洞衬砌应力增加的容许值如表 12-20 所示。

表 12-20　隧洞衬砌应力增加的容许值

既有隧道的健全度	拉应力的增加(MPa)	压应力的增加(MPa)
AA	0.3	1
A_2、A_1	0.5	2
B、S、C	1	5

(2)对爆破振动视衬砌的健全度不同，其振动速度的容许值如表 12-21 所示。

表 12-21　振动速度的容许值

既有隧道的健全度	容许振动速度(cm/s)
AA	2
A_2、A_1	3
B、C、S	4

(四)接近施工的对策

1. 既有结构物的对策

在隧洞的接近工程施工中，在下列情况下既有隧洞应采取相应的对策：

(1)在需采取措施范围内进行接近施工时。

(2)在注意范围内进行接近施工，但变形显著、衬砌可能有掉块的不测事件发生时。

(3)其他认为有必要的情况。

2. 对策的种类

对策的种类有基本对策、以增加衬砌承载力为目的的加强对策及以修复劣化衬砌开裂为目的的维修对策 3 类。

1)基本对策

(1)回填压浆。

(2)防止衬砌掉块措施，如设金属网、挡板、压注砂浆和树脂等。

2)加强对策

(1)拱架加强。

(2)内衬加强。

(3)表面加强。

(4)锚固加强。

(5)横撑加强。

(6)改建等。

3)维修对策

(1)剥离可能掉落的浮块。

(2)表面清扫。

(3)整理排水沟。

(4)防止漏水等。

(五)接近工程侧的对策

不得不在需采取措施范围和注意范围进行施工时，为减轻对既有隧洞的影响，要研究改变新建工程的计划或增加新的对策，其措施见表 12-22。

表 12-22　接近工程侧的对策

接近工程的种类	基本方法	具体方法
隧道上部填土	均匀加载	改变填土的顺序； 改变填土的厚度
隧道上部结构物基础	均匀加载； 控制开挖、灌注的影响	改变基础形式； 改变工法
隧道侧面开挖	均匀除去荷载； 控制开挖引起的围岩位移	改变开挖方式、顺序； 改变挡土、坡面的坡度
隧道接近锚索	除去直接的影响	改变锚索配置； 改变施加预应力的顺序
隧道上部积水	控制积水的影响	调整积水量； 改变防水方法
地层振动	控制振动	采用控制爆破； 研究其他(非爆破)方法
隧道并列	控制开挖引起的围岩位移	改变开挖方式； 改变分部尺寸； 改变衬砌、支护的结构
隧道交叉	控制开挖引起的围岩位移	改变开挖方式； 改变分部尺寸； 改变支护、衬砌结构
隧道上部明挖	均匀除去荷载	改变开挖方式； 改变开挖顺序； 控制挖方厚度

(六)中间地层的对策

一般采取强化、改良地层的方法，如压浆法、冻结法等；也可采取隔断影响的方法，如地下连续壁、管棚、钢管桩等。

参考文献

[1] 王永兴. 水工隧洞施工与质量控制[M]. 郑州:黄河水利出版社,2006.

[2] 关宝树. 隧道工程施工要点集[M]. 北京:人民交通出版社,2003.

[3] 李宁军,等. 隧道设计与施工百问[M]. 北京:人民交通出版社,2004.

[4] 白万山,童广秀,赵晓斌,等. 长大深埋隧洞勘测技术研究与实践[M]. 郑州:黄河水利出版社,2013.

[5] 薛云峰,张继锋,郭玉松. 深埋长隧洞探测技术研究[M]. 郑州:黄河水利出版社,2010.

[6] 何发亮,李苍松,陈成宗. 隧道地质超前预报[M]. 成都:西南交通大学出版社,2006.